QU'EST-CE QU'ÊTRE HUMANISTE ?

Sarah Bakewell

QU'EST-CE QU'ÊTRE HUMANISTE ?

Une brève histoire de la liberté de pensée

Traduction de l'anglais (Angleterre)
par Nicolas Cavaillès

Albin Michel

Édition originale parue sous le titre :
HUMANLY POSSIBLE.
chez Chatto & Windus, Londres, 2023

Relier
En guise d'introduction

« Qu'est-ce que l'humanisme ? » Telle est la question posée en 1983 dans le roman comique de David Nobbs, *Second from Last in the Sack Race* (« Avant-dernier à la course en sac »)[1], lors de la première réunion de la Société humaniste bisexuelle du lycée de Thurmarsh – « bisexuelle », entendez par là qu'elle accueille des garçons et des filles. S'ensuit un véritable chaos.

Une jeune fille commence par dire qu'il s'agit d'une tentative de la Renaissance pour sortir du Moyen Âge. Elle pense au renouveau littéraire et culturel mené par des intellectuels dynamiques et libres d'esprit dans des villes italiennes comme Florence, aux quatorzième et quinzième siècles. Pas du tout, dit un autre membre de la société. Être humaniste, cela signifie « être attentionné, être gentil avec les animaux, faire du caritatif, rendre visite aux personnes âgées, ce genre de trucs… ».

Un troisième membre rétorque sur un ton cinglant que c'est là confondre humanisme et humanitaire. Quelle perte de temps !, se plaint un quatrième. L'humanitaire se hérisse : « Soigner des animaux malades et s'occuper des petits vieux, tu appelles ça une perte de temps ? »

Le lycéen au ton cinglant avance alors une tout autre définition : « C'est une philosophie qui rejette le surnaturalisme, qui inscrit l'humain au sein de la nature et qui affirme la dignité et la valeur essentielles de l'homme, ainsi que sa capacité à s'accomplir en faisant usage de la raison et de la méthode scientifique. » Cela est fort bien accueilli, jusqu'à ce qu'un autre problème soit soulevé : certaines personnes croient en Dieu, et se disent quand même humanistes. Quand la réunion prend fin, chacun y voit moins clair qu'au début.

Les élèves de Thurmarsh n'avaient pourtant aucun motif d'inquiétude : ils étaient *tous* sur la bonne piste. Chacune de leurs réponses – et d'autres encore – contribue à donner une image plus complète et plus riche de ce que signifie l'humanisme, de ce que les humanistes ont fait étudier à travers les siècles et de ce à quoi ils ont cru.

Ainsi, comme le savait l'élève qui parlait d'une vision non surnaturelle de la vie, beaucoup d'humanistes contemporains préfèrent vivre sans croyance religieuse et peser leurs choix moraux en se fondant sur l'empathie, sur la raison et sur leur sens des responsabilités envers les autres êtres vivants. L'écrivain Kurt Vonnegut a résumé leur vision du monde : « Je suis humaniste, ce qui veut dire, entre autres, que j'ai essayé de me conduire correctement sans attendre de récompense ou de punition après ma mort[2]. »

L'autre lycéen n'en avait pas moins raison de dire que certains humanistes ont une croyance religieuse. On peut malgré cela les considérer comme des humanistes, dans la mesure où ils s'appuient sur la vie et l'expérience d'ici-bas, sur cette Terre, plutôt que sur les institutions, les doctrines ou les théologies de l'au-delà.

Les autres définitions n'ont rien à voir du tout avec les questions religieuses. Un philosophe humaniste, par exemple, est quelqu'un qui préfère placer l'être vivant dans sa totalité au centre, plutôt que de le décomposer en un système de mots, de signes ou de principes abstraits. Un architecte humaniste conçoit des bâtiments à échelle humaine, en veillant à ne pas écraser ni décevoir ceux qui vont y vivre. Il peut aussi y avoir une médecine humaniste, une politique humaniste, une éducation humaniste ; on trouve l'humanisme dans la littérature, dans la photographie, dans le cinéma. À chaque fois, l'individu est maintenu au sommet de la liste des enjeux, sans être subordonné à aucun concept ni idéal supérieur. Le lycéen « humanitaire » allait plutôt dans cette direction-là.

Mais que faire des savants des quatorzième et quinzième siècles, d'Italie et d'au-delà, ceux dont parlait la première élève de Thurmarsh ? Ils relèvent d'un autre type d'humanisme : ils traduisaient et éditaient des livres, ils enseignaient, ils correspondaient avec leurs brillants amis, ils interprétaient et discutaient, ils faisaient avancer la vie intellectuelle, et dans l'ensemble ils écrivaient et parlaient beaucoup. C'étaient des spécialistes des *humanités*, ou *studia humanitatis* – littéralement « études humaines ». Cette expression les fit connaître en Italie sous le nom d'*umanisti* ; ce sont donc des humanistes, eux aussi, et on continue à les appeler ainsi aujourd'hui. Beaucoup d'entre eux ont partagé les intérêts éthiques des autres sortes d'humanistes, tout en croyant que l'enseignement et l'apprentissage des sciences humaines permettaient de vivre plus vertueusement, de manière plus civilisée. Ceux qui enseignent aujourd'hui les humanités sont du même avis, bien que la forme en ait été modernisée. En donnant accès à des étudiants aux œuvres littéraires et culturelles et aux outils de l'analyse critique, ils espèrent les aider à être plus sensibles aux perspectives d'autrui, à saisir avec plus de subtilité la façon dont les événements politiques et historiques surviennent, et à aborder de manière plus judicieuse et plus réfléchie la vie en général. Ils espèrent cultiver l'*humanitas*, terme latin qui signifie le fait d'appartenir à la nature humaine, à quoi s'ajoutent des nuances de raffinement, de savoir, de complexité, de générosité et de bonnes manières[3].

Religieux ou non, philosophes, praticiens et enseignants des humanités – y a-t-il chez tous ces humanistes un élément commun, et si oui, lequel ? La réponse se trouve dans leur nom même : ils visent tous la dimension *humaine* de la vie.

Quelle est cette dimension ? Elle peut être difficile à saisir, mais elle se trouve quelque part entre le monde physique et un autre que l'on pourrait définir comme purement spirituel ou divin. Nous autres humains sommes naturellement des êtres physiques, comme tout ce qui nous entoure. Mais à l'autre extrémité du spectre, nous pouvons (certains le croient) nous relier d'une certaine manière au domaine du sacré. En tout cas, nous occupons un champ de réalité qui n'est ni entièrement physique ni entièrement spirituel. C'est là que nous nous adonnons à la culture, à la pensée, à la morale, aux rites, à l'art – autant d'activités qui nous distinguent (sans nous en exclure totalement) des autres espèces vivantes. C'est là que nous investissons une grande partie de notre temps et de notre énergie : nous le passons à parler, à nous raconter des histoires, à concevoir des images ou des modèles, à rendre des jugements éthiques et à nous efforcer de faire ce qui est juste – négocier des accords sociaux, nous recueillir dans un temple, une église ou un bosquet sacré, transmettre notre mémoire, enseigner, jouer de la musique, raconter des blagues ou faire le clown pour amuser les autres, essayer de donner du sens à tout cela, et tout simplement être ce que nous sommes. Tel est le domaine que tous les humanistes, quels qu'ils soient, placent au centre de leurs préoccupations.

Ainsi, pendant que les scientifiques étudient le monde physique et les théologiens celui du divin, les « humanistes-des-humanités » étudient le monde humain de l'art, de l'histoire et de la culture. Les humanistes sans religion fondent leurs choix moraux sur le bien-être humain, et non sur des commandements divins. Les humanistes dotés d'une religion se concentrent sur le bien-être humain, eux aussi, mais à l'aune d'une foi. Les humanistes philosophes et autres jaugent constamment leurs idées à celle de l'expérience réelle des êtres vivants.

Cette approche axée sur l'humain est fondée sur une remarque faite il y a quelque deux mille cinq cents ans par le philosophe grec Protagoras : « L'homme est la mesure de toutes choses[4]. » Phrase qui peut sembler arrogante, mais elle ne signifie pas que l'univers tout entier doive se conformer à nos idées, ni, encore moins, que nous soyons autorisés à le dominer aux dépens

d'autres formes de vie. Ce que nous pouvons comprendre, c'est que, en tant qu'êtres humains, notre expérience de notre réalité ne peut qu'être façonnée par notre condition d'être humain. Nous savons ce que sont les affaires humaines, nous nous en soucions, elles sont importantes pour nous – prenons-les donc au sérieux.

Certes, selon cette définition, tout ce que nous faisons, ou presque, peut sembler un peu humaniste. D'autres définitions proposées sont encore plus globales. Voici ce que le romancier E. M. Forster – un écrivain profondément « humain » et un membre attitré d'organisations humanistes – répond quand on lui demande ce que le terme signifie pour lui :

> On rendrait mieux hommage à l'humanisme si l'on établissait la liste des choses que l'on a appréciées ou trouvées intéressantes, des personnes dont on a reçu de l'aide et de celles que l'on a aimées et essayé d'aider. Cette liste n'aurait rien de spectaculaire, il y manquerait le ton de la conviction et la solennité d'une sanction, mais elle pourrait être établie sereinement, car ce serait tout ce qu'il y a de gratitude et d'optimisme en l'humain qui parlerait[5].

Voilà une réponse qui nous ferait presque abandonner toutes nos définitions. Il reste que le refus de Forster de dire quoi que ce soit d'abstrait ou de dogmatique sur l'humanisme est typiquement humaniste. Pour lui, c'est une affaire personnelle – tout est là. L'humanisme est souvent personnel, de fait, puisqu'il concerne des personnes.

Dans mon cas aussi, c'est personnel. Je suis, depuis toujours, une humaniste, au sens non religieux du terme. Je suis devenue de plus en plus humaniste sur les plans philosophique et politique ; j'accorde plus de valeur aux vies individuelles qu'aux grandes idées que je trouvais naguère stimulantes. Après des années de lecture et de travaux autour de figures historiques de « l'humanisme-des-humanités », leur ancrage commun dans les sciences humaines s'est mis à me fasciner.

J'ai la chance d'avoir pu vivre ouvertement mon humanisme, sans trop subir d'interférences. Beaucoup de gens mettent leur propre vie en danger pour leur humanisme – quoi de plus personnel ? Et là où l'humanisme est mal compris, le danger peut être exacerbé ; c'est ce que montre l'expérience récente d'un jeune humaniste en Grande-Bretagne.

Hamza bin Walayat est originaire du Pakistan ; en 2017 il vivait au Royaume-Uni, où il avait déposé une demande de titre de séjour, parce que ses croyances humanistes et sa rupture avec l'islam lui avaient valu des menaces de mort dans son pays natal, en particulier de la part de sa propre famille. Il craignait d'être tué s'il venait à être expulsé. Cette peur était fondée ; l'apostasie est mal vue au Pakistan (comme dans d'autres pays), où le blasphème est passible de la peine de mort. Concrètement, les humanistes pakistanais sont la plupart du temps assassinés par des milices armées, et les autorités ferment les yeux. La même année – 2017 – avait été marquée par un cas désormais bien connu : l'étudiant Mashal Khan, qui signait « L'Humaniste » ses posts sur les réseaux sociaux, avait été battu à mort par d'autres étudiants[6].

Lorsque le ministère de l'Intérieur anglais a fait passer à Hamza un entretien pour examiner sa demande d'asile, on lui a demandé, afin de justifier sa peur d'être persécuté en tant qu'humaniste, de donner une définition de ce mot. Hamza a répondu en citant les valeurs des penseurs des Lumières du dix-huitième siècle. C'était une excellente réponse : la pensée des Lumières est humaniste selon plusieurs des définitions données par les Thurmarshiens.

Mais ses examinateurs – par manque de connaissances ou parce qu'ils cherchaient un prétexte pour le coincer – ont prétendu qu'ils attendaient les noms de philosophes grecs de l'Antiquité, en l'occurrence Aristote et Platon. Ce qui est bizarre, car les livres sur l'humanisme ne citent guère Aristote ni Platon, pour la bonne raison que ceux-ci n'étaient (par bien des aspects) pas très humanistes. Le ministère de l'Intérieur n'en a pas moins conclu que c'était Hamza qui n'était pas un humaniste, et sa demande a été rejetée[7].

L'ONG Humanists UK et d'autres sympathisants se sont impliqués dans l'affaire[8]. Ils ont dénoncé l'erreur commise dans le choix des philosophes. Plus généralement, ils ont fait valoir que l'humanisme n'est pas un système de croyances qui reposerait sur des autorités canoniques. Un humaniste n'est pas obligé de connaître tel ou tel penseur particulier comme un marxiste, par exemple, est censé connaître Marx. Les humanistes rejettent souvent l'idée d'adhérer à quelque « évangile » idéologique que ce soit. Grâce à un tel soutien, et parce que son dossier était solide, Hamza a obtenu en mai 2019 le droit de rester sur le territoire. Il a poursuivi son engagement en entrant au conseil d'administration de Humanists UK. Et, dans le sillage de sa victoire, on a ajouté une introduction à la pensée humaniste à la formation des examinateurs du ministère de l'Intérieur[9].

Reprenons : l'humanisme est personnel, et il relève d'un nuage sémantique de significations et d'implications dont aucune n'appartient à un théoricien ou à un praticien particulier. De fait, jusqu'à une époque récente, les humanistes ne se rassemblaient guère en groupes institutionnalisés et beaucoup d'entre eux ne se qualifiaient pas eux-mêmes d'*humanistes*. Même s'ils étaient heureux d'être des *umanisti*, aucun d'entre eux n'a parlé d'« humanisme » comme d'un concept ou d'une pratique générale avant le dix-neuvième siècle. (Il y a quelque chose de plaisamment humaniste dans le fait que *les gens* antidatent le concept de plusieurs siècles.) Tout cela paraît assez brumeux – mais je crois vraiment à l'existence d'une tradition humaniste commune et cohérente, et à la pertinence de penser ensemble ses figures historiques. Les fils qui les relient sont multicolores, et ils ont bien un sens. Tels sont les fils que je veux suivre dans ce livre – et ce faisant, je prends pour guide une autre formule humaniste et magnifique d'E. M. Forster, « *Only connect !* » : « Relier ! »

C'est l'épigraphe et le leitmotiv de son roman de 1910 *Howards End* ; Forster entendait beaucoup de choses par là. Il nous invitait à scruter ce qui nous relie plutôt que nos divisions ; à essayer d'apprécier le point de vue des autres sur le monde, et à éviter l'éclatement intérieur qu'engendrent en nous notre aveuglement ou notre hypocrisie. Je suis d'accord avec tout cela – et je le reçois comme un encouragement à raconter une histoire de l'humanisme dans un esprit d'union plutôt que de division.

À l'instar d'E. M. Forster, je parlerai d'human*istes* plutôt que d'human*ismes*. J'espère que vous serez comme moi intrigués et parfois inspirés par ces histoires d'humanistes, ces aventures, ces querelles, ces peines et ces tribulations, à mesure qu'ils se sont frayé un chemin à travers un monde qui les a souvent traités avec incompréhension, sinon pire. Certains connurent un sort heureux, qui trouvèrent des postes enviables à l'université ou à la cour. Mais peu d'entre eux purent compter longtemps sur leur position, et d'autres subirent toute leur vie durant les tourments de la marginalité. À travers les siècles, les humanistes furent des savants exilés ou errants, vivant de leur intelligence et de leurs mots. Au début de l'ère moderne, plus d'un tomba sous les coups de l'Inquisition ou d'autres traqueurs d'hérésies. Certains qui cherchaient à vivre en sécurité dissimulèrent le fond de leur pensée, avec parfois tellement de succès qu'aujourd'hui encore elle nous demeure inconnue. Jusque tard au dix-neuvième siècle, des humanistes athées (souvent appelés « libres-penseurs ») furent insultés, bannis, emprisonnés ou privés de leurs droits. Au vingtième siècle, on leur interdit de parler ouvertement, on les découragea de se présenter à des élections ; ils furent persécutés, traduits en justice et emprisonnés. Et le vingt et unième siècle pour l'instant n'est pas en reste.

L'humanisme suscite des réactions fortes. Tout tourne autour du facteur humain ; ce facteur complexe concerne chacun de nous intimement : être humain, c'est un casse-tête et un défi à relever constant. Tant de choses dépendent de l'idée que nous avons de nous-mêmes qu'il n'est pas surprenant de voir maltraités ceux qui sont ouverts aux vues humanistes, notamment dans les situations où l'exigence de conformité religieuse ou politique est forte. Pourtant, avec le temps, sans bruit et malgré bien des revers, plusieurs générations d'humanistes obstinés ont défendu leur point de vue avec éloquence et raison, si bien que leurs idées imprègnent aujourd'hui de nombreuses sociétés, qu'elles y soient reconnues ou non.

Les personnes que nous allons rencontrer dans ce livre ont vécu à une époque où l'humanisme était en train d'acquérir les formes que nous lui connaissons aujourd'hui. Mon histoire couvre sept siècles en particulier, des années 1300 jusqu'à nos jours. La plupart des figures ici présentes ont vécu durant cette période – mais pas toutes. La plupart étaient européennes – mais pas toutes. J'ai donné ces bornes à mon récit à la fois parce qu'il s'est passé beaucoup de choses intéressantes à cette époque-là, et parce que cela lui donne une sorte de continuité ; très souvent, ces personnages se connaissaient, leurs œuvres dialoguaient, même s'ils ne pouvaient pas se rencontrer. Choisir cette tranche d'histoire et ce cadre géographique aide à dessiner certaines des formes les plus saillantes de la pensée humaniste et à voir comment elles ont évolué.

Mais cette histoire mériterait toujours d'être envisagée au sein d'une autre histoire, plus grande, plus étendue, plus longue et plus complète : celle de la vie et de la pensée des humanistes à travers le monde. Des manières de penser humanistes sont apparues dans bien des cultures et à bien des époques. Je suis sûre qu'elles ont toujours existé sous une forme ou une autre, depuis le jour où notre espèce s'est mise à réfléchir sur elle-même et à méditer sur ses choix et ses responsabilités dans ce monde.

Avant de commencer, allons donc faire un tour d'horizon plus vaste : certaines idées clés des humanistes nous attendent en chemin.

Commençons par la première hypothèse abordée par les Thurmarshiens : une vision non métaphysique de la vie humaine. De toutes les idées qui sont nées durant leur débat, celle-ci a le plus vieux pedigree consigné. La première discussion (connue) au sujet de pensées matérialistes survint en Inde, au sein de l'école de pensée Cārvāka, fondée jadis par Bṛhaspati, et qui remonterait au moins au sixième siècle avant J.-C[10]. Les disciples de cette école croyaient que, lorsque notre corps meurt, c'en est aussi fini de nous. Une citation du philosophe Ajita Kesakambalī l'atteste :

> L'être humain est composé des quatre éléments majeurs, et quand on meurt la terre retourne à la terre, l'eau retourne à l'eau, le feu retourne au feu, l'air retourne à l'air et les facultés disparaissent dans l'espace… Les fous comme les sages sont détruits et périssent ; lorsque leur corps se désintègre, ils n'existent plus après la mort[11].

Un siècle plus tard environ, une pensée similaire apparaît dans la ville côtière d'Abdère, au nord-est de la Grèce, où réside le philosophe Démocrite. Celui-ci enseignait que toutes les entités présentes dans la nature sont faites d'atomes – des particules invisibles qui se combinent de différentes manières pour former tous les objets que nous avons jamais touchés ou vus. Et nous sommes faits de ces mêmes particules, nous aussi, à la fois mentalement et physiquement. Tant que nous vivons, elles se combinent entre elles pour former nos pensées et nos expériences sensorielles. À notre mort, elles se séparent et s'en vont former d'autres choses. C'est alors la fin de nos pensées et de

nos expériences – et donc c'est aussi notre fin.

Est-ce humaniste ? N'est-ce pas simplement déprimant, de telles idées ? Non ; en fait, les conséquences sur nos vies sont réconfortantes, réjouissantes. Si rien de ce que je suis ne survivra dans quelque au-delà que ce soit, il n'y a rien à craindre en cette vie, rien à redouter de la part des dieux, aucun tourment, aucune mésaventure qui m'attendrait dans l'avenir. La théorie atomiste rendit le cœur de Démocrite tellement léger que ce philosophe devint célèbre pour son rire : libéré de toute crainte cosmique, il était capable de sourire devant des faiblesses humaines qui en faisaient pleurer d'autres.

Démocrite transmit ses idées. Parmi ceux qui les reçurent se trouva Épicure, lequel fonda une communauté de disciples et d'amis partageant ce même état d'esprit dans son école athénienne, connue sous le nom de « Jardin ». Les épicuriens recherchaient le bonheur à travers les joies de l'amitié, en ayant une alimentation très simple à base de bouillie – comparable au porridge – et en cultivant leur sérénité. Quant à cette dernière, l'un des éléments clés énoncés par Épicure dans une lettre était d'éviter « les opinions [sur les dieux et sur la mort] qui permettent à la perturbation la plus grande de s'emparer des âmes[12] ».

Il y eut aussi Protagoras, celui de « l'homme mesure de toutes choses », qui était également d'Abdère et qui connut personnellement Démocrite. Son discours sur l'humanité comme outil de mesure était déjà considéré comme troublant à son époque, mais sa réputation devint pire encore après qu'il eut écrit un livre sur les dieux dont on dit qu'il commençait de cette surprenante manière :

> Des dieux, je ne puis savoir ni qu'ils existent, ni qu'ils n'existent pas, car beaucoup d'obstacles empêchent de le savoir, comme l'hermétisme [de la question] et la brièveté de la vie de l'homme[13].

Après un tel commencement, on aimerait bien savoir ce que pouvait contenir le reste du livre. Le coup est là, porté dès cette ouverture. Il se peut qu'il y ait ou qu'il n'y ait pas de dieux, quoi qu'il en soit, *pour nous*, ce sont des êtres incertains et indétectables. Ce qui suivait signifiait sûrement que nous n'avons pas besoin de perdre notre vie si brève à nous faire du souci à leur sujet. Nos affaires à nous, ce sont nos vies sur terre, tant qu'il nous est donné de les vivre. Autre manière de dire que la bonne mesure des choses pour nous, c'est l'humain.

La raison pour laquelle nous ne connaissons pas la suite de ce livre, c'est que seules ces quelques lignes en ont survécu, rien d'autre – et nous pouvons fort bien deviner pourquoi. Selon son biographe Diogène Laërce, dès que l'œuvre de Protagoras sur les dieux parut, l'auteur « fut expulsé par les Athéniens, qui brûlèrent ses livres en place publique, après les avoir collectés par voie de héraut auprès de chacun de ceux qui les avaient acquis[14] ». Aucun autre écrit de Démocrite n'a survécu non plus, et il en est de même, peut-être pour des raisons similaires, de ceux des membres de l'école de Cārvāka. Nous avons bien quelques lettres d'Épicure, et son enseignement a été versifié plus tard par un Romain, Lucrèce, dans son long poème *De la nature des choses*. Ce livre-là aussi fut presque perdu, mais une copie tardive survécut dans un monastère et fut retrouvée au quinzième siècle par des collectionneurs de livres humanistes, et il put de nouveau circuler. Voilà comment, après avoir traversé tant d'épisodes délicats et failli se perdre plusieurs fois, les idées de Démocrite ont atteint notre ère – et ont pu inspirer ces lignes magnifiques à l'autrice américaine Zora Neale Hurston dans ses Mémoires de 1942, *Des pas dans la poussière* :

> Pourquoi avoir peur ? Je suis faite de matière, toujours changeante, toujours en mouvement, et qui jamais ne se perd ; alors, quel besoin ai-je de cultes ou de religions qui m'empêchent de profiter de l'amour de tous mes congénères ? La grande ceinture de l'univers n'a pas besoin d'être baguée. Je fais un avec l'infini et n'ai pas besoin d'autre réconfort[15].

Le courant perdure, par exemple dans les termes d'une campagne d'affichage de 2009, au Royaume-Uni, soutenue par l'Association des humanistes anglais[16] (désormais Humanists UK). Le message déployé sur le côté des bus comme en d'autres endroits reprenait une phrase de Démocrite sur la tranquillité de l'esprit : « Dieu n'existe probablement pas. Arrête de t'en faire et profite de la vie. » L'idée venait d'Ariane Sherine, une jeune autrice et comédienne qui voulait offrir un message alternatif, rassurant, après avoir vu des bus diffuser une publicité pour une organisation évangélique dont le site internet menaçait les pécheurs des feux éternels de l'enfer.

Recentrer tout sur l'ici et maintenant demeure l'un des principes clés des organisations humanistes modernes. On lui a même attribué la forme la moins humaniste qui soit, celle d'un « credo », soit une profession de foi. Ce credo a pour auteur Robert G. Ingersoll, un libre-penseur (ou humaniste non religieux) américain du dix-neuvième siècle. Il est rédigé ainsi :

Le bonheur est le seul bien.
Le seul moment pour être heureux, c'est maintenant.
Le seul endroit pour être heureux, c'est ici.

Et Ingersoll finit par le plus important :

La seule manière d'être heureux, c'est de rendre les autres heureux[17].

Cette dernière partie nous amène à la deuxième grande idée humaniste : le sens de nos vies se trouve dans nos liens avec les autres.

Le principe de l'interconnectivité humaine a été clairement exprimé dans une pièce de Publius Terentius Afer, dit Térence. Le nom « Afer » renvoie à son origine, car il est né, probablement en tant qu'esclave, vers 190 avant J.-C., à Carthage ou dans les environs, en Afrique du Nord ; il devint plus tard célèbre à Rome pour avoir écrit des comédies. L'un de ses personnages dit – et je donne le texte latin parce que cette phrase est souvent citée dans sa forme originale :

Homo sum, humani nihil a me alienum puto.

Soit :

Je suis humain et rien de ce qui est humain ne m'est étranger[18].

En l'occurrence, dans la pièce, cette phrase est une blague. Le personnage qui la prononce a la réputation d'être un voisin fouineur : telle est sa réponse quand on lui demande pourquoi il ne peut pas s'occuper de ses propres affaires. Je suis sûre qu'elle a bien dû faire rire ; elle prenait le public au dépourvu et se moquait des pensées profondes des philosophes. Moi aussi, elle m'amuse, cette phrase qui est citée avec sérieux depuis tant de siècles, alors qu'elle a vu le jour au sein d'une comédie burlesque.

Elle n'en résume pas moins une croyance humaniste essentielle : nos vies sont toutes reliées les unes aux autres. Nous sommes par nature des êtres sociables et nous pouvons tous reconnaître quelque chose de nous-mêmes dans les expériences d'autrui, même chez des gens qui semblent très différents de nous.

Une pensée analogue nous arrive du sud du continent africain, où elle a été exprimée par le terme bantou nguni *ubuntu*, comme par d'autres mots équivalents dans d'autres langues d'Afrique du Sud. *Ubuntu* renvoie au réseau de relations qui lie les individus au sein d'une même communauté, petite ou grande[19]. Le regretté archevêque Desmond Tutu, président de la Commission de la vérité et de la réconciliation en Afrique du Sud durant la période de transition du pays, après l'apartheid, dans les années 1990, citait l'*ubuntu* parmi les principes chrétiens dans lesquels il trouvait de l'inspiration. Il pensait que les relations oppressives propres à l'apartheid avaient nui tant aux opprimés qu'aux oppresseurs, parce qu'elles avaient détruit les liens naturels qui doivent exister entre les membres d'un même peuple. Il espérait initier un processus qui rétablirait ces liens, aux dépens de l'obsession de la vengeance pour les injustices subies. Il définissait l'*ubuntu* ainsi : « Nous appartenons au même faisceau de vie. Nous avons un principe : “Un être humain n'existe qu'en fonction des autres êtres humains”[20]. »

Dans une autre partie du monde, l'humanité partagée était considérée comme cruciale : en Chine, dans l'ancienne tradition de la philosophie confucéenne. Kongzi, Maître Kong, celui que les Européens connaissent sous le nom de Confucius, qui vécut peu de temps avant Démocrite et Protagoras, prodigua une multitude de conseils à ses disciples. Après sa mort, survenue en 479 avant J.-C., ils se mirent à recueillir et à développer au fil des années tout ce qu'il avait pu dire, ses *Entretiens*, qui abordent les questions de moralité, de convenances sociales, donnent des conseils politiques et des vues philosophiques de toutes sortes. Un terme clé traverse ce recueil : *ren*. Il peut être traduit de multiples manières : « bienveillance », « bonté »,

« vertu », « sagesse morale » – ou bien simplement « humanité », puisque c'est ce que l'on cultive si l'on veut devenir plus pleinement et plus profondément humain[21]. Sa signification est très proche de celle de *humanitas*.

Lorsque des disciples demandèrent à Kongzi de mieux expliquer *ren*, et de proposer un terme unique qui pourrait constituer un bon guide pour vivre, il répondit *shu* : un réseau de réciprocité entre les gens. *Shu*, dit-il, signifie que nous ne devrions pas faire aux autres ce que nous ne voudrions pas qu'ils nous fassent[22]. La formule nous est familière, parce que ce principe se trouve dans beaucoup d'autres religions et traditions éthiques autour du monde, où elle est parfois appelée « la Règle d'or ». Le théologien juif Hillel l'Ancien dit ainsi : « Ce qui est détestable à tes yeux, ne le fais pas à ton prochain. Toute la Torah est là ; le reste n'est que commentaire ; va et apprends[23]. » Le *Mahābhārata* hindou et les Écritures chrétiennes renversent les choses : Fais aux autres ce que tu voudrais qu'ils te fassent – même si, comme le souligna facétieusement George Bernard Shaw, cette version-là est moins fiable, puisque « leurs goûts peuvent différer des tiens[24] ».

Ce sont là autant de manières de dire que notre vie morale dépend de notre relation aux autres. Notre éthique a pour fondement le sentiment de camaraderie, non la surveillance et le jugement selon des principes divins. La bonne nouvelle, c'est que nous paraissons – la plupart d'entre nous – ressentir spontanément cette étincelle fondamentale de camaraderie, parce que nous sommes des êtres hautement socialisés et que nous avons grandi en relation permanente avec ceux qui nous entourent.

L'un des disciples ultérieurs de Kongzi, Mengzi (ou Maître Meng ou Mencius), fit de cette disposition spontanée le point de départ de toute une théorie de la bonté de l'humanité. Il invite le lecteur à en trouver la source en lui-même. Imaginez que vous sortez un jour et que vous voyez un petit enfant sur le point de tomber dans un étang. Que ressentez-vous ? Très certainement le besoin irrépressible de bondir et de sauver l'enfant. Cette réaction ne procède d'aucun calcul ni d'aucun raisonnement, ni même d'aucun commandement. C'est votre « graine » morale qui vous pousse à agir – même s'il vous faudra encore y réfléchir et la faire grandir pour qu'elle devienne une morale à part entière[25].

Le besoin de faire germer et de cultiver notre potentiel de cette manière-là est une autre idée qui traverse la tradition humaniste. Telle est la raison pour laquelle l'éducation est primordiale. Enfants, nous apprenons de nos parents, de nos professeurs ; plus tard, nous continuons à nous épanouir à travers nos expériences et nos apprentissages. Nous pouvons être humains sans bénéficier d'une éducation poussée, naturellement, mais pour réaliser pleinement notre *ren*, notre *humanitas*, le mentorat et l'élargissement de nos perspectives sont inestimables.

Être bien éduqué s'avère tout particulièrement important pour ceux qui organisent les systèmes politique et administratif. Pour Kongzi et ses disciples, les dirigeants et les mandarins devaient impérativement s'initier à leurs tâches à travers de longues études spécialisées, apprendre à bien parler et connaître les traditions utiles à leur carrière, s'immerger dans la littérature et dans les autres humanités. Avoir des gens cultivés à la tête d'un pays est bon pour toute la société, dit Kongzi, parce que les dirigeants vertueux incitent la population à vivre selon le même modèle[26].

En Grèce, Protagoras aussi croyait à l'éducation, et il pouvait bien y croire, lui qui gagnait très bien sa vie (trop bien, selon certains) en tant que précepteur itinérant, préparant des jeunes gens aux carrières politiques et juridiques en leur apprenant à bien parler, à argumenter et à convaincre. Il se piquait même de leur apprendre à devenir vertueux : il pouvait aider ses élèves à « acquérir un caractère bon et noble, méritant assurément le salaire qu'il demande, et plus encore[27] ».

Pour attirer de nouveaux élèves, Protagoras racontait une histoire illustrant pourquoi l'éducation était vitale. À l'aube de l'humanité, disait-il, les gens n'avaient aucune qualité particulière, jusqu'au jour où deux Titans, Prométhée et Épiméthée, volèrent aux dieux le feu, mais aussi l'agriculture, la couture, l'architecture, le langage et même l'observance religieuse. Le mythe du vol réalisé par Prométhée et du châtiment qu'il reçut est bien connu, mais la version de Protagoras comporte quelques variantes[28]. Lorsque Dieu voit ce qui s'est passé, il leur accorde un cadeau en plus, en bonus : la capacité de forger des amitiés et d'autres liens sociaux. Les humains pourront désormais coopérer. Mais pas si vite : pour l'instant, ils n'en ont que la *capacité*. Ils possèdent une graine. Pour développer une société véritablement prospère et bien organisée, les humains doivent faire pousser cette graine et, pour cela, ils doivent apprendre eux-mêmes et enseigner aux autres. C'est là quelque chose que nous devons prendre en compte nous-mêmes. Nous sommes pourvus de dons, mais ces dons ne valent rien si nous ne parvenons pas à collaborer et à en faire usage ensemble.

Sous l'amour des humanistes pour l'éducation, il y a un grand optimisme concernant ce qu'elle peut nous apporter. Peut-être sommes-nous bons, au départ, et nous pouvons encore être meilleurs. Nos réalisations présentes sont là pour que nous construisions dessus – et ce faisant nous pourrons aussi prendre plaisir à contempler ce que nous aurons fait.

L'exaltation de l'excellence humaine devint un genre littéraire très apprécié chez les humanistes. L'homme d'État romain Cicéron écrivit un dialogue dont une partie en fait l'éloge[29] ; plus d'un lui emboîtèrent le pas. Le genre atteignit son apogée en Italie avec des œuvres comme *Sur la dignité et l'excellence de l'homme*, écrit dans les années 1450 par le diplomate, historien, biographe et traducteur Giannozzo Manetti[30]. Regardez, dit Manetti, les choses merveilleuses que nous avons créées ! Regardez notre architecture, depuis les pyramides jusqu'au dôme de la cathédrale récemment édifiée par Filippo Brunelleschi à Florence, ou bien regardez les portes de bronze doré du baptistère, non loin de là, conçues par Lorenzo Ghiberti. Ou encore les peintures de Giotto, la poésie d'Homère ou de Virgile, les histoires d'Hérodote et d'autres ; sans parler des philosophes ou des physiciens qui ont exploré la nature, comme Archimède qui a étudié le mouvement des planètes.

> Ces inventions sont les nôtres, en effet, elles sont humaines, parce qu'elles sont perçues comme l'œuvre des humains : toutes les maisons, tous les villages, toutes les villes, toutes les structures présentes sur la Terre... Ces peintures sont les nôtres, ces sculptures sont les nôtres ; ces savoir-faire, ces sciences, ces connaissances sont les nôtres... Toutes les différentes langues et leurs alphabets sont les nôtres[31].

Manetti célèbre les plaisirs physiques de la vie, mais aussi les délices plus subtiles qui nous viennent du plein usage de nos facultés mentales et spirituelles : « Quel plaisir tirons-nous de notre faculté à apprécier, mémoriser et comprendre[32] ! » Le cœur du lecteur se gonfle de fierté – mais ce sont nos *activités* qu'il loue, pour dire que, plutôt que de nous reposer et de nous vanter, nous devrions poursuivre nos efforts afin de faire mieux. Nous construisons une sorte de seconde Création, en complément de celle de Dieu. Nous-mêmes, nous sommes en chantier. Il nous reste encore beaucoup à faire.

Manetti, Térence, Protagoras, Kongzi – chacun d'eux contribua à tisser les fils de la tradition humaniste au cours de plusieurs milliers d'années et dans différentes cultures. Ils partagent un même intérêt pour ce que les humains peuvent faire, et ils espèrent tous que nous pourrons faire plus encore. Ils accordent souvent une grande valeur à l'étude et à la connaissance. Ils tendent vers une éthique fondée sur nos relations avec les autres et sur notre existence de simples mortels ici-bas, plutôt que sur l'anticipation d'un au-delà après la mort. Et ils cherchent tous à faire le lien, à *relier* pour mieux vivre au sein de nos réseaux culturels et moraux, et au contact de ce grand « faisceau de vies » dont nous émergeons tous et où nous trouvons des objectifs et du sens.

La pensée humaniste ne se réduit pas à cela, et nous allons rencontrer beaucoup d'autres types d'humanistes dans ce livre. Mais je voudrais d'abord vous raconter ce qui l'a toujours accompagnée.

Durant tout ce temps, une ombre a suivi la tradition humaniste dans sa course. Elle est tout aussi étendue et longue, et nous pourrions l'appeler la tradition *antihumaniste*.

Pendant que les humanistes listent tous les éléments qui font le bonheur et l'excellence des humains, les antihumanistes siègent à leurs côtés et dénombrent avec autant d'empressement nos misères et nos échecs. Ils désignent les nombreuses manières que nous avons de ne pas être à la hauteur, ainsi que l'inadéquation de nos talents et de nos capacités face aux problèmes qui sont les nôtres, par exemple face à la quête de sens dans cette vie. Les antihumanistes désapprouvent souvent l'idée de jouir des plaisirs terrestres. À la place, ils plaident pour un changement radical de notre existence, soit en nous détournant du monde matériel, soit en restructurant complètement notre vie politique – ou individuelle. En morale, ils accordent moins d'importance à une bonne nature ou à des liens personnels qu'à l'obéissance aux lois d'une autorité supérieure, qu'elle soit sacrée ou séculière. Et loin de louer nos meilleures réalisations comme la base d'améliorations futures, ils tendent à croire que ce dont les humains ont le plus besoin, c'est d'être humiliés.

Dans la pensée confucéenne, par exemple, la philosophie de Mengzi trouva son contrepoids dans celle d'un autre penseur, Xunzi, qui décrivait la nature humaine comme « détestable » dans son état originel[33]. Pour lui, elle ne saurait être améliorée autrement que par un remodelage, comme un charron chaufferait du métal pour lui donner une forme différente. Mengzi et lui étaient d'accord sur l'utilité de l'éducation, mais Mengzi pensait que nous en avions besoin pour faire croître nos graines naturelles de vertu, alors que Xunzi soutenait que nous en avions besoin pour nous détacher de nos penchants naturels.

La chrétienté présentait les deux options. Certains des premiers chrétiens étaient très humanistes : pour eux, un éloge de l'humain était aussi une forme d'éloge de Dieu, puisqu'Il nous a faits tels que nous sommes. Le théologien du quatrième siècle Némésios d'Émèse rappelle beaucoup Manetti lorsqu'il écrit de l'humain : « Pourrait-on énumérer tous les privilèges de cet être ? Il traverse les mers ; il parcourt le ciel, par la pensée ; il prend connaissance du mouvement, de la distance, et de la grandeur des astres ; [...] il dompte les bêtes féroces et les monstres marins ; il perfectionne toute science, tout art, et toute méthode ; au moyen des lettres, il s'entretient avec qui il veut, malgré l'éloignement[34]. » Mais quelques années plus tard, le camarade théologien de Némésios, Augustin d'Hippone, autrement influent, formula le concept de péché originel, selon lequel nous sommes tous nés fondamentalement *mauvais* (à cause d'Adam et Ève) et même les nouveau-nés viennent au monde dans un état de péché dont ils devraient passer leur vie à chercher la rédemption promise[35].

L'attaque la plus dévastatrice, on la doit, dans les années 1190, au cardinal Lotario dei Segni, le futur pape Innocent III, et à son traité intitulé *De la misère de l'homme*. (Cet essai fut plus tard la cible principale de Manetti dans son propre ouvrage, où il chercha à le réfuter point par point.) Le cardinal raconte en effet une sinistre histoire : il décrit la nature basse et mauvaise de l'être humain depuis sa conception. N'oubliez jamais, nous prévient-il, que vous n'étiez au commencement qu'un amas de mucus, de poussière et de graines sales, émis dans un moment de concupiscence. Ensuite, fœtus dans un giron, vous vous nourrissez d'un suc maternel mêlé de sang, un fluide si vil qu'il peut faire jaunir l'herbe, flétrir les vignes et donner la rage aux chiens. Puis vous naissez, tout nu, ou pire, vêtu de glaires. En grandissant, vous prenez la forme ridicule d'un arbre à l'envers, vos cheveux ressemblent à des racines emmêlées, votre torse à un tronc, vos jambes à deux branches. Êtes-vous fier d'escalader des montagnes, de naviguer sur les mers, de tailler et de polir des pierres pour les rendre précieuses, de construire avec du fer ou du bois, de tisser des habits à partir de simples fils, ou de réfléchir avec profondeur à la vie ? Vous ne devriez pas l'être, car ce ne sont là que des activités vaines auxquelles vous vous adonnez probablement par cupidité ou par orgueil. La vraie vie, c'est du labeur, de l'angoisse et de la souffrance – jusqu'à votre mort, après quoi votre âme pourra finir dans les flammes de l'enfer tandis que votre corps satisfera la voracité des vers. « Ô combien vile est l'ignoble existence humaine ! Ô combien est ignoble la vilénie humaine[36] ! »

Le but de cette débauche d'horreurs est de nous choquer, de nous réveiller, pour que nous comprenions que nous avons besoin de nous convertir. Il s'agit de nous détourner de ce qu'Augustin appelait la « Cité des hommes » et de nous tourner vers la « Cité de Dieu ». Ce que nous prenons pour des plaisirs et des accomplissements ici-bas n'est que vanité. « Ne cherchez point de satisfaction dans la terre, n'espérez rien des hommes », écrivit le mystique et mathématicien Blaise Pascal beaucoup plus tard, « votre bien n'est qu'en Dieu[37] ». Dans des conférences de 1901-1902, le philosophe William James analysa ce mécanisme en deux temps propre à la religion : d'abord, nous sommes mis mal à l'aise, gagnés par le sentiment « qu'il y a *quelque chose en nous qui va mal* » ; puis la religion fournit la solution : « sentir que nous sommes *sauvés de ce mal* en entrant en rapport avec les puissances supérieures[38] ».

Ce scénario n'est toutefois pas propre à la religion. La politique n'est pas en reste. Au vingtième siècle, les fascistes commencèrent par affirmer qu'il y avait quelque chose qui n'allait pas du tout dans la société, mais qu'on pouvait réparer cela si les existences étaient subordonnées aux intérêts de l'État. Les régimes communistes diagnostiquèrent aussi des erreurs dans le système capitaliste et proposèrent de les corriger par une révolution. La nouvelle société pourrait avoir besoin, provisoirement, d'être soutenue par la force, mais cela en valait la peine, puisque cela conduirait le peuple à la terre idéologique promise, un état de grâce dans lequel il n'y aurait plus d'inégalités ni de souffrances. Les deux systèmes étaient officiellement athéistes, à ceci près qu'ils remplaçaient Dieu par une transcendance analogue : l'État nationaliste, ou la théorie marxiste, plus un culte de la personnalité centré sur le chef. Ils écartèrent la liberté et les valeurs humaines ordinaires pour offrir en échange la chance d'accéder à un sens supérieur ou à une « vraie » liberté[39]. À chaque fois que nous voyons des dirigeants ou des idéologies soumettre la conscience, la liberté et la raison des êtres humains à la promesse de quelque chose de supérieur, l'antihumanisme a probablement l'ascendant.

L'opposition entre humanisme et antihumanisme ne se superpose donc jamais exactement à celle de la religion et du doute ; de même qu'il y a des athées antihumanistes, la plupart des religions continuent d'inclure des éléments humanistes qui n'ont que peu de rapport avec leur modèle de salut. Souvent, un jeu d'équilibriste s'ensuit. Innocent III lui-même envisagea, semble-t-il, d'écrire un traité sur l'excellence de l'homme, en complément de son traité sur sa misère – mais la persécution des hérétiques et le lancement des croisades (deux activités dans lesquelles il se distingua) ne lui en laissèrent guère le temps. Nous autres êtres humains dansons de longue date avec nous-mêmes : les idées humanistes et antihumanistes ont toujours œuvré en sens contraire, mais ce faisant, elles se sont aussi renouvelées, et galvanisées l'une l'autre.

Humanisme et antihumanisme coexistent souvent au sein d'une même personne. Chez moi, en tout état de cause. Quand notre monde semble aller mal, quand la guerre, la tyrannie, le sectarisme, la cupidité et la dégradation de l'environnement semblent passer inaperçus, mon antihumanisme intérieur marmonne ses imprécations contre les humains, qui ne valent décidément rien. Je perds espoir. À d'autres moments, cependant, j'entends parler (par exemple) d'équipes de scientifiques ayant conçu et lancé un nouveau type de télescope spatial – si puissant qu'il peut nous dévoiler des parties de l'univers vieilles de plus de treize milliards d'années, soit presque aussi anciennes que le Big Bang – et je me dis : quel animal extraordinaire est capable d'une chose pareille ! Ou bien je lève les yeux vers le bleu céleste des vitraux de la cathédrale de Chartres, réalisés aux douzième et treizième siècles par des artisans qui ont disparu depuis bien longtemps : quel savoir-faire, quelle piété ! Ou bien j'assiste simplement à des actes bons ou héroïques que les gens réalisent chaque jour les uns pour les autres, et il n'est alors plus rien en moi qui ne soit pas optimiste et humaniste.

Ce jeu de balance n'est pas une mauvaise chose. L'antihumanisme nous défend utilement contre la vanité ou la complaisance ; il fournit un réalisme revigorant quant à ce qu'il y a de faible ou de pernicieux en nous. Il nous prévient contre la naïveté et nous prépare au fait que, à tout moment, nos semblables et nous-mêmes sommes susceptibles d'accomplir quelque chose de stupide ou de méchant. Il force l'humanisme à poursuivre le travail qui le justifie.

Dans le même temps, l'humanisme nous alerte si nous négligeons nos tâches ici-bas au profit de rêves de paradis, terrestres ou non. Il nous aide à lutter contre l'intoxication des extrémismes et de leurs promesses, et il nous garde du désespoir qu'entraîne l'obsession de nos fautes. Plutôt qu'un défaitisme qui rejetterait tous nos problèmes sur Dieu, notre propre nature biologique ou les lois inexorables de l'Histoire, il nous rappelle notre responsabilité d'êtres humains quant à ce que nous faisons de notre vie, et il nous invite instamment à rester attentifs aux défis planétaires et à notre bien-être commun.

Tel est notre balancier – mais je reste avant tout une humaniste, je crois que l'humanisme brandit le meilleur drapeau, même si les humanistes ne sont guère du genre à brandir des drapeaux. S'ils devaient néanmoins écrire des mots sur une bannière, ces mots pourraient désigner trois principes : liberté de pensée, enquête et espérance, des principes qui prennent différentes formes selon le type d'humaniste que vous êtes – la recherche aura un sens différent pour le savant des humanités et pour le militant en faveur de l'éthique non religieuse –, mais qui réapparaîtront très souvent dans les nombreuses histoires humanistes que nous allons rencontrer dans les pages qui suivent.

Liberté de pensée : parce que bien des humanistes préfèrent mener leur vie selon leur propre conscience morale, ou selon des données empiriques en fonction de leurs responsabilités sociales et politiques, plutôt que selon des dogmes que rien ne justifie sinon la référence à une autorité.

Enquête : parce que les humanistes croient aux études et à l'éducation, et qu'ils essaient d'exercer leur réflexion critique et de l'appliquer aux textes sacrés comme à toute autre source considérée comme incontestable.

Espérance : parce que les humanistes sentent que, en dépit de toutes nos défaillances, il reste humainement possible de réaliser des choses de grande valeur durant notre brève existence sur Terre, que ce soit en littérature, en art, dans la recherche historique, dans l'enrichissement des connaissances scientifiques ou dans l'amélioration de notre bien-être et de celui d'autrui.

Pendant que je travaillais à ce livre, de sinistres événements ont eu lieu dans le monde. Les dirigeants nationalistes et populistes semblent avoir le vent en poupe, les tambours de guerre battent leur plein, et il peut s'avérer difficile de ne pas sombrer dans le désespoir quant au futur de l'humanité et de notre planète. Je reste cependant convaincue que toutes ces choses ne doivent nous faire renoncer ni à la libre-pensée, ni à notre esprit d'enquête, ni à l'espérance. Au contraire, je crois que nous en avons plus besoin que jamais. Ce fut un moteur pour tout ce que vous allez lire ici.

Et maintenant – au cas où nous penserions être mal lotis –, tournons-nous vers le sud de l'Europe des années 1300. Parmi des scènes de chaos, de maladie, de souffrance et de deuil, quelques rares enthousiastes s'emparèrent de fragments d'un passé plus lointain encore et les utilisèrent pour prendre un nouveau départ. Ce faisant, ils devinrent les premiers des grands humanistes des lettres.

1.
Le monde des vivants

Les années 1300

Pétrarque et ses livres – Boccace, conteur et érudit – c'est du grec pour eux – Léonce Pilatus, le traducteur hirsute – la peste – pertes et consolations – éloquence – remèdes aux caprices du sort – une vision de la lumière.

Si vous aviez le choix, vous ne voudriez probablement pas naître dans la péninsule italienne du début du quatorzième siècle. La vie y était peu sûre, à cause des hostilités permanentes entre les villes et les partis politiques. Le long conflit qui opposa les factions connues sous les noms de guelfes et gibelins ne se résolut que pour voir les guelfes victorieux se diviser en deux factions, « les blancs » et « les noirs », qui se mirent à se battre entre elles. Rome, le centre historique de la chrétienté, était abandonnée par un pape assiégé, Clément V ; il avait fui ses ennemis et transféré sa cour en Avignon, une petite ville au climat terrible située de l'autre côté des Alpes, qui n'avait rien demandé. La papauté allait y rester plusieurs décennies, laissant derrière elle Rome, son chaos et ses ruines envahies par la végétation. La Toscane était frappée par le mauvais temps et par la famine – et des maux pires encore allaient survenir.

Cette région tourmentée n'en produisit pas moins un déferlement d'énergie littéraire. Au cours de ce quatorzième siècle, de nouvelles générations d'écrivains apparurent, guidées par un esprit de renouveau. Elles espéraient renouer, par-delà les troubles de leur époque, et même par-delà les fondations de la chrétienté, avec les écrivains du monde romain antique, dont les œuvres étaient plus ou moins tombées dans l'oubli. Ces nouveaux écrivains se tournèrent vers un ancien modèle d'art de vivre fondé sur l'amitié, la sagesse, la vertu, l'art de régner et l'éloquence. Ils créèrent à partir de ces éléments une littérature qui se déploya dans des genres multiples. Leur arme était les *studia humanitatis* : les humanités.

Des signaux d'un intérêt renouvelé pour les humanités étaient apparus durant les décennies précédentes, notamment depuis les visions cosmiques de Dante Alighieri, promoteur de la langue toscane passé maître dans l'art littéraire de se venger de ses ennemis en les livrant à l'Enfer haut en couleurs qu'il avait inventé. Le véritable commencement d'un nouveau commencement vint toutefois avec la génération suivante et deux écrivains originaires, comme lui, de Toscane : Francesco Petrarca, autrement dit Pétrarque, et Giovanni Boccaccio – Boccace. Ils inventèrent l'art de vivre qui allait plus ou moins devenir pour les deux siècles suivants celui des humanistes – terme qu'ils n'utilisèrent jamais pour se désigner. L'emploi courant du mot *umanisti* n'advint que plus tard, mais Pétrarque et Boccace en ont dessiné le profil, si bien qu'il semble raisonnable de les appeler ainsi, eux aussi.

Tous les deux commencèrent de la même façon : ils se rebellèrent contre ce que leurs pères avaient voulu pour eux. Dans le cas de Pétrarque, le droit ; dans celui de Boccace, le choix entre le commerce ou l'Église. Chacun de son côté préféra emprunter une autre voie : la vie littéraire. La contre-culture peut prendre beaucoup de formes : dans les années 1300, cela pouvait signifier lire beaucoup Cicéron et collectionner des livres. Le plus âgé des deux était Pétrarque. Il était né en 1304 à Arezzo. Il aurait dû voir le jour à Florence, mais ses parents appartenaient à la faction blanche quand les guelfes noirs prirent la ville. Ils durent s'enfuir, avec un groupe de réfugiés qui comprenait Dante, autre guelfe blanc. Les parents de Pétrarque n'allaient jamais revenir, et Dante non plus.

Pétrarque naquit donc en exil. Il passa ses premières années dans une succession de fuites et de refuges temporaires, ces pauses pouvant durer quelques mois comme quelques années, avant que sa famille ne reprenne la route. Dans sa petite enfance, il faillit se noyer durant l'un de leurs voyages : un serviteur qui le portait sur le dos d'un cheval glissa en traversant une rivière et faillit le lâcher. Plus tard, toute la famille échappa de justesse à un naufrage au large de Marseille. Ils survécurent et gagnèrent Avignon, où son père trouva du travail à la cour du pape. Ils s'installèrent non loin de là et Pétrarque grandit à l'intérieur et autour de cette ville – qu'il n'aimait pas du tout, même si, adolescent puis jeune homme, il en apprécia parfois la vie nocturne. Bien des années plus tard, il se rappela dans une lettre à son plus jeune frère qu'ils essayaient alors des habits élégants et parfumés, et qu'ils vérifiaient les boucles de leur coiffure avant de sortir s'amuser[1].

Le père de Pétrarque était notaire ; il était donc naturel que son fils se prépare à une carrière dans un domaine lié au droit. Mais Pétrarque détesta les études juridiques. Alors qu'il était censé travailler dur, à Montpellier puis à Bologne, il employa une bonne partie de son énergie à collectionner les livres. C'était bien avant l'invention de l'imprimerie ; la seule manière de dégoter de quoi lire était de trouver des manuscrits à acheter, à emprunter ou à transcrire – démarches qu'il effectua avec empressement.

Il essuya un revers lorsque son père jeta sa modeste première collection au feu, sans doute dans l'espoir d'aider le jeune homme à se concentrer sur le droit. Le père se ravisa néanmoins, au dernier moment, et retira deux livres des flammes : celui de Cicéron sur la rhétorique, qui pouvait d'ailleurs s'avérer utile pour une carrière dans le droit, et un volume de poésie de

Virgile, que Pétrarque eut le droit de conserver pour ses loisirs[2]. Ces deux auteurs ne le quittèrent jamais et ils continueraient à être révérés par les humanistes à venir : Virgile pour la beauté de sa poésie et pour sa réinvention des mythes antiques, Cicéron pour ses réflexions sur la morale et sur la politique, et pour l'extraordinaire élégance de sa prose latine.

Au début, Pétrarque faisait profil bas – le nez dans les études –, mais lorsqu'il eut vingt-deux ans et que son père mourut, il abandonna le droit et retourna en Avignon pour y mener une tout autre vie : la vie littéraire. Il adopta alors une stratégie qu'il allait suivre durant toute sa carrière : travailler dans l'entourage de protecteurs puissants, en échange d'une sécurité financière et souvent d'une agréable maison (ou de deux) où habiter. Les mécènes pouvaient être des nobles, des princes ou des autorités ecclésiastiques ; pour plaire à ces derniers, lui-même était rentré dans les ordres mineurs. Sa mission comprenait différents services diplomatiques et du secrétariat, mais elle impliquait surtout de produire des compositions plaisantes, flatteuses, stimulantes ou réconfortantes. La tâche principale revenait donc à faire ce que Pétrarque aimait le plus : lire et écrire.

Et il s'en donna à cœur joie ! Il conçut des traités, des dialogues, des récits personnels, de petites biographies comme des célébrations triomphales, des poèmes en latin, des consolations comme des invectives cinglantes. Pour son propre plaisir comme pour celui d'autrui, il écrivait de magnifiques poésies d'amour en langue vernaculaire, développant et parachevant sa propre version de la forme du sonnet (aujourd'hui encore appelée sonnet pétrarquien). Un grand nombre de ces vers étaient écrits en l'honneur d'une femme idéalisée qu'il appelait « Laure » et qu'il disait avoir vue pour la première fois dans une église d'Avignon le 6 avril 1327 – date qu'il consigna dans les précieuses pages d'un manuscrit de Virgile[3]. Ses lamentations échevelées sur la nature inaccessible et insaisissable de cette femme inspireraient des générations de poètes après lui.

Quand ses devoirs envers ses protecteurs ne l'obligeaient pas à être en ville, Pétrarque se trouvait souvent récompensé pour son travail par la possibilité de vivre dans de belles demeures à la campagne. Ces interludes nourrissaient son inspiration ; il passait ces périodes d'oisiveté féconde à se promener dans les bois ou au bord des rivières, à fréquenter des amis ou simplement à se plonger dans ses très chers livres. Entre trente et quarante ans, il vécut dans une maison dans un village du Vaucluse, au bord des eaux claires de la Sorgue, non loin d'Avignon. Plus tard, il put bénéficier d'une maison dans les monts Euganéens, près de Padoue, ou, auparavant, d'une autre à Garegnano, près de Milan, au bord d'une rivière aussi, où il pouvait écouter « la variété des chants des oiseaux multicolores dans les branches » et se livrer à des expérimentations botaniques en plantant différentes sortes de buissons de laurier dans le jardin[4].

Le choix du laurier n'était pas anodin, tout comme le pseudonyme de « Laure » donné à son grand amour. Dans l'ancien monde, les poètes étaient récompensés par des couronnes de laurier. Cet usage avait récemment été ressuscité par un poète de Padoue, Albertino Mussato ; il s'en était récompensé lui-même[5]. Pétrarque reçut sa propre couronne lors d'une cérémonie officielle, celle-là, à Rome, en 1341, après la récitation de son long poème *L'Afrique* (consacré au général romain Scipion l'Africain) et un discours qu'il tint à la gloire de la poésie. Flatté, ravi et content de lui, il était tout à fait conscient de l'origine de cette tradition. Il faut dire que Pétrarque n'était pas dépourvu de vanité, et qu'il versait parfois dans la suffisance. Il prétendit toujours mépriser sa propre célébrité et être épuisé par le nombre d'admirateurs qui venaient frapper à sa porte (ou à ses portes). Mais il est clair que cela lui plaisait beaucoup. Il s'éleva jusqu'à atteindre sa pleine hauteur – laquelle était considérable, au sens propre comme au figuré. Une description ultérieure due à Giannozzo Manetti, fondée sur différents témoignages, décrit Pétrarque comme un homme particulièrement grand et à l'aura « majestueuse[6] ».

Malgré ses grands airs, il garda toute sa vie les séquelles psychologiques de l'insécurité qu'il avait connue enfant. À côté de moments d'autosatisfaction, il connut des périodes de dépression, ou d'acédie – l'incapacité à ressentir quoi que ce soit, même le malheur. Tout lui semblait parfois incertain et inaccessible ; âgé de plus de cinquante ans, il se décrivit dans une lettre comme « ne [s']accordant aucun mérite, n'affirmant rien et doutant de tout ce dont [il pouvait] douter sans commettre de sacrilège[7] ».

À d'autres moments, il paraissait plus sûr de lui, et cela en large partie grâce à la forme de finalité qu'il décelait dans sa vocation pour la vie littéraire. Même si l'Église employait depuis longtemps déjà des secrétaires qui devaient être pourvus de talent littéraire, aucun ne se consacra à son rôle d'homme de lettres autant que Pétrarque. Il semblait garder constamment à l'esprit les plus hauts exemples du passé antique : des modèles lointains mais d'autant plus puissants, grâce à leur magnifique distance. À ses yeux, ils lui assignaient des tâches morales.

Quand il ne songeait pas au passé, il entremêlait intimement sa vie et ses écrits à ceux de ses contemporains. Il développa un large cercle de précieux amis : des gens éduqués, dotés de penchants littéraires, et parfois riches et puissants. Il fit circuler ses œuvres parmi eux ; ainsi ses écrits n'eurent-ils pas pour seuls lecteurs les mécènes auxquels ils étaient dédiés. Ce cercle devint aussi pour lui un réseau fort utile de chercheurs de livres. À chaque fois que ses amis allaient quelque part, il leur donnait une liste. Lorsqu'il envoya l'une de ces listes à Giovanni dell'Incisa, le prieur de Saint-Marc à Florence, Pétrarque lui demanda de la montrer à tous ceux qu'il connaissait en Toscane : « Qu'ils vident les placards et les coffres de leurs ecclésiastiques ou de leurs hommes de lettres, pour le cas où il en ressortirait quelque chose qui soit susceptible d'apaiser ou d'irriter ma soif[8]. » Les manuscrits laborieusement copiés et prêtés par des voies précaires traversaient la péninsule italienne, au gré de routes dangereuses infestées de voleurs ; et il fallait aussi que les ouvrages empruntés retrouvent le chemin du retour. Pétrarque lui-même était souvent en voyage, pour ses missions professionnelles comme pour répondre à des invitations, et partout où il allait, il faisait halte dans chaque monastère qu'il apercevait sur son chemin : « Qui sait s'il n'y a pas là quelque chose que je cherche[9] ? » Il entrait et demandait à fouiller. S'il trouvait un texte qui avait de la valeur, il pouvait rester plusieurs jours, voire plusieurs semaines, pour le copier lui-même.

Imaginez un peu devoir copier à la main chaque mot de chaque livre dont vous voulez enrichir votre bibliothèque. Même Pétrarque trouvait cela exténuant. Dans une lettre, il raconte comment il recopie lentement un long texte de Cicéron qu'un ami lui a prêté, tout en essayant de le mémoriser. Ses mains se raidissent et lui font mal. Au moment où il se croit sur le point d'abandonner, il tombe sur un passage où Cicéron évoque la copie qu'il a dû faire des discours d'un autre. Pétrarque se sent puni : « J'ai rougi comme un soldat embarrassé que son respectable commandant réprimande[10]. » Si Cicéron pouvait le faire, alors lui aussi.

À d'autres moments, Pétrarque trouvait du réconfort, plutôt que de la fatigue, dans l'acte d'écrire. C'était presque une addiction : « Quand je n'écris pas, je suis tout le temps léthargique et tourmenté. » Un ami qui le voyait travailler extrêmement dur à un poème épique tenta d'intervenir. Il demanda à Pétrarque la clé de son armoire. Dès qu'il l'eut, il s'empara des livres et du matériel d'écriture de Pétrarque, jeta tout à l'intérieur, ferma à clé et s'en alla. Le lendemain, Pétrarque eut la migraine toute la journée, et le surlendemain il était fiévreux. L'ami lui rendit la clé[11].

Souvent, Pétrarque ne se contentait pas de copier. Non seulement il essayait de retenir ce qu'il lisait, mais il appliquait sa propre érudition grandissante à chaque nouvelle découverte. Il fut un pionnier dans l'art de l'édition critique : il utilisait des manuscrits fraîchement découverts pour établir des versions plus complètes de textes anciens qui avaient jusque-là survécu sous forme de fragments ; il s'attelait du mieux qu'il le pouvait à les ajuster correctement les uns aux autres. Sa production la plus importante en la matière fut une édition de Tite-Live, un historien romain dont il ne restait que des parties de l'œuvre monumentale. (Elle est aujourd'hui encore incomplète[12], mais moins qu'au temps de Pétrarque.) Comme il en avait découvert de nouveaux fragments dans différents manuscrits, il rassembla en un seul volume toutes ses copies. Le livre qui en résulta appartint à un grand érudit du siècle suivant, Laurent Valla (que nous rencontrerons le moment venu) ; Valla y ajouta d'autres notes de sa façon, pour l'améliorer encore. C'était là précisément ce que des générations d'humanistes continueraient de faire et d'aimer : augmenter le savoir, utiliser les faits pour enrichir des textes et les rendre plus exacts. Pétrarque leur avait montré la voie.

Les écrivains qu'il étudiait lui donnaient souvent du courage, voire l'inspiraient pour sa propre écriture. Une découverte particulièrement galvanisante fut l'une des toutes premières qu'il fit : celle du discours de Cicéron *Pro Archia*. Prononcé à Rome en l'an 62 avant J.-C., c'était une défense du poète Archias, lequel était un immigrant qui se voyait refuser la citoyenneté de la ville pour un détail technique. Pour Cicéron, les « études humaines et littéraires » promues par Archias avaient valu tant de plaisir et de bénéfices moraux à la société romaine que, raison valable ou non, il fallait lui accorder le droit de cité[13]. Pétrarque trouva le texte intégral de cette plaidoirie dans un monastère de Liège, alors qu'il voyageait dans la région avec des amis. Ils durent tous l'attendre plusieurs jours, tandis qu'il en faisait sa propre copie pour l'emporter[14]. C'était là le texte parfait pour quelqu'un qui se lançait dans la vie littéraire : on pouvait en déduire que Cicéron approuvait une telle vie.

Une autre œuvre de Cicéron lui apporta quelque chose de plus : un projet précis à imiter. Douze ans après sa découverte de Liège, Pétrarque fouinait autour de la bibliothèque de la cathédrale de Vérone quand il trouva trois copies manuscrites des lettres de Cicéron, y compris celles qu'il avait adressées à son ami de toute une vie, Atticus[15]. Ces lettres fascinèrent Pétrarque parce qu'elles révélaient un côté plus personnel de Cicéron, l'écrivain et l'ami qui réfléchissait à des dilemmes et des émotions, et qui réagissait aux événements politiques de son temps. Pétrarque était fasciné par l'idée de rassembler des lettres dans un recueil en les choisissant et en les classant pour en faire une œuvre littéraire cohérente.

Pétrarque aussi était un correspondant prolifique ; lui aussi dans ses lettres écrivait sur tout ce qui l'intéressait. Il répondait aux réflexions et aux questions de ses amis, puisait dans son stock de connaissances pour y trouver des reparties et des exemples, discutait de plans de recherche et offrait ses conseils. Il découvrit les lettres de Cicéron alors qu'il venait d'avoir quarante ans et qu'il se sentait prêt pour un bilan à mi-parcours de sa vie ; et il comprit qu'il pouvait faire comme lui. Il pouvait s'isoler et reprendre ses propres lettres, les copier, les polir, les mettre dans un ordre satisfaisant, puis les laisser circuler parmi ceux qui se montreraient intéressés – ce qui lui apporterait plus de correspondants et de nouveaux amis à qui écrire encore plus de lettres.

Cela lui prit quatre ans, mais il parvint à produire un premier recueil connu sous le titre *Familiares*, ou *Lettres familières*. Celui-ci fut suivi d'un second : *Seniles*, ou *Lettres de vieillesse*. L'ensemble constitue son œuvre la plus plaisante et la plus vaste, regorgeant d'expressions chaleureuses, attristées, inquiètes ou énervées, ainsi que parfois de prises de position ou de protestations. Certaines lettres racontent de longues histoires, comme la grande marche qu'il fit avec son frère, l'ascension du mont Ventoux, près d'Avignon, dans laquelle il emporta une copie des *Confessions* d'Augustin dans sa poche pour pouvoir en lire un extrait pertinent, une fois arrivé au sommet. (Le destinataire de la lettre était l'ami qui lui avait donné le livre d'Augustin ; c'était là sa manière de le remercier[16].) Ces recueils épistolaires sont à la fois un hommage à Cicéron et une création éminemment personnelle, pleine de vie et de spontanéité.

Ou plutôt, de spontanéité *apparente*. Car ces lettres ont été longuement revues et polies ; aujourd'hui, personne ne sait avec certitude s'il est réellement monté au sommet du Ventoux ou s'il a simplement composé une belle fantaisie à partir d'une idée. Ses lettres sont des constructions littéraires, et la littérature en est souvent l'objet, aussi. Pétrarque quémande des manuscrits et parle de ses dernières découvertes ; il fait montre de son érudition à travers des références classiques et des plaisanteries savantes. Écrivant pour remercier un ami de son hospitalité, il évoque les nombreuses autres figures de l'histoire littéraire qui furent accueillies chez des amis. Racontant la mésaventure qu'il vécut tout petit, quand il faillit tomber dans une rivière, il renvoie à un passage de l'*Énéide* de Virgile dans lequel le roi mythique Métabus dut traverser une rivière avec sa fille en bas âge, Camilla, sur la route de l'exil ; il y parvint en ayant recours à une méthode assez improbable : il l'attacha à une lance qu'il jeta sur l'autre rive[17].

Certaines des lettres sont adressées aux auteurs classiques qu'il admirait, comme s'ils faisaient partie, eux aussi, de son cercle d'amis. À la place de sa formule d'envoi habituelle, il finissait alors par les mots « Du monde des vivants ». Quand nous lisons ces lettres aujourd'hui, c'est nous qui sommes (provisoirement) dans le monde des vivants, tandis que Pétrarque nous parle depuis l'autre côté. De fait, l'une de ses lettres nous est même adressée : la dernière du deuxième recueil est adressée « À la postérité[18] ». (« Peut-être aurez-vous entendu parler de moi, même si cela est douteux », commence-t-il humblement.)

Pour Pétrarque, les livres sont sociables : « Ils nous parlent, nous conseillent et nous touchent par une certaine intimité vivace et pénétrante. » Les Anciens font d'aussi bons compagnons que ceux qui se croient vivants parce que, écrit-il, ils peuvent voir leur souffle quand l'air est glacial. Les plus grands auteurs sont ses invités ; il badine avec eux. Un jour, après s'être tordu la cheville sur un tome de Cicéron qu'il avait laissé par terre, il demande : « Qu'est-ce que cela, mon cher Cicéron ? Pourquoi me blesser ? » Est-ce parce qu'il était vexé d'avoir été posé par terre ? Dans une autre lettre à Cicéron, Pétrarque ose critiquer certains de ses choix : « Pourquoi avoir choisi de t'impliquer dans un si grand nombre de querelles et de disputes totalement inutiles ?... Je suis rempli de honte et de peine face à ces manquements. » Ce ne sont pas là les lettres d'un admirateur, mais des engagements réfléchis avec des êtres humains faillibles qui ont lutté avec les difficultés de l'existence. Ils ont commis des erreurs ordinaires, comme tout un chacun, et pourtant ils venaient d'un monde que Pétrarque trouvait plus sage et plus cultivé que celui qu'il voyait autour de lui[19].

Derrière leur légèreté et leur familiarité, ces lettres du passé sont sous-tendues par une certaine mélancolie. Les destinataires ont disparu, leur époque aussi. Des temps aussi remarquables, ou de tels personnages, existeront-ils jamais encore ? C'est ce que Pétrarque et son entourage souhaitent savoir – et ce qu'ils veulent contribuer à rendre possible.

Parmi tous les amis avec lesquels Pétrarque s'entretient de livres dans ses lettres, celui qui se distingue le plus brillamment est Boccace.

Lui aussi était venu à la vie littéraire à la suite d'une rébellion précoce. Né en 1313, neuf ans après Pétrarque, il ne connut jamais l'exil : il passa la majeure partie de sa vie dans d'assez bonnes conditions matérielles, à Florence et dans la demeure familiale, non loin de là, à Certaldo[20]. Son chemin n'avait pourtant pas été facile non plus. On suppose que sa mère mourut assez tôt – nous ne savons rien d'elle, elle ne joua aucun rôle dans son éducation –, il grandit avec sa belle-mère. Son père, généralement connu sous le nom – plutôt trompeur pour nous – de Boccaccino di Chellino (soit « le petit Boccace »), était un marchand qui rêvait de voir son garçon le suivre sur cette voie. Il l'envoya passer six années chez un homme d'affaires, pour qu'il y apprenne l'arithmétique, mais cela ne donna rien. Lorsque son père caressa par défaut l'idée de le préparer au clergé – « une bonne manière de s'enrichir », commenterait Boccace plus tard –, il s'avéra que le fils n'avait ni goût ni aptitude particulière pour cela non plus[21].

Ce en quoi il excellait, c'était l'écriture, surtout la poésie, qu'il pratiquait depuis l'âge de six ans[22]. Ainsi, comme Pétrarque, Boccace passa par une épreuve d'initiation. Il rejeta ce que son père voulait lui faire faire et se consacra aux études littéraires et aux humanités. Comme Pétrarque encore, il allait en rendre compte par écrit et en faire une légende personnelle.

Sous d'autres aspects, ils étaient fort différents. Boccace n'était pas moins angoissé et compliqué que Pétrarque, mais pas de la même manière. D'un côté, il était souvent farouche, sur la défensive, comme s'il se sentait constamment désavantagé par rapport aux autres. De l'autre, il était plus généreux que Pétrarque lorsqu'il s'agissait d'adresser des éloges. Boccace n'hésita jamais à proclamer son admiration pour d'autres auteurs, anciens ou non. Il parla merveilleusement de Pétrarque, ou de Dante (qui était mort en 1321), dont il devint même le premier lecteur sérieux et à qui il dédia une suite de discours et d'introductions, ainsi qu'une biographie[23]. Il appelait Pétrarque son « professeur, père et maître révéré », et disait de lui qu'il était tellement illustre qu'il fallait le compter parmi les Anciens, plutôt que parmi les Modernes[24]. Pétrarque aurait adoré cela. Son nom était connu dans toute l'Europe, continuait Boccace, et jusque dans « ce

recoin le plus reculé du monde, l'Angleterre ».

Pour ce qui était de juger ses propres œuvres, Boccace devenait bougon et regrettait de ne pas avoir cravaché davantage : il aurait pu obtenir une gloire plus grande en tant qu'auteur, s'il avait été mieux encouragé à ses débuts[25]. Il est difficile de comprendre de quoi il se plaignait, lui qui avait été acclamé dans bien des genres : fiction, poésie, dialogues littéraires, recueils de mythes et de contes, études de toutes sortes.

L'œuvre pour laquelle il est resté le plus célèbre est le *Décaméron*, un ensemble de cent contes écrits en toscan vernaculaire. Dix narrateurs racontent pendant dix jours dix histoires chacun, donnant ainsi la chance à Boccace de faire montre de sa maîtrise de différents styles et de son inventivité. Certains contes sont des histoires d'amour et de vertu de haute tenue, destinées à l'élévation morale et agrémentées d'observations pertinentes concernant la psychologie. D'autres décrivent une débauche de désirs obscènes et de châtiments cocasses. Des fourbes prennent le dessus sur de pauvres hères ; des épouses rusées trompent leur mari de façon ingénieuse. Certaines histoires se moquent de la fainéantise du clergé ou de sa corruption. Dans l'une d'entre elles, une abbesse est informée au milieu de la nuit que l'une de ses nonnes est au lit avec un amant ; elle se lève donc pour éclaircir l'affaire – et se couvre la tête, non pas avec son voile, mais avec la culotte du prêtre qui partageait sa couche au même moment[26]. Au milieu de ces divertissements anticléricaux, certaines histoires osent une critique plus sérieuse de l'autorité de la chrétienté : dans l'une d'elles, un grand seigneur convoque ses trois fils l'un après l'autre et leur donne à chacun une bague, comme si chacun avait été choisi comme héritier. En réalité, le père a fait réaliser deux copies identiques de la bague originelle, si bien que personne ne pourrait dire laquelle est la vraie[27]. C'est là une bonne parabole sur les vérités concurrentielles des juifs, des chrétiens et des musulmans, qui estiment tous être dépositaires de la seule vraie religion, alors qu'en réalité nul ne saurait trancher le problème.

La même envergure et la même audace caractérisent la *Généalogie des dieux païens*, une compilation de mythes antiques. Riche, sérieuse et un peu chaotique, elle fut conçue à partir de dialogues avec des savants ou de livres purgés – tout cela en un temps où l'étude de la mythologie et de l'histoire n'avait pas encore acquis une méthodologie rigoureuse. On y sent l'amour de Boccace pour l'Antiquité, mais elle inclut aussi dans les dernières parties des réflexions sur la littérature de son temps, ainsi que le récit de son propre cheminement jusqu'à la vie littéraire.

Tout en écrivant, Boccace poursuivit une carrière dans la vie publique de Florence. Il fut tour à tour trésorier de la ville, percepteur des impôts, ambassadeur et membre de conseils municipaux et du département des travaux publics[28]. Il était davantage ancré dans sa communauté que Pétrarque, lequel était du genre à se sentir chez lui partout – ou peut-être nulle part.

Ce fut l'un de ces engagements civiques qui conduisit finalement Boccace à rencontrer Pétrarque en personne, après qu'il l'eut admiré de loin pendant des années. Boccace participa activement à une campagne menée à Florence pour tenter de persuader les descendants des anciennes familles exilées de revenir et de redevenir de fiers Florentins[29]. En 1350, alors que Pétrarque était de passage dans la région, Boccace saisit l'occasion pour l'inviter à Florence, et il l'hébergea dans sa propre maison en déployant sans doute tout son charme et sa générosité. Il fit en sorte que la ville offre à Pétrarque une chaire universitaire – un honneur considérable. Cela ne marcha pas. Pétrarque ne s'installa jamais à Florence ; il continua à se déplacer d'un endroit à un autre, notamment à Milan, à Padoue et à Venise. Boccace en fut déçu, lui qui s'était donné tant de mal. Mais ils surmontèrent ces débuts difficiles et devinrent bientôt de grands amis. Boccace rendit visite à Pétrarque dans ses différentes maisons. La plupart du temps, ils entretenaient leur amitié à travers des lettres – emplies de discussions littéraires, naturellement, mais aussi d'expressions d'affection, voire d'une certaine dose de réprimandes chaleureuses, de part et d'autre.

Bien que leur différence d'âge ne fût pas grande, Boccace trouvait en Pétrarque une figure paternelle et, réciproquement, Pétrarque traitait volontiers Boccace comme un fils[30]. Il semblait le préférer à son véritable fils, qui s'appelait aussi Giovanni. En tant qu'homme d'Église, Pétrarque ne pouvait pas se marier, mais il était père de deux enfants, un garçon et une fille. Ce serait cette dernière, Francesca, et sa famille, qui s'occuperaient de lui dans ses vieux jours, sans que Giovanni paraisse jamais remporter les faveurs de son père. À dix-huit ans, il passait plus de temps à traîner dans la demeure paternelle, apparemment en proie à une acédie semblable à celle de son père, sans qu'il partage avec lui la tendance à chercher du réconfort dans les livres. Pétrarque le trouvait exaspérant et finit, dans une lettre terriblement dure, par lui ordonner de partir.

Boccace au contraire montrait un intérêt sans limites pour toutes les bonnes choses : le langage, la joie d'écrire, la quête dévouée de littérature ancienne à ressusciter – autant d'éléments qui fondaient les humanités au (tout) début du monde moderne. Il aimait les manuscrits et fouillait dans les monastères, comme Pétrarque. Lui aussi fit de belles découvertes, notamment d'autres œuvres de Cicéron dans le grand monastère bénédictin du mont Cassin[31]. L'ingrate besogne du copiste ne le rebutait pas.

Un étrange épisode survint toutefois, qui amena Boccace à deux doigts de tout abandonner. Un moine, Pietro Petroni de Sienne, lui avait adressé en 1362 cette mise en garde : il allait mourir sans délai, s'il ne se débarrassait pas de tous les livres païens de sa bibliothèque et s'il n'arrêtait pas lui-même d'écrire de tels livres. Pietro en avait eu la vision. Alarmé, Boccace chercha conseil auprès de Pétrarque, qui le rassura. Il lui dit aussi que, si Boccace voulait vraiment débarrasser ses étagères de livres, il n'avait qu'à en dresser la liste, il serait heureux de les acquérir[32].

Moins égoïstement, il fournit à Boccace d'excellentes raisons de ne pas le faire. Si quelqu'un aime la littérature et y excelle, écrivit Pétrarque[33], comment pourrait-on trouver juste qu'il l'abandonne ? L'ignorance ne mène jamais à la vertu. Pétrarque était assez dévot, mais il ne pensait pas que la vie chrétienne devait être consacrée à la contemplation silencieuse et à la lecture exclusive de textes sacrés. Il était du côté du savoir, de l'éducation, d'une saine abondance de mots et d'idées. Heureusement (ou non, du point de vue de la bibliothèque de Pétrarque), Boccace recouvra bientôt ses esprits et conserva ses livres. Dans sa *Généalogie*, il n'hésita pas à affirmer que rien ne devait être considéré comme « déplacé » pour le chrétien désireux d'étudier, pas même les dieux et les histoires du monde antique. Après tout, la chrétienté avait clairement vaincu les anciens dieux, il n'y avait plus de quoi avoir peur[34]. Selon Pétrarque aussi, les enseignements non chrétiens – dans la mesure où ils ne contredisaient pas les Évangiles – ajoutaient beaucoup « aux joies de l'esprit et à la culture de la vie[35] ».

La passion de la littérature était tellement forte chez Pétrarque et Boccace qu'ils prisaient même des textes qu'ils ne pouvaient pas lire. Leur latin était parfait, mais comme la plupart des Européens de l'Ouest à cette époque, ils ne savaient rien ou presque rien du grec ancien[36]. Seuls de rares érudits médiévaux l'avaient étudié, et lorsque les copistes des monastères rencontraient des termes grecs dans un texte latin, ils écrivaient souvent : « *Graecum est, non legitur* » – « C'est du grec, on ne peut pas le lire ». Phrase à laquelle fait écho Shakespeare dans *Jules César* : « *It's all Greek to me* », lorsque Casca rapporte avoir entendu Cicéron dire quelque chose en grec et n'avoir aucune idée de ce que cela signifie[37]. Au quatorzième siècle, on pouvait seulement trouver des locuteurs du grec à Constantinople, ou bien sur le territoire de la Grèce moderne, voire dans certaines parties du sud de l'Italie, où vivait une communauté dont c'était la langue maternelle. Ailleurs, de larges pans de philosophie, de science, de cosmologie et de littérature restaient inaccessibles.

Parmi les auteurs cruellement inaccessibles pour Pétrarque et Boccace, il y avait Homère, faute de traductions en langues vernaculaires ou en latin. Mais Pétrarque était fier de posséder une copie de l'*Iliade*, que lui avait offerte un ami grec à Constantinople. Dans sa lettre de remerciement[38], il lui dit à quel point il eût aimé que cet ami pût venir lui-même en Italie lui apprendre sa langue ; sinon, Homère resterait silencieux pour lui – ou plutôt « c'est moi qui suis sourd pour lui. Je prends néanmoins plaisir à sentir sa simple présence et je l'étreins avec bien des soupirs, en disant : "Ô grand homme, comme j'aimerais pouvoir t'écouter !" ». (On pourrait entendre là une manière de dire « Merci pour ce cadeau inutile », mais je crois que nous pouvons supposer que le désir de Pétrarque d'avoir accès à la littérature grecque était réel.)

Boccace possédait lui aussi des livres grecs, et il trouva un moyen de résoudre le problème. Courtisant de nouveau les autorités de Florence, comme il l'avait fait en vain pour procurer un poste à Pétrarque[39], il les persuada de créer la première chaire de grec d'Europe de l'Ouest, en 1360, et il recruta lui-même le Calabrais grec qui s'en chargerait : Léonce Pilate. Le choix était audacieux. Léonce était laid, impulsif et peu fiable, et il avait l'air un peu sauvage avec sa longue barbe – « à jamais perdu dans ses pensées et brutal dans ses manières, dans son comportement », reconnaissait Boccace[40]. Pétrarque l'avait déjà rencontré et ne l'avait guère apprécié. Boccace avait au moins une raison de se montrer plus tolérant : Léonce était passionné par la mythologie grecque et les récits antiques ; il constituait donc une source formidable pour sa *Généalogie des dieux païens.* Boccace le laissa vivre chez lui, dans sa maison florentine, et lui commanda un mot à mot latin de l'*Iliade* et de l'*Odyssée* qu'il polirait jusqu'à le rendre lisible[41]. Pétrarque observa de loin, non sans prier Boccace de lui envoyer au fur et à mesure les pages traduites : il les recopierait et renverrait les originaux – selon les usages de l'époque, très anxiogènes[42].

Par chance, rien ne vint à manquer, mais le projet prenait du temps et Léonce s'avérait toujours plus fantasque. En 1363, après quelque trois années passées dans la maison de Boccace, et alors que les traductions n'étaient pas terminées, il annonça qu'il s'était lassé de Florence et qu'il voulait partir vivre à Constantinople. Boccace l'accompagna jusqu'à la maison de Pétrarque à Venise, où il le laissa ; apparemment, Pétrarque espérait que Léonce serait assez apaisé par ce changement de décor pour se remettre au travail. Ce ne fut pas le cas. Après avoir copieusement pleuré sur son sort et dénigré l'Italie, Léonce prit le large. Pétrarque lui offrit une copie des comédies de Térence en guise de cadeau d'adieu ; il avait remarqué que Léonce aimait les lire, non sans se demander « ce que ce Grec maussade pouvait avoir en commun avec ce joyeux Africain[43] ». (Pétrarque lui-même, si souvent agacé par les faiblesses d'autrui, n'était pas *tout à fait* d'accord avec la phrase de Térence : « Rien de ce qui est humain ne m'est étranger ».)

Une fois arrivé à Constantinople, Léonce changea d'avis et souhaita revenir en Italie. Il écrivit à Pétrarque – une lettre « plus hirsute et plus longue que sa barbe et ses cheveux », selon le destinataire – pour lui demander de l'aider à organiser et à financer son retour. Pétrarque se trouvait alors plus impliqué dans la vie de Léonce que Boccace – mais il était dans son humeur de père austère et il écrivit à Boccace : « Qu'il vive donc tristement là où il a émigré arrogamment[44]. »

La vérité, comme Pétrarque l'avoua lui-même, c'était qu'il craignait l'instabilité de Léonce[45]. On peut le comprendre sans doute. On peut aussi deviner la cause des troubles et des malheurs de Léonce : il était traité comme un étranger partout où il allait, et constamment aiguillonné par ces deux Toscans qui se moquaient de sa chevelure sauvage et parlaient de lui comme d'un barbare. Il n'en possédait pas moins la langue ancienne et littéraire qu'ils convoitaient tellement – celle-là même qui avait jadis inventé le mot *barbare*.

Chose incroyable, Pétrarque résista, même lorsque Léonce promit de lui apporter d'autres manuscrits d'auteurs grecs, proposition qui aurait dû le toucher. Léonce finit par organiser son voyage lui-même : il embarqua en 1366 sur un navire, mais tout se termina très mal pour lui. Après avoir remonté l'Adriatique et alors qu'il était presque arrivé à destination, le bateau essuya une tempête. En plein roulis, Léonce s'accrocha à un mât, tandis que les autres passagers avaient trouvé plus sûr de se réfugier dans les cales. La foudre tomba sur le mât et tua Léonce – qui fut le seul à mourir.

Pétrarque semble avoir ressenti du remords. « Ce malheureux, quel qu'il ait été, nous aimait », écrivit-il à Boccace. Il mourut « sans avoir connu, je crois, la moindre journée de sérénité ». Il vint à Pétrarque une dernière question (dont nous ignorons la réponse) : Les marins purent-ils, par chance, sauver les livres grecs que Léonce lui apportait peut-être[46] ?

Pétrarque manquait parfois d'humanité ; Boccace était susceptible et difficile. Ce qui ressort néanmoins de toutes leurs histoires de collections de livres, de traductions, d'éditions et de correspondance, c'est leur dévouement total à leur travail et à un but inaccessible : le renouveau de ces études anciennes appelées à renaître et à donner un nouveau souffle à l'avenir.

Le chemin qui menait à ce futur-là n'était pourtant pas toujours facile.

En 1347, quelques années avant la première rencontre de Pétrarque avec Boccace, une maladie avait commencé à circuler en silence dans le nord de l'Italie et dans le sud de la France ; elle était également apparue dans certaines régions d'Asie et d'Afrique, et elle atteindrait plus tard d'autres contrées d'Europe. Sa cause : une bactérie nommée *yersinia pestis*, qui se répandait notamment via les puces – à l'époque, évidemment, personne ne le savait. D'autres épidémies de peste avaient déjà frappé l'Europe, mais dans un passé trop lointain pour que quiconque pût en reconnaître les symptômes[47].

Un avocat de Piacenza, Gabriele de' Mussi, les décrivit ainsi : on ressentait d'abord une « raideur glaciale » et une sensation de picotement, comme si l'on était « piqué par des flèches pointues » ; des bubons ou des furoncles incolores apparaissaient ensuite, sous les aisselles ou à l'aine (à cause des gros ganglions lymphatiques situés au-dessous), et la fièvre commençait. Certains vomissaient du sang. D'autres perdaient conscience. Quelques-uns guérissaient ; la majorité en mourait. À cause des bubons, on se mit à l'appeler la peste bubonique, ou la mort noire[48].

Elle avait pris les premières communautés par surprise, mais bientôt, au fur et à mesure qu'elle se propageait, les gens purent entendre l'effrayante rumeur de sa progression de ville en ville. Ils essayèrent tout pour la contenir. Une tactique était d'éviter les autres, de s'isoler autant que possible, puisque l'on savait qu'elle pouvait se transmettre par les malades. Cette tactique s'avérait difficile, si c'était votre mari ou votre enfant (comme le raconte Gabriele de' Mussi) qui vous appelait d'une voix plaintive : « Viens me voir. J'ai soif, apporte-moi de l'eau. Je suis encore vivant. N'aie pas peur. Je ne vais peut-être pas mourir. Serre-moi dans tes bras, s'il te plaît, étreins mon corps ravagé. Tu devrais me tenir dans tes bras[49]. »

Les gens s'efforcèrent de rester calmes et optimistes, d'autant plus qu'ils croyaient que la peur les rendait plus vulnérables – et quelle galerie des glaces psychotique durent-ils arpenter[50] ! Les pensées se tournaient aussi vers Dieu, qui semblait être d'humeur punitive, une fois de plus, comme en manque de spectacles de pénitence. Des processions furent organisées, durant lesquelles les participants se flagellaient. Ces événements tournaient parfois au pogrom, les juifs étant suspectés de causer la maladie. D'autres théories suggéraient qu'elle était due à de mauvaises émanations venues du sol, ou à des « superfluités » engendrées dans le corps par de la nourriture trop lourde. Certains docteurs incisaient les bubons de leurs patients pour que les humeurs néfastes s'en échappent[51]. L'un d'entre eux, Guy de Chauliac, était le médecin du pape alors en Avignon, Clément VI. Le Saint-Père eut la chance de ne pas attraper la maladie lui-même, bien qu'il fût demeuré longtemps dans la ville, courageusement, tandis que beaucoup d'autres s'enfuyaient. Il essaya d'arrêter les violences antisémites et d'introduire de l'ordre dans les processions pénitentielles. Lorsque les cimetières et les fosses communes dans les champs furent pleins, il bénit le Rhône pour que les cadavres qui y étaient jetés aillent au ciel[52].

À Florence, la situation était plus grave encore. On estime qu'à la fin de cette première épidémie, les deux tiers des quelque cent mille habitants de la ville étaient morts. L'évocation la plus vive de ce que ce put être nous vient de Boccace. Même s'il n'était probablement pas sur place à ce moment-là, il connaissait des personnes qui y étaient, et il en inclut une brève et non moins horrible description dans sa préface au *Décaméron*. Les dix narrateurs sont de jeunes aristocrates aisés qui fuient la ville pour attendre que le danger soit passé dans leurs confortables résidences campagnardes. Boccace décrit précisément ce qu'ils fuient – et présente ses excuses aux lecteurs pour les horreurs qu'il leur rappelle, horreurs qu'ils avaient sans doute encore en tête et qu'ils auraient probablement voulu oublier[53].

À l'en croire, la cité s'effondrait. On craignait d'aider ses proches ; les parents n'osaient même plus toucher leurs propres enfants. Avec quelques serviteurs seulement à leurs côtés, les dames de l'aristocratie renonçaient à leur dignité et permettaient à leur personnel masculin de prendre soin d'elles – soit un manquement inouï à la pudeur. Les cadavres s'entassaient dans les maisons et dans les rues ; les rituels funéraires devenaient toujours plus rudimentaires, jusqu'au jour où il n'y en eut plus du tout. Les corps étaient transportés à l'écart sur des planches, avant d'être brûlés dans des tranchées à plusieurs niveaux de profondeur.

En temps normaux, les cités fermaient leurs portes la nuit contre les menaces extérieures, mais beaucoup de gens franchissaient maintenant ces portes pour se mettre à l'abri à la campagne, comme les dix jeunes gens de Boccace, et dans la plupart des cas, contrairement au leur, cela n'avait rien d'une idylle pastorale. La peste était souvent arrivée avant eux, les paysans avaient abandonné leurs champs et leurs animaux domestiques, laissant leurs chiens ou leurs poules pourvoir seuls à leurs besoins. Les graines et les outils agricoles essentiels pour les futures récoltes avaient été jetés, parce que personne ne pensait revenir.

Tous ces détails fournis par Boccace[54] concourent à un terrible renversement des anciens idéaux de dignité et d'excellence humaines, selon lesquels chacun jouirait d'une vie sans troubles, de champs fertiles et d'un artisanat productif, si bien qu'il pourrait considérer avec confiance ce qu'il laisserait à la postérité. Confrontés à la peste, les arts et les inventions techniques semblaient perdre toute utilité. La médecine, qui avait

tellement amélioré la condition humaine, n'y pouvait presque rien non plus. Le gouvernement et l'administration échouaient aussi à tenir la peste en respect. Comme l'écrivit Boccace, « toute la sagesse, toute l'ingéniosité de l'homme étaient vaines ». La maladie défiait à la fois la vision chrétienne de l'ordre divin et la vision classique d'une société talentueuse et compétente bénéficiant de la science et de son savoir-faire.

Longtemps avant Boccace, l'historien grec Thucydide avait raconté une histoire semblable d'effondrement moral engendré par une épidémie (peut-être de fièvre typhoïde ou de typhus, mais d'autres hypothèses existent) qui frappa Athènes en l'an 430 avant J.-C., au milieu de sa longue guerre avec Sparte – un mauvais moment, si toutefois il y en a jamais de bon pour de telles choses. Thucydide, qui avait lui-même attrapé la maladie, mais qui y avait survécu, décrivit comment la société athénienne se désintégra lorsqu'on cessa de croire à l'avenir. On gaspilla son argent pour des plaisirs immédiats ; les gens violèrent les lois, parce qu'ils ne croyaient pas vivre assez longtemps pour être poursuivis. « On jugeait égal de se montrer pieux ou non, puisque l'on voyait tout le monde périr semblablement[55]. » L'histoire de Boccace disait la même chose : confrontés à un désastre, les gens abandonnaient leurs usages civilisés, parce qu'ils croyaient que le temps de la civilisation était révolu[56].

La réalité était probablement plus complexe. Un effondrement total, comme une guerre, lorsqu'elle commence à poindre, les gens font tout leur possible pour s'en protéger ou pour en atténuer les dommages. Il y a donc bien des personnes qui, au cœur de l'urgence, tiennent leur poste et fournissent des efforts héroïques pour éviter que tout ne parte à vau-l'eau. Boccace le reconnaît[57], d'autant plus que l'un de ceux qui œuvrèrent pour réduire les souffrances à Florence fut, semble-t-il, son propre père. En tant que ministre du Commerce de la ville, Boccace resta sur place, s'exposant lui-même à un très grand risque, et participa à la distribution de vivres. Il attrapa peut-être la maladie ; il mourut en tout cas peu de temps après, de cause inconnue. Ailleurs, d'autres essayèrent de concevoir de nouveaux traitements médicaux (sans succès) ou de limiter les contagions, et de s'atteler à la mise à l'écart aussi rapide que possible des cadavres[58] – tâche plus que nécessaire. Quand tout fut fini, ils travaillèrent au retour à la vie normale.

Comme toute situation impliquant la culture et le comportement des hommes, celle-ci était donc complexe sur le plan moral et résistait à sa réduction à une simple fable. Comme le romancier du dix-neuvième siècle Alessandro Manzoni l'observa dans sa relation d'une épidémie de peste en 1630 à Milan : « Dans les grands malheurs publics et les grands désordres qui troublent longtemps le cours habituel des choses, quel qu'il soit, l'on voit toujours paraître un accroissement, une élévation de vertu plus sublime ; mais hélas aussi, et dans le même temps, un accroissement, d'ordinaire bien plus général, de la perversité[59]. » L'on pourrait aussi dire : à côté de la panique et de l'égoïsme, on trouve des prouesses de bravoure, ainsi que de nombreuses attitudes intermédiaires entre ces extrêmes.

Le fait que le récit de Manzoni se passe durant l'épidémie de 1630 montre combien de temps il fallut pour que la maladie recule hors d'Europe. Pétrarque et Boccace en vécurent d'autres vagues. La première, celle de la fin des années 1340, la pire, prit fin, mais d'autres survinrent au cours du siècle et plus tard encore. Toute cette époque que nous appelons « Renaissance » en Europe, ce renouveau de la sagesse et du savoir classiques, ces explosions d'excellence artistique, cet essor de la médecine et d'un esprit de recherche plus efficace – tout cela eut lieu alors que les gens mouraient à intervalles réguliers d'une maladie que nul ne comprenait. La dernière épidémie de peste européenne survint à Marseille en 1720 ; ensuite, la maladie partit semer la misère et la mort dans d'autres parties du monde, notamment en Chine et en Inde au milieu du dix-neuvième siècle. Elle peut toujours tuer, même s'il existe aujourd'hui des traitements plus efficaces.

Quand cette première vague déclina, après avoir détruit plus du tiers de la population de l'Europe de l'Ouest[60] (et plus encore dans certaines régions, comme à Florence), le paysage humain du continent avait changé. Elle laissait aussi derrière elle des effets post-traumatiques de dépression, de tristesse et d'angoisse, que l'on trouve puissamment exprimés chez Boccace et surtout chez Pétrarque.

Celui-ci travaillait à Parme quand la peste arriva ; il y demeura jusqu'à la fin de l'épidémie[61]. Il fut épargné, mais certains de ses amis l'attrapèrent. Il perdit son protecteur d'alors et grand ami le cardinal Giovanni Colonna, et il apprit (beaucoup plus tard) que sa « Laure » avait perdu la vie, elle aussi, en Avignon. Quand cette nouvelle lui parvint, il prit le volume de Virgile dans lequel il avait consigné leur première rencontre et il y ajouta la mention de sa mort, qu'il data du 6 avril 1348 – soit vingt-deux ans exactement après leur rencontre[62]. Il continua de composer des poèmes d'amour, mais ils devinrent plus sombres, plus mélancoliques. Il écrivit aussi des vers désespérés en latin qu'il adressa « À lui-même », dans lesquels il se lamentait sur la mort qui frappait partout, sur les pertes et les innombrables tombes[63].

Une lettre à son vieil ami Ludwig van Kempen, qu'il appelait toujours « mon Socrate », pose ces questions : « Que dirai-je ? Par quoi commencer ? Vers quoi me tourner ? De tous côtés nous voyons l'affliction, partout la terreur. Où sont nos chers amis ? demande-t-il. Quelle foudre a tout détruit, quel séisme a tout renversé, quelle tempête a eu raison de tout, quel abysse a tout avalé ? » L'humanité elle-même était presque rayée de la carte – pourquoi ? Pour nous enseigner l'humilité ? Peut-être sommes-nous censés apprendre que « l'homme est un animal trop fragile et trop fier, qui construit avec trop d'assurance sur des fondations précaires », à moins que nous ne soyons censés espérer le monde prochain, à la place de celui-ci, parce que tout ici-bas peut être perdu[64].

Les répliques du fléau provoquèrent d'autres morts. L'une d'elles tua en 1361 le fils de Pétrarque, Giovanni, alors réconcilié avec son père. Il avait seulement vingt-trois ans. La même vague emporta le « Socrate » de Pétrarque. Il évoqua sa mort dans une lettre à un ami épistolaire très cher, Francesco Nelli[65] – Nelli vint à mourir à son tour, peu après. Une amitié de trente-quatre ans prit fin avec la mort d'Angelo di Pietro di Stefano dei Tosetti. Pétrarque l'apprit lorsqu'un messager lui rapporta l'une de ses lettres à Angelo : il la lui tendit en silence : elle n'avait pas été ouverte. Parlant de ces deux décès dans une lettre à Boccace, Pétrarque expliqua qu'il était trop abasourdi pour éprouver encore de la tristesse. Il invita Boccace à venir le voir dans sa nouvelle maison, près de Venise, dans un très bel endroit ; comme Boccace tardait à lui répondre, Pétrarque fut pris d'une « terrible peur » pour lui. Par chance, tout allait bien, mais ce sentiment d'effroi n'était jamais loin dans les amitiés de cette époque[66].

Comme à son habitude, comme pour toutes les crises qu'il traversa, Pétrarque se réfugia dans la littérature. En 1349, après la première vague, il reprit le projet longtemps ajourné d'un recueil de ses lettres. Il acheva également une œuvre personnelle qu'il avait récemment commencée, le *Secretum*, ou *Livre secret*. Celui-ci prend la forme d'un dialogue entre Pétrarque lui-même (« Francesco ») et Augustin d'Hippone, qui joue le rôle du mentor vieux et sage. Francesco lui avoue qu'il ressent « de la haine et du mépris pour la condition humaine » : cela « pèse tellement sur moi que je ne peux pas m'empêcher de me sentir complètement misérable ». Augustin lui recommande de se tourner vers les ouvrages classiques de consolation, ceux de Sénèque ou de Cicéron, et d'y accorder toute son attention pour bien retenir leurs conseils[67].

La consolation – populaire dans la tradition chrétienne comme dans la tradition classique – était un genre que Pétrarque aimait à lire et à imiter. Elle prenait souvent la forme d'une lettre adressée à un ami ou à un mécène qui souffrait d'un deuil, d'une maladie ou de quelque autre désastre, mais elle pouvait circuler et bénéficier à d'autres aussi. Elle regorgeait de réflexions morales encourageantes et écrites avec élégance, parce qu'une belle écriture en soi permettait déjà d'élever les esprits.

Telle fut la raison pour laquelle Pétrarque veilla toujours aux questions de techniques littéraires, jusque dans les moments où il offrait du réconfort, comme dans ceux où il se noyait lui-même dans son propre désespoir. Ainsi, dans une lettre à « son » Socrate consacrée aux deuils qu'ils avaient subis[68], il débute par un cri, « Oh, mon frère, mon frère, mon frère », puis il s'arrête aussitôt pour ajouter qu'il sait que c'est une manière peu orthodoxe de commencer une lettre, mais que dans le fond tout est tellement *peu* orthodoxe : Cicéron lui-même fit un jour une chose semblable. Dans quelle mesure peut-il encore être sincère tout en pensant à de telles choses ? Et comment peut-il se soucier du rythme si soigné de ses phrases – quelle foudre, quel séisme, quelle tempête, quels abysses ?

Mais ni Pétrarque ni ses contemporains n'auraient pu concevoir qu'écrire avec précision et avec grâce, en imitant les plus grands orateurs et écrivains latins, pouvait enlever *quoi que ce soit* à l'intensité de ce qu'ils voulaient exprimer. Ils croyaient que l'éloquence latine pouvait notamment aider une personne humble à s'engager et à être plus forte moralement.

En la matière, aucun auteur ne fournit de meilleur modèle que Cicéron, lui qui avait atteint un tel raffinement dans l'art de transmettre ce qu'il pensait dans une langue persuasive et émotionnellement irrésistible, que ce soit par écrit ou dans ses discours. Il avait recours à une architecture syntaxique particulière, par exemple sa « période » tellement caractéristique, qui repousse une formule forte en laissant la phrase se développer dans de longs cercles sereins avant de se refermer d'un coup, en gardant les mots les plus importants pour la toute fin. Le latin permet cela mieux que l'anglais, parce que l'on y peut varier l'ordre des mots, ce qui n'est pas le cas en anglais, ni en français. En voici un exemple dû à un écrivain du dix-huitième siècle, Edward Gibbon, qui raconte comment il en est venu à écrire six tomes d'histoire romaine : « Sans formation, étranger aux usages de la pensée, inexpérimenté dans l'art de la composition, je décidai – d'écrire un livre[69]. »

Il y a aussi, autrement plus longue, et d'une puissance émotionnelle dévastatrice, cette phrase extraite de la « Lettre de la prison de Birmingham » de Martin Luther King datant de 1963 et dans laquelle il raconte comment on lui dit toujours d'*attendre* l'égalité et les changements sociaux :

> Mais si vous voyiez la populace haineuse lyncher vos père et mère et noyer vos frères et sœurs au gré de sa fantaisie ; si vous voyiez d'affreux policiers, l'injure à la bouche, rouer de coups et parfois même tuer vos semblables ; si vous voyiez l'immense majorité de vos vingt millions de frères noirs écrasés de misère au cœur d'une société opulente ; si soudain les mots vous manquaient et que vous vous mettiez à bégayer en essayant d'expliquer à votre petite fille de six ans pourquoi elle ne peut pas aller au nouveau parc d'attractions sur lequel la télévision vient de faire un reportage ; et si vous voyiez ses yeux se remplir de larmes quand vous lui expliquez que

> Funtown est interdit aux petits enfants de couleur ; si vous voyiez les inquiétants symptômes du complexe d'infériorité envahir son esprit enfantin, et sa petite personnalité s'altérer sous l'effet d'une rancœur inconsciente à l'égard des Blancs ; s'il vous fallait trouver une réponse à la question de votre petit garçon de cinq ans qui vous demande : « Papa, pourquoi les Blancs sont-ils si méchants avec les gens de couleur ? »

Et la phrase continue ainsi, pour mieux nous faire *attendre* sa touche finale, qui, lorsqu'elle arrive, clôt ainsi le tout :

> … *alors*, oui, *alors* vous comprendriez pourquoi nous ne pouvons plus attendre[70].

La phrase reflète ici son propos : c'est la technique cicéronienne entre les mains d'un maître de l'écriture et de l'art oratoire – mise au service de l'un des arguments les plus importants jamais avancés dans l'histoire de l'humanité.

Cette dimension humaine a toujours eu son importance. L'habileté rhétorique était inutile, voire néfaste, sans courage ni finalité morale : tout doit être fait au service du bien. Cicéron opposait à l'éloquence vertueuse le chaos des démagogues[71]. Un autre rhétoricien, auteur d'un manuel influent, Quintilien, insistait sur le fait qu'un orateur ayant recours à des formes aussi puissantes *devait* être quelqu'un de bien, pour des raisons philosophiques. Après tout, le langage est « le don qui nous distingue des autres êtres vivants » et la Nature n'aurait pas accordé un tel don aux humains s'il n'avait servi qu'à « prêter main-forte au crime[72] ». Quintilien suggère aussi que les êtres malintentionnés sont en proie à de tels tourments d'angoisse qu'ils ne pourraient de toute façon pas se concentrer assez pour atteindre l'excellence littéraire. « Mieux vaut chercher des fruits dans la terre lacérée de ronces et d'épines. »

Ainsi, faire un bon usage du langage, ce n'est pas multiplier les volutes ornementales ; il s'agit bien d'amener les lecteurs à certaines émotions, à certains constats. C'est une activité éthique, car l'art de la communication est au cœur de l'*humanitas* – de l'être humain dans son acception la plus noble.

Nulle part cette idée n'est plus patente que dans la lettre de consolation, le plus humain de tous les genres. C'est particulièrement vrai quand l'auteur de la lettre et son destinataire ont partagé des expériences similaires, quand ils sont reliés par une sorte d'*ubuntu*. L'exemple le plus poignant – et le plus caractéristique – au sein de la correspondance de Pétrarque se trouve dans une lettre de 1368 adressée à un ami qui vient de perdre son fils[73]. Sur plusieurs pages, Pétrarque cite des exemples de douleur et de deuil issus de la littérature classique, mais il y parle aussi de la mort toute récente de son petit-fils, qui l'a dévasté. (« L'amour que je ressentais pour ce petit remplissait tellement mon cœur qu'il m'est difficile de dire si j'ai jamais aimé quelqu'un d'autre aussi fort. ») Il transmet également les condoléances de Boccace : « Nous te prions de nous imaginer à chaque instant à tes côtés, l'un à ta droite, l'autre à ta gauche. » Le même message est exprimé dans les parties savantes et personnelles de la lettre : « Tu n'es pas seul. »

D'autres formes littéraires offraient un réconfort semblable. Durant les années 1350, décennie placée entre les deux pires vagues de peste, Pétrarque travailla à un livre intitulé *Remèdes contre la bonne et la mauvaise fortune*. Il l'écrivit pour son ami et ancien mécène Azzo da Corregio, un noble de Parme jadis puissant qui avait essuyé une triple infortune sans aucun lien avec l'épidémie : son épouse et ses enfants avaient été faits prisonniers par des ennemis, il avait été contraint à l'exil et il souffrait d'une paralysie qui l'empêchait de marcher ou de monter à cheval sans l'aide de serviteurs. Il avait donc besoin de toutes les pensées apaisantes et encourageantes possibles.

Le livre de Pétrarque prend la forme de deux conversations contrastées, dans lesquelles la personnification de la Raison répond à celles de la Tristesse et de la Joie, tour à tour. Le devoir de Raison est d'égayer Tristesse par des pensées heureuses et de freiner Joie en lui rappelant de ne pas se laisser emporter.

JOIE : Tout le monde admire l'apparence de mon corps.
RAISON : Et pourtant, d'ici très peu de temps, cet air avenant et brillant qu'a ton visage changera. Ces boucles blondes tomberont... et l'ivoire éclatant de tes dents sera rongé par le pourrissement... (*et caetera*).

Certains motifs de gaieté sont plus facilement laminés que d'autres :

JOIE : J'ai des éléphants.
RAISON : Puis-je demander à quelle fin ?

(Aucune réponse n'est donnée[74].)
Dans l'autre moitié du livre, Tristesse prend la parole :

TRISTESSE : On m'a condamnée à l'exil.
RAISON : Pars de ton plein gré, ce sera un voyage, et non un exil.
TRISTESSE : Je redoute la peste.
RAISON : Pourquoi trembler au seul nom de la peste, alors qu'il pourrait même y avoir une sorte de consolation à mourir parmi tant d'autres[75] ?

Les sources de malheur ne sont pas toujours manifestes, et les souffrances intérieures sont difficiles à contrôler : malgré le gouvernail de notre raison, nous nous perdons dans le tumulte des flots. Mais si notre douleur est profonde, le plaisir offert par les meilleurs côtés de la vie ne l'est pas moins. Raison rappelle à Tristesse les nombreux dons que Dieu nous a octroyés, depuis les beautés naturelles de ce monde (les cours d'eau, les chants d'oiseaux) jusqu'à nos excellentes réalisations. Capables d'inventer et de fabriquer des choses, nous parvenons même à nous réparer nous-mêmes, à nous sculpter « des jambes de bois, des mains de fer, des nez de cire », sans parler de cette inven-

tion encore récente, les lunettes à travers lesquelles mieux voir. Nous sommes beaux nous-mêmes, dans notre humanité, avec ces yeux qui révèlent notre âme, avec ce front qui « brille des secrets de notre esprit[76] ». Comme Manetti plus tard, Pétrarque entonne ici la chanson de « l'excellence de l'homme ». De fait, lorsqu'un ami lui demanda à cette époque-là de bien vouloir composer quelque chose qui puisse répondre au traité d'Innocent III, *De la misère de l'homme*, il répondit que c'était précisément ce à quoi il travaillait[77] – et il pensait à la moitié positive de ses *Remèdes*. Car tout n'est pas positif dans ce livre, il vise plutôt un équilibre, considérant chaque élément et son contraire, pour mieux nous rappeler que dans l'histoire, l'humanité n'est ni bonne ni mauvaise, mais que nous pouvons utiliser chaque tendance afin de tempérer l'autre.

Pour cela, nous devons déployer toute notre habileté à raisonner et à gagner en sagesse. Il n'est jamais bon de s'en remettre à la bonne fortune pour traverser l'existence, dit Raison chez Pétrarque ; la fortune nous laissera toujours tomber. Mieux vaut se tourner vers le réconfort de l'étude, de la réflexion et de l'amitié – qui se renforcent toutes trois les unes les autres. Raison cite le philosophe antique Théophraste : « Parmi toute l'humanité, c'est l'apanage du savant seul que de n'être pas un étranger hors de sa patrie, de trouver encore des amis après avoir perdu ses parents et ses proches, d'être un citoyen dans chaque pays et de mépriser sans crainte les revers de la fortune[78]. »

Toute l'œuvre de Pétrarque constitue un défi aux (et une défense contre les) caprices du sort, auxquels il avait été habitué dès son enfance itinérante. Il écrivait contre la *perte*. En trouvant des manuscrits, en rassemblant ses propres lettres, aussi bien qu'en écrivant ses livres, il érigea des barrières contre la ruine de tout – des amis comme des livres[79].

Boccace avait lui aussi conscience de l'océan de pertes qui l'avait précédé. Dans sa préface à la *Généalogie des dieux païens*, il tourna son regard vers les siècles passés et n'y vit que malheurs et destructions. Voyez seulement, dit-il à ses lecteurs, le peu qu'il nous reste de l'œuvre du passé, et voyez combien d'ennemis elle a eus : les incendies, les inondations, l'usure du temps. Il réserva une mention spéciale à un autre facteur : les actions délibérées des premiers chrétiens, qui crurent de leur devoir d'effacer toute trace des religions qui les avaient précédés[80].

Pétrarque et lui s'attelèrent à exhumer ce qu'ils purent du passé et à le retravailler, à le réimaginer, à l'utiliser pour se renforcer – eux-mêmes et leurs amis avec eux – contre la souffrance et pour le transmettre aux générations futures, dans l'espoir qu'elles s'en serviraient elles aussi et contribueraient à leur renaissance. En 1341, quand Pétrarque présenta son poème *L'Afrique* en vue de la couronne de laurier, il s'adressa à son propre livre comme si c'était un enfant qu'il envoyait dans le monde de demain :

> Il me fut assigné / D'essuyer en ma vie de nombreuses tempêtes. / Mais toi, peut-être, si, comme je l'espère, / Tu me survis longtemps, des siècles surviendront, / Meilleurs : car ne saurait ce sommeil léthéen / Durer toujours : peut-être, dissipées les ténèbres, / Nos fils reverront-ils le pur jour d'autrefois[81].

Ce discours de ténèbres et de lumière allait se poursuivre le siècle suivant. Il formerait une nouvelle manière de considérer l'histoire européenne. Derrière lui et autour de lui, Pétrarque ressentait ces ténèbres comme un vide dévorant dans lequel les livres et l'humanité tombaient ensemble. Selon lui, les Anciens avaient éclairé le monde de jadis par leur éloquence et par leur sagesse. Des temps allaient bientôt venir où de futures générations illumineraient le monde à nouveau. L'espoir vient du pont à construire par-dessus la béance[82] en préservant ce qui peut être trouvé ou copié, en inventant de nouvelles variations sur les formes anciennes et en prolongeant cette existence précaire assez longtemps pour que les torches puissent être rallumées.

2.

Renflouer les navires

Depuis l'an 79 après J.-C., mais surtout le quinzième siècle

De nouvelles générations – pertes et trouvailles – les Renaissances du douzième et des autres siècles – Coluccio Salutati, Niccolò Niccoli, Poggio Bracciolini et autres écritures humanistes – ruines de Rome et navires du lac de Nemi – prisons et écueils – les femmes : oui, il y en avait – éducation – Urbino, Castiglione et la sprezzatura *– des copies plus nombreuses et meilleures – des imprimeurs, notamment Alde Manuce.*

Pétrarque et Boccace avaient désigné la tâche qui incombait à leurs successeurs : exhumer les traces de sagesse et d'excellence, les étudier, les diffuser, les utiliser pour éclairer des questions morales et politiques, et créer de nouvelles œuvres autant nourries de sagesse et d'excellence que leurs modèles antiques.

Quand le quatorzième siècle toucha à sa fin et que le quinzième débuta, cette tâche fut effectivement assumée avec enthousiasme par de nouvelles générations de ce que nous pouvons maintenant appeler avec assurance les « humanistes » italiens, terme qui commençait à prendre, bien qu'il ne correspondît jamais à un groupe formel ou organisé. Ce chapitre concerne quelques-uns d'entre eux. Je dis *quelques-uns*, mais ils s'avèrent former une caste assez importante : c'étaient des chasseurs de manuscrits, des sauveteurs de navires échoués, des explorateurs, des copistes, des imprimeurs, des courtisans, des collectionneurs, des écrivains… Presque tous des hommes, quoiqu'une poignée de femmes ait aussi excellé dans ces activités humanistes ; nous les rencontrerons plus loin dans ce même chapitre.

Mais tout d'abord, Pétrarque et Boccace avaient-ils raison de parler de ténèbres et de destruction ? N'y eut-il vraiment aucune lumière salvatrice avant eux ? Avant de reprendre notre histoire, allons faire un détour de quelques pages dans le passé, pour resituer l'image qu'ils avaient d'eux-mêmes dans un contexte plus large.

Comme il arrive souvent devant les idées acceptées de longue date par les historiens, la vision humaniste d'un âge sombre dépourvu de lumière et de joie appelle à la fois cette réponse : « Il faut bien reconnaître qu'ils ont vu juste », et cette autre : « Attendez un peu, ce n'est pas si simple. »

Premièrement, il faut bien reconnaître que Pétrarque et Boccace ont vu juste. L'Europe avait perdu une grande partie de son savoir, de ses techniques et de sa culture littéraire, parfois depuis très longtemps. Les œuvres de Démocrite ou d'Épicure, par exemple, avaient déjà disparu avant la fin de l'Antiquité. Mais ce processus s'accéléra après la désintégration de l'Empire romain d'Occident, au cinquième siècle. Avec la culture littéraire, bien d'autres choses dépérirent : les techniques pour concevoir les plans des bâtiments publics, les routes, le système du tout-à-l'égout, d'autres améliorations encore des conditions de vie en milieu urbain, tout cela était resté si longtemps hors d'usage qu'il n'y avait plus personne pour s'en souvenir. Des dégâts furent également causés par ce que l'on aurait pu considérer comme un admirable esprit de recyclage artisanal : on prit les pierres des bâtiments en ruine, dont la ruine s'accrut ainsi jusqu'à ne plus laisser que des gravats. De vieux textes écrits sur des papyrus s'effacèrent ou se craquelèrent sous l'effet du temps. On écrivait désormais sur des parchemins, plus solides mais qui nécessitaient des piles de peaux de mouton, de chèvre ou de veau ; il était plus simple de gratter les vieux livres peu lus pour en réutiliser la surface[1]. Adieu, vieux livres peu lus !

Boccace avait donc en partie raison de reprocher aux premiers chrétiens la perte de textes anciens. Quand il fallait nettoyer des parchemins pour les réutiliser, on pouvait choisir des textes religieux mineurs, mais il sembla toujours plus pieux de choisir des textes non chrétiens. Quant aux bâtiments, la nécessité de recycler des matériaux se confondait parfois avec le désir d'anéantir de vieux ennemis. Il en fut ainsi lorsque Benoît, le fondateur au sixième siècle de l'ordre monastique qui allait porter son nom, chercha le sommet d'une montagne où y ériger une chapelle. Il choisit un site doté d'un temple d'Apollon et d'un bois sacré, fit aplanir le tout – à la fois le temple et les arbres – et fit construire ce qui allait devenir le monastère du mont Cassin[2]. Au cours du même siècle, le hasard voulut qu'à Bamiyan, dans l'actuel Afghanistan, trois magnifiques bouddhas géants soient sculptés dans la roche. Ils survécurent jusqu'au jour de 2001 où les talibans les firent exploser – sans rien laisser que des cavités dans la montagne. Aucune religion ni aucun siècle n'a le monopole de la destruction des œuvres d'art. La religion même n'a pas non plus ce monopole : après la Révolution française, les sécularistes détruisirent des trésors ecclésiastiques au nom des Lumières et du Progrès.

Célébrer la lumière et le progrès en détruisant des œuvres, l'idée n'était pas nouvelle non plus. En l'an 384 de notre ère, un débat eut lieu sur le sort à réserver aux statues préchrétiennes du Sénat romain. Certains se soucièrent de leur conservation et prièrent l'empereur Valentinien II de les sauver, mais le théologien Ambroise de Milan lui écrivit en urgence de résister à leurs arguments[3]. Puisque tout allait de mieux en mieux depuis la Genèse et le jour où la Terre avait été séparée d'avec les mers et « sauvée des ténèbres suintantes », de même que chacun de nous progressait de l'enfance vers l'âge adulte, à quoi bon conserver les restes d'un passé préchrétien inférieur aux temps présents ?

Jusqu'ici, tout va mal, et Pétrarque et Boccace marquent un point, y compris quant aux effets du christianisme. Mais attendez un peu, ce n'est pas si simple.

Les bibliothèques monastiques s'allégeaient parfois d'ouvrages classiques pour faire de la place à des textes religieux, certes, mais ce n'en est pas moins grâce à elles que de nombreuses œuvres classiques n'ont pas complètement disparu. On y veillait généralement bien sur les volumes non chrétiens – notamment dans l'extraordinaire bibliothèque bénédictine du mont Cassin. Les originaux de l'ancien monde avaient peu de chances de survivre autrement. Non seulement ils étaient écrits sur du papyrus très friable, mais ils étaient conservés sous la forme de rouleaux susceptibles de s'abîmer à la moindre consultation. Très peu de ces rouleaux ont tenu jusqu'à aujourd'hui tels quels, même si certains refont parfois surface, de nos jours encore. Quand le Vésuve entra en éruption, en l'an 79 de notre ère, et recouvrit Herculanum de ses cendres, une villa remplie de rouleaux fut enterrée. Ces rouleaux furent retrouvés au dix-huitième siècle, mais la plupart avaient été trop abîmés pour être encore lisibles. De nouvelles technologies sont apparues récemment, qui permettent d'en déchiffrer davantage, notamment tout un livre que l'on croyait perdu : l'*Histoire depuis le commencement des guerres civiles* de Sénèque l'Ancien[4].

Dans la plupart des cas, cependant, les textes classiques dont nous disposons furent copiés durant cette longue et « sombre » période médiévale. Or, comme l'invention de l'imprimerie allait le confirmer, le meilleur moyen d'assurer la survie d'un livre est d'en faire beaucoup d'exemplaires. Cet effort de copie fut particulièrement vif à certaines époques et dans certains lieux. Du sixième au huitième siècle, il ne fut nulle part plus intense que dans les communautés monastiques reculées d'Irlande et d'Angleterre. À partir du huitième siècle, le monde arabe traduisit et préserva de grands trésors, en particulier beaucoup de textes grecs consacrés aux mathématiques, à la médecine, à la philosophie… À Bagdad, les protecteurs du califat abbasside comme des protecteurs privés remplirent toute une bibliothèque grâce à des équipes de traducteurs, notamment sous la supervision au neuvième siècle du fascinant al-Kindi, qui écrivit aussi des traités de son cru sur toutes sortes de sujets, depuis les tremblements de terre jusqu'à l'éthique[5]. Al-Kindi a tous les droits d'être considéré comme un humaniste, surtout dans le genre « *Only connect* » [« Relier »], le genre de ceux qui essaient de construire des ponts entre les traditions. Il espérait réconcilier la philosophie et la théologie, ainsi que les idées grecques et les idées islamiques. Tâche qui s'avéra dangereuse. Parce que ses idées avaient déplu, ou bien parce que ses rivaux avaient envié ses talents, on lui interdit l'accès à sa propre bibliothèque et il fut agressé. Beaucoup de ses œuvres ont disparu.

Durant la même période, dans le nord-ouest de l'Europe, l'empereur Charlemagne ordonnait aux moines de son territoire de travailler dur dans leurs bibliothèques pour recouvrer le savoir qui, disait-il, avait été presque « effacé par la négligence de nos ancêtres[6] » – phrase qu'aurait pu formuler plus tard n'importe quel humaniste chasseur de livres. L'intérêt de Charlemagne pour les livres est d'autant plus surprenant qu'il savait certes lire, mais pas écrire. Son biographe contemporain Éginhard évoque les tablettes de cire et les carnets qu'il plaçait sous son oreiller, la nuit, pour pouvoir s'entraîner en cas d'insomnie[7], mais il fournit cet effort trop tard dans sa vie et il dut continuer à dépendre des scribes.

Ce qui ne le freina point. Charlemagne fonda des écoles de garçons et, attitude peu commune, il insista pour que ses propres filles reçoivent une éducation[8]. Il ne cessait d'aiguillonner ses moines : quand il recevait de jolies lettres depuis des monastères lui proposant de prier pour lui, il signalait les erreurs grammaticales et syntaxiques, et veillait à ce que les rédacteurs soient mieux formés[9]. Pour prendre soin de ses collections, il recruta un bibliothécaire et professeur des îles britanniques, Alcuin de York. Les moines des territoires de Charlemagne inventèrent une nouvelle écriture, plus lisible, pour leurs copies : la caroline, ou minuscule caroline. Une grande avancée pour rendre la lecture plus facile, plus limpide, plus accessible. Elle influença directement l'écriture manuscrite des futurs humanistes et fournit la base de toutes les polices utilisées de nos jours.

Les *scriptoria* monastiques pouvaient être des recoins sordides comme des lieux vivants et féconds. Les moines bénédictins recevaient chacun un livre par an, pour leur étude personnelle, et ils assistaient à des lectures durant leurs repas – même si la règle de Benoît stipulait que personne ne devait se permettre de « poser une question sur la lecture ou sur quoi que ce soit, afin de couper court aux tentations ». La règle mettait également en garde contre les blagues, contre le bougonnement en cas de restriction du vin, ou bien contre toute fierté personnelle qu'inspirerait quelque activité pratiquée avec habileté[10]. Ce dernier point aurait exclu la plupart des humanistes à venir, qui adoraient se gargariser de leur excellence.

Mais, là encore, les moines n'étaient pas en reste. Le grammairien Gunzon de Novare raconta une visite qu'il fit en l'an 960 à Saint-Gall, un monastère situé dans la Suisse actuelle et doté d'une belle bibliothèque. Lors d'une discussion après le dîner, il utilisa malencontreusement un accusatif au lieu d'un ablatif, en partie parce que tel était l'usage dans sa région natale, en Italie. Les moines se ruèrent sur cette aberration, et de nombreuses et joyeuses moqueries s'ensuivirent. « Un jeune moine [...] suggéra qu'un tel crime perpétré contre la grammaire latine méritait des coups de verge, un autre composa sur-le-champ des vers pour marquer l'occasion ! » écrit l'historienne de la littérature Anna

A. Grotans[11]. Difficile d'imaginer ces moines si intelligents et si spirituels en proie à un tel fanatisme.

Dans les années 1100, la copie, l'étude et le partage des connaissances se développèrent tellement que les historiens parlent d'une « Renaissance du douzième siècle[12] ». Elle bénéficia de l'aide d'une nouvelle technique arrivée en Europe depuis la Chine, via le monde arabe et l'Espagne, si efficace qu'on n'avait plus à effacer d'anciens parchemins. Le papier était fait à partir de chiffons et, à en croire une splendide théorie récemment avancée par Marco Mostert, il y avait alors plus de vieilles nippes qu'auparavant, parce que les gens quittaient les campagnes pour les villes et que dans les villes la mode était aux sous-vêtements. Ceux-ci s'usaient plus vite que les habits épais ; ils étaient donc jetés plus souvent – et il était ainsi plus facile de dégoter des lambeaux de tissu. Ou comment la littérature naquit de culottes bouffantes[13].

D'autres centres d'apprentissage fleurirent en Europe : des universités, inspirées par les instituts savants du monde arabe, et des cathédrales dotées de leur bibliothèque et de leurs écoles, comme celles de Chartres ou d'Orléans. Construites avec des innovations comme les arcs-boutants, décorées de statues et de vitraux, ces cathédrales étaient une vitrine pour l'habileté artistique et architecturale, mais aussi pour la vie de l'esprit. Celle de Chartres en particulier était ornée de hautes figures humaines, sereines, d'une grande beauté ; on trouvait des sculptures similaires dans d'autres cathédrales. En visitant celle de Bâle, il y a quelques années de cela, j'ai été frappée par un magnifique panneau de pierre du douzième siècle représentant six apôtres : au lieu de montrer les instruments de leur martyre, comme ils le font d'ordinaire, ils tiennent des volumes reliés et des rouleaux, et ils paraissent pensifs, urbains, comme si on les surprenait en pleine conversation sur leur lecture.

Les cathédrales servaient de base aux savants comme Jean de Salisbury, qui étudia à Chartres, encore jeune homme, qui en devint plus tard l'évêque et qui lui légua sa bibliothèque personnelle[14]. Il fit au moins six voyages en Italie, d'où il rapporta à chaque fois des manuscrits. Comme Pétrarque plus tard, c'était un grand épistolier, qui citait abondamment dans ses lettres à ses confrères et à ses amis Cicéron, Virgile, Horace et Ovide. Ces références classiques abondaient également dans ses traités, qui abordaient des sujets hautement humanistes : son *Policraticus* est consacré au comportement des courtisans et des clercs ; son *Metalogicon* parle notamment d'éducation[15].

Si Jean de Salisbury et Pétrarque avaient eu la possibilité de se rencontrer, au lieu d'être séparés par deux cents ans, ils auraient eu grand plaisir à se raconter leurs histoires de voyages et leurs démêlés avec le pouvoir. (Jean, qui avait connu Thomas Becket à la cathédrale de Cantorbéry et qui faillit y perdre la vie sous les coups de couteau de quelques assassins, savait deux ou trois choses sur la politique et sur les retournements soudains de situation qui peuvent marquer une destinée.) Ils n'auraient eu aucune difficulté à discuter en latin, langue qui permettait

Les apôtres sur un panneau de la cathédrale de Bâle.

aux gens instruits de toute l'Europe de transcender l'espace et le temps.

Que l'on puisse imaginer si facilement Salisbury et Pétrarque discuter ensemble, voilà qui jette un doute sur le scénario simpliste de la lumière apparue dans la nuit. Il y eut de grands changements aux quatorzième et quinzième siècles, mais l'aspect le plus marquant de ces bouleversements, c'est peut-être la manière dont Pétrarque et ses successeurs *se percevaient* eux-mêmes : ils avaient l'impression d'émerger d'un passé lointain, perdu, et de se frayer un chemin dans les ténèbres.

Une chose est sûre : rien n'aurait mieux rapproché Salisbury et Pétrarque que leur soif de livres, de même qu'elle rapprocha Pétrarque et Boccace – ainsi que les générations suivantes, dont nous allons maintenant raconter l'histoire.

L'un des soucis, quand on constitue une collection importante de livres, c'est de savoir comment la laisser à la postérité. À un moment donné, Pétrarque convint de léguer la sienne au gouvernement de Venise, comme la base d'une bibliothèque qui serait accessible à tous[16]. Or, lorsqu'il mourut en 1374, à la veille de son soixante-dixième anniversaire, ses livres étaient en possession de sa famille, ce qui suggère qu'un problème est survenu après l'accord vénitien. Ils furent plus tard dispersés et connurent de multiples propriétaires, avant de finir dans des bibliothèques d'Europe de l'Ouest, notamment à Londres et à Paris, ainsi que dans des villes italiennes.

Pétrarque laissa néanmoins un don plein d'attention à Boccace dans son testament : « cinquante florins d'or de Florence afin qu'il s'achète un habit d'hiver pour ses études de nuit ». Boccace ne profita pas longtemps du confort douillet de ce vêtement : il mourut à son tour, l'année suivante, à l'âge de soixante-deux ans. Sa propre bibliothèque passa entre les mains d'un moine qu'il connaissait, puis, après la mort du moine, elle revint au couvent Santo Spirito de Florence, où les livres furent conservés dans un coffre et à peine consultés, malgré une clause du testament de Boccace demandant qu'ils soient mis à la disposition de quiconque voudrait les voir[17].

À présent que « les trois couronnes de Florence » (selon la jolie définition florentine de Dante, Pétrarque et Boccace – très bel exemple de marketing avant l'heure) avaient disparu, leurs successeurs s'employèrent à les commémorer et à diffuser leurs œuvres. Le plus zélé en la matière fut le chancelier de la république florentine Coluccio Salutati[18], dont le réseau d'amis et de correspondants était aussi vaste que celui de Pétrarque. Coluccio les mit au travail : il voulait retrouver les textes manquants ou inachevés que Pétrarque avait laissés, notamment les carnets dans lesquels il avait écrit son poème couronné de lauriers, *L'Afrique*. Coluccio eut aussi l'heureuse idée d'améliorer l'épitaphe trop modeste que Boccace lui-même avait composée pour sa propre tombe à Certaldo. Le texte original ne comptait que quelques lignes. Coluccio y ajouta douze vers, dont cette question : « Poète distingué, pourquoi parler de toi si humblement, / Comme en passant[19] ? » Si Boccace avait pu voir cela, il en aurait certainement été touché, lui qui s'était si souvent senti sous-estimé, alors qu'il adressait aux autres de généreuses louanges.

Coluccio était un grand collectionneur ; sa bibliothèque comptait près de huit cents livres enrichis de ses propres remarques et de corrections dans les marges. Il les prêtait aux lecteurs intéressés, et finit par les donner au couvent San Marco, à Florence. Il promut également l'étude du grec dans la ville en invitant le lettré Manuel Chrysoloras, de Constantinople, à venir y enseigner – initiant par là l'épanouissement des études grecques en Italie, de quoi reléguer dans un passé lointain les affres de Pétrarque et de Boccace face à cette langue.

Autre collectionneur de livres doté d'une belle bibliothèque de près de huit cents ouvrages elle aussi, Niccolò Niccoli. D'une génération plus jeune que Coluccio, il était encore un enfant quand Pétrarque et Boccace moururent. Il devint le bibliothécaire de Cosme de Médicis – dont la famille, qui avait fait fortune dans la banque et dans le commerce, consacrait une partie de sa richesse à soutenir des savants et des artistes. L'une des décisions les plus efficaces de Niccolò fut de sortir les livres de Boccace de leur entrepôt au couvent Santo Spirito et de les rendre plus accessibles. Il laissa aussi ses propres livres dans les collections des Médicis, à condition qu'ils soient mis à disposition de quiconque voudrait les consulter ou même les emprunter. Le fonds des Médicis devint ainsi la base des deux principales bibliothèques de Florence aujourd'hui, la Biblioteca Medicea Laurenziana et la Biblioteca Nazionale Centrale.

Comme Boccace, Niccolò était fils de commerçant et, comme lui, il avait changé son destin en rejetant le métier de son père en faveur d'une carrière littéraire et savante. Il vécut une vie plaisante environné de ses trésors – des sculptures, des mosaïques, des poteries, ainsi que des manuscrits – et ne se maria pas, restant seul avec ses serviteurs ; mais en société il s'avérait brillant, à en croire les Mémoires du libraire Vespasiano da Bisticci, une source assez fiable sur de nombreux humanistes de cette période[20]. « À chaque fois qu'il se joignait à une discussion entre hommes cultivés (chose qu'il faisait souvent, pour se détendre), ses histoires drôles et ses railleries mordantes (car il était d'un naturel comique) faisaient toujours rire ses auditeurs aux éclats », écrit Vespasiano. Giannozzo Manetti lui consacra une biographie[21] dans laquelle il consigna comment Niccolò « rehaussait sa belle allure par de beaux vêtements couleur prune ». Il incitait des groupes de jeunes savants à lui rendre visite chez lui pour lire ses livres, puis pour discuter de ce qu'ils venaient d'y trouver, quel que soit le sujet.

Ainsi la tradition se poursuivit-elle, qui associait l'amitié à la bibliomanie. Niccolò correspondit de manière soutenue avec son jeune ami Poggio Bracciolini, dit Le Pogge, dont la personnalité très vive dépassait parfois les bornes, versant dans « l'invective forte » (Vespasiano encore) ou la « franche fanfaronnade ». Au moins une de ces disputes s'acheva par des coups de poing.

Le Pogge était plus aimable avec Niccolò, et leurs lettres sont truffées de discussions littéraires agréables et de badinage. Niccolò l'appréciait d'autant plus qu'il voyageait beaucoup en quête de manuscrits qu'il lui envoyait souvent[22].

Sa découverte la plus remarquable survint alors qu'il accompagnait la cour papale au concile de Constance, ville aujourd'hui allemande, qui dura de 1414 à 1418. L'enjeu du concile était de mettre fin au désordre épouvantable causé dans l'Église par ce qu'on appelle le Grand Schisme, lequel survint après que des conclaves rivaux eurent élu un pape à Rome et un autre en Avignon. À peine élu, chacun des deux papes s'empressa d'excommunier l'autre. Les cardinaux se réunirent à Livourne pour régler le problème, mais ils crurent le faire en élisant un troisième pape qui ne fut pas plus approuvé ailleurs. Le concile de Constance eut davantage de succès. Discréditant les trois papes, il en proposa un quatrième qui parvint à s'imposer sous le nom de Martin V. Du point de vue des savants humanistes, c'était un bon choix. Martin appréciait ces écrivains éloquents et cultivés auxquels il fournit bien des postes de secrétariat ou d'administration.

Alors qu'ils travaillaient pour le contingent romain à Constance, Le Pogge et ses amis explorèrent les monastères autour de la ville. Pétrarque les aurait enviés. Dans l'abbaye de Cluny, ils trouvèrent de nouveaux discours de Cicéron ; à Saint-Gall, ils dénichèrent différents ouvrages comme une copie en bon état du traité de Vitruve sur l'architecture, ainsi qu'un texte hautement convoité : *L'Institution oratoire* de Quintilien, soit la bible des techniques rhétoriques, dont l'argument majeur est que, pour devenir un bon orateur, il faut être une personne vertueuse[23]. Enfin, probablement à Fulda, Le Pogge et son ami Bartolomeo da Montepulciano découvrirent *De la nature des choses*, le long poème de Lucrèce contenant la théorie épicurienne et démocritéenne des atomes, ainsi que des considérations sceptiques quant aux dieux. Des auteurs en avaient cité des fragments ; on savait donc que ce livre existait, mais on pensait qu'il était perdu

sous sa forme intégrale. Le Pogge l'envoya à Niccolò, qui en fut tellement enchanté qu'il en perdit sa générosité habituelle. Il garda le livre pour lui seul durant dix années, avant de laisser quiconque – même Le Pogge – le consulter[24].

Ils étaient d'ordinaire plus généreux les uns avec les autres. En 1423, alors qu'il travaillait à Rome comme secrétaire du pape, Le Pogge invita Niccolò à venir bénéficier du confort de son appartement. « Nous discuterons, jour et nuit nous vivrons ensemble, et nous extirperons toute trace des temps anciens[25]. » Le séjour dut être très animé, entre les festivités couleur prune auxquelles s'adonnait Niccolò et l'humour paillard du Pogge. À la même époque, ce dernier mit à profit son passage à Rome pour composer un livre de bons mots et d'anecdotes, *Facéties*, un divertissement on ne peut plus humaniste, rempli de doubles sens, comme dans l'histoire du messager qui demande à une femme si elle veut bien envoyer un courrier à son mari, lequel est parti loin de chez lui. « Comment pourrais-je écrire, répond-elle, puisque mon mari a emporté sa plume avec lui et laissé mon encrier vide ? » Le livre circula beaucoup et fit l'objet de nombreuses rééditions, longtemps encore après la mort du Pogge – le tout premier recueil de blagues jamais publié[26].

À travers leurs activités de copistes et d'auteurs, Coluccio, Niccolò, Le Pogge et d'autres encore développèrent un style d'écriture manuscrite qui reflétait mieux leur état d'esprit. Connu sous le nom d'« écriture humaniste », ce style était fondé sur l'écriture telle qu'ils croyaient l'avoir héritée de l'Antiquité, même s'il ne s'agissait en réalité de rien d'autre que des premières minuscules inventées par les scribes de Charlemagne. Simple et plus facile à lire que l'écriture manuscrite usuelle du Moyen Âge, il convenait parfaitement aux lecteurs qui pouvaient y suivre leur propre rythme et parcourir de nombreux livres, plutôt que de devoir tout réciter lentement et à voix haute au lutrin[27]. Les humanistes disqualifièrent le style plus élaboré du nom de « gothique », une insulte équivalente à « barbare » – renvoyant aux hordes de Goths et de Vandales qui avaient jadis conduit Rome à la chute[28]. Leur propre style disait tout de la perception qu'ils avaient d'eux-mêmes : il ressuscitait la simplicité ancienne, écartait toute obscurité et apportait au savoir une clarté nouvelle.

Pour ce qui est de l'obscurité, ils auraient difficilement pu ne pas remarquer les richesses antiques qui les entouraient à Rome, bien qu'elles fussent dans un état de délabrement sinistre. Le Colisée gisait en un amas de gravats. Beaucoup de bâtiments anciens avaient été pillés pour leurs matériaux. Les arcs de triomphe de la ville étaient cassés et à moitié enterrés sous de l'herbe que broutaient des moutons. Tout cela intriguait beaucoup les humanistes. Pétrarque avait fait de son mieux, durant plusieurs de ses visites, pour faire concorder ce qu'il voyait avec ce qu'il avait lu chez les historiens classiques, dans les mythes ou dans la poésie. Avec son ami et protecteur Giovanni Colonna, pendant un de leurs séjours là-bas, il s'amusa à retrouver certains lieux. Ils regardaient autour d'eux et disaient : « Ici, les jeux du cirque et l'enlèvement des Sabines, là le marais de la Chèvre et l'endroit où Romulus disparut. » Chaque jour, au coucher du soleil, ils montaient sur les toits des bains de Dioclétien pour contempler le paysage et comparer leurs connaissances. Pétrarque était plus expert en histoire ancienne, Colonna en premiers temps de la chrétienté. Ils se trompaient quand même, notamment parce qu'ils étaient (mal) guidés par un ouvrage de

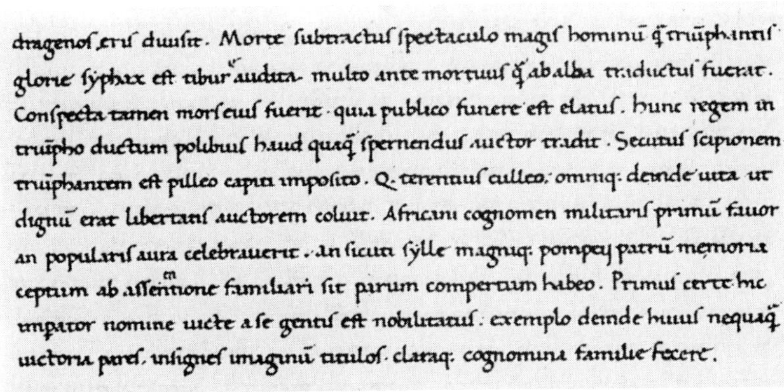
dragenos, crus duxisse. Morte subtractus spectaculo magis hominum quam triumphantis
glorie syphax est tiburi audita, multo ante mortuus quam ab alba traductus fuerat.
Conspecta tamen mors eius fuerit quia publico funere est elatus. hunc regem in
triumpho ductum polibius haud quaquam spernendus auctor tradit. Secutus scipionem
triumphantem est pilleo capiti imposito. Q. terentius culleo, omnique deinde vita ut
dignum erat libertatis auctorem coluit. Africani cognomen militaris primum favor
an popularis aura celebraverit. an sicuti sylle magnique pompeyi patrum memoria
ceptum ab assentatione familiari sit parum compertum habeo. Primus certe hic
imperator nomine victe a se gentis est nobilitatus. exemplo deinde huius nequaquam
victoria pares, insignes imaginum titulos claraque cognomina familie fecere.

référence datant du douzième ou du début du treizième siècle, *Les Merveilles de Rome* du magister Gregorius[29].

Le Pogge et son ami Antonio Loschi poursuivirent leurs recherches et purent se féliciter de corriger Pétrarque. Là où celui-ci pensait avoir trouvé la tombe de Rémus, par exemple, Antonio comprit que c'était celle de Cestius. (Matthew Kneale commente : « Découverte assez aisée, puisque le nom de Cestius était inscrit sur le côté, en grandes lettres[30]. »)

Le Pogge écrivit ses propres descriptions des ruines de Rome en cartographiant les sites présumés des anciens bâtiments et des rues parmi ce qu'il en restait. Il intégra tout cela, de manière fort appropriée, dans un ouvrage de 1448 consacré aux aléas de la fortune. Il appliqua son ingéniosité archéologique à la vaste campagne qui entourait la cité, méditant longuement sur des tombes ou bien escaladant des voûtes pour en retranscrire les inscriptions[31].

D'autres personnes étudièrent les ruines de Rome ; elles le firent afin d'en apprendre les techniques de construction, et même de les améliorer. Deux jeunes gens qui exploraient la région, au tout début du quinzième siècle, furent pris par des riverains pour des pilleurs de trésors à demi sauvages. Ils s'appelaient en fait Filippo Brunelleschi et Donato di Niccolò di Betto Bardi, bientôt connu sous le nom de Donatello, et ils effectuaient des recherches. Leurs propres inventions, quelques années plus tard, allaient transformer l'architecture de Florence[32]. Quelques voyageurs poursuivirent leurs investigations, comme Cyriaque d'Ancône qui voyagea en Grèce et en Turquie pour recueillir des inscriptions[33]. Des historiens comme Flavio Biondo (également appelé Biondo Flavio) préféraient combiner enquêtes de terrain et sources documentaires pour écrire des études approfondies avec des titres comme *Des décennies d'histoire*, *Rome restaurée*, *L'Italie illustrée* ou *Le Triomphe de Rome*. Des voyageurs médiévaux avaient aussi été intéressés par les reliques des temps passés, mais, plus modernes, ils les abordaient en vue d'un travail authentique d'historien : *Comment* chacune de ces ruines en était arrivée là ? Qui en avait construit les fondations, qui les avait détruites ?

Autre personnage intéressé par les origines de Rome, l'architecte Leon Battista Alberti, auteur d'une *Description de la cité de Rome*, une somme apparue dans les années 1440, après un long travail de relevés[34]. Durant la même décennie, Alberti fut impliqué dans un projet spectaculaire, juste en dehors de Rome : essayer, avec Flavio Biondo et d'autres, de faire remonter deux énormes navires antiques depuis le fond du lac de Nemi.

On se demandait depuis longtemps ce qui était arrivé à ces bateaux. Par temps clair, on pouvait les distinguer à travers l'eau, comme des images tremblotant sous la surface. Les pêcheurs des environs retrouvaient parfois des clous ou des morceaux de bois accrochés dans leurs filets. Alberti conçut une méthode qui, espérait-il, rendrait possible de soulever les vaisseaux afin de les inspecter. Divers plongeurs – « plutôt poissons qu'humains », écrivit Biondo – furent amenés depuis le port de Gênes : ils nagèrent sous l'un des bateaux pour y attacher des cordes reliées à leur autre extrémité à des treuils disposés sur des tonneaux flottants, à la surface du lac. Les premières étapes se passèrent bien. Mais lorsque l'on tourna les manivelles et que le bateau commença à s'élever, très vite les cordes s'effilochèrent à travers les poutres pourries et le tout retomba au fond des eaux. Quelques pièces émergèrent tout de même, que Biondo et Alberti purent examiner. Ils essayèrent d'en deviner l'âge, mais ils se trompèrent tous deux. Ces bateaux étaient en réalité des galères de luxe datant du règne de l'empereur Caligula. La plus grande mesurait soixante-dix mètres de long, une taille absurde pour un lac aussi modeste. Ces galères étaient équipées d'un système de plomberie, de mosaïques et de toutes sortes d'accessoires luxueux, signes des réalisations pratiques de l'Empire romain à son apogée[35].

D'autres tentatives partielles furent mises au point au fil des années. Une mosaïque fut détachée de l'un des ponts en 1895 et finit après bien des aventures par être convertie en table basse dans la maison new-yorkaise d'un antiquaire qui en ignorait l'origine. Elle a depuis été restituée au musée de Nemi, dont le directeur fait observer : « Si vous la regardez sous un certain

angle, vous pouvez encore y distinguer les traces circulaires d'une tasse[36]. »

Les bateaux ne furent sortis des eaux qu'à l'époque de Mussolini – période à laquelle la grandeur de Rome était très à la mode. L'incroyable méthode employée fut de drainer une grande partie du lac, cinq années s'avérant nécessaires à cette prouesse réalisée entre 1928 et 1932, avec une éruption de boue comme dommage collatéral à cause du poids décroissant de l'eau. Le procédé n'en fonctionna pas moins, et les bateaux repêchés furent exposés dans le musée. Hélas !, ils ne profitèrent que de quelques années à l'air libre. Lors du bombardement américain du 31 mai 1944, le musée tout entier prit feu, y compris les navires. Seules quelques pièces survécurent, notamment la mosaïque qui partirait bientôt pour un mystérieux voyage à New York. Le musée est aujourd'hui bien vivant et se porte bien[37].

Au quinzième siècle, remonter des bateaux à peine visibles depuis les profondeurs où ils avaient échoué constituait une métaphore parfaite de l'ensemble du projet humaniste : repêcher du savoir sous toutes ses formes. Flavio Biondo y eut recours dans son *Italie illustrée* pour décrire sa conception de la tâche de l'historien. Ne vous plaignez pas, écrivait-il, si je ne parviens pas à reconstituer des événements dans leur totalité, comme je sauverais un navire entier. Remerciez-moi plutôt pour les reconstitutions fragmentaires qui peuvent être faites – « pour avoir rapporté sur le rivage des planches d'un si grand naufrage, des planches qui flottaient à la surface de l'eau ou qui avaient presque été perdues de vue[38] ».

Chasseurs de livres ou de ruines, les humanistes aimaient ce genre de métaphores. Quand ils ne parlaient pas de naufrages, d'incendies ou de ténèbres, ils comparaient leur travail à la libération de prisonniers retenus dans un donjon. Le Pogge décrit ainsi le manuscrit de Quintilien qu'il découvrit à Saint-Gall : il se trouvait par terre dans une cellule sombre et fétide, au pied d'une tour, pareil à un criminel à la barbe sale et aux cheveux souillés de boue. « Il semblait tendre les bras et implorer la loyauté du peuple romain, pour être sauvé d'une sentence injuste[39]. » (L'image est un peu gâchée par le fait que Le Pogge fut contraint de laisser le manuscrit là-bas[40]. Mais il en fit une copie : il libéra donc Quintilien, au sens qui importait.) Cinzio, ou Cinzius, un ami romain du Pogge, prêta aux livres qu'ils dénichèrent ces lignes assez éloquentes : « Vous autres humains qui aimez la langue latine, ne me laissez pas être entièrement détruit par cette négligence déplorable. Arrachez-moi à cette prison : dans une telle obscurité, même les clartés lumineuses des livres ne peuvent être perçues[41]. »

Ce jeu d'ombre et de lumière se poursuivit. Le libraire et biographe Vespasiano opposa les « grandes ténèbres » dans lesquelles vivent les ignorants aux lumières, aux éclairages, que les écrivains apportent au monde. Faisant écho à une remarque jadis adressée par Pétrarque à Boccace, il ajouta que cette ignorance était parfois considérée comme sainte, mais que c'était la surévaluer que d'y voir une vertu. Elle pourrait même être la source du mal sur Terre, suggéra-t-il[42].

Tandis que les écrivains et les collectionneurs continuaient leur sauvetage humanitaire des Anciens, qu'ils repêchaient depuis le fond des mers ou qu'ils faisaient jaillir des donjons, les Anciens récompensèrent leurs efforts en prodiguant une lumière morale régénérative au monde moderne. Francesco Barbaro, un savant vénitien, écrivit au Pogge – après que celui-ci eut découvert, entre autres, le livre de Quintilien – pour lui dire à quel point c'était merveilleux d'entendre parler de tels efforts fournis « pour le bien de toute l'humanité et pour des bénéfices qui dureront toujours », puisque « la culture et l'exercice mental, qui conviennent à une vie bonne et bénie et à un discours équitable », peuvent apporter de grands bénéfices non seulement aux individus, mais aussi aux villes, aux nations et au monde entier[43].

Le travail s'avérait grisant : sauver l'humanité moderne tout en satisfaisant sa soif de possessions en accumulant des livres et autres objets de valeur pour sa propre jubilation. « J'ai une pièce remplie de têtes en marbre », écrivait Le Pogge, et il rêvait de trouver un endroit plus grand, à la campagne, pour y conserver plus de trésors encore[44]. Certains collectionneurs bénéficiaient d'une telle situation : le cardinal Prospero Colonna, qui avait largement subventionné le projet des navires de Nemi, avait aussi créé un jardin pour ses sculptures, sur la colline du Quirinal. Il eut même la chance, lorsqu'il fit creuser sur le site, de voir surgir hors de terre d'autres pièces antiques. Rien d'étonnant, donc, à ce que Le Pogge ait choisi le cardinal comme dédicataire de son œuvre *Sur l'avarice*, qui traitait d'une vieille idée : la grande richesse n'est pas pécheresse mais vertueuse, puisqu'elle permet de faire des choses au service de la vie[45].

L'accumulation d'objets découverts se poursuivit de la manière la plus remarquable chez les Médicis à Florence. Loin de là, au nord, une autre collection était initiée par Isabelle d'Este, la *marchesa* de Mantoue. Elle transforma l'une des tours de son palais en cabinet privé et en galerie qu'elle remplit d'objets anciens, ainsi que de tableaux fraîchement commandés à des peintres contemporains[46]. Cas rare parmi les grands mécènes et collectionneurs, c'était une femme.

Les femmes, si seulement il y en avait eu plus, à ce moment-là de notre histoire !

En 1984, l'historienne Joan Kelly-Gadol signa le fameux article qui posait cette question : « Les femmes ont-elles eu une Renaissance[47] ? » Vous pouvez deviner sa réponse. Selon elle, l'Europe médiévale avait offert plus de possibilités d'épanouissement, au moins pour certaines femmes. Elles avaient pu gérer de grandes propriétés, surtout si leurs maris participaient aux lointaines croisades. Ou bien elles avaient pu s'épanouir au sein de communautés monacales, comme ce fut le cas de la poétesse, dramaturge et historienne du dixième siècle Hrotsvita de Gandersheim, dont les pièces furent retrouvées et publiées avec beaucoup d'enthousiasme à l'ère humaniste ; ou celui de la compositrice du douzième siècle, également philosophe, doctoresse, mystique et inventeuse d'une langue artificielle, Hildegarde de Bingen[48].

Le monde des humanistes du quinzième siècle était plus urbain, moins monastique. Les humanistes travaillaient comme précepteurs ou comme secrétaires chez des particuliers, des membres du clergé ou des familles princières, ou bien encore comme fonctionnaires ou diplomates dans la sphère publique. Pour tous ces rôles, les *studia humanitatis* étaient importantes – qui consistaient traditionnellement en cinq matières : la grammaire, la rhétorique, la poésie, l'histoire et la philosophie morale. Apprendre à bien parler et à bien écrire, et savoir interpréter les modèles de l'histoire et de l'éthique fournissaient les fondements parfaits d'une vie dédiée aux discours publics, à l'écriture, à la politique et aux jugements empreints de sagesse. Et c'était là le problème. Peu de parents rêvaient que leurs filles mènent une telle vie. Les femmes de haute naissance étaient censées rester chez elles, à l'écart du monde, complètement en dehors de la sphère publique. Elles ne feraient jamais de discours ni n'écriraient de lettres élégantes ; elles n'avaient donc nul besoin du latin, et il leur était totalement inutile d'étudier l'art de prendre des décisions sages, puisqu'elles n'auraient jamais aucune décision à prendre. Faute d'un tel entraînement, elles étaient exclues de tout ou de presque tout ce qui composait l'*humanitas*. En revanche, elles devaient cultiver les vertus de chasteté et d'humilité, lesquelles ne nécessitaient guère d'éducation. Certaines des cités humanistes les plus vivantes, comme Florence, étaient également celles où l'on exerçait la plus forte pression sur les femmes pour qu'elles restent invisibles.

Des femmes humanistes n'en laissèrent pas moins leur marque. Un exemple incroyablement précoce est celui de la première écrivaine professionnelle, Christine de Pisan. Née à Venise en 1364, elle passa la plupart de sa vie en France, où elle put grâce à son père médecin acquérir assez d'éducation en italien et en français, peut-être aussi en latin. Elle se maria à quinze ans et

eut trois enfants. Le cours de sa vie changea lorsque son mari et son père moururent, lui laissant toute la responsabilité de subvenir à ses besoins ainsi qu'à celui de ses enfants et de sa mère. À cette fin, elle se mit à l'écriture : elle produisit des œuvres destinées au roi et à d'autres en échange de leur soutien financier. La variété de ses talents était impressionnante : outre ses ouvrages sur l'éthique, sur l'éducation, sur la politique et sur la guerre – tous sujets considérés comme masculins –, elle composa des poèmes d'amour et des vers relatant les épisodes de sa propre vie pour illustrer l'un des thèmes les plus chers à Pétrarque : « les aléas de la fortune[49] ». En 1405, elle écrivit *Le Livre de la cité des dames*, un recueil de récits s'appuyant sur un ouvrage antérieur de Boccace sur les femmes dans les mythes et dans l'histoire, auquel elle ajouta une stimulante défense des compétences et de l'excellence morale des femmes. Ce plaidoyer est en large partie placé dans la bouche de la Raison, qui offre, comme dans la partie positive des *Remèdes contre la bonne et la mauvaise fortune* de Pétrarque, de réjouissantes pensées pour compenser les ténèbres. Quand la narratrice se met à déprimer, à force de lire toutes les pages misogynes que les hommes ont écrites, la Raison la réconforte. Elle lui propose de se poser cette question : Ces hommes-là n'ont-ils jamais eu tort sur quoi que ce soit ? Oh ! que si, d'ailleurs ils passent leur temps à se contredire et à se reprendre les uns les autres : ils ne sauraient donc avoir tous raison. « Laisse-moi te dire que ceux qui parlent mal des femmes se nuisent plus à eux-mêmes qu'aux femmes qu'ils calomnient », dit encore la Raison. Elle conseille à la narratrice de construire une « cité des dames » dans son esprit, et de la remplir de tous les exemples qu'elle pourra découvrir de femmes savantes, courageuses ou inspirantes[50]. C'était là une autre sorte de mission de sauvetage : ressusciter des figures oubliées pour réconforter celles qui vivaient encore.

D'autres femmes connurent le succès durant ce siècle : Laura Cereta, notamment, qui écrivit de la poésie et rassembla ses propres lettres pour les diffuser – à l'instar de Pétrarque – comme un authentique ouvrage littéraire. Parmi ses correspondants, il y avait beaucoup d'humanistes fameux ; elle remplit ses missives de détails concernant sa propre vie, et de pensées sur la nécessité pour les femmes d'avoir accès à une éducation et à plus d'indépendance dans le mariage[51]. Une autre épistolière, Cassandra Fedele, réunit ses lettres, accompagnées d'un discours en latin, et elle envoya le tout à Angelo Ambrogini, connu sous le nom d'Ange Politien, un éminent précepteur de la famille Médicis. Celui-ci répondit par une lettre élogieuse, élégante et condescendante à la fois : Comme il était merveilleux, disait-il, de rencontrer une femme maniant la plume plutôt que l'aiguille et peignant à l'encre sur le papier, plutôt que son visage au maquillage[52]. C'était mieux, somme toute, que d'être ignorée

– ce qui fut son sort par la suite, pendant longtemps. L'une des lettres contient une allusion ironique à l'éloge que Cicéron consacra aux plaisirs et aux bénéfices des « humanités » dans son *Pour Archias*. Elle écrivit ainsi : « Même si les études littéraires ne promettent ni n'offrent aucune récompense ni aucune dignité aux femmes, chacune d'entre nous devrait rechercher et embrasser ces études pour les seuls délices et plaisirs qu'elles apportent[53]. » Après de nombreuses années de pauvreté consécutives à la mort de son mari, elle finit par être engagée en tant que prieure dans un orphelinat de Venise, à l'âge de quatre-vingt-deux ans ; à quatre-vingt-dix ans, elle eut l'honneur d'être invitée à écrire et à tenir un élégant discours de bienvenue, en latin, lorsque la reine de Pologne visita la ville[54].

C'était en 1556, et à ce moment-là l'idée d'une femme cultivée semblait peut-être *très légèrement* moins bizarre qu'auparavant, les femmes ayant une chance *très légèrement* supérieure de recevoir une éducation. La poétesse Vittoria Colonna bénéficia d'un accès à l'excellente bibliothèque d'une autre femme, Costanza d'Avalos, la tante du garçon auquel Vittoria avait été fiancée dès l'âge de trois ans[55]. Dans la lointaine Angleterre, l'humaniste Thomas More fit le choix d'éduquer ses filles. De même que Henry VIII : Mary fut l'élève de l'humaniste espagnol Juan Luis Vives, et Elizabeth celle de Roger Ascham, qui s'émerveillait de manière servile devant son intelligence précoce et ses capacités linguistiques. Mais ces filles privilégiées restaient des exceptions, qui n'auraient reçu aucune éducation si l'on n'avait pas attendu d'elles qu'elles jouent plus tard un rôle politique et qu'elles endossent des responsabilités morales : il leur fallait donc apprendre comment le faire bien.

Naturellement, l'éducation morale des garçons, plus subtile, plus complète, ne suffisait pas à faire de tous des parangons de vertu et de sagesse. D'aucuns décrivirent même l'éducation humaniste de cette époque comme une simple technique permettant de former des personnalités publiques arrogantes et influentes, dépourvues de toute curiosité intellectuelle comme de toute pensée sérieuse[56]. Description qui n'est pas entièrement injuste – j'ai encore pu remarquer dans l'Angleterre du début du vingt et unième siècle comment ceux qui se piquent de culture latine peuvent en tirer grand profit, quand bien même ils se comporteraient par ailleurs comme des fripouilles.

Cet idéal n'en demeurait pas moins admirable, qui provenait en ligne droite de modèles révérés comme Cicéron et Quintilien : pour bien gouverner, il fallait savoir bien parler, bien réfléchir, pratiquer la modération et faire montre d'équilibre, et être empreint d'*humanité* dans tous les sens du terme – y compris ne pas ignorer l'histoire du passé.

Un bon enseignant devait être capable de transmettre tout cela à ses étudiants, sans se limiter à la théorie. Il devait donc être lui-même une excellente personne, accomplie, cultivée, susceptible de donner un bon exemple. Les précepteurs humanistes aimaient se distinguer du style des professeurs universitaires médiévaux, perçus comme des excentriques obsédés par les syllogismes et par les paradoxes absurdes de ce genre : « Le jambon nous fait boire ; boire éteint la soif ; donc le jambon éteint la soif[57]. » Le professeur de la princesse Mary, Juan Luis Vives, se moquait de ce type de *pédants* qui se croyaient éminemment intelligents et philosophes mais se transformaient en pauvres petites choses bégayantes dès qu'ils sortaient de leur univers. Ils ne savaient rien de ce qui est le plus précieux pour vivre : « la philosophie morale, qui nous enseigne l'esprit et la vie humaine, et qui donne de la grâce à l'esprit et aux manières ; l'histoire, qui est la mère de l'apprentissage et de l'expérience ; l'art oratoire, qui enseigne et dirige à la fois la vie et le sens commun ; et les sciences politiques et économiques, qui réglementent les affaires publiques comme domestiques ». Ces trois piliers humanistes – la philosophie morale, la compréhension de l'histoire et l'art oratoire – étaient alors à leur plus haut niveau au monde, même si ce monde se réduisait à l'entourage étroit d'un roi. Vives remerciait Dieu de l'avoir délivré de la pédanterie et de lui avoir permis de découvrir « les vraies disciplines qui sont dignes de l'homme, celles que l'on appelle souvent et à juste titre les humanités[58] ».

Comptait aussi l'environnement dans lequel les étudier. À Mantoue, la famille Gonzaga accueillait une école magnifiquement située dans une prairie, dirigée par Vittorino da Feltre et connue sous le nom de La Giocosa ou de La Gioiosa : « l'École joueuse » ou « joyeuse ». À Ferrare, Guarino da Verona et son fils Battista Guarini enseignaient pour la famille d'Este et leurs amis dans un endroit au moins aussi magnifique. À l'un de ses élèves, Leonello d'Este, Guarino adressa un éloge des plaisirs de la lecture à l'extérieur, par exemple sur un bateau, sur une rivière. Il s'y décrivait glissant sur l'eau, un livre ouvert sur les genoux, le long des vignobles et des champs remplis de paysans qui chantaient[59]. Lire dans une bibliothèque pouvait être tout aussi plaisant. Un dialogue d'un autre auteur met en scène Guarino conseillant Leonello sur l'art de décorer une telle bibliothèque : à côté des livres, on peut ajouter des roses, des brins de romarin, un cadran solaire, une lyre et des images de dieux ou d'érudits. Mieux valait toutefois exclure les chats ou les oiseaux en cage : leurs frasques sont trop distrayantes.

À imaginer cette bibliothèque idéale, on se souvient d'un autre lieu de la sorte : le magnifique palais d'Urbino, un peu plus bas dans la péninsule italienne. Le duc d'Urbino, Federico da Montefeltro, avait été l'un des élèves de Vittorino à Mantoue.

Il avait ensuite fait fortune en tant que *condottiere*, ou soldat mercenaire, et, à partir de 1454, il avait investi toute sa richesse dans la construction d'un palais de rêve, haut perché sur une colline, doté d'une architecture aux proportions parfaites et d'un décor intérieur rendant hommage aux humanités comme à l'humanité. Dans son cabinet personnel se trouvaient de très belles peintures sur bois colorées, qui représentaient des écrivains admirés (Homère, Virgile, Cicéron, Sénèque, Tacite), mais aussi des instruments de musique, des temples classiques, des perroquets, ou encore son écureuil domestique – aucun risque de distraction en l'occurrence, puisqu'ils ne pouvaient guère sauter hors de leur tableau. Sa bibliothèque remplissait deux salons ornés de fresques représentant des arts et des sciences, et d'une inscription latine qui disait de sa collection de livres : « Cette maison abrite des richesses, des bols en or, de l'argent à foison, des foules de serviteurs, des bijoux scintillants, de purs joyaux, de précieuses chaînes et ceintures. Mais il y a ici un trésor qui dépasse de très loin toutes ces splendeurs[60]. » La plupart de ces volumes provenaient de Vespasiano da Bisticci, dont on dit qu'il faisait travailler en permanence trente-quatre copistes pour le duc d'Urbino. Tous leurs manuscrits étaient naturellement rédigés dans l'écriture humaniste si limpide.

La cour d'Urbino était connue pour sa vie sociale, et là, les femmes *faisaient partie* de la scène, que ce soit au temps du premier duc (la duchesse et ses amis adoraient festoyer) ou plus tard. L'atmosphère de la génération qui vint peu après fut décrite par le comte Baldassarre Castiglione, un soldat et diplomate originaire des environs de Mantoue qui avait beaucoup fréquenté la cour d'Urbino durant les premières décennies du seizième siècle, étudiant dans la bibliothèque et passant des moments tout simplement merveilleux dans ce milieu très à la mode. Les dialogues de son *Livre du courtisan* évoquent cette vie, ses conversations brillantes, ses saillies pleines d'esprit, ses débats sur l'amour, sur l'éloquence ou sur la vertu politique, tout cela avec en toile de fond un paysage spectaculaire. Songez à l'atmosphère du *Décaméron* de Boccace, à ses réunions et à ses jeux ; ici, au lieu d'histoires obscènes, on se posait des questions comme : « Si je devais devenir complètement fou, quelle sorte de démence serait vraisemblablement la mienne[61] ? »

L'un des défis était de décrire les qualités du courtisan idéal. Les invités discutèrent pour savoir dans quel sport il devrait exceller. Le jeu de paume, c'est bien ; le funambulisme, optionnel[62]. Ils convinrent qu'il devait surtout être brave, bien éduqué, éloquent, et qu'il devait se comporter avec *sprezzatura*. Autrement dit avec une nonchalance, une décontraction mêlée de dédain, la capacité de faire des choses difficiles comme si c'était naturel, sans effort apparent. Comme quelqu'un qui jetterait son manteau sur ses épaules avec négligence, mais de telle manière que le manteau se trouverait parfaitement en place, sans nécessiter aucun réajustement[63].

La *sprezzatura* était aussi l'attitude idéale pour les activités littéraires. Castiglione prétend avoir écrit son livre comme il aurait préparé une petite salade légère, sans l'intention d'aboutir à un ouvrage véritable, puisque cela aurait requis un effort certain. Il nous raconte que son amie la poètesse Vittoria Colonna avait fait circuler le texte en secret parmi leurs connaissances communes, jusqu'au moment où il avait été tellement lu que son auteur pouvait aussi bien le publier. La vérité était tout autre : il avait beaucoup sué sur son œuvre, comme la plupart des auteurs, et il avait corrigé à de nombreuses reprises son *Livre du courtisan* avant sa parution, très bien accueillie, en 1528[64].

Ce travail de fond subreptice alla de pair avec les réalisations abouties d'un grand nombre de ces érudits, de ces auteurs et de ces professeurs. Même s'ils aimaient donner l'impression d'être nés pour l'emploi, beaucoup d'entre eux venaient de milieux beaucoup plus modestes que leurs aristocratiques élèves. Comme Pétrarque et Boccace avant eux, certains avaient dû traverser la pénible épreuve du rejet des attentes paternelles pour s'engager dans la voie humaniste. Trouver et conserver leur place, un emploi ou un protecteur nécessitait sûrement plus de peine et d'ingéniosité qu'ils ne voulaient l'avouer.

Ils ne réussirent pas toujours à dissimuler toute trace de leur côté savants fous. On avait attribué à un savant et précepteur très admiré à la cour de Forlì, Antonio Urcea, connu sous le nom de Codro, un appartement dans le palais, pour qu'il y vive et y travaille à la fois. Il sortit un jour en laissant une bougie allumée sur son bureau. Une pile de papiers prit feu ; les flammes se propagèrent et, lorsqu'il revint, tout avait été détruit, y compris son travail en cours.

Oubliant toute sa retenue d'humaniste comme toute sa *sprezzatura*, Codro courut hors de la ville dans la plus grande confusion, jusqu'à la campagne, en maudissant le bon Dieu et la Vierge Marie, et en offrant son âme au diable. Ses hurlements diminuèrent lorsqu'il s'enfonça dans des contrées plus sauvages. Lorsqu'il eut assez recouvré son calme pour revenir, les portes de la cité avaient été fermées pour la nuit. Il dut dormir dehors, et au petit matin un gentil charpentier le recueillit chez lui. Codro y resta six mois, sans jamais retourner au palais ni retoucher à ses livres – jusqu'à ce qu'il ait retrouvé ses esprits et soit capable de reprendre son travail[65].

Si le livre de Castiglione parvint à devenir un succès à la mode, ce n'est pas parce que son manuscrit avait circulé chez un nombre limité de lecteurs, comme jadis pour d'autres auteurs : il avait été imprimé.

L'imprimerie, avec ou sans caractères mobiles, avait été mise au point il y a longtemps déjà en Chine et en Corée : elle servait à reproduire des prières bouddhistes en grande quantité, ce qui permettait d'obtenir des mérites[66]. Lorsque cette technologie arriva en Europe, elle fut rapidement utilisée pour produire à la chaîne des indulgences papales – soit des tickets dont la possession permettait d'espérer réduire les châtiments à venir dans l'au-delà. Johannes Gutenberg fit imprimer jusqu'à dix mille de ces indulgences[67], mais il resta surtout célèbre pour avoir réalisé le premier grand livre jamais imprimé en Europe : sa Bible de 1455.

Comme la plupart des inventions qui améliorent l'existence, l'imprimerie fut d'abord accueillie avec scepticisme et réticence. Le duc d'Urbino ne voulait pas en entendre parler. Un abbé bénédictin allemand, Johannes Trithemius, écrivit un *Éloge des scribes* : selon lui, les manuscrits valaient mieux que les livres imprimés, et le travail de copiste était pour les moines un exercice spirituel trop enrichissant pour être abandonné. Et afin que son texte touche le plus large public possible, Trithemius le fit imprimer.

L'abbé reconnaissait aussi que le parchemin était un support plus résistant que le papier[68], ce qui est vrai – même si le papier à base de culottes bouffantes survécut magnifiquement mieux que ne survivront les livres de poche en pâte à papier des années 1970. Quoi qu'il en soit, pour la survie des œuvres littéraires, l'imprimerie bat à plate couture la copie manuscrite, puisqu'on peut ainsi obtenir et diffuser un très grand nombre d'exemplaires. Il suffit de penser à Boccace envoyant ses précieuses pages de traduction d'Homère à Pétrarque, ou bien au Pogge qui fut pendant dix ans privé de Lucrèce par Niccolò. Beaucoup de livres imprimés ont aussi disparu de ce monde, certes, mais dans l'ensemble, ils ont plus de chances de survivre que les manuscrits. Les premières imprimeries sont un exemple parfait d'ingéniosité technique œuvrant de conserve avec le savoir pour produire quelque chose qui puisse durer. Comme l'écrivit Edward Gibbon, d'un groupe de mécaniciens allemands est née « une découverte qui brave les ravages du temps et des Barbares[69] ».

L'essai de Trithemius rend hommage à la beauté des manuscrits, mais l'imprimerie développa sa propre esthétique et ses ouvrages ne furent jamais plus beaux que lorsqu'ils furent conçus pour être simples, clairs et lisibles. Les imprimeurs allemands utilisaient de lourdes « lettres noires » qui s'imposèrent ensuite dans d'autres endroits pour les textes sacrés. À cause de son origine nordique, cette police était qualifiée de « gothique ». Mais d'autres caractères vinrent répondre à la demande croissante de styles plus légers, mieux adaptés à la littérature classique que l'on redécouvrait. Le premier livre (connu) jamais imprimé en Italie, une édition de 1465 du *De oratore* de Cicéron, fut réalisé avec de tels caractères, bien qu'il ait été imprimé par les Allemands Arnold Pannartz et Conrad Sweynheym. Ils se basèrent sur l'« écriture humaniste », laquelle provenait de la minuscule carolingienne – même si on croyait encore qu'elle remontait à la Rome antique. Pour en tirer le meilleur parti, il faudrait encore attendre l'Italien qui allait publier le *Courtisan* de Castiglione, le Vénitien Alde Manuce, et son brillant créateur de caractères, Francesco Griffo[70].

Alde Manuce avait reçu une éducation humaniste chez Battista Guarini, à Ferrare, et il avait d'abord envisagé une carrière scientifique, quand il se retrouva à Venise à l'âge de quarante ans et qu'il découvrit l'imprimerie. Venise était alors devenue le grand centre italien en la matière : au temps d'Alde Manuce, on y comptait près de cent cinquante presses et nombre de librairies. Alde Manuce travailla pour plusieurs imprimeurs, afin de s'initier au métier, puis il lança sa propre entreprise. Quand une des épidémies régulières de peste frappa la ville, en 1498, il tomba malade et adressa un serment à Dieu : si la mort lui était épargnée, il arrêterait l'imprimerie pour entrer dans les ordres. La mort lui fut épargnée, mais il préféra renoncer à son serment et demanda au pape lui-même une dispense spéciale, sous prétexte qu'il dépendait financièrement de son commerce – comme si les prêtres ne gagnaient pas assez bien leur vie. Heureusement pour l'histoire de l'imprimerie, le pape, Alexandre VI, lui-même coutumier des interprétations fantaisistes des commandements, accéda à sa requête.

Alde Manuce devint un virtuose des polices d'imprimerie. Il put ainsi satisfaire les extravagances des auteurs vaniteux[71]. Ce fut le cas – extraordinaire – de son édition de 1499 de l'*Hypnerotomachia Poliphili* – soit, en français et dans une version plus complète, *L'Hypnérotomachie de Poliphile, dans laquelle il enseigne que toutes choses humaines ne sont qu'un rêve.* L'auteur, un moine de près de soixante-dix ans, était en théorie anonyme, mais il avait laissé l'énorme indice d'un acrostiche formé par les premières lettres des chapitres du livre, qui composaient une phrase incluant son nom, Francesco Colonna. L'histoire raconte, dans un italien mêlé de latin, l'aventure de Poliphile, qui erre dans les ruines anciennes et les prairies en quête de son amour perdu, Polia. Tout comme Alde Manuce, Polia avait promis, durant une période de peste, de se retirer du monde si elle devait survivre : elle se retirerait comme chaste vierge dans un temple de la déesse Diane. Contrairement à Alde Manuce, elle avait tenu sa promesse. Le devoir de chasteté ne s'en avère pas moins difficile le jour où le beau Poliphile pénètre dans le temple et s'évanouit sur l'autel : elle le ranime d'un baiser. La grande prêtresse les surprend et les chasse hors du temple. Poliphile est heureux, mais lorsqu'il essaie d'embrasser Polia, elle se volatilise entre ses mains. Et l'histoire se termine ainsi – car tout n'était qu'un rêve.

Comme le dit l'historien E. P. Goldschmidt, ce livre exprime « les élans échevelés d'un professeur ». Il remarque également que, « comme d'autres grands livres, il fut écrit par un fou[72] ». Ce sont là des élans et des frasques *humanistes*, gorgés de joie langagière et de beauté visuelle. Grâce à Alde Manuce, l'histoire est imprimée en caractères légers et bien espacés ; elle est claire sur le plan typographique, si elle ne l'est pas sur le plan du contenu. Les gravures sur bois qui l'accompagnent, de l'artiste Benedetto Bordone, dépeignent des ruines, des processions et des tombes, et regorgent de lettres ciselées destinées à satisfaire les collectionneurs[73].

Alde Manuce réalisa des œuvres plus délicates, plus sobres dans leur contenu. Il fit paraître des ouvrages classiques comme modernes dans un format facile à transporter, parfait pour lire en bateau sur une rivière. Les petits livres n'avaient rien de nouveau ; dès le premier siècle après J.-C., le poète latin Martial avait recommandé à ses lecteurs désireux d'emporter avec eux

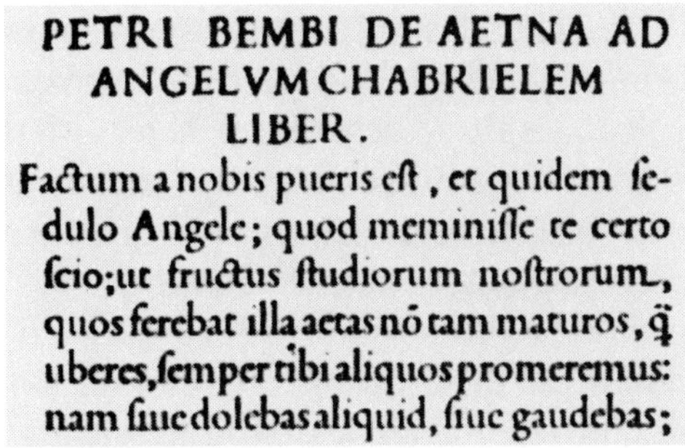
PETRI BEMBI DE AETNA AD
ANGELVM CHABRIELEM
LIBER.
Factum a nobis pueris eſt, et quidem ſe-
dulo Angele; quod meminiſſe te certo
ſcio; ut fructus ſtudiorum noſtrorum,
quos ferebat illa aetas nō tam maturos, q̃
uberes, ſemper tibi aliquos promeremus:
nam ſiue dolebas aliquid, ſiue gaudebas;

son livre en voyage d'en acheter les exemplaires « dont le parchemin est comprimé en petites pages[74] ». De tels livres – à prix acceptables – s'imposèrent comme les compagnons parfaits des humanistes, qui se déplaçaient beaucoup. Pour s'accorder à l'esthétique d'Alde Manuce, Griffo conçut un nouvel usage typographique facile à lire : « l'italique », qui fit son apparition en l'an 1500, pour quelques mots placés sur un frontispice, avant d'être utilisé plus largement dans une édition de la poésie de Virgile d'avril 1501.

Virgile était un choix heureux, lui qui était vénéré et imité par les humanistes. L'un des nouveaux auteurs s'étant illustré après lui par sa sensibilité pastorale était Pietro Bembo, un ami de Castiglione qui avait aussi fréquenté la cour d'Urbino, et avant cela celle d'Este, à Ferrare. Il apporta à Alde Manuce son premier livre, *De Aetna* – un séduisant exemple de l'écriture et de l'édition humanistes à leur apogée.

Ce livre n'est pas imprimé en italique ; il parut en février 1496, quelques années avant l'invention de Griffo. Ses lettres sont nettes et claires, et elles comportent une excellente innovation, rebondie et non moins plaisante : le point-virgule, utilisé pour la première fois pour indiquer un arrêt ou une pause[75]. En général, les pages semblent dignes de l'idéal humaniste de légèreté et de liberté. Et l'élégance allègre du récit ne dépare pas. Nous rencontrons l'auteur alors qu'il se promène le long d'une rivière avec son père, Bernardo, dans leur belle villa près de Padoue, et qu'il lui raconte son récent voyage en Sicile. Durant ce périple, il a fait avec un ami l'ascension de l'Etna, en s'arrêtant ici et là pour contempler des ruines, des pièces de monnaie grecques ou des variétés d'arbres. Pietro médite sur ce qu'il a lu concernant l'Etna chez les auteurs antiques, notamment le géographe Strabon, selon lequel on pouvait trouver de la neige au sommet du volcan, mais seulement en hiver. Pietro dit sa surprise, quand il a constaté que c'était faux : même en été, parmi les nuages de gaz sulfurique et les pierres qui fusent de temps en temps, la neige est encore glacée. Comment des auteurs anciens peuvent-ils parfois avoir tort ? Et, quoi qu'il en soit, comment fonctionne un volcan ? Respire-t-il, comme le poumon humain, en inhalant des vapeurs pour les expirer ensuite[76] ?

Révélant la curiosité intellectuelle de l'auteur et son immersion dans les sources classiques comme dans les techniques littéraires, *De Aetna* est un mariage assez parfait entre le format d'impression et le contenu. Il atteste ce que l'historien de la littérature Ernst Robert Curtius remarqua au vingtième siècle : que le véritable tempérament humaniste « aime à la fois la vie et les livres[77] ».

Durant les siècles à venir, l'imprimerie continuera de servir à la fois le monde et le livre : la science et les humanités. Elle convaincra des maîtres de l'éloquence comme Pietro Bembo, mais aussi des esprits plus pragmatiques, désireux de diffuser leurs nouvelles découvertes le plus loin et le plus vite possible. L'imprimerie d'Alde Manuce était très hospitalière et elle attira la crème de la communauté scientifique de cette époque, à toutes les étapes de la chaîne : écriture, édition, traduction, conception typographique ou mise en page. Ils vivaient presque en communauté et s'entassaient souvent dans la maison d'Alde Manuce en tant qu'invités ou en tant que collaborateurs, ou bien les deux. Parmi les nombreuses personnes qui rejoignirent le mouvement figura l'écrivain et érudit Desiderius Erasmus, de Rotterdam, qui vécut près de huit mois chez Alde Manuce et qui travailla à ses projets directement sur place. Dans ses *Adages*, Érasme se décrit assis dans un coin en train d'écrire et de tendre aux imprimeurs chaque page qu'il vient d'achever – trop occupé pour se gratter l'oreille, selon ses dires[78].

Alde Manuce demandait à ses amis de fouiller dans leurs collections de manuscrits, ou dans celles de leurs riches protecteurs, pour trouver de nouveaux textes à publier, ou bien de meilleures versions[79]. Il commença par des œuvres classiques en grec, pour lesquelles l'Italie disposait désormais d'un bon nombre d'experts. Beaucoup de savants grecs s'étaient installés dans des cités italiennes pour y enseigner, notamment après un événement qui choqua tous les chrétiens du monde : la prise de Constantinople par les Turcs en 1453. Les réfugiés avaient souvent eu le temps d'emporter dans leur fuite leur collection de livres, riche d'ouvrages grecs, qu'il s'agisse de philosophie, de mathématiques, d'ingénierie ou d'autres domaines encore. Tout cela stimula le niveau culturel, intellectuel et technologique de l'Italie et élargit encore le cercle qui entourait Alde Manuce. Lui-même connaissait le grec ; il éditait des livres en grec, et il organisait des rencontres lors desquelles, selon une règle qu'il avait fixée, si quelqu'un oubliait par mégarde de parler grec il devait mettre une pièce dans un pot. Quand le pot était plein, Alde Manuce utilisait l'argent pour organiser une nouvelle fête.

À mesure que son cercle de collaborateurs s'agrandissait, il en allait de même pour ses lecteurs. Érasme disait d'Alde Manuce qu'il était en train de créer une bibliothèque, dont la seule limite serait celle du monde[80]. Et encore, cette limite n'en était peut-être pas une. Les livres d'Alde Manuce se retrouvèrent jusque dans l'île imaginaire d'Utopie, telle qu'elle fut décrite par un ami d'Érasme, Thomas More : le narrateur de son *Utopie* apporte aux habitants de l'île des copies de textes grecs dans les éditions aisément transportables réalisées par Alde Manuce, et ces livres sont dévorés[81].

Alde Manuce avait le droit de se féliciter lui-même pour ce qu'il avait accompli. Dans une préface à son édition de 1509 des *Moralia* de Plutarque, il inclut des vers latins de l'humaniste Jacopo Antiquari de Pérouges, pleins d'exubérance : « Voici venir Alde, avec les Grecs dans une main et les Latins dans l'autre. Alde est notre miel, notre sel, notre lait ! Parsemez la ville de fleurs, jeunes gens ! Alde est ici[82] ! »

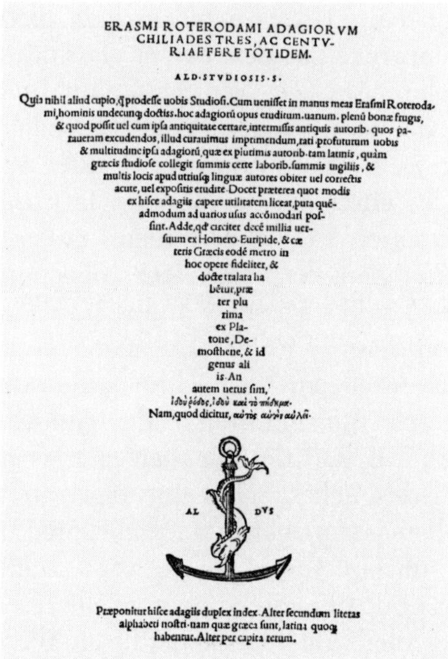

ERASMI ROTERODAMI ADAGIORVM
CHILIADES TRES, AC CENTV-
RIAE FERE TOTIDEM.

ALD. STVDIOSIS. S.

Quia nihil aliud cupio, q̃ prodesse uobis Studiosi. Cum uenisset in manus meas Erasmi Roteroda-
mi, hominis undecunq; doctiss. hoc adagiorũ opus eruditum. uarium. plenũ bonæ frugis,
& quod possit uel cum ipsa antiquitate certare, intermissis antiquis autorib. quos pa-
rauera m excudendos, illud curauimus imprimendum, rati profuturum uobis
& multitudine ipsa adagiorũ, quæ ex plurimis autorib. tam latinis, quàm
græcis studiose collegit summis certe laborib. summis uigiliis, &
multis locis apud utriusq; linguæ autores obiter uel correctis
acute, uel expositis erudite. Docet præterea quot modis
ex hisce adagiis capere utilitatem liceat, puta quẽ-
admodum ad uarios usus accõmodari pos-
sint. Adde, qđ circiter decẽ millia uer-
suum ex Homero. Euripide, & cæ
teris Græcis eodẽ metro in
hoc opere fideliter, &
docte tralata ha
bẽtur, præ
ter plu
rima
ex Pla-
tone, De-
mosthene, & id
genus ali
is. An
autem uerus sim,
ἰδοὺ ῥόδος, ἰδοὺ καὶ τὸ πήδημα.
Nam, quod dicitur, αὐτὸς αὐτὸν αὐλεῖ.

Præponitur hisce adagiis duplex index. Alter secundum literas
alphabeti nostri. nam quæ græca sunt, latina quoq;
habentur. Alter per capita rerum.

Les autres humanistes ne se représentaient pas autrement eux-mêmes : ils s'imaginaient faire entrer l'air frais et des fleurs dans le monde scientifique tout en l'ouvrant à la vie réelle. Ils continuaient aussi de se délecter de leurs métaphores favorites au sujet de leur travail : ils remontaient des navires qui avaient coulé, ils ramenaient la lumière dans les ténèbres, ils rendaient à des prisonniers leur liberté. Dans l'une des préfaces d'Alde Manuce, celle de son édition des *Histoires* de Thucydide, il expliquait comment il « publiait ou plutôt libérait de bons livres de leurs prisons austères et lugubres[83] ». Il libérait aussi les auteurs de leur confinement et les lecteurs des problèmes qu'ils avaient rencontrés auparavant pour trouver de bons livres.

Ses éditeurs et lui firent aussi de leur mieux pour libérer les textes de leurs erreurs. À force d'éliminer les fautes commises par les copistes antérieurs et de comparer sans fin les différentes versions, ils se mirent bientôt d'accord sur un texte standard pour toutes les plus grandes œuvres classiques disponibles. Ils travaillaient comme des détectives, comme des juges et des historiens, et développaient des techniques toujours plus fiables pour recueillir et évaluer les preuves. Érasme comparait le travail éditorial à l'examen des déclarations faites par différents témoins : vous les gardez toutes à l'esprit, en confrontant les copies, jusqu'à ce que la version la plus plausible émerge[84].

Mais si vous passez du temps à traquer les signes indiquant qu'un texte a été falsifié ou dénaturé, ou si vous identifiez certains textes comme des faux à part entière, ou bien encore si vous semblez prendre trop de plaisir à tout cela, vous risquez fort de déranger certaines personnes puissantes. D'ouvrier inoffensif des lettres, vous passerez bientôt pour un dangereux hérétique ou pour quelque « païen » provocateur. Et cela fera de vous l'un des sujets du prochain chapitre : les savants humanistes, en Italie, à la même époque, mais enclins à des buts plus rebelles. Ou du moins est-ce ce que leurs ennemis soupçonnaient.

3.

Provocateurs et païens

Aux alentours de 1440 à 1550

Laurent Valla remet tout en question – cicérolâtrie et paganisme à Rome – Pomponio Leto et Bartolomeo Platina, qui dérangèrent un pape – la Toscane, et surtout Florence – Pic de La Mirandole et le caméléon humain – Leon Battista Alberti et l'homme universel – de nouveau la mesure humaine – l'homme de Vitruve – Jérôme Savonarole et le bûcher des vanités – le sac de Rome – portraits – grande remise en question.

Lorsque l'empereur Constantin le Grand tomba malade de la lèpre, vers l'an 315, il s'apprêta naturellement à avoir recours au remède habituel – prendre un bain dans du sang d'enfant –, mais un rêve l'en détourna, qui lui disait d'aller chercher de l'aide auprès du pape Sylvestre. Il obéit ; le pape le bénit, et la lèpre disparut. Constantin exprima sa gratitude en offrant au pape et à ses successeurs de régner sur tout l'ouest de l'Europe, y compris la péninsule italienne. L'empereur fit consigner ce cadeau dans un document connu sous le nom de *Donation de Constantin*. La scène de la signature fut plus tard immortalisée dans une fresque du Vatican par certains élèves de Raphaël, dans les années 1520 : vous pouvez ainsi, en vous tenant devant, voir de vos propres yeux comment la chose se déroula[1].

Sauf que cette scène n'eut jamais lieu – et on le savait déjà à l'époque où la fresque fut peinte. L'histoire de la lèpre n'était qu'une légende et le document était un faux, apparemment réalisé au huitième siècle et utilisé ensuite pour conforter la papauté sur les territoires qu'elle revendiquait, tout en justifiant le désir des empereurs germaniques de recevoir le titre de « saint empereur romain ». Cette douteuse donation attirait l'attention depuis quelque temps déjà[2]. Mais sa démystification la plus minutieuse fut l'œuvre d'un lettré humaniste du quinzième siècle, qui mit toute l'effervescence intellectuelle de l'époque à contribution.

Il s'appelait Laurent Valla, et son essai de 1440 *Sur la donation de Constantin* est l'un des plus grands faits d'armes de l'humanisme. Il associe une attaque savante et précise aux techniques rhétoriques les plus sophistiquées apprises chez les Anciens et servies ici avec une sauce piquante particulièrement audacieuse. Valla avait besoin de toutes ces qualités, puisqu'il osait s'en prendre à l'une des revendications majeures de l'Église moderne : la justification de son pouvoir total sur l'intégralité de l'Europe de l'Ouest. On n'était plus qu'à deux doigts de remettre en question son autorité, y compris celle dont elle jouissait sur les esprits.

Valla semble avoir été un homme qui n'avait peur de rien et que personne ne pouvait convaincre de se taire. Il voyagea dans toute l'Italie au service de différents protecteurs et soutiens – à l'époque, il vivait à Naples –, mais il se fit des ennemis partout. Le poète Maffeo Vegio lui avait bien conseillé de réfléchir à deux fois avant d'écrire des choses qui pourraient blesser autrui, et plus généralement de brider sa « violence intellectuelle[3] ». Chose que Valla ne pouvait ni ne voulait faire. Son corps explosait d'énergie : un autre savant, Bartolomeo Facio, brossa son portrait en disant qu'il allait toujours la tête haute et qu'il n'arrêtait jamais de parler, de gesticuler et de marcher avec excitation. (Dans le latin magnifiquement concis de Facio, tout cela tient en huit mots : « *Arrecta cervix, lingua loquax, gesticulatrix manus, gressus concitatior*[4]. »)

Valla lui-même reconnut sa nature arrogante : dans une lettre, il admit s'être attelé à la *Donation* en partie pour le simple plaisir d'illustrer ses capacités : « pour montrer que je savais ce que nul autre ne savait[5] ».

Son attaque commence sur ce ton. Il s'adresse directement au pape : je vais prouver, dit-il, que ce document n'a aucune légitimité et que les revendications fondées dessus n'en ont pas non plus. Il lance des insultes effrontées à toute personne qui a été dupée par cette supercherie : « Abruti ! crétin ! » (« *O caudex, o stipes*[6] *!* ») En fait, cette manière d'amener les choses est une stratégie rhétorique bien calculée, pour retenir l'attention du lecteur. Après quoi il passe aux arguments plus ciblés. Il utilise d'abord les méthodes d'un historien, menant l'enquête entre plausibilité et évidence. Est-il *possible*, dit-il, qu'un dirigeant comme Constantin offre une si grande partie de son empire ? Et puis, a-t-on jamais vu un document prouvant que le pape Sylvestre ait accepté un tel cadeau[7] ? Dans les deux cas, la réponse est non.

Vient ensuite, après ces deux coups portés par des arguments de rhétoricien et d'historien, la troisième et dernière arme de cette séquence stratégique, celle qui tue : la philologie, ou l'analyse de la langue. Valla prouve que le latin utilisé dans le document n'est pas celui du quatrième siècle. Il dresse la liste des anachronismes maladroits, par exemple un passage contenant l'expression « avec tous nos satrapes » (« *cum omnibus satrapis nostris* »). Les autorités romaines ne furent pas appelées

« satrapes » avant le huitième siècle. Ailleurs, on utilise le terme *banna* pour « drapeau », mais un écrivain du haut Moyen Âge aurait dit *vexillum*. Le terme *clericare*, signifiant « ordonner », ne date pas du quatrième siècle. Il relève d'autres absurdités, comme une allusion aux *udones*, qui pour les Romains étaient des « chaussettes de feutre », alors que le texte les décrit comme tissées de lin blanc. Le feutre n'a rien du lin, dit Valla, et ce n'est pas blanc[8]. Rien à ajouter.

Valla savait qu'il avançait en terrain conquis en tant qu'expert latiniste (et helléniste : il traduisit plus tard les œuvres d'Homère, de Thucydide et d'Hérodote[9]). Le plus influent de ses livres allait être un manuel de stylistique latine, *Les Élégances de la langue latine*, auquel plusieurs générations d'étudiants auraient recours pour leurs compositions. « Comme Valla est brillant ! » s'exclama l'un des nombreux lecteurs qui en tirèrent profit. « Il a extirpé le latin des rets des barbares pour l'élever jusqu'à la gloire. Puisse être légère la terre sous laquelle il repose, puisse le printemps briller à jamais sur son urne[10] ! »

Ses *Élégances* s'attelèrent à gratter les scories médiévales qui avaient parasité la langue antique et à la renouveler selon des modèles plus authentiques, plus originaux. Notion qui traversait aussi le projet de la *Donation*, à cela près que, dans ce dernier cas, tout était scorie. Une autre image peut être utilisée pour qualifier ses activités : arracher les mauvaises herbes. Valla l'employa pour présenter un ouvrage écrit peu avant sa *Donation* et intitulé *Repastinatio dialecticae et philosophiae* – autrement dit « sarcler la dialectique et la philosophie[11] ». Il plaidait en faveur du retournement des terres médiévales, afin de trouver en profondeur une plus grande fertilité susceptible de laisser croître la vérité, même si cela impliquait de renverser des autorités paisiblement somnolentes comme Aristote, qui avait été ardemment révéré durant les siècles précédents. Valla reprit également des textes appréciés par ses contemporains humanistes, comme la série des *Amendements* qu'il apporta aux livres sauvés de Tite-Live, dont il possédait la copie manuscrite personnelle de

Pétrarque[12]. Il fit la même chose pour la Bible. Dans ses *Notes sur le Nouveau Testament*, il repéra des erreurs dans la traduction en latin standard du grec du Nouveau Testament, réalisée au quatrième siècle par Jérôme[13]. Une nouvelle fois, grâce à sa capacité à penser historiquement les processus et les origines, Valla ne se contentait pas de signaler des erreurs, il émettait également des hypothèses pour expliquer *comment* elles avaient pu s'y introduire, par exemple une confusion entre des lettres grecques trop similaires.

Valla encourait l'hostilité des savants aristotéliciens à l'ancienne, des humanistes modernes et des autorités ecclésiastiques, mais rien ne semblait le freiner. De tous ces adversaires, les derniers furent les plus dangereux. Dès 1444, semble-t-il, il devint la cible d'une enquête de l'Inquisition de Naples. Le problème principal n'était pas sa *Donation*, mais certaines de ses vues peu orthodoxes sur la Trinité et sur la question du libre arbitre – ainsi que sur l'épicurisme, une philosophie antique et pas chrétienne du tout, qui recommandait de vivre sage et heureux dans le temps présent, plutôt que de s'inquiéter de l'au-delà[14].

En la matière, Valla avait écrit en 1431 un essai qui flirtait avec le danger : un dialogue intitulé *De voluptate* (*Du plaisir*). Trois interlocuteurs y expriment tour à tour leur point de vue sur ce thème. Un stoïcien commence par dire que tout est malheur et qu'il n'y a pour les êtres humains aucun plaisir possible. « Oh, si seulement nous étions nés animaux plutôt qu'humains. Si seulement nous n'étions pas nés ! » Un épicurien soutient ensuite l'avis contraire. La vie regorge de belles expériences susceptibles de donner du plaisir, dit-il, par exemple écouter la voix d'une femme parler doucement, ou bien goûter un bon vin. (Moi-même, ajoute-t-il en manière de digression, je dispose de plusieurs caves remplies des meilleurs crus.) Il y a aussi des plaisirs plus profonds, comme quand on vit en famille, quand on exerce une fonction publique ou quand on fait l'amour. (Sur ce dernier sujet, il a beaucoup à dire.) Mieux encore, la sensation de satisfaction quand on prend conscience de sa propre vertu : encore une forme de plaisir. Le troisième locuteur défend le point de vue chrétien : le plaisir *est* agréable, même s'il vaut mieux rechercher les plaisirs célestes que ceux d'ici-bas. Le mot de la fin est accordé au chrétien, qui clôt la dispute, même s'il est difficile de ne pas remarquer les égards témoignés à l'épicurien durant tout le livre, notamment au moment où le personnage de Lorenzo (l'auteur, donc) est décrit en train de lui murmurer : « Mon âme penche en silence dans ta direction[15]. »

Et ce fut remarqué. Lorsque la première version du texte suscita une controverse, Valla l'ajusta légèrement en changeant les noms des personnages, en déplaçant la scène de Rome à Padoue et en changeant le titre – *Du plaisir* cédant la place à l'autrement spirituel *De vero bono*, *Du vrai bien*. Il envoya la dernière partie du livre, la partie chrétienne, au pape Eugène IV, en cadeau, mais accompagnée d'une de ses lettres, délibérément effrontée : « Au nom du Ciel, qu'est-ce qui pourrait vous procurer plus de plaisir que ce livre ? » Après quoi, il demande de l'argent[16].

Rien d'étonnant, donc, à ce qu'en 1444 l'Inquisition napolitaine s'intéresse à Valla. Il n'en fut pas moins sauvé très rapidement par son protecteur et mécène le roi Alphonse de Naples, qui intervint pour arrêter le procès. Le roi lui était redevable : Valla faisait partie depuis longtemps déjà de sa cour et il avait toujours mis son éloquence au service de ses intérêts. En tant qu'humaniste itinérant, Valla se devait naturellement de satisfaire son protecteur du moment, comme Pétrarque jadis. Ce fut là l'un des motifs principaux – outre son orthodoxie philologique – de l'écriture de la *Donation* : à l'époque, Alphonse tentait de défendre son territoire contre le pape Eugène, qui essayait d'empiéter sur ses frontières. En s'attaquant aux prétentions territoriales de Rome, Valla lui apportait son aide[17]. Cela n'en diminue pas pour autant la portée de son œuvre : Valla aimait nettoyer les textes, c'était une question de principe. Tout en poussant sa remise en question savante et courageuse de l'autorité jusqu'à dénoncer la contrefaçon qu'était la *Donation*, et en faisant plaisir à son protecteur, Valla parvint aussi à échapper aux conséquences des autres remises en question savantes et courageuses par lesquelles il s'était illustré.

Son poste à Naples n'était pas éternel : les emplois des humanistes l'étaient rarement. Valla trouva finalement refuge au dernier endroit que vous auriez imaginé : à Rome, auprès du nouveau pape. Succédant à Eugène en 1447, Nicolas V était beaucoup plus ouvert aux idées et aux activités humanistes que son prédécesseur. Valla s'assura une place à la Curie (la cour papale) en tant qu'écrivain apostolique, ou scribe. Poste qui lui permit de vivre à Rome. Il y serait ensuite nommé professeur de rhétorique à l'université et deviendrait encore le secrétaire du pape suivant, Calixte III, qui lui offrirait aussi un canonicat à la basilique papale de Saint-Jean-de-Latran[18]. On eût difficilement pu trouver un assortiment aussi représentatif d'emplois humanistes : une cour, l'Église et l'université, tout cela entretissé dans l'existence d'un seul et même homme, qui parvint encore à se consacrer prioritairement à ses propres recherches, libres et hardies.

Mais sa vie ne connut jamais ni repos ni facilités, pas plus que sa postérité ici-bas. Quand il mourut, à l'âge de cinquante ans, en 1457, sa mère – qui lui survécut – veilla à ce qu'une tombe remarquable soit créée pour lui dans la basilique dotée d'une inscription louant son éloquence. À un moment donné, probablement au milieu du seizième siècle, lorsque la Réforme rendit l'Église hypersensible à toute critique, la tombe fut déplacée et cachée quelque part, hors de vue. Comme si cela ne suffisait pas, quand l'historien allemand Barthold Georg Niebuhr visita Rome en 1823, il fut stupéfait de voir que la plaque mémorielle de Valla avait été utilisée comme dalle de pavage d'une rue – destin qui fut commun à beaucoup d'autres éléments de pierre insuffisamment chrétiens. La plaque fut sauvée peu de temps après et réintroduite en lieu sûr, dans la basilique, où elle se trouve encore aujourd'hui[19].

Le véritable monument de Valla, c'était son œuvre, mais elle ne fut pas réemployée de manière moins imprévisible que sa pierre tombale. Ses commentaires sur le Nouveau Testament semblaient avoir été oubliés jusqu'au jour où Érasme en trouva une copie manuscrite dans la bibliothèque d'une abbaye, qu'il édita et fit publier, en 1505[20] – une histoire digne du récit des découvertes de Pétrarque, à cela près qu'il s'agit cette fois d'un ouvrage moderne « emprisonné » durant quelques décennies seulement. Cette découverte inspira Érasme, qui s'attela à retraduire le Nouveau Testament. Comme Valla, il préférait travailler à partir de sources anciennes et pures, à la fois par fierté scientifique et parce qu'il croyait que la chrétienté se portait mieux avant, quand elle n'était pas autant obsédée par son pouvoir institutionnel[21].

Ni Érasme ni Valla n'auront poussé leur critique aussi loin qu'un nouveau courant apparu au temps d'Érasme : les protestants. Dans leur rejet de l'autorité ecclésiastique, les protestants brandissaient le traité de Valla pour soutenir leur cause. Telle fut en tout cas l'une des raisons pour lesquelles l'Allemand Ulrich von Hutten en édita en 1517 une nouvelle version, clairement destinée à nuire au pape. On ne s'étonnera donc pas si ce dernier, Jules II, ressentit le besoin de commander à cette période-là sa fresque vaticane : c'était là une manière de marteler la légende de Constantin, en ignorant tout simplement le fait que cette histoire avait été touchée à mort par le harpon humaniste.

Plus tard, quand les guerres de religion perdirent en importance, d'autres générations d'intellectuels furent attirées par Valla parce qu'ils admiraient ses méthodes et ses objectifs. Pour eux, Valla représentait la libre-pensée dans le sens le plus général du terme – à savoir, accorder plus de confiance à l'expertise qu'à l'autorité, et étudier *comment* les textes et les prétentions en viennent à être tels qu'ils sont. Ils allaient suivre son exemple : enquêter sur les documents douteux et analyser leur origine et leur validité[22]. Plus tard, néanmoins, des humanistes non religieux (des « libres-penseurs », donc, dans un sens plus précis) se reconnaîtraient aussi dans la franchise de Valla et dans sa sympathie manifeste pour les idées épicuriennes.

Même ses manières farouches et belliqueuses eurent un certain succès, surtout à cause de la sorte de philosophie qu'il en tira. Dans une lettre, il exposa sa vision du contrarianisme universel, en se demandant : « Qui a jamais écrit quoi que ce soit, dans n'importe quel domaine comme dans n'importe quelle science, sans critiquer ses prédécesseurs ? » Aristote, par exemple, fut critiqué par son élève et neveu Théophraste. « En effet, d'aussi loin que je me souvienne, je ne saurais trouver dans mes lectures un seul auteur qui *n'ait pas réfuté* à un moment donné Aristote, ou qui ne lui ait rien reproché. » En faisant cela, ils suivent moins un modèle qu'Aristote lui-même, lequel s'opposa à son propre maître, Platon. « Oui, Platon, le prince des philosophes ! » Du côté des écrivains chrétiens, Augustin critiqua Jérôme, lequel avait attaqué de plus anciennes autorités ecclésiastiques en affirmant qu'il était nécessaire d'interpréter leurs interprétations. Les médecins se critiquent les uns les autres et émettent différents diagnostics. Les marins confrontés à l'approche d'une tempête ne peuvent jamais se mettre d'accord sur la meilleure manière de gouverner le bateau. Pour ce qui est des philosophes : « Quel stoïcien pourrait résister à l'envie de contester à peu près tout ce que dit un épicurien, pour mieux souffrir du même traitement de la part de l'autre ? » Querelle et contradiction – et non vénération et obéissance – constituent l'essence de la vie intellectuelle. Enfin, chose cruciale, Valla ne se contenta pas de dire aux gens qu'ils avaient tort, il leur dit aussi *pourquoi* ils avaient tort. La lettre se termine sur ce point : il faut savoir parfois affronter les morts, car cela s'avère profitable aux générations à venir. Il y a là une forme de devoir : il faut entraîner les jeunes, mais aussi, quand c'est possible, « ramener les autres à la raison[23] ».

Et les jeunes vinrent en foule bénéficier de l'enseignement de Valla. Le Pogge, qui comptait parmi ses adversaires, se plaignit que Valla donnait un mauvais exemple aux étudiants, avec sa manie de chercher la petite bête jusque dans les textes les plus respectés, comme le manuel classique *Rhetorica ad Herennium*. Valla semblait se croire « supérieur à tous les auteurs anciens », selon Le Pogge, qui ajoutait qu'il faudrait « non pas des mots, mais des gourdins, ou la massue d'Hercule, pour abattre ce monstre et ses élèves[24] ».

Si Le Pogge révérait tellement la *Rhetorica ad Herennium*, c'était notamment parce que l'on croyait que Cicéron en était l'auteur – ce qui n'était pas le cas, en l'occurrence. (Le véritable auteur n'a pas été identifié[25].) Et Le Pogge faisait partie des humanistes qui plaçaient Cicéron si haut que les attaques des simples mortels ne pouvaient plus l'atteindre. Il s'opposa donc à Valla lors d'une longue bataille impliquant de multiples esprits et concernant un point qui semble ridicule aujourd'hui mais qui était alors de la plus haute importance. Cicéron devait-il être le *seul* maître digne d'être pris pour exemple pour ce qui est de la stylistique latine, ou pouvait-on s'inspirer aussi d'autres auteurs classiques ? Certains humanistes étaient tellement serviles qu'ils jurèrent – peut-être un peu par jeu aussi – de ne jamais utiliser dans leurs propres textes aucun mot qui n'apparût pas chez leur idole. Si ce n'était pas chez Cicéron, ce n'était pas du latin.

Il y avait là derrière toute une tradition de cicérolâtrie. Pétrarque, dont l'admiration n'excluait pas quelques critiques, s'amusait d'un ami qui fut si profondément bouleversé par des attaques proférées à l'encontre du grand orateur qu'il s'exclama : « Doucement, s'il vous plaît, doucement avec mon Cicéron ! » Cet ami reconnut ensuite que, pour lui, Cicéron était un dieu. Plaisante assertion de la part d'un chrétien, remarqua Pétrarque. L'ami s'empressa d'expliquer qu'il pensait seulement à « un dieu de l'éloquence », et non pas à un être véritablement divin. Ah ! fit Pétrarque, mais alors, si Cicéron était seulement humain, il pouvait avoir des défauts – et il en avait. L'ami frémit d'horreur et s'éloigna[26].

Tel était aussi le problème : traiter Cicéron comme un surhomme impliquait de le placer à un niveau comparable à celui de Jésus-Christ. Ce qui est moins exagéré qu'il n'y paraît. Voyez par exemple ce rêve rapporté par Jérôme, le traducteur de la Bible, un millénaire plus tôt. Alors qu'il vivait dans un ermitage près d'Antioche, fiévreux d'inanition et déterminé à renoncer aux auteurs classiques comme à tous les plaisirs mondains, Jérôme rêva qu'il était convoqué devant Jésus, assis dans la position du juge.

« Quelle sorte d'être humain es-tu ? demanda Jésus.

– Je suis un chrétien, répondit Jérôme.

– Tu mens, répliqua Jésus. Tu n'es pas un chrétien, mais un cicéronien. »

Et il fut condamné au fouet. Lorsque Jérôme se réveilla, il jura de ne plus jamais posséder ni lire aucun livre qui ne fût pas chrétien[27].

En réalité, Jérôme continua bien à se référer à de tels livres dans son œuvre. Laurent Valla commenta tout cela en suggérant avec générosité que ce n'était pas grave, puisque le Christ lui avait seulement interdit d'avoir recours à la philosophie de Cicéron, et non de le citer et de l'imiter. Valla lui-même n'avait rien contre la lecture de Cicéron. Il pensait simplement que d'autres modèles littéraires pouvaient être tout aussi bons, sinon meilleurs – notamment Quintilien, qu'il admirait beaucoup[28].

Tous ces humanistes adoraient les auteurs classiques, mais leurs sempiternelles querelles autour de Cicéron révèlent un gouffre naissant entre deux groupes : ceux qui adoraient et imitaient sans conditions certains auteurs d'antan, et ceux qui considéraient que tout pouvait être remis en question, même Cicéron (ou bien encore le pape). L'on ne s'étonnera pas de trouver Valla parmi ces derniers. Outre son goût pour les recherches intellectuelles, ce dernier avait une autre bonne raison de préférer approcher les écrivains en historien plutôt que de les percevoir comme des modèles atemporels. Si tout le monde se mettait vraiment à écrire comme Cicéron, il deviendrait impossible pour des gens comme Valla de trouver dans un texte des indices permettant de le dater. Tous les écrits sonneraient de la même manière et leur étude philologique n'aurait plus lieu d'être.

Par chance, il y avait toujours des indices pour trahir les imitateurs. L'un des cicéroniens les plus rigides fut Christophorus Longolius, né Christophe de Longueil aux Pays-Bas en 1490. Son seul prénom, que ce que soit en latin ou dans sa forme vernaculaire, suffisait à le distinguer de Cicéron : Christophorus signifiant « celui qui porte le Christ », Cicéron, mort en 43 avant J.-C. et qui n'entendit jamais parler de Jésus, n'aurait pas pu employer ce mot.

Le problème de Longolius fut mis en scène dans un dialogue satirique d'Érasme publié en 1528, *Le Cicéronien*[29]. Deux amis tentent de convaincre un troisième de rejoindre leur clan, et dressent pour cela la liste de tous les écrivains qui ont essayé d'imiter Cicéron et qui ont échoué. Ils croient, l'espace d'un instant, avoir trouvé un cas de réussite en Longolius, jusqu'à ce qu'ils constatent que son prénom l'en empêche absolument. Érasme se moque ici des fanatiques, mais l'argument n'en est pas moins sérieux. Si les cicéroniens s'interdisent d'évoquer le moindre sujet chrétien, que peut-on en conclure de l'ensemble de leurs croyances ? Le cicéronianisme pourrait aussi bien être la marque d'un « paganisme » secret et subversif, au cœur même du monde chrétien moderne.

Les chrétiens utilisaient le mot *païen*, qui signifiait au début « paysan » ou bien « rustre, campagnard », pour décrire toutes les religions préchrétiennes, mais il était surtout lié aux anciens dieux de Rome. Les relations entre les deux traditions avaient toujours été difficiles, d'où la tendance chez les premiers chrétiens à vouloir littéralement détruire les temples romains et leurs statues encore présents dans le paysage. Les choses s'apaisèrent néanmoins avec le temps. Il devint clair que les traditions païennes étaient si étroitement mêlées aux traditions chrétiennes des cultures européennes que l'on ne pouvait pas les dissocier complètement. Les pierres mêmes de Rome étaient païennes à l'origine, et la mythologie gréco-romaine regorgeait de bonnes histoires auxquelles les artistes – surtout eux – ne pouvaient pas résister, notamment lorsqu'il s'agissait d'une déesse de l'amour apparaissant sur un coquillage en petite tenue[30]. Plutôt que d'essayer d'effacer toute la tradition païenne, peut-être valait-il mieux l'assimiler et la christianiser.

Ce processus demandait une certaine souplesse intellectuelle. Pétrarque assurait que Cicéron *aurait été* un bon chrétien, s'il en avait eu l'occasion[31]. D'autres tentèrent de réinterpréter des ouvrages classiques, d'y lire des prophéties annonçant la nouvelle religion. Virgile se prêtait bien à cela. Sa quatrième *Bucolique* mentionne la venue d'un nouvel âge et la naissance d'un garçon très spécial[32] : Pourrait-il s'agir de Jésus ? Et le voyage d'Énée dans le monde souterrain des morts, dans l'*Énéide*, n'est-ce pas une allégorie de la résurrection ? Au quatrième siècle, la poétesse Faltonia Betitia Proba, elle-même issue d'une éminente famille de païens convertis au christianisme, avait réussi à réassembler assez de fragments de Virgile pour composer tout un récit de la Genèse, de la Chute et du Déluge, ainsi que de la naissance et de la mort de Jésus[33]. Quoi qu'il en soit, Virgile eut le malheur de naître trop tôt pour être sauvé. C'est la raison pour laquelle Dante, qui le prend pour guide à travers l'Enfer et le Purgatoire de sa *Divine Comédie*, ne peut pas le laisser dépasser le seuil du Paradis. Il nous explique que la demeure de Virgile se trouve dans les limbes, l'un des premiers cercles de l'Enfer, et l'un des *moins* pénibles, là où vivent d'autres bons païens – opposés aux mauvais païens comme les épicuriens (et leurs épigones), reclus plus bas, dans le sixième cercle[34].

Les cicéroniens s'essayèrent eux aussi à la fusion du païen et du chrétien, par exemple en évoquant la Vierge Marie sous le nom de la déesse Diane. Mais une certaine suspicion continuait de peser sur eux. L'un des personnages d'Érasme pose cette question : As-tu jamais vu un crucifix exposé dans l'un des musées d'antiquités ? Et il répond lui-même : « Non, tout est rempli d'éléments païens. » S'ils en avaient la possibilité, dit-il encore, ils ressortiraient tout – « les flamines et les vestales… les supplications, les temples et les sanctuaires, les orgies sur canapé, les rites religieux, les dieux et les déesses, le Capitole et le feu sacré[35] ».

Le fait est qu'Érasme avait tout à fait raison, au moins en ce qui concerne les premiers cicéroniens. Durant les années 1460, à Rome, des hommes avaient commencé à se réunir dans ce qu'ils appelèrent bientôt une « Académie » – allusion à l'ancienne « Académie » de Platon, son école à Athènes. Dans le cas des cicéroniens, leur intérêt était moins tourné vers la Grèce que vers le passé préchrétien de leur propre ville. Des historiens fort sérieux étaient impliqués : des savants éminents, des universitaires, et ils donnaient des conférences ou organisaient des circuits dans les ruines de Rome. Pétrarque aurait adoré y participer. Peut-être qu'Érasme y serait allé, lui aussi, mais l'un comme l'autre, ils auraient été choqués par certaines de leurs soirées. Ils se retrouvaient parmi les ruines, se déguisaient, déposaient des couronnes de laurier sur leur crâne et ressuscitaient des festivités antiques. Ils récitaient aussi leurs propres poèmes latins, y compris des poèmes d'amour qu'ils s'adressaient les uns aux autres ou à de plus jeunes hommes. Ils jouaient des comédies de Plaute ou de Térence – entreprise audacieuse, les représentations théâtrales non religieuses étant interdites dans la chrétienté depuis le sixième siècle et la fermeture des théâtres par Justinien[36]. L'instigateur d'un grand nombre de ces spectacles s'appelait Giulio Pomponio Leto, ou Julius Pomponius Laetus ; c'était un professeur de rhétorique originaire de Naples. Il avait choisi lui-même le nom de « Laetus », qui signifie « heureux ».

De joyeux professeurs faisant des cabrioles au clair de lune, déclamant les poèmes d'amour qu'ils s'inspiraient et mettant en scène toutes sortes d'excentricités théâtrales, était-ce bien… chrétien ? Eh bien, on pourrait le croire, oui, puisque la plupart des membres de l'Académie étaient employés ou rattachés à la cour papale, parfois en plus d'autres postes qu'ils occupaient. Or, beaucoup d'intellectuels de la cité recevaient un salaire de l'Église, sans que cela signifiât forcément quelque chose. Un rapport envoyé par un ambassadeur milanais prétendait que leurs croyances véritables étaient tout autres : « Les humanistes niaient l'existence de Dieu et pensaient que l'âme mourait avec le corps », écrivit-il, ajoutant qu'ils considéraient le Christ comme un faux prophète[37].

Leur adulation de la République romaine – celle du temps de Cicéron – leur donnait aussi un air séditieux. Certains observateurs les soupçonnaient de vouloir rétablir le système politique républicain, peut-être par un soulèvement, ou par une révolution. C'était plausible : un proche de Pétrarque avait déjà tenté une telle prouesse, Cola di Rienzo, autre passionné des ruines et des inscriptions. Après de premiers essais manqués, il parvint à renverser les patriciens qui régnaient sur la ville et à s'imposer comme consul, dans le style de la Rome antique – mais l'expérience ne dura pas longtemps, pas plus que sa courte vie. En 1353, le vent tourna et une foule se rassembla devant son palais en criant : « Mort au traître, mort à Cola di Rienzo ! » Il s'échappa de chez lui en se déguisant et en se mêlant à la foule ; il alla même jusqu'à crier à l'unisson avec les autres, mais il fut reconnu, poignardé et emporté pour être pendu[38].

Certains se demandaient si les Académiciens ne croyaient pas qu'un *coup* semblable aurait maintenant plus de chances de réussir. L'hostilité s'accrut autour d'eux. Ils restèrent d'abord en sécurité dans leurs différents emplois de secrétaires ou de clercs à la Curie, parce que le pape de l'époque, Pie II, était lui-même un humaniste et un homme cultivé, qui partageait leur intérêt pour l'Antiquité. La situation changea en 1464, avec son successeur : Paul II. Celui-ci ne fit montre d'aucune compréhension envers les préoccupations des humanistes, ni d'aucun respect pour leurs études ou leurs mérites. Surtout, il désapprouvait le moindre soupçon de paganisme, bien qu'il appréciât les processions somptueuses qui mêlaient les imaginaires antique et chrétien. Un intérêt plus profond pour l'Antiquité n'était pas à son goût. Mieux valait être ignorant et dévot, disait-il, que remplir de jeunes têtes d'hérésies et de contes érotiques immoraux. « Avant même d'avoir atteint l'âge de dix ans et d'aller à l'école, les garçons connaissent déjà un millier d'obscénités ; songez aux mille autres vices qu'ils découvriront s'ils lisent Juvénal, Térence, Plaute et Ovide[39]. » (On n'avait guère besoin de littérature classique pour s'y connaître en vices : selon un dialogue sur l'hypocrisie du Pogge, les prêtres fournissaient souvent tellement de détails dans leurs sermons contre la luxure que les fidèles se précipitaient ensuite chez eux pour essayer eux-mêmes les pratiques évoquées.)

Comme il n'aimait pas les humanistes et qu'il voulait par ailleurs faire quelques économies, Paul II mit fin à leurs emplois de secrétaires et autres au sein du Vatican, mais ceux qui accédaient à de tels postes devaient généralement payer une certaine somme pour cela, si bien que les humanistes se plaignirent d'avoir été escroqués[40]. Maintenant qu'ils protestaient, ils avaient l'air plus rebelles que jamais. L'un d'eux, dénommé Bartolomeo Sacchi mais surnommé « Platine », d'après sa ville natale, Piadena, fut arrêté pour avoir parlé trop ouvertement et dut passer quatre mois dans la prison papale du château Saint-Ange. Il fut libéré, mais en février 1468, le pape ordonna l'incarcération d'une vingtaine de membres de l'Académie, et Platine figurait parmi eux. Ils étaient accusés de conspiration, d'hérésie, de sodomie et d'autres crimes encore, et furent enfermés dans les salles de torture du château. Platine fut à jamais handicapé à l'épaule par l'estrapade, procédé atroce consistant à soulever la victime au-dessus du sol par les poignets attachés dans le dos, en plus de quoi le corps était parfois relâché brutalement, ou supplicié d'autres manières encore.

Pomponio Leto ne faisait pas initialement partie du groupe qui fut emprisonné – il enseignait à Venise à ce moment-là –, mais il le rejoignit vite. Il fut arrêté à Venise, accusé de sodomie pour avoir écrit des poèmes érotiques à ses étudiants ; les autorités vénitiennes l'extradèrent vers Rome, où les chefs d'accusation changèrent. Comme les autres, il fut accusé d'hérésie.

Long fut leur calvaire à tous, confinés dans leurs cellules sans savoir comment les choses allaient finir. Leur seul réconfort vint d'un gardien de prison compatissant, Rodrigo Sánchez de Arévalo, qui transmettait leurs lettres, composait des textes de consolation à leur intention et leur permettait de se voir les uns les autres. Pomponio écrivit pour le remercier : « La captivité n'est rien, quand on converse avec ses amis[41]. » Rodrigo dit son étonnement de les voir parvenir dans une situation aussi lamentable non seulement à écrire, mais encore à s'exprimer dans un style toujours aussi beau[42]. C'est que, comme nous l'avons vu avec les lettres de Pétrarque, les humanistes ne trouvaient rien d'étrange à formuler leurs souffrances avec le plus d'élégance possible. À leurs yeux, cultiver le mutisme ou le silence mystique – comme l'ignorance – n'avait aucun attrait. Exercer son éloquence, c'était affirmer les valeurs pour lesquelles ils étaient persécutés.

Certains d'entre eux furent libérés plus tard, durant la même année, mais une fois de plus Platine eut droit au pire : il resta incarcéré jusqu'en mars 1469. Aucun des chefs d'accusation ne pouvait être justifié, et aucune preuve d'activités véritablement séditieuses n'apparut par la suite. Leur situation s'améliora beaucoup quelques années après ces événements, quand un nouveau pape arriva, Sixte IV. Celui-ci les autorisa à retrouver leur poste à la Curie. Platine allait même devenir le responsable de la bibliothèque du Vatican. Entre-temps, il put reprendre ses activités littéraires. Il publia aussi un livre de recettes auquel il travaillait depuis longtemps déjà, le *Platine en françois*, au titre original et très épicurien : *Plaisirs et bien-être honorables.* L'un de ses plats, l'anguille grillée *à l'orange*, était tellement appétissant que Léonard de Vinci l'inclut dans le menu de sa fresque de la Cène[43]. Platine écrivit également une longue histoire des

papes, qui culminait dans une évocation cinglante de son ancien persécuteur, Paul II[44].

Le groupe reprit finalement ses réunions et ses activités, mais un peu plus discrètement qu'autrefois. Il fut relancé en 1477 en tant que confrérie chrétienne, ce qui lui donna un air plus respectable. Ses membres ne se retrouvèrent pas moins parmi les ruines, de temps à autre, pour quelques nouvelles cabrioles en secret[45].

Tandis que les humanistes romains tendaient à rester liés, pour le meilleur comme pour le pire, aux affaires de l'Église, ceux qui vivaient plus haut dans la péninsule, en Toscane, avaient d'autres obligations, et d'autres sortes de maîtres à satisfaire. (Typiquement enclins au vagabondage, certains humanistes fréquentaient les deux endroits, dont ils cumulaient les obligations.) Les humanistes toscans travaillaient plutôt comme précepteurs ou secrétaires privés, ou assumaient différentes charges civiques, diplomatiques ou politiques dans les grandes cités de Toscane.

Ces villes aimaient à se présenter comme des phares de liberté, d'ouverture et d'harmonie, image idéale illustrée par les fresques d'Ambrogio Lorenzetti, à la fin des années 1330, à Sienne, jouant sur le contraste entre le bon et le mauvais gouvernement. Une scène montre une ville pleine de joyeux drilles et de commerçants heureux, environnée de champs fertiles et de paysans bien nourris. Tel est le résultat d'un bon gouvernement. À l'opposé, on voit des champs nus et désolés sur lesquels avancent des armées ennemies, ainsi qu'une sinistre cité en ruine : le mauvais gouvernement à l'œuvre. Préférer le bon gouvernement au mauvais, c'est préférer l'ordre au chaos, la paix à la guerre, la prospérité à la misère et la sagesse à la stupidité.

Que Florence soit, d'entre toutes les villes de Toscane, l'illustration parfaite de la « bonne » option, c'était là la thèse du chancelier humaniste de la cité, Leonardo Bruni. Dans son *Éloge de Florence*, écrit autour de 1403, il caractérise sa communauté par sa liberté et sa capacité à vivre en harmonie, comme les cordes d'une harpe. « Il n'est rien en son sein qui soit hors d'usage, rien de disproportionné, rien qui sonne faux, rien de douteux. » Ses citoyens surpassent ceux des autres cités dans tout ce qu'ils font. Ils sont « industrieux, généreux, élégants, agréables, affables, et surtout urbains[46] ». Et comme il l'écrit ailleurs, les humanités – soit « la meilleure, la plus distinguée des branches de l'enseignement, et la plus précieuse pour l'humanité » – y fleurissent naturellement :

> Qui peut citer un poète, de notre époque ou plus ancien, qui ne soit pas florentin ? Qui, sinon nos citoyens, qui a remis en lumière et en pratique l'art de parler en public, jusque-là complètement oublié ? Qui, sinon notre ville, a reconnu la valeur des lettres latines alors qu'elles gisaient dans l'abjection, prostrées, presque mortes – qui a veillé à leur résurrection et à leur restauration ?

Il réserve une mention spéciale à la manière dont « même la connaissance des lettres grecques, qui étaient devenues obsolètes en Italie pendant plus de sept siècles, a été ravivée par notre cité, afin que l'on puisse admirer les grands philosophes et les orateurs remarquables[47] ».

Bruni lui-même était loin d'être étranger à tout cela en tant que spécialiste et traducteur du grec. Il s'était surtout intéressé à l'historien Thucydide, lequel avait notamment fourni une version d'un fameux discours tenu par le stratège athénien Périclès en 430 avant J.-C. En pleine guerre contre Sparte, Périclès s'adresse à ses concitoyens pour commémorer les soldats tombés au combat et pour faire l'éloge d'Athènes en des termes qui seront repris presque à l'identique par Bruni dans son éloge de Florence. Selon Thucydide, Périclès commence par cette question : Pourquoi sommes-nous tellement supérieurs à nos ennemis ? Réponse : Contrairement aux Spartiates, qui sont obsédés par l'instruction militaire et par la discipline, nous avons fondé Athènes sur une base de liberté et d'harmonie. Les Spartiates sont fermés sur eux-mêmes, alors que nous commerçons librement avec le monde. Ils brutalisent leurs enfants pour les rendre forts, alors que nous éduquons les nôtres pour les rendre libres. Ils connaissent la hiérarchie, alors qu'à Athènes chacun prend part librement et à parts égales aux affaires de la cité. Ce que Périclès ne pense pas à préciser, c'est que ce « chacun » exclut les femmes et les esclaves. La seule mention qu'il fait des femmes vient à la toute fin du discours, lorsqu'il rappelle aux veuves de guerre présentes dans l'auditoire que rien de tout cela ne s'applique à elles, puisque la seule vertu des femmes, c'est de ne pas faire parler d'elles, que ce soit pour des louanges ou des critiques[48].

À Florence aussi, il y avait des femmes et des esclaves qui ne s'exprimaient pas en public et dont on ne parlait pas ouvertement. Et dans l'ensemble, la réalité de ces deux villes n'était pas vraiment celle que décrit Périclès. Loin de vivre dans l'harmonie, Athènes connut des troubles de l'ordre public, la peste, des émeutes, et elle perdit la guerre contre les Spartiates. Florence aussi souffrait d'un fatras de conflits politiques, d'intrigues, de changements de régime et d'insécurité générale. Dans les deux cas, cependant, l'idéal humaniste était au cœur de leur identité – et nul ne saurait remettre en question l'énergie intellectuelle et artistique de Florence tout au long du quinzième siècle, marqué par tant de personnages hors du commun et par une sympathie générale en faveur des activités des humanistes[49].

Les plus célèbres d'entre eux formèrent un cercle associé aux Médicis, durant la période où cette famille contrôla la cité. Plusieurs membres de ce cercle adoptèrent, comme leurs homologues romains, le nom platonicien d'Académie, et se réunirent en petits groupes semi-officiels. Ils étaient particulièrement encouragés et soutenus par Laurent de Médicis, « le Magnifique », qui était lui-même un humaniste, un poète, un collectionneur et un fin connaisseur de livres, aussi bien qu'un homme d'affaires, un homme d'action et un homme politique influent[50].

L'une des figures centrales de ce groupe était Marsile Ficin, qui traduisait les œuvres de Platon à partir des manuscrits de la bibliothèque familiale des Médicis, et qui écrivit un essai philosophique, *La Théologie platonicienne*, proposant de faire fusionner platonisme et christianisme[51]. Platon était un autre de ces « païens » qui avaient eu le malheur de naître avant le Christ, mais il parlait de l'harmonie cosmique et du « Bien » idéal d'une manière que certains chrétiens avaient depuis longtemps déjà perçue comme une préfiguration de leur propre théologie. Loin d'être le premier à explorer Platon, Ficin introduisit néanmoins un nouveau type de réflexion en la matière. Et il était également prêt à des affirmations audacieuses concernant le rôle de l'homme dans l'Univers. Soulignant les grandes réalisations humaines dans les domaines de la littérature, de la créativité, du savoir et de l'autonomie politique, il demanda ainsi : « Qui pourrait nier que l'homme possède presque le même génie que l'Auteur des cieux ? Qui pourrait nier qu'il serait même capable dans une certaine mesure de créer les cieux, s'il disposait pour cela des instruments et des matériaux célestes ?… » L'affirmation ne manquait pas de superbe : si nous disposions des bons instruments et de la matière première (un défi de taille, certes), nous pourrions rivaliser avec le démiurge lui-même.

Un autre membre du cercle florentin de l'Académie, le fringant artistocrate et collectionneur de livres Giovanni Pico della Mirandola – Pic de La Mirandole – se lança dans des spéculations similaires. Il lisait énormément, des textes de la tradition chrétienne ou autres, explorant toutes sortes d'idées ésotériques et mystiques. Ayant rassemblé assez de matière sur ces thèmes, il se rendit à Rome, en 1486, avec l'intention d'y organiser une conférence géante dont les participants pourraient débattre des neuf cents thèses ou assertions qu'il proposait. Cet événement n'eut jamais lieu : l'Église n'en goûtait guère le projet et décida de le tuer dans l'œuf. Pic de La Mirandole s'en retourna en toute hâte à Florence, par peur de connaître le même sort. Mais ses thèses demeurèrent, et il avait aussi écrit une oraison qui recevrait plus tard un titre retentissant : *De la dignité de l'homme.* Pendant plusieurs siècles, ce texte allait être considéré comme une sorte de manifeste de la vision humaniste florentine, incarnant un moment de l'histoire où les études humanistes des gens de lettres prenaient une autre dimension : la vision philosophique d'une humanité délivrée qui se présentait fièrement face au cosmos, sur un pied d'égalité.

Des spécialistes de Pic de La Mirandole ont cherché récemment à revenir sur l'image que nous avons de lui, en rappelant qu'il s'intéressait surtout aux arcanes du mysticisme et que le fameux titre en question – la « dignité de l'homme » – n'était de toutes façons pas de lui[52]. Réinscrire ainsi l'*Oraison* de Pic dans son contexte originel a permis de nuancer notre enthousiasme débordant. Pourtant, on ne saurait nier l'impact émotionnel des premières pages où Pic de La Mirandole, comme Ficin, exprime sa vision ambitieuse des facultés humaines. Il le fait – comme Protagoras longtemps avant lui – en racontant une histoire : celle des débuts de l'humanité.

Au commencement – dit la version de Pic de La Mirandole –, Dieu créa tous les êtres. Il rangea chaque espèce sur son étagère propre, pour ainsi dire, selon qu'il s'agissait de plantes, d'animaux ou de créatures angéliques. Il créa aussi les humains, et à eux, il n'imposa aucune place prédéfinie. Dieu dit à Adam : au lieu de t'assigner à une seule place ou à une seule nature, je te donnerai les graines de toutes les sortes d'êtres. Libre à toi de choisir celle que tu voudras cultiver. Si tu choisis les graines inférieures, tu deviendras un animal, voire une plante. Si tu choisis les supérieures, tu t'élèveras peut-être jusqu'aux anges. Si tu choisis les intermédiaires, tu t'épanouiras dans ta nature humaine variable. Et Dieu ajoute : « Je ne t'ai fait ni céleste ni terrestre, ni mortel ni immortel, afin que, souverain de toi-même, tu achèves ta propre forme librement. » Pic de La Mirandole commente ainsi : « Qui n'admirerait ce caméléon que nous sommes ? » Et : « Qui admirera davantage quoi que ce soit d'autre[53] ? »

Ce passage est de loin le plus fameux dans toute l'œuvre de Pic de La Mirandole, et cela n'a rien d'étonnant : ce caméléon chatoyant qui change d'apparence constitue une fascinante image de nous-mêmes, bien plus exaltante que les travaux des savants littéraires besogneux qui recopiaient des manuscrits et qui se chicanaient sur le latin de Cicéron. Et pourtant, Pic de La Mirandole n'était pas si loin d'eux. Lui aussi essayait de faire œuvre d'érudit, à la croisée des disciplines, en mélangeant les éléments issus des richesses diverses des traditions philosophiques et théologiques. De même que les êtres humains, en général, peuvent devenir ce qu'ils souhaitent, de même, prétend-il, les savants doivent pouvoir être capables de puiser la sagesse et les connaissances dont ils ont besoin à n'importe quelle source, qu'elle soit chrétienne ou non. On comprend aisément que l'Église n'ait pas voulu tolérer sa conférence à Rome.

Il faut cependant se demander si une créature aussi merveilleuse, dotée de plusieurs visages et capable de se déterminer librement, sans violence, a jamais existé ; combien de ces caméléons humains se promenaient dans Florence ?

Florence était en tout cas le bon endroit où en trouver un. Parmi les exemples de cette humanité capable de tout, il y avait là-bas Léonard de Vinci, le génie universel des sciences et des arts, et l'architecte Leon Battista Alberti. Tels sont les deux noms choisis par l'historien du dix-neuvième siècle Jacob Burckhardt alors qu'il cherchait des exemples de ce qu'il considérait comme la figure représentative de l'époque : l'*uomo universale*, « l'homme universel », qui pouvait prendre n'importe quelle forme et réaliser à peu près tout, au sein d'une société en constant mouvement[54].

Le choix de Léonard de Vinci a tout son sens, étant donné l'époustouflante diversité de ses centres d'intérêt. (Nous reviendrons à lui bientôt.) Celui de Leon Battista Alberti semble aussi bon, surtout si nous lisons le récit de ses réalisations, tel qu'il fut composé par un anonyme contemporain dont nous savons aujourd'hui avec quasi-certitude qu'il s'agissait d'Alberti lui-même. Ce portrait – assez juste – le présente comme un homme aux multiples facettes, doué dans tous les domaines et qui excellait en toutes choses, sauf en modestie[55].

Il avait bien raison de ne pas être modeste. Non seulement il peignit et conçut des bâtiments, mais il écrivit aussi des traités importants sur la peinture, l'architecture et la sculpture[56]. Ingénieur, il inventa de nouvelles techniques dans le cadre de son étude sur les ruines de Rome[57]. Il écrivit des poèmes en latin, une comédie sur les dieux grecs et un livre intitulé *Jeux mathématiques*. Chacun de ses domaines d'expertise profitait aux autres ; par exemple, quand il utilisait ses dons en mathématiques pour mettre au point des règles concernant la création de l'illusion de la perspective dans les arts visuels[58].

Ces réalisations sont bien documentées, mais ce n'est pas tout. Alberti se targuait de pratiquer la lutte, le saut à la perche et l'alpinisme. Dans sa jeunesse, il était assez fort pour lancer une pomme par-dessus le clocher d'une église et pour sauter par-dessus le dos d'un homme. Il résistait si bien à la douleur que le jour où il se blessa au pied, à l'âge de quinze ans, il aida calmement le chirurgien à recoudre la plaie.

Il cultiva d'autres compétences plus subtiles. En faisant du cheval tête nue (chose peu courante), il s'entraîna à endurer le froid, même sous les vents les plus âpres de l'hiver. Appliquant la même méthode aux vents glaciaux de la vie en société, il « s'exposa délibérément à l'impudence et à l'effronterie, simplement pour apprendre la patience ». Il adorait parler aux gens qu'il rencontrait, toujours en quête de savoir. Il invitait ses amis chez lui pour qu'ils puissent y discuter de littérature et de philosophie, « et il leur dictait de petits textes, tandis qu'il peignait leur portrait ou modelait leur buste dans de la cire ». Dans toutes les situations, il essayait de se comporter avec bravoure : « Il voulait que tout dans sa vie, chaque geste, chaque mot, soit, ou semble être, l'expression d'un homme digne de la bonne volonté des hommes bons. » Il appréciait en même temps la *sprezzatura* et « ajoutait à son art celui de faire en sorte que le résultat paraisse dépourvu de tout artifice », surtout lorsqu'il s'agissait de trois activités particulièrement importantes : « marcher dans la rue, monter à cheval et parler ; dans ces trois cas, on devrait faire tous les efforts possibles pour plaire intensément à tout le monde ». En tout cela, il « conservait une attitude joyeuse et même, dans la mesure où la dignité le permettait, une forme de gaieté[59] ».

Alberti était donc bien le modèle de l'être humain libre, pleinement épanoui, splendide, au midi de sa vie. Ses dons étaient *véritablement* exceptionnels. Mais ce que nous cherchons à évoquer ici ne se limite pas à cela : c'est la figure idéale de l'humain en général. Toutes les qualités d'Alberti relevaient de son *humanitas* : excellence intellectuelle et artistique, vertu et courage, sociabilité, aisance à l'oral, *sprezzatura*, capacité de « plaire à tout le monde ». À quoi s'ajoute son excellente condition physique : ses compétences mentales se reflétaient dans ses proportions corporelles. En lisant sa description, on pense à une autre figure de l'époque : « l'homme de Vitruve ».

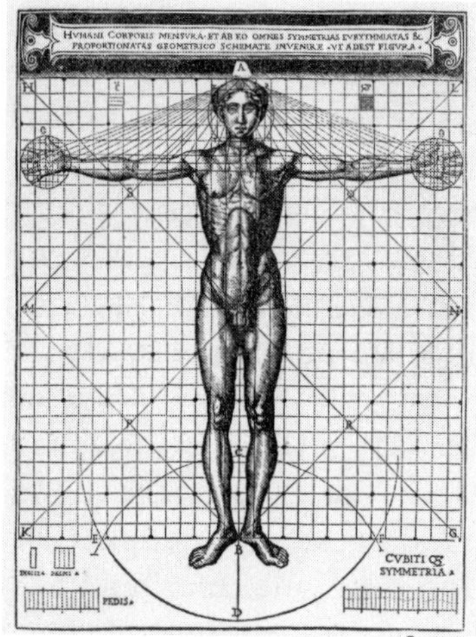
HVMANI CORPORIS MENSVRA·ET AB EO OMNES SYMMETRIAS EVRYTHMIATAS &
PROPORTIONATAS GEOMETRICO SCHEMATE INVENIRE ·VT ADEST FIGVRA·
CVBITI
SYMMETRIA
PEDIS

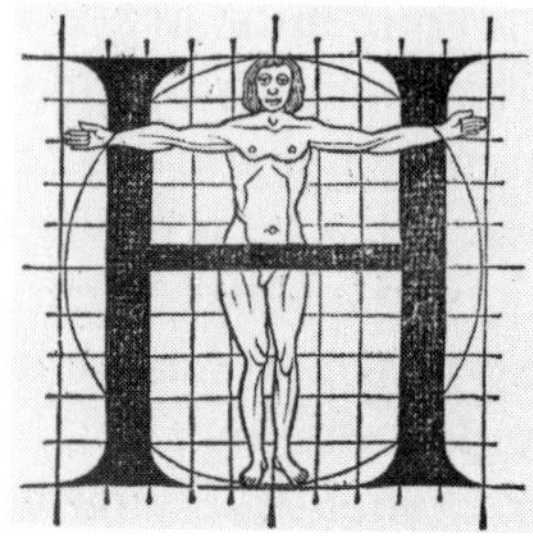

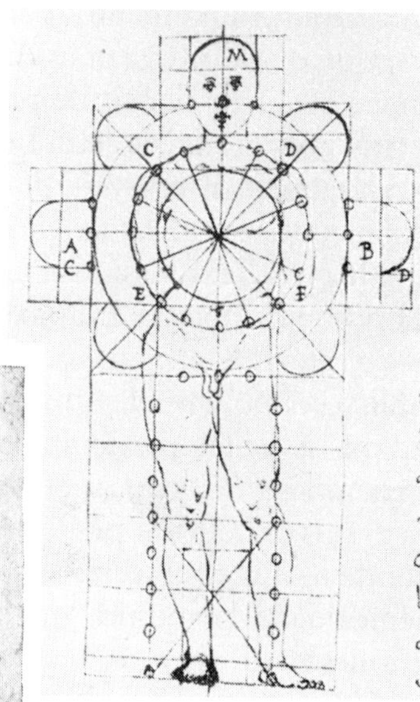

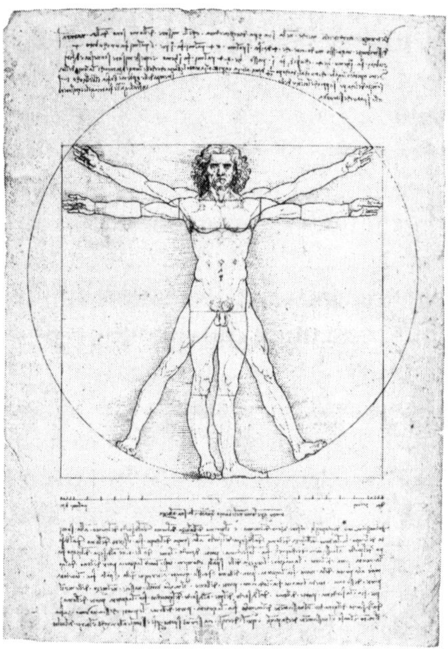

L'homme de Vitruve est parfaitement proportionné : un mâle au corps bien formé, au regard fixe et dont l'origine est purement mathématique. Il illustre les rapports de mesures censés relier les différentes parties du corps humain : du menton jusqu'à la racine des cheveux, du poignet jusqu'au bout du majeur, du torse jusqu'au sommet de la tête, etc. Calculant ces rapports au premier siècle avant J.-C., Vitruve s'intéressait moins au dessin anatomique qu'à l'architecture : les proportions du corps masculin lui semblaient fournir la meilleure base possible pour la conception d'un temple[60]. Ainsi, l'être humain – comme eût dit Protagoras – devait littéralement être considéré comme la *mesure*, ou le critère. Vitruve fournit la méthode permettant d'obtenir les chiffres. Si vous tracez autour d'un homme allongé sur le dos, les bras et les jambes écartés, un cercle dont le centre est le nombril, sa circonférence touchera les pieds et les doigts. Vous pouvez aussi créer un carré basé sur l'envergure de ses bras et sur la longueur de son corps, quand il a les pieds joints.

Certains artistes des quinzième et seizième siècles firent tout leur possible pour donner réalité à cet idéal vitruvien. Il y eut même des concepteurs de caractères d'imprimerie qui dessinèrent leurs lettres d'après le corps vitruvien[61]. Michelangelo Buonarroti suivit l'idée du temple pour son calcul des dimensions de la façade de l'église Saint-Laurent, à Florence – façade qu'il ne réalisa jamais, faute d'approvisionnement en marbre[62].

Le dessin le plus célèbre fut sans doute celui réalisé par Léonard de Vinci en 1490, représentant un homme dans les deux positions en même temps. L'homme se trouve à la fois à l'intérieur d'un cercle dont le centre est son nombril, et à l'intérieur d'un carré. Il fronce les sourcils mais paraît serein ; sa tête est belle et chevelue et il a un pied tourné sur le côté, pour montrer comment ses dimensions s'intègrent dans le tout. Il est parfait – à ceci près qu'il a trop de bras et de jambes.

Le dessin original de Léonard de Vinci est conservé, bien gardé, dans la Gallerie dell'Academia de Venise, mais son image désincarnée a traversé l'histoire et la géographie pour illustrer la confiance, la beauté, l'harmonie et la force humaines. C'est devenu immédiatement une icône de l'idée de « Renaissance » et de celle de « l'homme universel » ; un compagnon visuel pour le caméléon distingué de Pic de La Mirandole. Même le logo international du mouvement humaniste moderne y fait allusion : l'image de l'« humain heureux » dessinée en 1965 par Dennis Barrington montre une forme humaine dont les bras sont dressés d'une manière similaire, pleine de confiance, de franchise et de santé[63]. (Fait intéressant, les Humanists UK ont délaissé ce logo au profit d'un autre, plus souple, ressemblant à un bout de ficelle qui danse – dessin choisi parce que la figure représentée n'obéit qu'à son propre mouvement, sans attendre que nous la mesurions[64]. Vous pourrez voir ce logo à la fin du dernier chapitre du présent ouvrage, p. 429.)

En fait, ce qui distingue l'image de Léonard de Vinci des autres hommes vitruviens, c'est qu'elle *ne* correspond *pas* aux rapports de symétrie : ses formes ne sont pas concentriques. La beauté visuelle et la vraisemblance du dessin furent obtenues par un déplacement du carré vers le bas. Le cercle est centré sur le nombril, mais le centre du carré se trouve quelque part à la base du pénis, et les angles supérieurs du carré dépassent le rayon du cercle. Les proportions durent être modifiées, parce que même un humain « idéal » ne saurait se réduire à un ensemble de figures de géométrie. Il existe beaucoup de correspondances : l'envergure des bras d'un homme aux épaules larges peut être proche de sa taille. Or, sans aucun ajustement, l'homme de Vitruve semblerait assez bizarre, comme on le voit clairement sur d'autres illustrations, par exemple celle que l'on doit à Cesare Cesariano, qui se trouve dans une traduction italienne de Vitruve datée de 1521[65].

En fait, le message est que les véritables êtres humains, même ceux qui correspondent aux canons dominants de la musculature masculine, n'atteignent pas l'harmonie parfaite. Ils sont subtilement décentrés. Il n'y a pas plus d'être humain idéal et harmonieux qu'il n'y a de toilettes publiques idéales et harmonieuses (ou même de caméléon harmonieux). Kant était sans doute plus proche de la vérité lorsqu'il écrivit, trois siècles plus tard : « Dans un bois aussi courbe que celui dont l'homme est fait, on ne peut rien fabriquer de bien droit[66]. »

Plus au nord de l'Italie, un autre jeune homme avait commencé sa carrière de lettre par l'étude de la philosophie platonicienne, en même temps que celle de la médecine : Jérôme Savonarole. Né à Ferrare en 1452 dans une famille de médecins, il était destiné à suivre la même voie. Durant ses études, il écrivit de la poésie pétrarquisante et des essais sur les dialogues de Platon. Puis il entendit la voix de Dieu, quitta son école de médecine et déchira ses travaux sur Platon[67].

Ce que Dieu lui avait dit, en substance, c'était : détruis ces vanités ! Cette soif de connaissances, cette poésie, cette lecture des philosophes païens – tout cela est tellement futile, tellement égoïste, cela te détourne de la piété, il faut extirper tout cela de toi. Aucune affaire terrestre n'est aussi importante que la préparation à la mort et au ciel. Tant que nous sommes ici-bas, dirait plus tard Savonarole, nous devrions être « comme le messager qui arrive à l'auberge, qui se restaure d'une bouchée, sans ôter ses éperons ni rien d'autre, et [...] qui dit : “Debout, debout, vite, allons-y[68] !” »

Lui « y alla ». Savonarole quitta sa famille sans un mot et parcourut à pied les cinquante kilomètres séparant Ferrare de Bologne. Là, il se présenta au monastère dominicain de la ville. Ils l'acceptèrent, et il écrivit alors à son père. Pour s'expliquer, il le renvoya à un pamphlet qu'il avait écrit sur le besoin de rejeter avec mépris toutes les choses de ce monde[69].

Après avoir prononcé ses vœux monastiques, Savonarole jugea qu'il avait malgré tout un talent ici-bas : il excellait à inspirer les fidèles par ses prêches[70]. Dans le but de se perfectionner, il chercha des cours d'éloquence humaniste et de rhétorique – des arts païens à l'origine, mais qui pouvaient s'avérer utiles. Le professeur qu'il approcha pour cela, Giovanni Garzoni, l'envoya

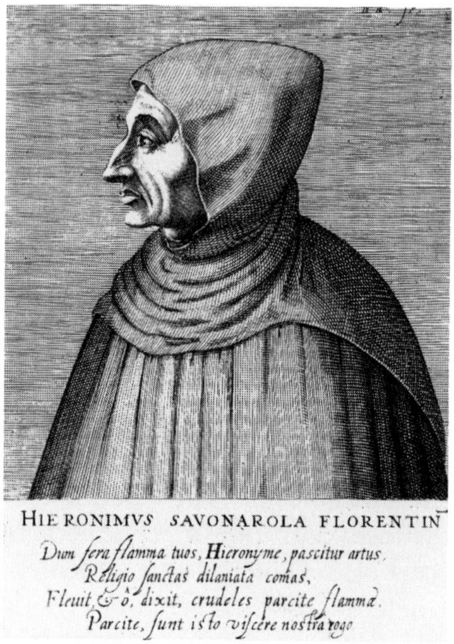

promener, ce qui n'avait pas dû améliorer l'opinion que Savonarole se faisait de toute l'entreprise humaniste. Il commença à se flageller régulièrement et prit un air ténébreux, sourcils froncés et regard perçant, qui allait bien avec son énorme nez et qui donnait plus d'impact encore à ses propos. En 1482, il s'installa dans le couvent San Marco de Florence, où il enseigna aux novices, puis il passa quelques années à prêcher sur les routes et dans d'autres villes, avant d'être rappelé à Florence par Laurent de Médicis lui-même.

Celui-ci souffrait alors d'arthrite, peut-être une spondylarthrite ankylosante ; il allait bientôt mourir. Qu'il soit si proche de la fin pourrait expliquer son recours à un personnage aussi extrémiste que Savonarole pour le guider spirituellement jusqu'à la mort[71]. Mais beaucoup d'autres humanistes de son cercle furent aussi fascinés par Savonarole, notamment Pic de La Mirandole et Ficin[72]. Ils étaient attirés par son discours prônant l'assainissement de la chrétienté gangrenée par la corruption ; comme nous l'avons vu avec Valla, les humanistes aimaient souvent l'idée de purifier ce qui était corrompu, qu'il s'agisse de textes ou de morale. Il y avait aussi le charisme extraordinaire de Savonarole, qui semblait hypnotiser tout le monde ; les humanistes y succombèrent sans penser qu'ils pouvaient eux-mêmes, ainsi que tout ce qu'ils chérissaient, devenir ses cibles. Cette éventualité se précisa seulement lorsqu'il proposa d'augmenter les fonds de secours aux pauvres – en puisant ces fonds dans ceux de l'université. Tous les humanistes n'étaient pas liés à cette institution, mais elle participait de leurs principes généraux d'apprentissage et d'érudition. On pense à la manière dont certains intellectuels occidentaux du vingtième siècle tombèrent sous le charme du totalitarisme communiste, sans jamais imaginer ce qu'un tel régime était susceptible de leur faire subir.

L'appel de Savonarole en faveur des pauvres était plus facile à comprendre au vu de sa condamnation de l'élitisme et de l'avidité du clergé. Il rassembla un public immense pour ses sermons au couvent San Marco, ainsi que dans la cathédrale de Florence – où dix mille personnes pouvaient l'écouter, sous la magnifique coupole dessinée par Filippo Brunelleschi.

Comme il avait besoin de plus de disciples, ceux-ci se mirent à parcourir les rues en chantant et en se lamentant ; ils se firent connaître comme ses *piagnoni* : « ses pleureurs ». Des processions

d'enfants, *fanciulli*, munis de bannières, furent organisées pour collecter de l'argent. Ils agressaient les passants, surtout les femmes dont ils estimaient la tenue indécente, et ils allaient de maison en maison pour exiger qu'on leur remette leurs « vanités ». Un témoin décrivit ainsi certaines scènes qui eurent lieu le 16 février 1496 :

> Si grande était la grâce qui déferlait de leurs lèvres que tout le monde fondait en larmes, même ceux qui étaient leurs ennemis leur donnaient tout en pleurant, hommes comme femmes, ils cherchaient tout ce qu'ils avaient, des cartes, des tables, des échiquiers, des harpes, des luths, des cistres, des cymbales, des cornemuses, des cithares, des perruques, des voiles (le voile étant à l'époque un accessoire très lascif des têtes féminines), des peintures et des sculptures scandaleuses, des miroirs, des poudres et autres cosmétiques, des parfums, des chapeaux, des masques, des recueils de poésie en langue vernaculaire comme en latin, d'autres livres scandaleux, et des partitions de musique. Ces enfants inspiraient de la peur partout où on les voyait paraître, et quand ils descendaient une rue, les vilains s'enfuyaient dans une autre[73].

Les années suivantes, ces processions culminèrent dans des feux de joie. Une immense pyramide octogonale de bois était préparée à l'avance, remplie de bûches ; les vanités collectées par les enfants étaient ensuite placées ou accrochées par niveaux sur chacun des huit côtés[74]. Ils finissaient là – les miroirs, les flacons de parfum, les tableaux, les instruments de musique –, tous alignés « de manière claire et variée, pour attirer les regards », selon les mots d'un témoin[75]. (Ceux qui brûlaient les vanités ne manquaient point de sens esthétique.)

Savonarole n'était pas le premier à imaginer de tels spectacles. Fra Bernardino da Siena et Fra Bernardino da Feltre avaient brûlé des livres et d'autres objets dix ans plus tôt à Florence, le second des deux proférant ce faisant des formules accrocheuses comme : « À chaque fois que nous lisons Ovide le ribaud, nous crucifions le Christ[76] ! » Les bûchers de Savonarole sacrifiaient des auteurs modernes comme des auteurs classiques. Et si les livres étaient dotés d'une belle écriture et d'une belle reliure, c'était encore mieux : parmi les ouvrages brûlés dans un feu de 1498 se trouvait un recueil de Pétrarque « orné d'illustrations en or et en argent[77] ».

Il aurait aimé en faire de même avec certaines catégories de personnes. Il demanda que d'horribles châtiments soient administrés aux « sodomites » – l'homosexualité était illégale à Florence à cette époque, mais rarement punie. Savonarole croyait au contraire que la loi devait être appliquée « sans pitié, de sorte que ces gens-là soient lapidés ou brûlés ». Il parvint en partie à convaincre les législateurs de la ville : de petits incidents jusque-là sanctionnés par une amende devaient à présent être condamnés par une série d'atrocités croissantes pour les récidivistes – être attaché au pilori, puis être marqué au fer rouge, et enfin être brûlé vif. Quand les autorités manquaient d'énergie pour infliger ces horreurs (les amendes étaient autrement plus lucratives, de fait), Savonarole rugissait : « Je veux vous voir élever un beau feu pour ces sodomites sur la *piazza*, deux ou trois, mâles et femelles, parce qu'il y a aussi des femmes qui pratiquent ce vice monstrueux. » Ils devaient être « sacrifiés à Dieu[78] ».

Savonarole finit par subir lui-même le destin qu'il avait tant aimé faire subir aux autres. Il se mit l'Église à dos, non pas à cause de ses bûchers ou de ses processions, mais parce qu'il prétendait être guidé par des visions, notamment une dans laquelle la Vierge Marie lui avait dit que les Florentins devaient se repentir de leurs actes. Les visions, surtout associées à l'anticléricalisme, étaient perçues comme un défi à l'encontre du contrôle exclusif de l'Église sur toutes les expériences religieuses. Le pape convoqua Savonarole à Rome, en 1497, pour lui demander des explications, et comme ce dernier refusa d'y aller, il fut excommunié. Les autorités florentines ne voulaient pas se battre avec celles de Rome, si bien qu'elles arrêtèrent Savonarole : il fut torturé par estrapade jusqu'à ce qu'il accepte de signer des aveux disant qu'il avait seulement prétendu avoir eu de véritables visions. Après une nouvelle série d'inquisitions et de procès, il fut condamné à mort. Le 23 mai 1498, il fut pendu, avec deux autres hommes, puis brûlé sur l'échafaud. Ses cendres furent emportées dans des chariots et jetées dans la rivière, pour qu'il n'y ait pas de reliques. Même la Piagnona, la cloche du couvent San Marco qui avait appelé ses fidèles à ses sermons, fut placée sur une charrette et emportée à la hâte à travers les rues, jusqu'en dehors de la ville[79].

Savonarole n'en continua pas moins à vivre dans la mémoire des hommes, plus difficile à effacer. Les deux grands historiens florentins de la génération suivante furent tous deux affectés par le souvenir de cette période. Le premier, Francesco Guicciardini, était le fils d'un *piagnone*, et fut peut-être lui-même un *fanciullo*. L'autre, Nicolas Machiavel, avait entendu Savonarole prêcher. Il tenta de comprendre pourquoi quelqu'un d'aussi doué pour exploiter les sentiments du peuple avait si mal fini, et en conclut que le problème principal, en l'occurrence, c'était que Savonarole avait échoué à consolider ces sentiments par la constitution d'une armée privée[80].

On pourrait avoir une certaine compassion pour Savonarole et sa fin abominable, ainsi que pour sa critique salutaire de la corruption dans l'Église et pour sa défense des intérêts des pauvres. Il offrit une voix éloquente à des maux réels. Comme Valla, il ne craignait pas de défier une immense institution dont l'autorité prétendue reposait sur des bases douteuses. Et puis, si l'on veut être *très* généreux avec lui : il voulait aider les Florentins en les sauvant des risques de la damnation.

C'était néanmoins un homme violent, aux instincts meurtriers contre les sodomites, et qui avait utilisé ses talents d'orateur pour soulever une tempête de colère et d'autocomplaisance chez ses auditeurs. Il envoyait ses disciples rassembler tout ce qui trahissait un amour de l'esprit ou du corps, tout ce qui brillait, tout ce qui embellissait, toute œuvre raffinée, tout jeu amusant, tout livre plaisant à lire, le moindre accessoire de séduction comme tout signe de joie terrestre. Il rassembla tout cela avec l'ardeur des grands collectionneurs humanistes – et il le brûla. Tous ces produits de l'habileté humaine, toutes ces belles choses étaient transformées en dioxyde de carbone et en cendres.

Quant à sa philosophie, elle fut résumée quelques siècles plus tard par Thomas Paine, quand il écrivit que, pour certaines personnes, c'est faire preuve d'humilité que d'appeler « fumier la terre féconde, et vanités tous les avantages de cette vie ». Selon Paine, au contraire, cela ressemble surtout à de l'ingratitude[81].

Ce déferlement de violence contre les arts comme contre la population toucha d'autres régions de la péninsule italienne de la fin du siècle, au moment de l'invasion des forces françaises : celles-ci s'emparèrent du territoire de Naples, ingénieusement défendu par Valla et sa philologie, et conquirent la ville sans même qu'il y eût de bataille, en 1495. L'avancée de l'armée française à travers le reste de la péninsule laissa de nombreux traumatismes dans son sillage. Mais le pire de tous ces chocs survint à Rome, quelques décennies plus tard, en 1527, lorsque d'anciens soldats de l'empereur Charles Quint, des mercenaires qui n'avaient pas reçu leur solde, franchirent les remparts de la cité et la mirent à sac. Beaucoup de ces soldats étaient des disciples de Martin Luther, le principal instigateur de la Réforme : un rebelle contre l'autorité ecclésiastique, lui aussi, mais qui eut un tout autre succès que Savonarole. Ces mercenaires raflaient tout l'argent et tous les trésors qu'ils trouvaient, et détruisaient ce qui ne leur était d'aucune utilité. Ils attaquaient au hasard des rues les habitants qui avaient le malheur de croiser leur chemin, et ils emportaient toutes les reliques des églises. Parmi les graffiti encore visibles sur les murs du Vatican, on peut encore lire le mot « Luther » gravé dans le plâtre d'une fresque de Raphaël.

De nombreux livres furent anéantis dans la ville, issus à la fois de la bibliothèque du Vatican et de collections privées. Après la destruction de sa bibliothèque, l'humaniste Jacopo Sadoleto écrivit à Érasme : « C'est incroyable, tout le malheur et le dommage que la ruine de cette ville apporte au genre humain. Malgré ses vices, c'est la vertu qui y occupait le plus de place. Un havre d'humanité, d'hospitalité, de sagesse, c'est ce qu'elle a toujours été[82]. »

Parmi les autres personnes qui perdirent leur bibliothèque figure Paul Jove, le médecin du pape Clément VII. Jove aida Clément à s'enfuir en lui prêtant son manteau pour recouvrir sa soutane, tandis qu'ils couraient dans un passage secret reliant le Vatican au château Saint-Ange : l'endroit même où, six décennies plus tôt, Platine et d'autres académiciens avaient été torturés[83].

Jove quitta plus tard la ville pour se remettre de ses émotions sur l'île d'Ischia, où Vittoria Colonna organisa pour ses amis une retraite et des divertissements humanistes anciens pour les apaiser. Ils y passèrent leurs journées à se raconter des histoires, à l'instar des nobles réfugiés du *Décaméron*, une fois de plus, et à débattre élégamment de différents sujets, comme les courtisans de Castiglione à Urbino. Jove publierait leurs discussions dans un livre intitulé *Hommes et femmes remarquables de notre temps*[84].

Dans le monde réel, beaucoup de choses avaient changé, pour les humanistes et pour les autres. Les malheurs de Rome en 1527 avaient choqué toute l'Europe catholique. C'était une chose pour un humaniste que de moquer et de titiller l'autorité romaine, mais il y avait là matière à réfléchir : si une ville aussi ancienne et auguste pouvait être attaquée de la sorte, comment pourrait-on jamais se sentir en sûreté où que ce soit ? Le reste du seizième siècle confirmerait ces craintes, puisque toute l'Europe allait sombrer dans le chaos sous le coup des guerres de religion.

De telles expériences, ainsi que d'autres remises en question de la vision européenne de l'existence – notamment à la suite de la rencontre avec un « nouveau » monde de l'autre côté de l'Atlantique et à l'explosion de la quantité d'informations imprimées disponibles –, rendirent les humanistes du seizième siècle moins naïfs dans leur culte du passé et toujours plus intéressés par la complexité de la société, par la faillibilité humaine et par les effets des événements de grande envergure sur les vies individuelles. L'esprit de recherche initié par Valla et par d'autres savants humanistes qui refusaient de se contenter des sources autorisées gagna encore du terrain. L'intérêt – propre à Pic de La Mirandole ou à Ficin – pour la polyvalence du caméléon humain demeura, mais devint moins d'ordre théologique, plus pragmatique. Les historiens Nicolas Machiavel et Francesco Guicciardini, par exemple, développèrent une approche sans concession, questionnant les causes des changements historiques et les *raisons* pour lesquelles les gens se comportaient comme ils le faisaient.

L'intérêt pour la complexité humaine entraîna le renouveau d'un autre genre centré sur l'homme : la biographie, et l'analyse des causes et des conséquences au sein des vies individuelles. Paul Jove comptait parmi ces nouveaux biographes, même si ses travaux étaient moins approfondis que ceux des historiens. Il retourna dans sa région natale, près du lac de Côme, où il se fit construire une villa – comme on le fait quand on veut fuir la discorde et le chaos. Pour les plans, il s'inspira des descriptions de villas anciennes qu'avait habitées jadis le célèbre duo de la région, Pline l'Ancien et son neveu Pline le Jeune. Ce dernier avait raconté que sa chambre était si proche du lac qu'il pouvait pêcher par la fenêtre : magnifique perspective[85]. Jove, lui, transforma sa villa en une fenêtre plus extraordinaire encore : une fenêtre sur le monde. Il l'utilisa pour héberger un musée ouvert aux visiteurs et rempli de portraits de personnages dont il espérait qu'ils inspireraient ceux qui les regarderaient. Il publia aussi un recueil de ces portraits, chaque gravure sur bois étant enrichie d'un texte concis, de sa plume, placé au-dessous[86]. La collection originale n'a pas survécu, mais Cristofano dell'Altissimo réalisa des copies des portraits pour Cosme de Médicis. Ces œuvres couvrent aujourd'hui les murs du premier couloir (ou couloir oriental) de la galerie des Offices à Florence, une place d'honneur si distinguée que bien des gens ne les remarquent pas, pressés qu'ils sont d'aller admirer leurs Botticelli.

Un soir, lors d'une réception, Jove évoqua l'idée de consacrer un livre aux artistes de son époque. À côté de lui se trouvait Giorgio Vasari, un peintre qui connaissait le monde de l'art sur le bout des doigts. « Superbe projet, dit-il. Mais pourquoi ne pas t'associer à un expert, capable de te conseiller ? » Des voix s'élevèrent : « C'est *toi* qui devrais l'écrire, Giorgio[87] ! »

Ce qu'il fit, et les *Vies des meilleurs peintres, sculpteurs et architectes* parurent en 1550. Cette malle aux trésors regorgeait de ragots et d'éloges auxquels on prêtait attention, tandis que son auteur, en professionnel avisé, disséquait les techniques utilisées. (Vasari avait commis de gigantesques fresques un peu brouillonnes, il avait aussi peint de petits tableaux, notamment un portrait de six poètes toscans fantaisiste, avec Dante et Pétrarque au centre et Boccace qui glisse un œil entre leurs épaules[88].) Dans les *Vies*, Vasari fit plus que quiconque pour promouvoir l'idée qu'une « renaissance » avait eu lieu dès l'époque de ces poètes-là : il suggéra que le rêve de Pétrarque s'était réalisé, dans le domaine des arts visuels du moins, plutôt que dans celui des lettres. Il décela aussi une renaissance en cours dans le monde du savoir : il compara son projet aux réalisations subtiles de nouveaux historiens « qui comprennent que l'histoire est le miroir véritable de la vie humaine – non pas une simple narration sèche d'événements [...] mais une manière de mieux discerner les jugements, les conseils, les décisions et les projets des êtres humains, ainsi que les raisons pour lesquelles leurs actions ont fonctionné ou non ; tel est l'esprit véritable de l'histoire[89] ».

Les actions humaines, la difficulté à rendre de bons jugements, l'incertitude propre à toutes choses – autant de thèmes qui vont continuer à fasciner les écrivains du seizième siècle. Ils devront faire face aux guerres de religion en Europe occidentale, ainsi qu'à la révélation de la diversité d'un monde beaucoup plus vaste que les Anciens ne le pensaient. Tout cela permettra à certains de saisir très finement son caractère incertain et sa complexité.

Quelques-uns comprendront aussi que rien n'est plus complexe ni plus divisé de l'intérieur qu'un être humain.

Nous verrons où ces idées les mèneront. Mais tout d'abord, parlons des corps.

4.

Un réseau admirable

Aux alentours de 1492 à 1559

Des livres et des corps – Jérôme Fracastor et son magnifique poème sur une terrible maladie – Nicolas Léonicène : les mauvais textes peuvent tuer – les botanistes et les anatomistes – la mort se plaît à aider la vie – André Vésale et son chef-d'œuvre humaniste – même s'il omit quelque chose – tout n'est que flux et reflux.

De même qu'une ville comme Rome pouvait être envahie et réduite à l'état de plaie béante, un être humain pouvait être envahi et détruit par la maladie. Tel fut le point de départ d'un voyage poétique à travers un thème assez peu glamour : *La Syphilis, ou le mal français*, publié en 1530 par le médecin humaniste Jérôme Fracastor, qui l'avait toutefois écrit plus tôt, inspiré par le désastre qui avait frappé toute la péninsule. Dans ce livre, il s'adresse à l'Italie : « Regarde, dit-il, regarde comme tu étais heureuse et tranquille jadis, aimée des dieux, fertile, riche – et maintenant tes terres ont été pillées, tes sites sacrés ont été souillés, tes reliques ont été volées. Cela rappelle le sort d'un beau jeune homme dont la syphilis aurait attaqué le visage et le corps, et ravagé la raison et l'esprit[1]. »

Le poème de Fracastor parvient pourtant à traiter un sujet hideux sous la forme de beaux vers virgiliens. Comme Boccace dans son introduction au *Décaméron* sur la peste, Fracastor commence par évoquer une suite de malheurs, avant de nous entraîner dans les plaisirs du récit. Il nous présente des rivières couleur du vif-argent souterraines et féeriques, des plages étincelantes au sable d'or, des vallons traversés d'oiseaux aux couleurs vives, et les tribulations d'un berger naïf – tout cela pour nous proposer de nouveaux remèdes à la syphilis. Fort de sa science médicale, l'une des plus avancées de l'époque, il explore une série d'hypothèses jusqu'au remède qu'il estime le plus susceptible d'être efficace : l'écorce de gaïac, ou bois de gaïac, qui provient d'un arbuste à fleurs découvert dans le Nouveau Monde.

Ce que j'aime dans le poème de Fracastor, c'est qu'il allie – caractéristique de son temps – une recherche authentique à une élégance littéraire voulue. Il ressemble au dialogue de Pietro Bembo, *De Aetna* – et, surprise !, il est dédié à Bembo. Il en existe deux bonnes traductions anglaises grâce auxquelles les lecteurs non latinistes peuvent goûter l'imaginaire de Fracastor. J'ai un faible pour celle de Geoffrey Eatough, parue en 1984, qui est certes en prose, mais qui respecte à merveille l'amour des mots propre à Fracastor. Voici un conseil diététique adressé au syphilitique :

> Évitez les tendres tricandilles, évitez la panse d'un porc gonflée de lard, évitez même, hélas, son échine ; ne mangez point de longe de sanglier, malgré tous les sangliers que vous pourrez tuer à la chasse. Et ne cédez surtout pas aux charmes des concombres, de digestion difficile, ni à ceux des truffes, et ne satisfaites pas votre appétit d'artichauts ni d'oignons lubriques[2].

Et voici à la fin le péan en l'honneur du gaïac :

> Salut à toi, grand arbre né d'une graine sacrée plantée par la main des dieux, arbre aux tresses charmantes et aux vertus neuves

> et précieuses : ô espoir pour l'humanité, fierté, gloire nouvelle issue d'un monde étranger ; ô arbre bienheureux [...] puisses-tu être encore chanté sous nos cieux, partout où les muses sauront te faire voyager dans notre chanson, sur les lèvres des hommes[3].

Fracastor ne laissait pas seulement libre cours à son talent littéraire, c'était aussi un médecin zélé, avant tout soucieux d'aider les gens à guérir[4]. Hélas, le gaïac, qui provoque des suées, ne sert pas à grand-chose contre la syphilis. (On lui connaît néanmoins une autre utilité aujourd'hui : de par sa réaction chimique avec l'hémoglobine, il marque la présence de sang dans les urines ou dans les selles[5].) Mais Fracastor ne pouvait puiser son inspiration ailleurs que dans ce dont son époque disposait. Comme n'importe quel chercheur ou praticien aujourd'hui, il étudia la littérature spécialisée, tâcha d'exceller dans son domaine et œuvra au but ultime de toute la médecine : diminuer la douleur et améliorer la vie humaine. Mais pour sa part, en hexamètres.

Atténuer les souffrances d'autrui est un but humaniste au sens le plus large du terme et, de manière générale, la pratique de la médecine chevauche le monde des sciences et celui des humanités. Elle a recours à des données quantifiables (beaucoup plus aujourd'hui qu'au temps de Fracastor), mais aussi à la description par les patients eux-mêmes de ce qu'ils ressentent : un docteur efficace doit savoir écouter et parler avec ses patients. La médecine traite de phénomènes observables et vécus. Elle repose aussi sur des livres : ainsi le savoir passe-t-il d'un praticien à un autre à travers l'enseignement et le partage des expériences professionnelles. Comme d'autres sciences, elle tire parti des sciences humaines, surtout l'histoire, pour mieux réfléchir sur son passé et progresser. Beaucoup plus que d'autres sciences, elle s'appuie sur la vision dominante de qui ou de ce que nous sommes en tant qu'êtres humains, et plus généralement en tant qu'êtres vivants. En retour, la médecine aide à *changer* ce que nous sommes, à mesure que nous acquérons plus de connaissances (espérons-le) sur nos propres fonctionnements et que nous parvenons à approfondir nos connaissances en chimie et sur nos processus fondamentaux.

Voilà pourquoi Edmund D. Pellegrino écrivit dans son essai de 1979 *L'Humanisme et le Médecin* que la médecine « se trouve à la confluence de toutes les humanités[6] ». Et pourquoi le biologiste et pédagogue du dix-neuvième siècle T. H. Huxley (qui réapparaîtra plus loin dans ce livre) recommandait l'étude de l'anatomie comme le meilleur fondement pour *toute* éducation qui soit :

> Il n'est aucun aspect de l'intelligence qu'elle ne mette en jeu, aucun aspect du savoir humain que ses racines ou ses branches n'atteignent ; comme l'Atlantique entre l'Ancien Monde et le Nouveau, ses vagues balaient et les rivages du monde physique et ceux du monde intellectuel[7].

L'humanisme et la médecine sont entremêlés. Le présent chapitre, une étude de cas, montre comment s'entrelacent les savoir-faire humanistes et les tentatives réalisées au début de l'ère moderne pour comprendre ce que sont concrètement les êtres humains. On pourrait le lire comme un interlude, mais il s'agit aussi d'un tournant dans notre histoire, où l'on voit la soumission des humanistes aux Anciens diminuer, la précision du regard qu'ils posent sur le monde réel s'accroître, et leur recherche s'ouvrir à la vie à la fois mentale et physiologique, pour répondre à la question : Quelle sorte de créature sommes-nous, et qu'est-ce que cela signifie, avoir un corps ?

Le but de la médecine, disais-je, est de réduire la douleur, mais historiquement, hélas !, elle n'y est guère parvenue, quand elle n'a pas aggravé les choses, par inadvertance. Certaines pratiques étaient inutilement invasives, par exemple les saignées, destinées à faire couler le sang, parce qu'on le croyait devenir toxique ou surabondant. Ingérer des substances comme du fumier ou de la « momie » (des fragments de cadavres humains, parfois mêlés à du bitume) était considéré comme bon pour la santé, précisément parce que c'était répugnant. Les patients les plus chanceux recevaient des traitements qui n'avaient aucun effet, mais qui ne menaçaient pas leurs jours. Les idées de régime étaient également variables : éviter les tripes pouvait parfois aider, mais les médecins de Pétrarque lui conseillèrent d'éviter tous les légumes, tous les fruits et l'eau fraîche – ce qu'on ne trouverait sain aujourd'hui que très rarement. Nul ne sera donc surpris d'entendre Pétrarque s'en prendre constamment à ses médecins, même si certains étaient des amis à lui. Il méprisait surtout ceux qui faisaient grand étalage de leur savoir humaniste : « Ils sont tous cultivés et courtois, capables de converser admirablement bien, d'argumenter avec vigueur et de tenir des discours assez puissants et plaisants, mais sur le long terme ils sont surtout experts dans l'art de tuer[8]. »

Une trentaine d'années après ces propos de Pétrarque, Geoffrey Chaucer faisait figurer dans ses *Contes de Canterbury* un médecin qui croyait que l'or était le meilleur remède contre la peste – s'il était administré sous la forme d'une pièce. « Puisque l'or en médecine est un cordial, / Il ne pouvait qu'aimer l'or spécialement[9]. » Chaucer fait précéder cette remarque de la liste des sommités que le médecin a étudiées : Hippocrate, Dioscoride, Galien, Rhazis, Avicenne. Il en arrive à un corpus assez exhaustif du canon de la médecine ancienne. Les deux premiers étaient des pionniers, des Grecs ; les deux derniers, deux grands érudits de Perse, al-Rāzī et Ibn Sīna. Le plus influent de tous étant celui du milieu : Galien, médecin de l'empereur à Rome au deuxième siècle après J.-C., et qui s'illustra dans presque tous les domaines de la médecine, de l'anatomie et la pathologie à la diététique et la psychologie.

Tous ces auteurs étaient intelligents, judicieux et pleins de bons conseils, mais ils commettaient tous des erreurs. En outre, comme c'était le cas dans d'autres domaines, leurs textes avaient été fragmentés et altérés au fil des multiples copies. Comme les Européens occidentaux n'avaient pas été capables de lire le grec durant des siècles, les auteurs grecs leur étaient parvenus depuis le latin, via l'arabe, ce qui augmentait d'autant les risques de traduction erronée. Aux quinzième et seizième siècles, de nouvelles générations d'humanistes appliquèrent leur savoir-faire philologique à retraduire ces textes-là, en partant des sources les plus fiables qu'ils pouvaient trouver. Ils vantaient leur travail en utilisant encore la métaphore de l'évasion de prison : un médecin se réjouit dans sa préface de la manière dont, grâce à lui, Hippocrate et Galien avaient tous deux été « sauvés des ténèbres perpétuelles et d'une silencieuse nuit[10] ».

Plus encore que dans d'autres domaines, les médecins humanistes ressentaient la nécessité urgente de travaux de ce genre. Personne ne risque de mourir d'un vers d'Homère mal interprété. Qu'un faux document juridique ou politique soit considéré comme authentique, comme ce fut le cas de la *Donation de Constantin*, cela peut avoir des conséquences immenses, sans être mortel pour qui que ce soit. Un texte médical dénaturé peut, lui, entraîner la mort.

Le premier homme à soulever ce point avec vigueur fut Nicolas Léonicène dans son essai *Sur les erreurs de Pline et d'autres auteurs médicaux*, paru pour la première fois en 1492. *L'Histoire naturelle* de Pline l'Ancien était une compilation d'informations de seconde main concernant notamment les herbes et la santé ; elle datait du premier siècle après J.-C. et l'on s'y fiait trop souvent, alors que Pline lui-même ne s'était porté garant de rien. Les humanistes l'adoraient tout autant que leurs prédécesseurs médiévaux. Pétrarque avait couvert son manuscrit de Pline d'annotations, et une copie qui se trouve aujourd'hui à la bibliothèque Bodléienne d'Oxford se glorifie de notes de Coluccio Salutati, de Niccolò Niccoli et de Platine[11]. Les humanistes partageaient avec Pline la soif qu'il avait de ce genre de miscellanées, et s'ils remarquaient des erreurs, ils en rejetaient poliment la faute sur les copistes[12]. Léonicène n'en critiqua pas moins vertement Pline. Il affirma pouvoir remplir tout un livre de ses bévues, en particulier pour ce qui concernait l'identification des plantes médicinales. Ce n'est pas seulement une question de mots, écrivit-il. La santé et la vie humaines dépendent directement de l'exactitude du langage médical[13].

Comme Laurent Valla avant lui, Léonicène n'avait pas peur de s'en prendre à une autorité de l'Antiquité, s'il sentait que la vérité en jeu était cruciale[14]. Comme Valla encore, il préférait détourner les lecteurs des versions erronées, pour revenir à des sources plus anciennes, plus authentiques. Dans son cas, cela impliquait d'aller regarder les plantes en question. Il finit ainsi son essai :

> Pourquoi la nature nous a-t-elle octroyé des yeux, ainsi que d'autres sens, si ce n'est pour que nous puissions voir et nous enquérir nous-mêmes de la vérité, par nos propres moyens ? Nous ne devrions pas nous en priver. Ne rien observer par nous-mêmes, en ne faisant que suivre les pas d'autrui, ce serait voir avec les yeux d'autrui, entendre avec les oreilles d'autrui, sentir avec le nez d'autrui, comprendre avec la raison d'autrui, et décréter que nous ne valons pas mieux que les pierres, si en toutes choses nous nous en remettons au jugement d'autrui, sans jamais rien trancher nous-mêmes[15].

Même lorsqu'il défendait ainsi ce qui ressemble aujourd'hui à une approche empirique, Léonicène restait un humaniste.

Il s'exprime avec les marques habituelles de l'élégance ; il ne voit aucune contradiction entre être un bon philologue et un bon explorateur du monde réel – de fait, les deux vont bien ensemble. Après tout, Laurent Valla aussi s'était interrogé sur la plausibilité du monde réel et sa véracité, tout autant que sur des considérations de linguistique pure. Ce que tous les deux rejetaient, c'était la vénération excessive de ceux qui faisaient autorité sous prétexte de leur statut.

Léonicène collectionnait lui aussi les manuscrits, et il avait encore un autre point commun avec les humanistes : c'était un courtisan, qui travaillait dans l'entourage de riches protecteurs. Il fit carrière en tant que médecin auprès des ducs d'Este, à Ferrare, une cour très animée sur le plan intellectuel et présidée alors par Alphonse Ier et son épouse, Lucrèce Borgia – qui était une grande amie des humanistes. Léonicène lui dédia son petit traité *Des dipsades et autres serpents* – sans doute avec le sous-entendu fort délicat qu'elle pouvait avoir un intérêt tout particulier pour le venin de ces créatures appelées « dipsades » dans la littérature antique[16]. (Les serpents qui portent ce nom de nos jours ne sont pas venimeux du tout.) Il publia aussi un ouvrage sur la syphilis en 1497, trente-trois ans avant Fracastor ; le sujet était assurément pertinent à la cour. Comme les bons écrivains de vulgarisation scientifique aujourd'hui, Léonicène savait s'adresser à un large lectorat, tout en poursuivant un travail d'expert. Sa carrière d'éditeur et de savant fut couronnée le jour où, à l'âge de quatre-vingt-six ans, il publia sa propre édition d'un choix de textes de Galien, enrichi d'un commentaire et imprimé chez l'humaniste français Henri Estienne en 1514.

À cette époque, confronter les livres et les plantes devenait plus facile, grâce à la création de jardins botaniques dans les cours et dans les villes universitaires d'Italie. Ces jardins fleurirent avec les humanistes. À Ferrare, le médecin de la cour Antonio Musa Brasavola récoltait à la fois des plantes de la campagne environnante et des synonymes de leurs noms en différentes langues, dans les livres. À Bologne, Ulisse Aldrovandi rassembla d'énormes volumes d'histoire naturelle fondés sur les spécimens de son propre musée, tout en commentant les textes anciens[17].

Tandis que les philologues-botanistes comparaient les plantes et les mots, d'autres penseurs appliquaient ce même principe à d'autres champs du savoir. Ils commencèrent à comparer les livres d'anatomie aux corps humains dont ces livres prétendaient rendre compte.

On avait admis depuis longtemps déjà que l'idée de regarder à l'intérieur des corps – si c'était possible – était bonne. Galien était pour. Or, la chose était difficile à réaliser, parce que les autorités religieuses des mondes romain (dans les premiers temps), chrétien et islamique l'avaient toutes proscrite. Galien fut contraint de recourir à des espèces non humaines – par exemple le mouton, ou le macaque de Barbarie – pour ses dissections[18]. Plus tard, elle pâtit de l'opinion d'Augustin, au début du cinquième siècle, selon laquelle la dissection anatomique ne pouvait pas donner de résultats exacts, parce qu'elle ignorait l'harmonie holistique du corps vivant[19] – et qu'importe si lesdites connaissances anatomiques pouvaient contribuer à empêcher ce corps vivant et harmonieux de tomber raide mort. Comme le dit plus tard Thomas Southwood Smith, militant pour l'anatomie au dix-neuvième siècle, « la question est de savoir si le chirurgien est autorisé à accroître son savoir en disséquant les corps des défunts, ou contraint de l'obtenir en opérant les corps des vivants[20] ».

À la fin du treizième siècle, certains avaient déjà commencé à enfreindre l'interdiction de disséquer, notamment à Bologne, où Mondino dei Liuzzi utilisait les cadavres de criminels qui avaient été exécutés pour expliquer l'anatomie à ses étudiants. D'autres suivirent son exemple. Les règles finirent par s'assouplir et les professeurs d'anatomie eurent droit à un petit nombre de cadavres chaque année. Les occasions étant très limitées, il fallait que tout le monde puisse bien voir, et des amphithéâtres furent conçus précisément à cette fin. Il reste un théâtre anatomique, datant de 1590, à l'université de Padoue : une salle d'une petitesse décon-

certante, dotée de six galeries ovales, étroites et vertigineuses, qui s'élèvent autour de la table centrale. Les étudiants se penchaient en avant en s'appuyant sur les balustrades ; ils n'avaient pas la place de s'asseoir. Dans la chaleur et la fumée des torches, à quoi s'ajoutait l'odeur du cadavre béant, qui pourrissait lentement, au fil des étapes de la dissection, il n'était pas rare que des étudiants s'évanouissent. Les balustrades et les épaules de leurs camarades les empêchaient de basculer la tête la première et de tomber sur la scène, tout en bas.

Aujourd'hui encore, même vide et propre, le beau théâtre anatomique de Padoue rappelle les cercles de l'Enfer de Dante. Contrairement au monde de Dante, cependant, cet endroit-là n'exigeait pas de ceux qui y entraient qu'ils renoncent à tout espoir. Au contraire, il s'agissait précisément d'espérer plus. Les mots inscrits à l'entrée étaient les suivants : « *Mors ubi gaudet succurrere vitae.* » (« Ici la mort se réjouit d'enseigner à la vie. »)

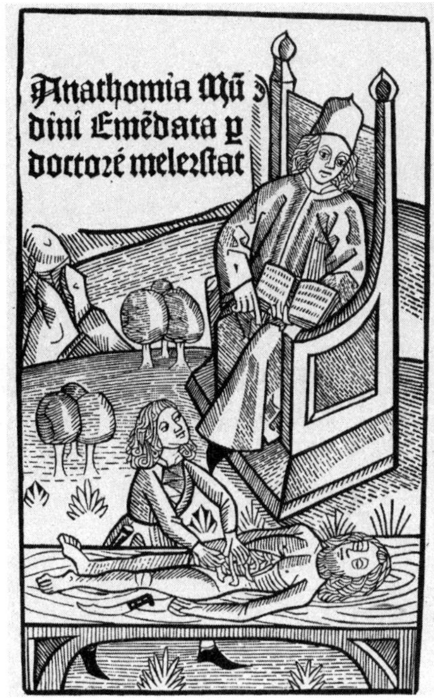

Au début de l'application de cette nouvelle méthode pédagogique, on attendait encore du cadavre qu'il soit conforme aux descriptions livresques, si formidablement réel, si marmoréen qu'il parût. Un humble barbier ou un chirurgien découpait, un *ostensor* désignait chaque partie, et en surplomb de la table de dissection, le professeur se tenait à un pupitre pour y lire (la plupart du temps) Galien.

Curieusement, le corps refusait parfois de coopérer. Galien avait par exemple décrit un organe situé à la base du cerveau et connu sous le nom de *rete mirabile*, ou « système admirable ». Chez un être vivant, il était censé infuser des « esprits vitaux » dans le sang, pour qu'ils soient disséminés ensuite par les nerfs ; ce processus engendrait un résidu de flegme qui devait être excrété par le cerveau et par les narines. (Cette substance nous paraît probablement plus que familière, ce qui contribua peut-être à rendre la théorie plus crédible.) Or, les ostensors rougissaient de ne pas savoir désigner le *rete mirabile* quand son nom était prononcé. Le professeur parisien Jacobus Sylvius se demanda même, dans son désarroi, si ce *rete* n'avait pas existé au temps de Galien puis dégénéré jusqu'à disparaître des êtres humains modernes[21].

La véritable raison, beaucoup plus simple, est que les êtres humains n'en ont pas. Les chiens, oui. Les dauphins aussi. Les girafes également, pour les protéger contre une tension artérielle excessive quand elles baissent la tête pour boire. Chez les humains en revanche, il n'y en a pas[22]. Galien en avait sûrement vu un quand il avait disséqué des moutons. Certains commentateurs le suggérèrent alors, notamment Giacomo Berengario da Carpi, un professeur de Bologne, qui écrivit : « J'ai travaillé dur pour trouver ce *rete*, son emplacement ; j'ai disséqué plus d'une centaine de têtes presque à cette seule fin, trouver le *rete*, et aujourd'hui encore je n'y comprends rien[23]. »

Le coup fatal vint de Vésale, un ancien étudiant de Sylvius. Andreas Vesalius, né Andries van Wesel à Bruxelles en 1514[24], n'était pas seulement un brillant anatomiste, c'était aussi un pédagogue innovant, écrivain, éditeur de textes classiques et père de certaines des œuvres les plus remarquables de l'histoire de l'imprimerie – un parfait humaniste, donc, et de ceux qui soumettaient les figures d'autorité du passé à un examen minutieux, qui les mettaient à l'épreuve.

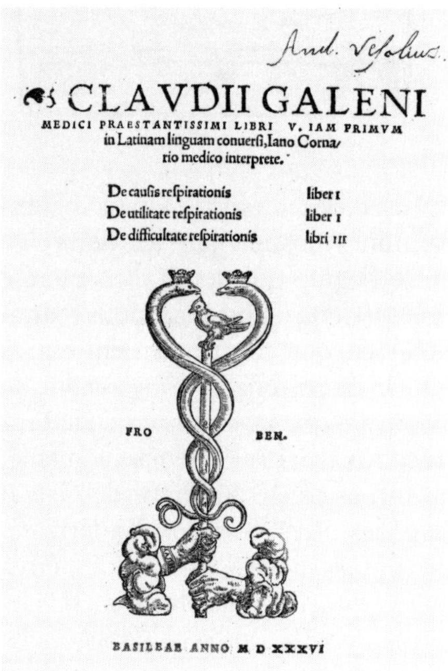
CLAVDII GALENI
MEDICI PRAESTANTISSIMI LIBRI V. IAM PRIMVM in Latinam linguam conuersi, Iano Cornario medico interprete.

De causis respirationis	liber I
De utilitate respirationis	liber I
De difficultate respirationis	libri III

FRO BEN.

BASILEAE ANNO M D XXXVI

Il commença ses recherches en tant que jeune étudiant à Louvain. La nuit, il se glissait hors des murs de la ville avec un ami pour aller récupérer des membres aisément détachables sur les corps pourrissants de personnes qui avaient été exécutées et exposées au bord des routes, en guise d'avertissement. Vésale et son camarade les utilisaient pour une autre sorte d'édification du genre humain. Alors qu'il était encore à Louvain, Vésale écrivit aussi un commentaire sur al-Rāzī, corrigeant des erreurs de terminologie qui s'étaient immiscées au cours de traductions antérieures et tâchant d'identifier les substances évoquées : un projet dans l'esprit de Léonicène[25].

Il poursuivit ses études à Paris, puis à Padoue, où il fut engagé comme professeur de chirurgie et d'anatomie dès le lendemain de l'obtention de son diplôme. Il s'attela aussitôt à mettre au point de meilleures manières de préparer les corps pour les démonstrations pédagogiques et, contrairement à d'autres, il insista pour les disséquer lui-même. Des notes d'un étudiant de l'époque montrent comment il s'engageait, pendant plusieurs jours, dans une course contre le temps et contre le pourrissement, ce qui est toujours le lot des disséqueurs[26].

Pour pallier ce problème et fournir des moyens plus agréables d'étudier, il travailla à de grandes illustrations imprimées. Il y eut tout d'abord une série de six tableaux assez grands pour montrer clairement les parties du corps. Elle incluait encore le *rete mirabile* ; Vésale confessa plus tard qu'il avait utilisé un animal non humain comme source, sans oser reconnaître qu'il n'avait pas trouvé le *rete*[27].

Il allait progresser à mesure qu'il prendrait confiance en lui. Quelques années plus tard, il menait des dissections à Bologne avec son collègue Matteo Corti. Contrairement à ses habitudes, Vésale jouait le rôle modeste du *sector* et de l'*ostensor*, tandis que Corti lisait les textes. À un moment donné, Vésale, s'irritant d'entendre Corti respecter les sources habituelles, l'interrompit

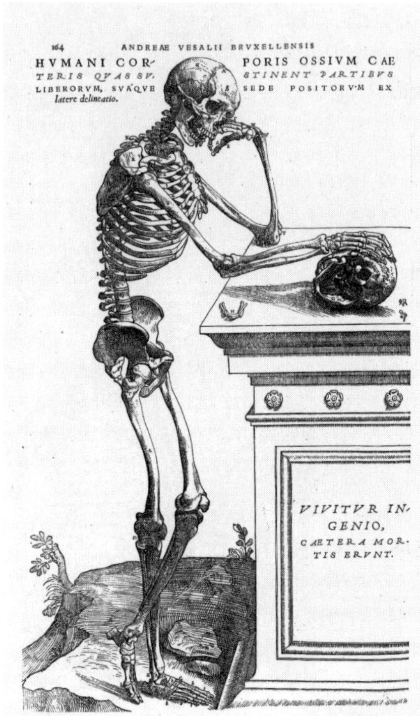

pour mieux désigner les endroits où le corps entrait en contradiction avec les textes, si bien que les deux anatomistes en vinrent à se quereller ouvertement au-dessus du cadavre et sous les yeux des spectateurs[28]. (Je les imagine bien en train de se lancer des reins et des clavicules à la tête, mais cela n'engage que moi.)

Enfin, en 1543, Vésale publia son chef-d'œuvre : *De humani corporis fabrica*, ou *À propos de la fabrique du corps humain*, dans lequel il rejetait la notion de *rete* chez l'homme une fois pour toutes[29]. Il s'accusa lui-même, parmi d'autres anatomistes, de s'être trop fié à Galien : « Je ne dirai plus rien des autres ; mais je continuerai de m'étonner de ma propre stupidité, de cette foi aveugle que j'ai eue en Galien et en d'autres anatomistes[30]. » Il achève ce passage en invitant ses étudiants à ne se fier qu'à leurs propres observations, sans jamais tenir les propos de quiconque pour argent comptant, pas même les siens.

C'était là un bon avertissement, car Vésale commit lui aussi quelques erreurs. Il échoua notamment à identifier correctement le clitoris, qu'il décrivait comme une partie des lèvres[31]. Il fallut un autre anatomiste de Padoue, Realdo Colombo, pour rétablir la vérité. Colombo savait même à quoi le clitoris servait, ce qui invite à penser qu'il l'avait observé dans d'autres contextes que celui de la table de dissection. L'appelant « *amor Veneris, vel dulcendo* » (« l'amour de Vénus, ou l'organe du plaisir »), il en décrivit le rôle dans l'expérience sexuelle féminine : « Je ne saurais dire à quel point je suis abasourdi par le fait que tant d'anatomistes célèbres n'aient pas eu la moindre idée d'une chose si aimable et parfaite, conçue avec tant de soin pour une telle fin[32]. »

Malgré quelques exceptions de ce genre[33], le *De humani corporis fabrica* de Vésale se distingue par ses descriptions détaillées, ses précisions concernant la préparation des corps et ses relevés judicieux d'erreurs chez les auteurs classiques reconnus. Pour couronner le tout, c'est aussi un superbe ouvrage. Il est imprimé avec des caractères faciles à lire et contient quatre-vingt-trois planches d'images dessinées par Jan van Calcar, sous la supervision de Vésale. Les gravures étaient réalisées en Italie sur des blocs de bois de poirier qui étaient ensuite transportés à travers les Alpes, jusque chez l'éditeur qu'avait choisi Vésale, Joannes Oporinus, à Bâle. L'auteur suivait pour surveiller chaque étape de l'opération. Il n'est d'ailleurs pas moins présent dans le livre, qui comporte un portrait de lui désignant d'un air assez solennel, voire effronté, les muscles d'un bras, ainsi qu'une scène gravée sur la page de titre, qui le représente en train de disséquer un corps dans un théâtre universitaire bondé. En dépit des balustrades, les étudiants et les notables, et même Galien, Hippocrate, Aristote et un chien, semblent presque fondre sur lui, tant ils ont envie de voir. L'ensemble regorge de détails stylisés : des chérubins virevoltent autour des majuscules, un squelette s'appuie sur une tombe en contemplant un crâne, un homme musclé rejette sa tête épouvantée en arrière. Beaucoup de ces figures sont représentées dans des cadres naturels ou devant ces bâtiments classiques à moitié tombés en ruine et dont les humanistes étaient friands. Leurs poses sont dignes de celles de héros, surtout lorsqu'elles exposent leur musculature.

Il est bouleversant de voir ces êtres humains si dignes tout en imaginant que leurs modèles ont probablement été des criminels exécutés, ou de pauvres hères morts dans la misère qui n'eurent pas leur mot à dire sur le sort que connaîtrait leur corps. Ce n'est sans doute pas par choix qu'ils ont fini sur une de ces pages : jusqu'au milieu du dix-neuvième siècle, la plupart des gens refusaient d'être disséqués. Ils croyaient parfois à la résurrection de la chair et à l'au-delà ; personne ne veut parcourir les cieux sous la forme d'un tronc dégarni ou d'un amas flottant de nerfs et de muscles déchiquetés. L'idée d'aider les étudiants en anatomie – loin de « réjouir », comme dans la formule de Padoue – était perçue comme un puissant argument dissuasif contre le crime, peut-être plus encore que le châtiment lui-même[34].

Ces infortunés anonymes n'en ont pas moins permis à d'autres de survivre. Et les voici, dans l'un des plus beaux ouvrages de l'histoire, dans toute leur dignité : musclés et magnifiques. Beaucoup d'entre eux semblent avoir été sculptés par Michel-Ange.

Il y a une bonne raison à cela : Michel-Ange était fasciné par la musculature et par la corporéité à l'état pur, ainsi que par la notion de dignité, à tel point qu'il étudia attentivement l'anatomie, pour progresser dans son art. Il était ami avec Realdo Colombo ; ils avaient même un projet de livre ensemble. Celui-ci ne vit jamais le jour, même si l'ouvrage d'anatomie de Colombo, publié après sa mort, doit probablement quelque chose à leur collaboration[35].

D'autres artistes avaient mené des recherches anatomiques, l'exemple le plus extraordinaire étant celui de Léonard de Vinci. Il s'attela avec sérieux à explorer la mécanique comme la beauté et l'harmonie des formes humaines. Très tôt dans sa carrière, il dessina des coupes détaillées d'un crâne ou des muscles d'une jambe. Plus tard, alors qu'il s'intéressait aux deux extrémités de la vie humaine, il disséqua un enfant de deux ans et un homme de cent. Ce dernier, un miséreux recueilli à l'hôpital Santa Maria Nuova de Florence, avait dit à Léonard – et ce furent là ses derniers mots, ou peu s'en faut – qu'il se sentait bien, à peine un peu faible. Léonard écrivit : « Je l'ai disséqué pour voir la cause d'une mort si douce[36]. »

Comme dans tant d'autres de ses travaux, il garda ses résultats pour lui, dans des carnets, si bien que très peu de ses contemporains surent quel pionnier des sciences il était. Il connaissait d'ailleurs mieux la culture classique que ne le laisse entendre l'expression souvent citée par laquelle il se décrivit : *omo sanza lettere* – « illettré »[37]. Il travailla son latin pour compenser le peu qu'il en avait appris dans sa jeunesse, et il possédait un nombre tout à fait respectable de livres (notamment une copie de Pline). Ayant envisagé d'écrire un traité d'anatomie, il n'alla pas plus loin que le plan : « Cet ouvrage devrait commencer par la conception de l'homme, décrire la forme de l'utérus et la façon dont l'enfant vit à l'intérieur [...]. Ensuite, tu décriras quelles parties grandissent plus que les autres après la naissance du nourrisson, et tu donneras les mesures d'un enfant d'un an. Décris ensuite l'homme et la femme adultes, avec leurs mesures [...] », et ainsi de suite, probablement jusqu'à l'âge de cent ans[38].

En tant que précis d'anatomie, ce livre aurait été à bien des égards extraordinaire, notamment quant à son récit de la vie du corps humain. Les artistes comme les anatomistes savaient très bien que nous ne conservons pas la même forme toute notre existence. Contrairement à l'image que renvoie l'homme de Vitruve, il n'existe pas de modèle unique, statique, de l'être humain. Nous naissons, nous nous développons, nous déclinons. Comme Lucrèce l'avait dit, l'esprit et le corps ont tous deux « un jour de naissance et des funérailles[39] ». Entre ces deux événements, tout n'est que flux. Pour l'esprit aussi, assurément.

Malgré le sentiment orgueilleux que nous avons de nous-mêmes en tant qu'êtres spirituels, notre moi conscient est susceptible d'être troublé par l'alcool ou affaibli par la maladie. Même le plus avisé des sages peut perdre la raison en un instant, si une pierre lui tombe sur la tête. Lucrèce et Démocrite observèrent que la raison et le corps sont affectés à parts égales par nos sens et par les événements qui surviennent tout au long de notre vie ; ils nous rappellent qu'un jour, chacun de nous connaîtra sa fin, dans une douce dissolution silencieuse de nos atomes. Les écrivains des seizième et dix-septième siècles continuèrent à réfléchir à tout cela ; ils avaient contribué à l'émergence d'une nouvelle sensibilité. En définitive, il s'avère que ni les livres ni les corps ne sont complètement fiables.

5.

L'étoffe de l'humanité

Principalement le seizième siècle

Par-delà les Alpes, avec les humanistes du Nord – Conrad Celtis – Rodolphus Agricola – Desiderius Erasmus, qui vanta la vie civilisée et l'amitié généreusement partagée – Michel de Montaigne, qui orienta l'humanisme dans une nouvelle direction – des romanciers.

Vésale et ses blocs de bois de poirier auraient presque pu se retrouver coincés dans un embouteillage durant leur traversée des Alpes, tant il y avait de voyageurs, d'artistes, de médecins, d'écrivains sur cette route. Les échanges de visiteurs entre Nord et Sud étaient la norme depuis longtemps déjà. Les Italiens partaient au nord par curiosité ou en quête de nouveaux protecteurs à flatter et à divertir. Ceux du Nord descendaient dans le Sud en raison de tout ce qui rendait l'Italie si attrayante : que ce soit une collection de livres, la meilleure expérience universitaire possible, les dernières méthodes scientifiques, et un niveau incomparable dans les manières comme dans le langage en termes d'urbanité. Puis, ils s'en retournaient dans leurs pays, impatients de partager leurs trouvailles et d'appliquer ces méthodes au profit de leur propre histoire et de leur propre culture.

Nous trouverons l'un des premiers exemples de cet aller-retour – pour cela reculons un peu dans le temps – si nous nous plongeons dans la vie de Conrad Celtis, ou Celtes, né Konrad Pickel, en 1459. (Comme beaucoup d'humanistes, il avait troqué son nom de naissance contre sa version latinisée.) Après avoir échappé à sa petite ville natale de Bavière, Wipfeld, en sautant sur un radeau qui descendait le Main, partit étudier à Cologne et à Heidelberg, avant de passer deux années à voyager en Italie. Là-bas, il côtoya les humanistes de Venise, Padoue, Ferrare, Bologne, Florence et Rome – notamment les membres des académies de ces deux dernières villes. Il retourna ensuite dans le Nord et fit une belle carrière de professeur au sein de différentes universités, créant ici et là ses propres académies. Il s'efforça de transmettre ce qu'il avait tiré de ses expériences à ses compatriotes en sermonnant les étudiants qui se soûlaient ou en conseillant à ses collègues d'apprendre à parler correctement au lieu de « cacarder comme des oies[1] ».

Celtis était aussi très intéressé par la littérature germanique, dont il était très fier. C'est lui qui avait découvert les manuscrits des pièces de la religieuse du dixième siècle Hrotsvitha, dans le monastère de Saint-Emmeram, à Ratisbonne, et qui en avait propagé la nouvelle. Il aida Hertmann Schedel à réviser son immense étude historique et géographique, les *Chroniques de Nuremberg*. Et il édita un texte de Tacite récemment découvert, *La Germanie*, dans lequel l'historien romain exprimait son admiration pour les manières simples, honnêtes et sauvages (et tellement sexy) des peuples germaniques.

Tout cela était typique des activités d'un humaniste italianisé, appliquées à un autre territoire. Celtis prôna également d'autres formes d'études. Il pressa tous ceux qu'il connaissait d'améliorer leur niveau de connaissances, non seulement dans les champs littéraires, mais aussi dans des domaines que nous considérerions aujourd'hui comme scientifiques :

> Trouvez la nature du Chaos informe [...]. Élevez votre esprit pour trouver les causes des éléments isolés : enquêtez sur le souffle

> du vent, sur les vagues rugissantes de la mer [...]. Comprenez pourquoi les sombres cavités de la Terre produisent du soufre et des gisements de métal précieux, et pourquoi les sources chaudes guérissent les corps malades [...]. Apprenez à connaître les peuples du monde, leurs différentes langues, leurs différentes coutumes[2].

On trouve cette même soif de savoirs variés dans les conseils de Rudolf ou Rodolphus Agricola, né Roelof Huysmans, aux Pays-Bas. (Ces deux noms signifient « paysan ».) Dans une lettre à l'un de ses pairs enseignants, il recommanda de donner aux étudiants le devoir d'explorer « la situation et les caractéristiques des continents, des mers, des montagnes et des rivières, tu dois observer les mœurs, les habitations et les conditions de vie des peuples sur terre [...]. Tu dois aussi faire l'étude des forces naturelles des arbres et des plantes », etc. Ils devaient évidemment étudier la littérature et la morale, parce que cela les aiderait à vivre bien. Il vaut aussi la peine de connaître les « faits mêmes », simplement parce que c'est très *intéressant*[3].

Il est tentant de se moquer d'une telle avidité, ce que fit François Rabelais. Son géant Gargantua donne à son fils Pantagruel le même programme avant son départ pour l'université. Apprends le grec, puis le latin, puis l'hébreu, et encore le chaldéen et l'arabe. Étudie l'histoire, l'arithmétique, la musique. « Du droit civil, je veulx que tu saiche par cueur les beaulx textes, et me les confere avecques philosophie. » Étudie la nature : « Qu'il n'y ayt mer, riviere, ny fontaine, dont tu ne congnoisse les poissons, tous les oyseaulx de l'air, tous les arbres, arbustes et fructices des foretz, toutes les herbes de la terre, tous les metaulx cachez au ventre des abysmes. » Étudie la médecine, et « par frecquentes anatomies acquiers toy parfaicte congnoissance de l'aultre monde, qui est l'homme (...). Somme que je voy un abysme de science ». Il dit encore : « Je voy les brigans, les boureaulx, les avanturiers, les palefreniers de maintenant plus doctes que les docteurs et prescheurs de mon temps. Que diray je ? Les femmes et filles ont aspiré à ceste louange et manne celeste de bonne doctrine[4]. »

Le fait est que Rabelais maîtrisait lui-même bon nombre de ces sujets, en tant qu'ancien moine polyglotte, juriste de formation et médecin praticien : il avait réalisé des éditions scientifiques de Galien et d'Hippocrate, et participé à au moins une dissection publique. Agricola possédait un éventail de compétences tout aussi formidable. On peut le comparer à Leon Battista Alberti par l'excellence de ses vues et l'élégance de ses manières. Il avait voyagé pendant dix ans à travers l'Italie, où il avait non seulement enseigné la rhétorique à des étudiants, mais aussi joué de l'orgue dans les églises ; il avait passé beaucoup de temps dans l'entourage du duc d'Este. Son oreille musicale l'avait probablement aidé à apprendre des langues étrangères ; ceux qui le connurent soulignèrent quel très bon accent il avait. Il parlait le français, l'italien, le haut-allemand et le bas-allemand, le frison de sa contrée natale, et naturellement le latin et le grec. À quoi il ajouta vers la fin de sa vie quelques notions d'hébreu. Ses autres talents incluaient le dessin : il observait discrètement les visages à l'église (tandis qu'il jouait de l'orgue peut-être) et les reproduisait ensuite, à la perfection, au charbon. Il était beau, doté de proportions vitruviennes, à en croire les descriptions admiratives de ses amis : « Il était bien charpenté et il était plus grand que la plupart des gens, ses épaules et son torse étaient larges et les autres parties de son corps, de la tête jusqu'aux pieds, étaient en harmonie, si bien qu'il était impressionnant à regarder[5]. » Tout le monde l'aimait et son influence était plus grande que ce que ses seules publications, assez rares et peu excitantes, auraient dû lui valoir[6].

Nous savons en particulier quelle impression il fit sur un garçon de quatorze ans environ, un élève de Deventer, aux Pays-Bas, dont Agricola visita l'école en 1480. Il y alla probablement pour s'adresser aux étudiants. Nous ne savons pas ce qu'il dit ; sûrement quelque chose dans la veine des conseils que je viens de citer[7]. Il se rendit peut-être là-bas aussi pour insister sur le fait qu'un étudiant ne devrait pas accorder trop de foi à ce qu'il apprend à l'école. Il est beaucoup plus important d'apprendre l'histoire, la poésie et la philosophie d'après les sources originales et les écritures saintes, et surtout d'acquérir l'ultime savoir : comment bien vivre.

Quoi que pût dire Agricola ce jour-là, l'adolescent le prit très au sérieux. Il s'appelait Desiderius Erasmus – d'après ce que l'on sait de lui, il avait bien reçu ce nom à sa naissance[8]. Dans le nord de l'Europe, il allait devenir le plus grand humaniste de son siècle. Il est l'un des deux principaux personnages de ce chapitre, avec Michel de Montaigne, autre fruit de l'inspiration transalpine. Montaigne appartenait à une génération plus jeune, donc à une autre sensibilité. L'Europe d'Érasme était celle de la fin du quinzième siècle et du début du seizième – une période de grande transformation sociale dont il fut le témoin souvent horrifié. Montaigne, au contraire, arriva dans un monde déjà transformé et dont l'instabilité fut une constante durant toute son existence. À part cela, les deux hommes avaient un tempérament assez semblable, caractérisé par la tolérance et un grand amour pour la vie de l'esprit ; je suis sûre qu'ils se seraient très bien entendus, s'ils avaient eu la chance de se rencontrer.

Érasme et Agricola auraient aussi pu devenir de bons amis, s'ils s'étaient revus plus tard, tous deux étant devenus adultes et pairs[9]. Agricola mourut hélas ! trop tôt pour cela. Ce fut une mort soudaine, courante à l'époque, et qui aurait pu être évitée plus tard, grâce aux progrès de la médecine. Alors qu'il rentrait chez lui, dans sa résidence de Heidelberg, après un voyage en Italie, il contracta une infection rénale. Aucun traitement efficace n'étant disponible, il n'y survécut pas. Il avait seulement quarante-quatre ans ; Érasme, dix-neuf ans, réfléchissait à ce qu'il allait faire de sa vie.

Érasme est célèbre parmi les humanistes pour avoir été le plus éclectique d'entre eux, auteur de traductions, de dialogues, de diatribes, de traités de théologie, de manuels d'écriture, de guides d'étude, de recueils de proverbes, de fantaisies amusantes, et d'une quantité stupéfiante de lettres. Il se constitua un cercle de correspondants et d'amis digne de celui de Pétrarque[10]. Comparé à ce dernier, il bénéficia pour ses recherches de près de deux siècles de savoir supplémentaires et d'une Europe mieux desservie. Sans remettre en cause la foi chrétienne – il était lui-même fort dévot –, il n'y ajouta pas moins sa croyance personnelle et profonde dans l'importance de vivre avec sagesse, de vivre bien, dans *ce* monde. Défenseur des principes de paix et d'amitié, il était également soucieux des bonnes manières et des comportements policés. Il croyait aux mérites de l'éducation et à l'aide que la littérature et les études pouvaient apporter en des temps troubles et complexes.

Quand il naquit à Rotterdam en 1466, on n'aurait pas pu imaginer qu'il laisserait tant à la culture européenne derrière lui. C'était un enfant illégitime : ses parents vivaient bien de manière maritale, mais son père étant prêtre, il ne pouvait pas épouser sa mère. Ils veillèrent néanmoins à donner à Érasme et à son grand frère la meilleure éducation possible – ce qui signifiait l'inscription dans des institutions religieuses, la plus renommée étant le monastère de Deventer, dirigé par une communauté appelée les Frères de la vie commune.

Les moines de Deventer étaient très respectés et leur communauté était connue depuis longtemps pour l'excellence de ses copistes. Érasme en arriva cependant à considérer avec dégoût

cette école ainsi que celles qu'il avait fréquentées auparavant. L'une des raisons en était la violence qui y flottait dans l'air. À cette époque, on trouvait normal, voire essentiel, de battre les élèves ; or, Érasme avait été traumatisé dans son école précédente : il y avait été battu, non pas pour quelque mauvaise action, mais simplement parce que le maître voulait mettre à l'épreuve sa capacité à supporter les coups. Comme il l'écrivit : « Cet incident m'ôta tout amour des études et produisit sur mon âme d'enfant un tel effet d'abattement que je faillis presque en dépérir de douleur[11]. » Les moines de Deventer étaient sans doute moins injustes, mais semblaient eux aussi, aux yeux d'Érasme, vouloir briser les élèves pour mieux les préparer à se plier à la vie monastique[12].

L'effet fut contraire chez Érasme, qui garda durant toute sa vie une aversion à l'encontre de la cruauté et des intimidations de toutes sortes. Il aurait sûrement été d'accord avec cette remarque faite par E. M. Forster alors qu'il décrivait les souffrances qu'il avait endurées quelques siècles plus tard au cours de son propre parcours dans l'école publique : « Le pire tour que l'on m'y joua fut de prétendre que l'école était le monde en miniature. Car cela m'empêcha de découvrir à quel point le monde pouvait être beau, agréable et bon, et dans quelle mesure il peut être compris[13]. »

Autre raison pour Érasme d'avoir une mauvaise image de son éducation : le comportement des moines était décalé par rapport au monde réel, et inadapté. Il était courant parmi les humanistes de se plaindre que ces institutions religieuses étaient démodées, pédantes et sans liens avec la réalité. Pour Érasme, comme pour Agricola, et plus tard Forster, un jeune esprit a besoin d'être libéré des connaissances absurdes et inutiles qui sont enseignés par des maîtres peu éclairés, dépassés, et qui eux-mêmes ignorent comment vivre.

Érasme n'arriva pas tout de suite à ces conclusions. Il suivit d'abord le chemin attendu, entra dans les ordres, dans un autre monastère. Il écrivit même un éloge de la vie monastique, *Du mépris du monde*. Or, il écrivit un autre essai, à la même période, simplement intitulé *Le Livre des Antibarbares*, qui s'en prenait aux moines mal élevés et à leur tendance à ignorer des sujets humanistes comme la philosophie morale, l'histoire et le bon latin. Érasme se faisait manifestement la main dans différents domaines tout en montrant la diversité de ses talents littéraires. Talents qui lui avaient déjà permis de s'échapper, quand l'évêque de Cambrai l'avait choisi pour secrétaire et emmené avec lui dans ses voyages. Érasme ne retourna jamais au monastère. L'évêque veilla même à ce qu'il soit autorisé à se rendre à Paris et à étudier à la Sorbonne.

Cela ne le satisfit pas non plus, et pour des raisons similaires. La Sorbonne était un autre bastion de la scolastique médiévale, à une époque où d'autres universités européennes devenaient peu à peu plus ouvertes aux théories humanistes relatives à l'enseignement. Pas à Paris : là-bas, les professeurs ressemblaient encore à des hurluberlus inadaptés qui ne se souciaient que de leurs paradoxes et de leurs syllogismes. Et puis le logement d'Érasme était sordide, et il était très pauvre. Ces conditions de vie représentaient un autre aspect du « mépris du monde », rhétorique qu'Érasme rejetait désormais. Il lui semblait que l'éducation devait amener à se sentir *chez soi* dans le monde, en accord avec ses semblables, capable de se faire des amis, d'agir sagement et de partager la lumière du savoir tout en traitant les autres avec courtoisie. Il s'agissait autrement dit d'encourager le développement de l'*humanitas*.

Il quitta donc Paris, adoptant un mode de vie qui serait le sien pour le restant de ses jours : celui d'un humaniste voyageur. Il gagnerait son pain comme savant, comme écrivain, comme assistant d'un éditeur, comme professeur et comme une sorte de consultant humaniste dans des institutions de toute l'Europe. Ce n'était pas facile : il n'avait pas vraiment de foyer, et comme beaucoup d'autres humanistes, il dépendait toujours de ceux qui le soutenaient, et qu'il devait satisfaire. Mais dans l'ensemble, sur le plan intellectuel, c'était une vie de liberté.

Il séjourna dans différents pays, y compris à plusieurs reprises en Angleterre. Entre 1509 et 1514, il enseigna notamment à Oxford et à Cambridge – deux universités qui commençaient à s'émanciper de leur cursus médiéval pour y laisser pénétrer un peu de lumière humaniste. Érasme y contribua. Il travailla avec l'humaniste anglais John Colet à la conception d'un programme d'étude pour l'école que ce dernier venait d'ouvrir à la cathédrale Saint-Paul. Un autre Anglais devint à cette époque son ami : Thomas More, avocat et homme d'État, qui plus tard fut victime d'une mésaventure fatale à la cour du roi Henri VIII. On peut percevoir la force de l'amitié qui unit More et Érasme quand on lit les deux livres que chacun écrivit en l'honneur de l'autre. L'*Éloge de la folie* d'Érasme – *Moriae encomium*, un jeu de mots à partir du nom de More – est une fantaisie malicieuse et brillante, qui comporte des idées assez audacieuses placées dans la bouche de « Folie », ce qui signifie qu'elles peuvent aisément être désavouées. La satire politique de More, *L'Utopie*, raconte un voyage dans une île imaginaire, au sein d'une société qui a une vision très tolérante, sinon épicurienne, de la religion et qui met en pratique différentes idées assez excentriques concernant le partage du travail ou des logements. Érasme fit beaucoup pour l'aider à l'écrire et à le publier.

Grâce à l'expérience qu'il acquit en Angleterre dans le développement de programmes d'éducation, Érasme produisit toute une série de traités sur la formation des jeunes à la vie humaniste et sur les méthodes d'étude[14]. Comme Celtis et d'autres, il pensait qu'il était essentiel pour les étudiants d'acquérir de bonnes manières – c'est-à-dire des façons d'exprimer leur sentiment de camaraderie et de considération vis-à-vis des autres. Son essai de 1530 *De civilitate morum puerilium*, ou *Savoir-vivre à l'usage des enfants*, résumait tout ce qu'il fallait ou ne fallait pas faire pour avoir une attitude policée. Ne t'essuie pas le nez dans ta manche, utilise plutôt un mouchoir – sans faire trop de bruit, trompéter étant réservé aux éléphants. Si tu dois éternuer, détourne-toi des autres, et si les autres t'adressent un « À tes souhaits » (ou bien si tu imagines qu'ils l'ont fait, même si tu n'as rien entendu, pendant que tu éternuais), lève la tête en signe de reconnaissance. Si tu craches, vise de telle sorte qu'aucun postillon n'atteigne autrui. Prends soin de tes dents, même s'il est inutile de les blanchir à la poudre. « Les laver avec de l'urine, c'est une coutume espagnole. » Ne te secoue pas les cheveux comme un cheval qui batifole. Pour ce qui est des gaz intestinaux, les opinions diffèrent : d'aucuns recommandent de serrer les fesses pour en bloquer la sortie, mais il ne faut pas faire « passer la politesse avant la santé », tu dois donc être prévenant et t'écarter un peu des autres, ou au moins couvrir le bruit en toussant. Ce faisant, tu dois toujours garder un air détendu, facile. « Que le front soit riant et uni, indice d'une bonne conscience et d'un esprit ouvert. Tout plissé de rides, c'est un signe de sénilité. Mobile, il rappelle le hérisson. Menaçant, il fait songer au taureau[15]. »

L'idéal étant d'atteindre l'assurance décontractée dépeinte par Castiglione, même s'il ne s'agissait pas de se montrer désinvolte. On voulait rendre la vie des autres plus agréable. C'était une manière de *ne pas* se distinguer du reste du monde, contrairement aux professeurs bizarres de la Sorbonne ou aux moines irascibles. Il s'agissait de mettre ses compagnons à l'aise et de s'intégrer dans une société plaisante, qui vivait avec humanité, dans tous les sens du terme. « Les manières font l'homme », comme le dit aujourd'hui encore la devise du collège de Winchester et du Nouveau Collège, à Oxford – la formule date de plusieurs siècles[16].

Évidemment, l'éducation et l'*humanitas* ne se réduisent pas à avoir l'air détendu et à péter discrètement. Érasme enseignait aussi les usages nécessaires pour favoriser l'épanouissement d'une vie *intellectuelle*, et là, la clé est d'avoir un esprit nourri et doté d'un cadre de références le plus large possible, ce qui permet de mieux juger et de savoir s'exprimer avec autant d'intelligence que d'élégance. Il recommande de lire de bons livres et d'employer une technique courante à l'époque : prendre des notes et les classer en fonction des sujets, afin de pouvoir se souvenir de ce que l'on a lu et de l'associer avec sagacité avec d'autres idées. Si l'on n'a pas de papier sous la main, on peut écrire ses notes sur les murs, ou même les graver sur la vitre d'une fenêtre. L'important est de se constituer un trésor mental – soit le sens littéral du mot *thesaurus* – afin de l'avoir toujours à disposition[17].

Il donne amplement de quoi abonder ce trésor dans son propre ouvrage *De l'abondance dans le style* – en latin *De copia* –, qui évoque à la fois le travail de copiste et l'abondance. (On retrouve d'ailleurs cette idée d'abondance dans le terme *copieux*[18].) Ce texte dresse la liste des manières de varier et de développer ce que l'on veut dire, selon un principe du rhétoricien Quintilien : « La nature aime surtout la variété. » Par exemple : vous pouvez développer le récit d'un événement en en cherchant les causes ou les conséquences, ou bien en précisant certains détails évocateurs qui y sont liés. Érasme évoque ici Plutarque, qui poussa particulièrement loin sa barque dans sa description de la célèbre galère luxueuse de Cléopâtre. La plus grande partie du texte d'Érasme n'est que listes d'expressions et de variations pour transmettre des notions comme « coutumier », « doute » ou « chantage »[19]. Le numéro 195 pourrait s'avérer utile si votre perroquet mourait[20] :

> *mortem obiit* : il a trouvé la mort.
> *vita defunctus est* : il en a fini avec la vie.
> *vixit* : il a vécu.
> *in vivis esse desiit* : il a cessé de compter parmi les vivants.
> *concessit in fata* : il a rencontré son destin.
> *vitae peregit fabulam* : il a joué sa dernière scène.

Érasme sut assurément donner de l'abondance à son œuvre. Sa méthode, toute en bourgeonnements et en expansion, s'avère particulièrement frappante dans son recueil des *Adages*, qui propose des commentaires de citations et d'expressions bien connues comme « être dans le même bateau ». D'une première version riche de huit cent dix-huit proverbes, le livre atteignit finalement le nombre de quatre mille deux cent cinquante et un[21] adages. Certains commentaires étaient si longs qu'ils furent publiés dans des livres à part ; ils comprenaient souvent des réflexions plus personnelles, en annexe de la glose savante. Ce qui avait commencé comme un exercice littéraire se transforma en un portrait de l'esprit ouvert d'Érasme lui-même. Ses *Adages* sont le reflet de sa personnalité : ils sont malicieux, savants, généreusement érudits et enrichis par des années de voyages, de lectures et d'amitiés.

Tels étaient les grands thèmes de son existence, et chacun nourrissait les autres. Les voyages lui valaient sans cesse de nouveaux amis ; les amis amenaient de nouveaux projets, des rendez-vous et des idées pour de nouvelles études, ce qui fournissait l'occasion de nouveaux voyages. Et ainsi de suite. Il se laissait porter au gré de ces rencontres, prolongeant parfois ses séjours sur de longues périodes, d'autres fois se contentant de passer en coup de vent. Comme il le dit un jour : « Ma maison se trouve là où se trouvent mes livres[22]. »

Érasme fit l'un de ses longs séjours dans la ville suisse de Bâle. C'était une très bonne ville pour les humanistes, dotée d'une excellente université et de nombreuses maisons d'édition – Vésale décida pour cette raison d'y faire paraître son *De humani corporis fabrica*, en 1543. Jusqu'à l'arrivée d'Érasme, le principal éditeur humaniste de la ville était Johannes Froben, lui-même un érudit de premier plan et l'hôte – comme Alde Manuce à Venise – de toute une communauté d'amateurs de livres. Érasme emménagea dans la maison de Froben, d'où il écrivit avec enthousiasme à un ami : « Ils savent tous le latin, ils savent tous le grec, la plupart d'entre eux savent aussi l'hébreu ; l'un est expert en histoire, tel autre un théologien expérimenté ; celui-ci maîtrise les mathématiques, celui-là est un antiquaire passionné, et cet autre encore juriste [...]. Je n'ai jamais eu la chance de vivre en si talentueuse compagnie. Sans parler de leur ouverture d'esprit, de leur gaieté, de leur complicité[23] ! » Il admirait Froben pour son dévouement à la cause littéraire : « C'était un bonheur que de le voir tenir entre ses mains les premières pages d'un nouveau livre d'un auteur qu'il appréciait. Son visage irradiait de plaisir[24]. »

Érasme apportait avec lui ses œuvres en chantier, notamment les derniers développements des *Adages*, et, pour Froben, il se lança aussi dans un projet important : une nouvelle traduction latine du Nouveau Testament, qui rompe avec la référence en la matière, celle de Jérôme, datant du quatrième siècle. Un tel travail s'intégrait très bien dans les préoccupations intellectuelles d'Érasme : il cherchait à améliorer non seulement l'éducation des

Européens, mais aussi la qualité et l'excellence morale de leur vie spirituelle, en retournant aux sources. Il était tout aussi important pour les chrétiens de bénéficier d'une bonne version des Écritures, fondée sur les toutes dernières recherches, que de bénéficier des bons textes des auteurs antiques pour les classicistes. De nouvelles études, pensait-il, ne saperaient pas la foi des croyants, comme on le craignait : elles la revigoreraient, au contraire[25].

La possibilité de retraduire le texte biblique lui-même était en partie inspirée par notre vieil ami Laurent Valla, qui avait décelé des manques chez Jérôme dans ses *Notes sur le Nouveau Testament*, non sans laisser entendre que ce que l'Église considérait comme une vérité inaltérable pouvait bien être le fruit d'erreurs humaines. Érasme connaissait bien les idées de Valla. Dans sa jeunesse, il avait même composé un abrégé du manuel d'écriture de Valla, *Élégances*, un ouvrage inattaquable – du Valla standard[26]. Si les *Notes* étaient plus controversées, Érasme en avait trouvé une copie dans une abbaye, près de Louvain, et il l'avait fait éditer en 1505[27]. Poursuivant désormais à son compte l'élan donné par Valla, il retourna au texte grec du Nouveau Testament pour en créer une nouvelle édition, bilingue, grec-latin[28]. Elle parut chez Froben en 1516 et, comme à son habitude, Érasme continua de la corriger par la suite, à intervalles réguliers, puisqu'il était tout autant susceptible de se tromper que tout autre être humain. Il fit part de son mécontentement à ceux qui objectaient qu'il n'aurait rien dû faire du tout en s'exclamant : « Combien il serait plus chrétien, écartant ces querelles, de contribuer volontairement, chacun dans la mesure de ses forces, au bien commun, de s'y donner de bonne foi, d'apprendre à la fois sans arrogance ce qu'on ignore et d'enseigner sans jalousie ce que l'on sait[29] ! »

Hélas !, mettre joyeusement de côté les querelles n'était pas du tout ce qui se faisait à l'époque en Europe. Après que Martin Luther eut affiché ses quatre-vingt-quinze thèses à Wittemberg en 1517 et qu'il eut rompu avec Rome, le pape l'excommunia, et ce fut pour l'Europe de l'Ouest le début d'une longue suite de guerres de religion. Plusieurs siècles de guerres intermittentes et sanglantes, mêlées de luttes politiques, allaient briser les communautés et répandre la souffrance, la plupart du temps chez des personnes que rien ne prédestinait à voir leur existence à ce point affectée par des questions théologiques. Si Érasme et ses admirateurs – et disciples futurs – prirent autant qu'ils le purent la parole pour dénoncer ces ravages, ils durent généralement constater qu'ils n'avaient guère les moyens de les empêcher.

Dans les premiers temps, Érasme manifesta une certaine sympathie à l'égard de la position de Luther ; il estimait que l'Église aurait dû traiter avec plus de sagesse et de délicatesse ces défis lancés à son autorité. Qu'y a-t-il à gagner, demandait-il en 1519, à crier aussi vite à l'hérésie à une telle époque ?

> Ce qui ne plaît pas, ce que l'on ne comprend pas, est hérésie. Savoir le grec est hérésie. S'exprimer avec soin est hérésie. Tout ce qu'ils ne font pas eux-mêmes est hérésie [...]. Qui ne voit point ce que ces hommes représentent et dans quelle direction ils vont ? Une fois que les brides qui retiennent leurs mauvaises passions auront lâché, il se mettront à enrager sans discernement contre tout un chacun[30].

Érasme n'en désapprouvait pas moins l'agression perpétrée par Luther, un contestataire et un bagarreur-né. Ce n'était pas là le genre d'Érasme, qui pensait qu'il eût été plus sensé de « tempérer par un traitement courtois un conflit exacerbé par sa nature même, plutôt que d'ajouter de la mauvaise volonté à la mauvaise volonté[31] ». La courtoisie était fondamentale à ses yeux : plus qu'un simple vernis social, c'était le socle du respect mutuel et de la concorde. Luther et lui avaient bien des désaccords théologiques, notamment sur la question du libre arbitre. (Érasme restait fidèle à la position de l'Église : il croyait que les êtres humains pouvaient choisir librement leur propre voie, vers le mal ou vers le bien ; Luther pensait que nous étions dépourvus d'une telle liberté et que la seule route menant au Salut passait par la grâce de Dieu[32].)

L'aversion croissante d'Érasme à l'encontre de l'approche luthérienne provoqua des moments pénibles dans ses rapports avec Froben, qui travaillait sur un ensemble de textes de Luther – un bon projet éditorial, alors que la rébellion luthérienne était *le* sujet dont parlait toute l'Europe ou presque[33]. Mal à l'aise à Bâle, où les partisans de la Réforme étaient de plus en plus nombreux, Érasme changea de nouveau de décor ; il s'installa à Fribourg-en-Brisgau, une autre ville universitaire, restée sagement catholique. Il ne cachait pas qu'il préférait la tranquillité. « Quand les papes et les empereurs prennent de bonnes décisions, je m'y soumets, ce qui est pieux ; quand ils en prennent de mauvaises, je les tolère, ce qui est sûr[34]. » Érasme avait du courage, mais d'une autre sorte : il préférait rester discret et avancer ses arguments en faveur de la paix avec calme et persévérance.

Ce qu'il haïssait par-dessus tout, c'était la guerre. Avant la Réforme, il avait déjà profité de son *Éloge de la folie* pour décrire la guerre comme un monstre, une bête sauvage et un fléau[35]. Dans ses *Adages* de 1515, il y a un long passage consacré à l'expression de Vegetius : *Dulce bellum inexpertis* – trois mots latins très clairs, dont la traduction s'avère pourtant laborieuse : « La guerre paraît douce à ceux qui ne l'ont pas faite. » Dans sa *Complainte de la paix* de 1517, Érasme récapitule les raisons pour lesquelles il faut éviter la guerre. La plus fondamentale de toutes, à ses yeux, c'est que la guerre contredit notre *véritable* humanité, ce que nous devrions développer et accomplir[36].

Comme Protagoras et Pic de La Mirandole avant lui, il exprime ses vues sur la nature humaine dans de brillantes fantaisies narratives. Imaginez, dit-il, que Dame Nature descende parmi nous et qu'elle tombe sur un champ de bataille couvert de soldats. Elle s'exclame avec horreur : « D'où te viennent cette crête menaçante, ce casque étincelant, ces cornes de fer, ces coudes empennés, ces écailles, ces dents de bronze, ces plaques de métal, ces projectiles mortels, cette voix plus que bestiale, ce visage plus que sauvage ? » Ce ne sont pas

là des traits propres aux êtres humains. « J'ai façonné en toi un être presque divin, dit la Nature, que t'est-il passé par l'esprit, pour que tu te transformes toi-même en une bête fauve[37] ? »

Érasme nous fait faire le tour du corps et de l'esprit humains en y désignant toutes les qualités qui conviennent assurément mieux à une vie faite d'assistance mutuelle et de bienveillance qu'à une vie de combat. Un taureau a des cornes, un crocodile a une armure, mais notre peau à nous est douce, nos bras sont ouverts et nous avons « des yeux affectueux qui révèlent notre âme ». Nous pleurons et crions, ce qui manifeste notre sensibilité. Nous sommes dotés de langage et de raison, afin de communiquer. Nous sommes même naturellement enclins à l'amour de l'apprentissage, en quoi réside « le pouvoir, plus grand encore, de nouer des amitiés[38] ».

Certes, puisque nous sommes libres, nous pouvons choisir d'ignorer ces affinités. Or, si nous suivions les élans de notre humanité naturelle, nous ferions beaucoup mieux. Érasme évoque une scène qui rappelle la fresque du Siennois Lorenzetti, *L'Allégorie du bon gouvernement* : des champs bien labourés, des troupeaux en pâture, des ouvriers qui élèvent de nouveaux édifices ou qui en restaurent d'anciens, les arts florissants, la jeunesse studieuse, les aînés savourant leur loisir. C'est une scène d'existence paisible, et il la résume par cette formule magnifique : « l'amitié réciproque entre un grand nombre de gens[39] ».

Au lieu de cela, nous continuons de déchaîner la fureur de la guerre et de ses conséquences ignobles : les viols, le pillage des églises, « les moissons partout piétinées, les fermes brûlées, les villages incendiés, le bétail enlevé[40] ». Ce n'est plus l'amitié mais le meurtre entre le plus grand nombre.

Alors pourquoi agissons-nous ainsi ? L'explication d'Érasme est la même que celle que suggèrent les fresques de Sienne : à cause d'un mauvais gouvernement. Les guerres commencent parce que les dirigeants sont insensés ou irresponsables – ils attisent les plus viles des émotions humaines. Les juristes et les théologiens, qui devraient s'atteler à trouver des solutions pacifiques, ne font qu'empirer les choses[41]. La situation s'envenime et il devient trop tard pour faire machine arrière. La guerre est une erreur : l'aveu de l'échec à être humain. Dans l'histoire de Protagoras, Zeus a donné aux êtres humains la capacité de vivre dans une société heureuse, et il nous revient de développer cette capacité, sans quoi elle sera inutile. Érasme était d'accord avec cela. Nous avons déjà ce qu'il nous faut dans notre nature, mais nous devons apprendre à administrer nos relations, notre société, notre vie politique. Cet apprentissage s'acquiert avec autrui, et nous devons à notre tour transmettre ce que nous en avons tiré. Cela explique pourquoi l'éducation, tout particulièrement en ce qui concerne le civisme et la civilité, joue un rôle aussi central dans la vision humaniste du monde.

Des commentateurs ultérieurs remarquèrent, non sans tristesse, qu'Érasme semblait sous-estimer la puissance du goût des hommes pour la violence, l'irrationnel et le fanatisme – probablement parce qu'il était lui-même quelqu'un de cordial[42]. Immunisé contre le frisson du combat et la contagion des idées radicales, il n'arrivait tout simplement pas à comprendre comment d'autres pouvaient les trouver si irrésistibles. Il n'avait rien d'un Machiavel dans son interprétation des mécanismes psychologiques (ou politiques, ou économiques) qui conduisent à la guerre. D'autres humanistes avaient été pareillement aveugles, en d'autres temps, et beaucoup en furent réduits à se demander encore et encore, dans leur désespoir, pourquoi tout le monde autour d'eux semblait devenu fou. Ils n'avaient cependant pas toujours tort : l'esprit d'Érasme revient bien, parfois, au moins pour une brève période, et souvent en réaction à des épisodes de souffrances engendrées par des hommes à l'esprit contraire.

Comme beaucoup d'autres pacifistes, Érasme pouvait aussi être entêté, et ses amis rappelleront ce trait de sa personnalité. En 1536, à l'approche de son soixante-dixième anniversaire, alors que sa santé était fragile, il envisagea d'accepter l'offre de Marie de Hongrie, reine des Pays-Bas, qui l'invitait à revenir – après toute une vie d'errance – vivre près de sa terre natale, dans le Brabant. Il commença néanmoins par passer encore un peu de temps à Bâle, où il eut, durant un mois de juillet, une crise soudaine de dysenterie ; il en mourut. Ses amis bâlois veillèrent à ce qu'il soit enterré dans la cathédrale de la ville ; ils scellèrent une plaque mémorielle avec l'emblème et la devise de Terminus, le dieu romain des frontières et des limites. Érasme avait très tôt adopté cette devise : *Concedo nulli* – « Je ne fais de concessions à personne ».

Comme pour d'autres humanistes, son souvenir, sa postérité demeurent plutôt dans les idées qu'il a laissées en héritage : sur l'éducation (les conseils et les principes d'Érasme restent très influents), sur la religion (ses opuscules de théologie et ses traductions ont longtemps été des références) et sur le mouvement en faveur de la paix et de la coopération internationale.

L'un des exemples les plus admirables de cette dernière catégorie est un programme inauguré en 1987, administré par l'Union européenne, qui permet aux étudiants de voyager et d'étudier dans d'autres pays que le leur et de valider les qualifications obtenues partout dans l'Union. Ce programme mit du temps à se mettre en place ; il fallut beaucoup de persévérance de la part de ses artisans, notamment la pédagogue italienne Sofia Corradi, qui en avait formulé l'idée dès 1969 et qui fit campagne pour cela pendant dix-huit ans. Au moment où j'écris, plus de dix millions d'étudiants y ont participé et ont bénéficié de cette occasion particulièrement enrichissante de vivre à l'étranger, de parler d'autres langues et de s'y faire des amis ou des relations professionnelles susceptibles de durer toute une vie.

Le nom officiel de ce programme est European Region Action Scheme for the Mobility of University Students – désormais avec un + à la fin[43]. Heureuse coïncidence, cet acronyme se lit Erasmus+. Il rend ainsi hommage à l'héritage de l'un des grands pionniers européens de la paix, de la compréhension mutuelle, de l'innovation pédagogique, du partage des savoirs et des expériences, de la liberté de mouvement, et surtout de « l'amitié entre le plus grand nombre ».

Au moment où Érasme se mourait, un garçon de trois ans recevait dans le sud-ouest de la France une éducation peu commune, grâce à un père complètement acquis à la nouvelle approche humaniste. Ce garçon s'appelait Michel Eyquem de Montaigne ; il allait recevoir cette éducation humaniste, y exceller, la renverser, la déconstruire et la redéployer dans une tout autre direction.

Tout commença par ce père. Pierre Eyquem n'avait guère reçu de vernis humaniste. Mais il avait voyagé en Italie, probablement en tant que soldat durant les guerres menées par la France, ce qui n'était peut-être pas la manière la plus érasmienne de découvrir le pays. Il dut néanmoins absorber un peu de l'esprit de l'Italie – et donc de celui d'Érasme – puisqu'il décida, à la naissance de son fils aîné, Michel, de lui offrir une petite enfance parfaitement latinisée. Il souhaitait que son garçon devienne ce que l'on n'avait plus vu depuis un millier d'années : quelqu'un dont la langue *maternelle* serait le latin. Sa méthode fut de faire venir un précepteur germanique qui parlait le latin, non pas le français, et d'interdire à quiconque, même aux serviteurs, d'utiliser une autre langue en présence de l'enfant. Les cicéroniens les plus convaincus n'avaient pas osé rêver d'une chose pareille.

Résultat de ces premières années, Montaigne devenu grand écrivit une œuvre d'humaniste exceptionnelle par son ampleur comme par son érudition, *en français*. Il expliqua avoir choisi le français parce que c'était une langue moderne, éphémère et changeante, qui risquait de disparaître entièrement de la surface de la Terre, alors que le latin était la langue des Anciens, une langue dite éternelle. Puisqu'il était lui-même éphémère et changeant, et qu'il allait assurément disparaître de ce monde d'ici à quelques années, le choix semblait judicieux[44].

Un goût analogue pour l'instabilité et pour le mouvement infini inspira son livre, *Les Essais* (un genre qu'il inventa à partir du premier sens du terme, « tentative »), paru pour la première fois en 1580 et plus tard enrichi. Les mots s'enchaînent, changent brusquement de direction et se contredisent ; ils glissent dans des digressions, dont certaines se poursuivent sur plusieurs pages. Ils retracent les mouvements de l'esprit de Montaigne à mesure que de nouvelles pensées lui viennent. Le livre relate aussi les péripéties de sa vie physiologique : un jour, il se sent d'humeur exubérante parce que les rayons du soleil lui font du bien ; le lendemain, il a une épine dans le pied et il est irascible. Un chapitre raconte le jour où il faillit mourir après être tombé de son cheval ; il explore ce que l'on ressent quand on dérive, à moitié conscient, vers la mort. D'autres chapitres fournissent des détails insou-

tenables sur son régime, sur ses maladies, sur ses habitudes sexuelles ou bien sur sa vieillesse.

L'intérêt de Montaigne à la fois pour le monde physique et pour l'instabilité de toute chose laisse croire qu'il a lu les philosophes épicuriens, et c'est certainement le cas. Son exemplaire du livre de Lucrèce *Sur la nature des choses* a survécu, et il regorge de notes et d'observations dans les marges ; nous savons donc qu'il l'a lu attentivement[45]. Il aurait tout aussi bien pu devenir sensible au caractère transitoire et imprévisible de l'existence humaine en regardant l'état du monde autour de lui. Il vivait à une époque de grands bouleversements politiques et religieux – les conséquences à long terme des premiers remous auxquels Érasme avait assisté au cours du siècle. Dans le cas de Montaigne, ces bouleversements allaient durer toute sa vie d'adulte : les guerres civiles se succédaient en France, victime de querelles religieuses et de manœuvres politiques de la part des différentes factions au pouvoir. Le divorce entre catholiques et protestants faisait des ravages dans les communautés comme dans les familles, y compris la sienne : il était du côté des catholiques, tandis qu'un de ses frères et deux de ses sœurs étaient devenus protestants.

Si Érasme avait assez vécu pour voir tout cela, il aurait peut-être perdu tout espoir. L'esprit belliqueux d'un Luther ou d'un Jean Calvin (un théologien encore plus intransigeant, habitant de Genève et très influent dans la France protestante) semblait avoir gagné. C'était le genre d'époque où les fanatiques sont admirés pour l'intensité de leur engagement, tandis que ceux qui préfèrent la tolérance et les compromis sont calomniés. Montaigne, comme Érasme avant lui, était fanatiquement non fanatique. Il n'avait pas de temps pour « penser gratifier au Ciel et à la nature par nostre massacre et homicide, [idée] qui fut universellement embrassée en toutes religions[46] ». Il respectait lui aussi le dieu des limites, cherchait des voies moyennes en toute chose et s'évertuait généralement à pratiquer l'ouverture d'esprit et la conciliation.

L'aversion de Montaigne pour la violence lui fit détester la tendance alors dominante à brûler les hérétiques, les sorcières et tous ceux qui étaient considérés comme de mèche avec le diable. Comme il le dit, c'était « mettre ses conjectures à bien haut prix que d'en faire cuire un homme tout vif[47] ». Il n'avait pas non plus l'intention d'accorder un prix très haut à ses propres pensées – ni de *payer* un tel prix pour elles. Comme Érasme, il préférait suivre la voie de la discrétion, et il aurait aimé rester à distance de toutes les divisions d'ordre politique. Ce n'était pas facile, sachant qu'il avait occupé les fonctions de magistrat et plus tard de maire de Bordeaux, et que le futur roi Henri IV était un de ses amis. Il avait aussi de nombreuses obligations sur ses vignobles, dont il avait hérité à la mort de son père. Et pourtant, malgré toutes ces sollicitations ennuyeuses, Montaigne s'éclipsait dans sa modeste tour d'ivoire, sur ses terres, et il écrivait.

S'il lui était difficile de se libérer de la politique, qu'en était-il de la religion ? Son attitude dans ce domaine était très différente de celle d'Érasme. Son aîné s'était profondément engagé dans la pensée et dans les études religieuses. Montaigne semblait fort peu s'y intéresser. Il ne manifestait aucun intérêt pour la lecture, pour l'édition ou pour la retraduction des Écritures, non plus que pour revitaliser la chrétienté et redresser les normes morales européennes. Étant né catholique, il se déclarait heureux de croire tout ce que l'Église lui disait de croire. Grâce à cela, expliqua-t-il, il avait pu rester en sûreté, sans être affecté par les troubles des guerres[48].

Sa religion réelle, si c'en est bien une, ne paraît nulle part mieux formulée que dans ces lignes de la fin du dernier chapitre des *Essais* :

> Pour moy donc, j'ayme la vie et la cultive telle qu'il a pleu à Dieu nous l'octroier. [...] J'accepte de bon cœur, et recognoissant, ce que nature a faict pour moi, et m'en agrée et m'en loue. On

fait tort à ce grand et tout puissant donneur de refuser son don, l'annuller et desfigurer[49].

Si ces phrases résument la théologie de Montaigne, en voici une autre, extraite du même chapitre et qui formule, elle, sa philosophie :

> Il n'est rien si beau et legitime que de faire bien l'homme et deuëment, ny science si ardue que de bien et naturellement sçavoir vivre cette vie ; et de nos maladies la plus sauvage c'est mespriser nostre estre[50].

Ces pensées, associées à l'esprit sceptique, littéraire et policé des *Essais* dans leur ensemble, font de Montaigne l'un des plus grands humanistes de l'histoire. Or, ce n'était pas un humaniste ordinaire.

D'abord, parce que les passages que je viens de citer ont une consonance étrange, placés à la fin d'un livre dans lequel Montaigne a passé quelque sept cents pages à nier toute prétention à la rationalité comme à l'excellence : « Est-il possible de rien imaginer si ridicule, que ceste miserable et chetive creature, qui n'est pas seulement maistresse de soy, exposée aux offences de toutes choses, se die maistresse et emperiere de l'univers ? duquel il n'est pas en sa puissance de cognoistre la moindre partie, tant s'en faut de la commander. » Il s'en prend même à Protagoras, et rudement, en disant qu'il devait plaisanter le jour où il voulut faire de l'homme « la mesure de toutes choses », alors qu'il n'était pas plus capable que nous d'avoir une mesure définie de lui-même[51].

Pour un humaniste, sa relation aux livres est très différente de ce à quoi nous nous attendons depuis Pétrarque. Montaigne connaissait intimement ses classiques, et il adorait ses auteurs préférés. Il constitua sa propre collection de livres, qu'il accueillit sur des étagères adaptées aux parois circulaires de sa tour. Il fit également peindre sur les poutres du plafond des citations, qu'il pouvait lire à tout moment en levant les yeux – comme s'il

avait pris au mot l'image d'Érasme parlant de graver des notes sur les supports et les fixations. Il accorda aussi une place de choix à la phrase de Térence *Homo sum, humani nihil a me alienum puto* : « Je suis humain et rien de ce qui est humain ne m'est étranger. » Les *Essais* eux-mêmes sont ponctués de citations classiques saillantes, pareilles à des clous de girofle piqués dans une orange. Son livre ne pourrait pas être plus profondément ancré dans la culture humaniste.

Et pourtant, Montaigne piétine toutes les conventions humanistes en matière de lecture. Dès qu'un livre le lasse, il l'avoue, il le laisse de côté. Les livres qui l'ennuient le plus sont les plus vénérés : il ne mâche pas ses mots et ne trouve chez Cicéron « que du vent ». On croit presque entendre hurler derrière nous les humanistes que nous avons rencontrés dans les chapitres précédents. Virgile, ça va, dit Montaigne, mais il se demande si le poète n'aurait pas pu peaufiner certains passages de l'*Énéide*. Les questions de rhétorique et d'éloquence le lassent vite. C'est une bonne chose que de savoir bien parler, « mais non pas si bonne qu'on la faict ; et suis despit dequoy nostre vie s'embesongne toute à cela[52] ».

Il aime au contraire les livres qui accroissent *la vie* et lui permettent de mieux comprendre celle des générations antérieures. Les biographies et les histoires sont bonnes, parce qu'elles montrent l'être humain « plus vif et plus entier qu'en nul autre lieu : la varieté et verité de ses conditions internes, en gros et en detail, la diversité des moyens de son assemblage, et des accidents qui le menacent ». Les pièces de Térence ont, elles, le mérite de « representer au vif les mouvemens de l'ame, et la condition de nos mœurs : à toute heure nos actions me rejettent à luy[53] ». Montaigne n'est pas le seul humaniste à chercher des échos personnels dans les livres, mais il se démarque en répétant que les livres *en eux-mêmes* ne l'attirent pas. (Il n'en lit pas moins des quantités, leur construit des étagères et connaît des centaines de citations sur le bout des doigts, certaines sont même littéralement suspendues au-dessus de sa tête.)

Montaigne était assurément un humaniste : les *Essais* reviennent constamment sur les thèmes humanistes classiques, le jugement moral, l'éducation, la vertu, la politique, l'élégance dans l'écriture, la beauté des livres et des textes, et la question de notre excellence ou de notre médiocrité. Or, en soupesant chacun de ces thèmes d'un œil sceptique et interrogateur, il les démonte. Et une fois qu'ils sont à terre autour de lui, en morceaux, il les réassemble d'une manière plus intéressante, plus déconcertante, plus inspirante.

Il écrit donc comme un moraliste, mais un moraliste qui reconnaît notre faillibilité et qui se dérobe à toute règle morale normée. Il est politique, mais il exprime ses opinions de manière évasive, en insistant sur leur subjectivité et en refusant tout conformisme. Il a une théorie de l'éducation, mais dans laquelle ni les écoles, ni les exercices de rhétorique, ni les contraintes, ni les pressions d'aucune sorte ne trouvent grâce à ses yeux. Quand il en vient aux usages, au style, à la vertu, ou à quoi que ce soit d'autre, il ajoute constamment entre les lignes des remarques comme « Mais je n'en sais rien », ou bien « Et cependant », avant d'adopter un nouveau de point de vue inattendu.

Ces revirements s'expliquent souvent par son respect du multiple et de la variété. « [Je] croy, et conçois mille contraires façons de vie », écrit-il[54]. Cela fait de lui un défenseur des voyages, la meilleure manière selon lui de faire l'expérience de ces « façons de vie » variées. Ses obligations chez lui l'empêchaient de se déplacer autant qu'Érasme. (Il aurait par ailleurs détesté être redevable à des employeurs ou à des protecteurs, comme Érasme et beaucoup d'autres humanistes le furent ; Montaigne eut la chance de jouir de l'indépendance que lui apportaient les terres dont il avait hérité.) Il parvint malgré tout à accomplir un grand tour de dix-huit mois en Allemagne, en Suisse et dans certaines régions d'Italie, en 1580-1581 : ses années *Erasmus*. Il se plongea alors dans l'atmosphère de chaque lieu et y rencontra le plus de personnes possible. Afin d'apprendre quelque chose des cultures lointaines, il remplissait sa bibliothèque de récits de voyages. Il réussit même à parler brièvement avec quelques Tupinambas du Brésil, qui avaient traversé l'Atlantique sur un navire français. Il leur demanda, via un traducteur, ce qu'ils pensaient de la France ; ils répondirent notamment qu'ils étaient choqués de voir des gens riches se goinfrer à des banquets alors que leurs « autres moitiés », plus pauvres, mouraient de faim à côté d'eux. Cela ne pourrait jamais arriver dans leur société, dirent-ils avec désapprobation. Montaigne apprécia ces propos qui montraient que le sentiment de supériorité des Européens n'était pas incontestable ; ils pouvaient toujours être observés de l'extérieur[55]. (Montaigne n'en cessa pas pour autant de participer à des banquets et d'en organiser.) Il aimait tellement varier les perspectives qu'il choisit le terme *diversité* pour clore sa première édition des *Essais* : « Et ne fut jamais au monde deux opinions pareilles, non plus que deux poils ou deux grains. Leur plus universelle qualité, c'est la diversité[56]. »

Le projet des *Essais* repose cependant aussi sur la croyance en une humanité commune, essentielle, partagée par tous les peuples. Montaigne écrit que chacun de nous porte en lui la condition humaine dans sa « forme entière ». C'est pourquoi nous pouvons nous reconnaître dans les expériences et dans le caractère des autres, malgré toutes les différences culturelles de comportements ou de cadres de vie. Cela justifie en partie qu'il écrive autant sur lui-même : il n'est qu'un exemple ordinaire d'être humain, mais un exemple qu'il connaît intimement. « On attache aussi bien toute la philosophie morale à une vie populaire et privée qu'à une vie de plus riche estoffe[57]. »

Ainsi est-ce bien l'expression de son humanité essentielle qui place son ouvrage si haut parmi les écrits humanistes. C'est un livre *humain*, à la fois dans le sens traditionnel du terme : un livre d'érudition élégante, et dans une nouvelle acception révolutionnaire, car il est à la fois philosophique et personnel. Son humanité présente d'autres avantages. En écrivant un tel livre, Montaigne sait qu'il n'a aucun scrupule à avoir laissé de côté les questions théologiques. « Je propose les fantasies humaines et miennes, simplement comme humaines fantasies, et separement considerées[58] », écrit-il. Il poursuit en disant avoir entendu parler d'autres écrivains critiqués pour avoir été trop « humains » en cela qu'ils omettaient toute considération de la sphère divine. Tant mieux pour eux : il entend faire la même chose. Laissons les écrits théologiques entre eux, dit-il, tout comme la noblesse se distingue elle-même du commun des mortels. Nous sommes donc libres d'écrire en tant qu'êtres humains au sujet de choses humaines. Il s'en est fallu de peu qu'il n'écrive un manifeste pour lui-même et pour les innombrables essayistes et romanciers qui allaient le suivre.

Montaigne ne fonda aucune école de pensée ; il ne se soumit à aucune rigueur philosophique et ne promut aucun dogme. Son impact sur la littérature fut cependant énorme. Au siècle suivant, le dix-septième, on assista à une explosion d'essais personnels écrits sur son modèle : réfléchis, sceptiques, plaisants, parfois complaisants, parfois impitoyablement critiques et généralement dédiés à l'esprit de libre-pensée au sens le plus large du mot. Le monde moderne regorge encore de ce genre d'écrits. À chaque fois que nous apprécions la lecture d'un texte qui exprime les sentiments ou les pensées de quelqu'un avec une apparente spontanéité et un certain degré d'érudition ou de profondeur, nous récoltons un peu de la postérité de Montaigne.

Cet esprit influença d'autres genres, jusqu'à produire ce que le critique du dix-neuvième siècle Walter Pater appela « l'élément *montaignesque* de la littérature[59] ». Il s'illustra notamment à travers un genre qui connut un grand succès : le roman. On pourrait même considérer Montaigne comme une sorte de romancier, même si son livre ne comporte qu'un seul personnage central – lui-même – entouré de seconds rôles offerts aux personnes qu'il put croiser dans sa vie ou dans ses lectures. Il fut le pionnier du flux de conscience narratif, une des caractéristiques des romans modernes, bien avant que des expériences modernistes n'aillent consciemment dans ce sens, au vingtième siècle. Les grands romans psychologiques et sociaux des dix-huitième et dix-neuvième siècles sont de véritables cascades de flux de conscience. Ils nous permettent de prendre en marche les personnages à tour de rôle et d'adopter leur point de vue tandis qu'ils réfléchissent sur des événements, qu'ils interagissent, ou bien qu'ils se transforment eux-mêmes à mesure qu'ils progressent. Un esprit d'abondance *montaignesque* prévaut souvent : la trame particulièrement riche de l'existence humaine est perçue à travers son écoulement dans le temps. Le *Tom Jones* de Henry Fielding, paru en 1749, s'ouvre sur la promesse d'offrir à goûter au lecteur (comme le fait un menu au restaurant) rien moins que « LA NATURE HUMAINE ». Un seul plat, certes – mais ne craignez pas qu'il soit monotone : « La nature humaine, bien que prise ici dans une acception générale, offre à l'esprit une si prodigieuse variété, que le plus habile cuisinier aurait plus tôt épuisé les ressources du règne animal et végétal, qu'un auteur ingénieux la richesse d'un sujet si étendu[60]. »

Les romans ultérieurs plongèrent toujours plus loin dans l'esprit des personnages, jusqu'à atteindre la virtuosité d'un Tolstoï dans *Guerre et Paix* ou dans *Anna Karénine*, ou bien celle de George Eliot dans *Middlemarch*. Ce dernier roman – humaniste à bien des égards, sophistiqué, intellectuel et surfant constamment entre les personnages – fut décrit par le psychologue William James comme « plus rempli de ce qui fait l'étoffe même de l'humanité qu'aucun autre roman jamais écrit[61] ». Voilà une heureuse description des *Essais* de Montaigne : un livre totalement consacré à l'étoffe de l'humanité.

Pour George Eliot, la lecture de romans apportait de véritables bénéfices d'ordre moral, puisque cela augmentait notre compassion, ou ce que nous appellerions aujourd'hui notre « empathie ». Elle écrivit dans un essai : « Le plus grand bénéfice que nous devons à l'artiste, qu'il soit peintre, poète ou romancier, c'est l'extension de notre compassion [...]. Un tableau de la vie humaine, quand il est l'œuvre d'un grand artiste, surprend même le terre-à-terre et l'égoïste à s'intéresser à ce qui est distinct de nous, qui peut s'appeler le matériau brut du sentiment moral[62]. »

Des recherches récentes ont confirmé cette thèse en suggérant que lire de la fiction nous rend effectivement plus empathiques et nous aide à faire des choix plus altruistes sur le plan moral. D'autres commentateurs le nient ; certains se demandent même si accroître notre empathie est une bonne chose, alors que la raison semble parfois un meilleur guide. Toute la question demeure pour l'instant dans un état *montaignesque* de complexité indécidable[63].

Il y a un autre point. Comprendre les souffrances d'autrui et compatir ne nous mène pas loin. Il serait de beaucoup préférable d'empêcher lesdites souffrances d'arriver. C'était l'avis de George Eliot, et d'un certain nombre d'auteurs qui vécurent entre l'époque de Montaigne et la sienne : des penseurs auxquels on fait parfois allusion sous le nom générique des « Lumières ». Il est temps pour eux de nous rejoindre.

6.

Miracles perpétuels

1682-1819

Les propagateurs de lumières – tout ce qui est serait bien ? – Voltaire, Diderot et d'autres – athéistes et déistes – fraternité et « bon goût » en morale – le comte de Shaftesbury – Pierre Bayle – prisons et mésaventures des manuscrits – Malesherbes, le censeur qui sauva des livres – Thomas Paine et l'âge de raison – David Hume, impitoyable et aimable.

À Lisbonne, vers neuf heures et demie, le matin du 1er novembre 1755, le marchand anglais Thomas Chase sentit que tout se mettait à trembler. Il monta sur le toit pour observer ce qui se passait dehors. Les immeubles se tenaient très près les uns des autres ; lorsqu'il atteignit le mur du voisin pour s'y appuyer, celui-ci se déroba. Ce n'était pas la maison du voisin qui s'écroulait, mais la sienne. Il tomba de tout son poids avec elle et se retrouva par terre, stupéfait d'être encore en vie[1].

D'autres furent moins chanceux. Trois séismes frappèrent successivement la ville ce matin-là et, au bout du compte, près de trente ou quarante mille personnes trouvèrent la mort – et dix mille autres dans les environs. Dans le port, les bateaux furent

emportés par d'énormes vagues. Des incendies éclatèrent de tous côtés. On ressentit des secousses jusqu'en France et en Italie ; et en Écosse et en Scandinavie, on rapporta que les eaux des lacs s'étaient élevées puis étaient retombées.

L'événement provoqua un choc psychologique dans toute l'Europe. Au dix-huitième siècle, Lisbonne était une ville prospère, cosmopolite et sûre d'elle, une plaque tournante du commerce international. Comme dans le cas de New York après les attaques du World Trade Center, en septembre 2011, beaucoup de gens eurent du mal à croire qu'un endroit aussi privilégié pouvait être si durement détruit, et si vite.

Ceux qui apprirent la nouvelle essayèrent de lui donner un sens – y compris Johann Wolfgang Goethe, à Francfort : à l'âge de seulement six ans, il fut effrayé et perturbé lorsqu'il entendit des adultes en parler. Le drame resurgirait plus tard dans sa mémoire, l'été suivant, lors d'une manifestation des forces naturelles plus courante : un orage de grêle détruisit les fenêtres de l'arrière de la maison familiale, et « causa d'autant plus de frayeur aux enfants que les domestiques, tout à fait hors d'eux-mêmes, les entraînèrent dans un corridor sombre, et là, tombant à genoux, croyaient apaiser par des hurlements et des cris effroyables la colère de la divinité[2] ».

Pourquoi cette divinité infligeait-elle des choses pareilles ? Comme au quatorzième siècle face à la peste, les théologiens et les prédicateurs avaient une explication toute prête pour Lisbonne. Le jésuite Gabriel Malagrida déclara que le séisme était venu châtier ceux qui s'étaient délectés de musique ou qui avaient assisté à des pièces de théâtre ou à des combats de taureaux[3]. Parlant au nom des jansénistes – les ennemis jurés et les rivaux des jésuites –, Laurent-Étienne Rondet soutint au contraire l'idée que Dieu avait voulu punir… les jésuites. Il avait manifesté par là son mécontentement à l'encontre de ceux qui avaient obtenu cinquante ans plus tôt la destruction de l'abbaye janséniste de Port-Royal des Champs – et qu'importe si Lisbonne était fort éloignée dans l'espace et le temps de l'abbaye[4].

Les philosophes envisageaient une autre hypothèse. Même si le désastre n'avait pas été spécifiquement ordonné par Dieu, il pouvait tout de même s'expliquer dans le cadre de son plan d'ensemble pour l'univers. Ces philosophes s'inspiraient de la tradition de la « théodicée » : une tentative d'expliquer et de justifier les actions de Dieu, surtout quand ces actions étaient aussi clairement désagréables pour les humains. Augustin avait incité ses lecteurs à dépasser leurs sentiments personnels afin de voir « le plan global, dans lequel les petits éléments qui nous sont pénibles s'imbriquent pour former une structure d'une beauté ordonnée[5] ». En 1710, ce passage fut érigé en argument formel par Gottfried Wilhelm Leibniz : Dieu aurait pu nous donner un monde dépourvu de ces éléments, mais il ne l'a pas fait ; il devait donc savoir que ces autres mondes possibles auraient été moins bons sur le long terme. Et si ce monde est le meilleur possible, alors, quoi qu'il arrive en son sein, ce doit être pour le mieux, même si nous le ressentons autrement. On présentait cela comme une philosophie de l'optimisme : *tout va bien*. Le poète Alexander Pope exprima avec concision une idée similaire quelques décennies plus tard, dans son poème « Essai sur l'homme » : « Tout ce qui est est BIEN[6]. »

Malgré les philosophes, les êtres humains qui traversaient des expériences traumatisantes exprimaient toujours et avant tout leur point de vue personnel. Chaucer raconte l'histoire de Dorigène, une Bretonne dont le mari, un marin, est en mer en pleine tempête. Tout en regardant les vagues qui s'écrasent sur les rochers au large des côtes, elle évoque les savants qui prétendent que « tout est pour le mieux ». Si elle le pouvait, elle enverrait tous ces rochers en enfer pour que son mari ait la vie sauve[7]. C'est là une réponse très humaine : qui pourrait lui refuser le droit de crier sa colère contre toutes les théodicées du monde ?

Après le tremblement de terre de Lisbonne, un autre philosophe défendit le droit de protester face au malheur : le poète, dramaturge, encyclopédiste, polémiste, historien, satiriste et activiste François-Marie Arouet, plus connu sous le nom de Voltaire.

Lorsqu'il entendit parler du tremblement de terre, il fut en proie aux mêmes émotions que les autres : au doute et à l'angoisse. Il essaya d'imaginer cette expérience : être écrasé comme une fourmi ou bien mourir lentement sous les décombres. Sa fraternité et sa raison se rebellèrent contre toute tentative d'explication et de justification de tels malheurs[8]. Ce qui fit tout naturellement naître dans le poète qu'il était le désir d'écrire un « Poème sur le désastre de Lisbonne », dans lequel il se demandait pourquoi on devait accepter, voire justifier, de telles choses[9]. N'est-il pas plus naturel de les rejeter avec le plus de véhémence possible ? Le problème se posa de nouveau, plus tard, dans son *Dictionnaire philosophique*, dans une entrée intitulée « Bien, tout est bien[10] ». C'est très bien, écrivit-il, d'observer un magnifique calcul rénal grossir dans mon corps et de s'émerveiller de la résistance qu'il oppose aux chirurgiens qui tentent de l'enlever, de sa toxicité croissante et de l'agonie fatale à laquelle il me conduit. Cela pourrait être très bien, dans l'absolu. Mais ne me demandez pas d'aimer ce calcul ni de l'interpréter comme une preuve que « tout

est bien ». Laissez-moi au moins agiter mon poing chétif contre la souffrance. En d'autres termes : la mesure humaine est tout aussi valide que la divine.

La réponse de Voltaire la plus éloquente au tremblement de terre de Lisbonne prit la forme d'un conte philosophique paru en 1759 : *Candide, ou l'optimisme.* Candide est un jeune héros naïf dont le précepteur, Pangloss, lui a transmis sa devise : « Tout est pour le mieux dans le meilleur des mondes possibles. » Pourtant, tout ce qui pourrait aller de travers va de travers, pour lui, pour Pangloss et pour tout le monde. Mais c'est Pangloss qui souffre le plus : il est d'abord pris dans le tremblement de terre de Lisbonne, puis il est presque pendu (et disséqué) pour hérésie. Il s'échappe mais il est rattrapé et enfermé comme esclave dans une galère turque. Malgré tout cela, il maintient, d'abord avec éclat, puis avec de plus en plus de difficultés, que tout est pour le mieux.

Pendant ce temps, Candide traverse lui-même ses propres mésaventures, qui l'amènent à complètement douter de la théorie en question. Cette « rage de soutenir que tout est bien quand on est mal » est moins optimiste qu'extravagante, constate-t-il[11]. C'est plutôt une philosophie du désespoir, parce qu'elle suggère (comme l'expliqua Voltaire ailleurs, dans une lettre[12]) qu'il n'y a pas de place pour des améliorations. Un véritable optimiste espérerait que les choses puissent aller mieux, il chercherait même des moyens de faire lui-même en sorte que les choses aillent mieux. Nous ne pouvons pas empêcher les tremblements de terre, mais nous pouvons les étudier et construire des bâtiments plus sûrs, qui ne s'effondrent pas aussi facilement. Ce qu'ont fait les générations suivantes : les sismologues parviennent aujourd'hui à prévoir la force des séismes et des tsunamis avec une plus grande précision. Dans d'autres domaines, des scientifiques peuvent détruire des calculs rénaux par lithotripsie et concevoir des antibiotiques pour prévenir les infections, installer des sonars sur les bateaux et surveiller l'état du ciel pour guetter la formation des tempêtes et permettre aux navires de rentrer au port avant qu'elles n'éclatent.

À la fin de *Candide*, Voltaire rassemble tous ses personnages sur un bout de terrain. Au lieu de chercher encore des justifications cosmiques, Candide se contente de déclarer : « Il faut cultiver notre jardin[13]. » On pourrait comprendre par là que Candide a l'intention de se retirer du monde et de vivre en reclus, mais Voltaire entend sans doute plutôt quelque chose comme : Que chacun de nous travaille à rendre les choses meilleures, quelle que soit la parcelle de la Terre dont nous nous occupons.

Longtemps après Voltaire, E. M. Forster distingua deux types de réponses aux catastrophes dans son roman *Le plus long des voyages*. Un enfant est mort après avoir été renversé par un train, parce que le système d'alarme du passage à niveau n'a pas fonctionné. Un groupe de gens qui discutent du destin de l'âme de l'enfant mettent au défi un jeune philosophe de dire quelque chose de profond sur le sens d'une mort aussi choquante. (Soit la question que l'on pose généralement aux philosophes : qu'est-ce que ça veut dire, alors, tout ça, hein ?) Il répond : cela signifie que les autorités devraient construire un vrai pont, bien conçu, par-dessus la voie ferrée, pour que l'on n'ait plus besoin du passage à niveau. « Et l'âme de l'enfant, comme vous dites – enfin, rien ne serait arrivé à l'enfant de toute façon[14]. »

Voilà qui résume bien ce qu'était la philosophie de Voltaire et de son cercle intellectuel – entendez par là « progrès », « amélioration », « raison » ou « lumières », selon ce que vous voulez mettre en avant. L'idée de « lumière » est la source de multiples mots utilisés pour désigner ces penseurs et leur vision des choses dans diverses langues européennes : les *Lumières* en français, *Aufklärung* en allemand, *illuminismo* en italien, *Enlightenment* en anglais. Peu de ces penseurs recoururent eux-mêmes à ces étiquettes, mais ils avaient en effet tendance à manier un langage de lumière et de ténèbres – non sans rappeler celui des premiers humanistes qui fouillaient les réserves des monastères pour y trouver des livres. Ces humanistes-là se considéraient comme des sauveurs qui ramenaient la littérature dans le monde lumineux de l'édition et de la lecture libre ; leurs successeurs du dix-huitième siècle voulaient aider, eux, à éclairer *le peuple*. Grâce aux progrès de la raison, grâce à des sciences et à des technologies plus efficaces, et grâce à de meilleurs systèmes politiques, ils espéraient aider leurs frères humains à émerger en plein soleil, en plein air, et à vivre plus heureux.

On pourrait décrire leur philosophie du perfectionnement pratique et rationnel par un autre terme, même s'il ne fut inventé que plus tard : le *méliorisme*, construit sur le latin *melior*. Ce mot apparut en anglais au cours du dix-neuvième siècle. Il fut rapidement adopté par George Eliot, notamment, qui mentionnait dans une lettre de 1877 qu'elle l'avait déjà utilisé[15]. Il convenait assurément à sa propre vision du monde. Commentant le méliorisme d'Eliot, sa biographe Rosemary Ashton le définit comme « la croyance que le monde n'est ni le meilleur ni le pire des mondes possibles, mais qu'il peut être amélioré, jusqu'à un certain point, et que l'on peut en atténuer les souffrances, au moins en partie, grâce aux efforts des humains ». Ou bien, comme l'écrit Theodore Besterman dans la biographie qu'il lui consacre : Voltaire « affirmait que la condition humaine pouvait s'améliorer et invitait l'humanité à s'y atteler[16] ».

Cette attitude et cette tendance à accorder plus de valeur à la mesure humaine qu'à une soumission mystique face au destin sont deux des caractéristiques qui lient l'esprit des Lumières à celui de l'humanisme. Or, les philosophes des Lumières ne sont pas tous des humanistes et vice versa : ils ne mettent pas l'accent sur les mêmes idées, et les individus des deux catégories s'avèrent très différents les uns des autres. Ils n'en partagent pas moins une tendance à se tourner vers ce monde plutôt que vers l'au-delà, et vers l'humanité plutôt que vers Dieu. Ils estiment tous que l'usage de la raison et de la connaissance scientifique, ainsi que les progrès de la technologie et des systèmes politiques sont les meilleurs atouts pour nous conduire vers une vie meilleure.

Ces idées se retrouvent dans l'œuvre la plus célèbre des Lumières : la série de volumes richement illustrés intitulée *Encyclopédie*, que Diderot et D'Alembert commencèrent ensemble à rédiger en 1751. Ensuite, elle fut éditée presque exclusivement par l'infatigable Diderot, qui en écrivit près de sept cents entrées[17]. (Ce qui ne fait pas de lui pour autant le contributeur le plus prolifique : ce titre revient au chevalier de Jaucourt, à qui l'on doit près de dix-sept mille entrées, soit vingt-huit pour cent de l'ensemble. Un grand nombre de ses articles touchent à la médecine, sans doute parce qu'il venait lui-même d'achever un dictionnaire médical plus complet, dont il avait toutefois perdu le manuscrit en mer.)

Les articles de l'*Encyclopédie* traitent de philosophie, de religion, de littérature et de bien d'autres sujets humanistes encore, mais aussi des machines, des métiers, des outils et des appareils d'ingénierie de toutes sortes. D'Alembert était un mathématicien et un physicien, Diderot, le fils d'un maître-coutelier ; tous deux considéraient les inventions pratiques comme bénéfiques pour la vie des hommes. Diderot donna aussi une dimension philosophique au projet. Dans l'article « Encyclopédie », il écrivit que la finalité de l'ensemble était d'écrire sur le monde – ce vaste cercle de réalité – tout en gardant toujours « l'homme » au centre, puisque c'est nous, en tant que sujets conscients, qui donnons à tous ces sujets leur unité, dans notre esprit[18]. Les humains sont la plaque tournante ; autour de nous tourne la roue du savoir, accessible à tous – ou du moins à tous ceux qui peuvent s'offrir le livre.

Certains philosophes des Lumières avaient une vision encore plus exaltée des bienfaits de la technologie. Nicolas de Condorcet était un statisticien et un théoricien politique qui appliquait son expertise mathématique à chaque projet qu'il concevait au service de la vie, depuis l'analyse du vote démocratique jusqu'à la conception des canaux, en passant par la mesure du tonnage des navires[19]. Selon lui, l'essor du savoir mènerait à de meilleures conditions de vie sociale et politique, lesquelles engendreraient à leur tour un monde rationnel et parfait, un monde de bonheur et d'égalité entre les sexes, les races et les classes. Les superstitions et le clergé disparaîtraient à mesure que l'éducation s'améliorerait et que la société serait plus éclairée à tous les points de vue – jusqu'à ce que « les tyrans et les esclaves, les prêtres et leurs stupides ou hypocrites instruments » n'existent plus que dans les livres d'histoire (et dans les pièces de théâtre éducatives qui seraient jouées afin que l'on se rappelle la chance d'avoir échappé à un passé aussi terrible).

Voltaire ne connaissait pas de tels transports, de telles visions de l'avenir : pour lui, nous devions simplement continuer de cultiver notre jardin et voir ce qui se passerait ensuite. Il nourrissait néanmoins ce même espoir humaniste fondamental : que les humains puissent prendre le contrôle de leur destinée, et que leur vie soit plus conforme à la raison et à la tolérance, et, partant, meilleure. En bref : les gens pouvaient être plus heureux. Et, dans certains cas, plus vivants, car ils pourraient alors échapper aux catastrophes, aux erreurs techniques, aux tremblements de terre et à la violence des fanatiques.

L'amélioration passait, selon certains écrivains des Lumières, par un autre rapport à la religion.

Certains allèrent loin dans cette direction : pour eux, les croyances religieuses se trompaient sur le fonctionnement du monde et faisaient plus de mal que de bien aux êtres humains. Ami proche de Diderot, le baron d'Holbach était un matérialiste et un athéiste convaincu. Il écrivit dans son *Système de la nature* de 1770 qu'il fallait encourager les gens à « dissiper les ombres[20] » dans lesquelles la religion les avait étouffés – on retrouve ici encore le contraste entre ombre et lumière. Une expérience personnelle, notamment, l'avait amené à de telles idées. Alors que sa femme était mourante, un prêtre était venu à son chevet et lui avait lu des pages de mise en garde contre l'enfer. D'Holbach vit comment la terreur s'emparait de son épouse à mesure qu'elle écoutait. Ainsi fut-il convaincu que, comme Épicure et Lucrèce l'avaient dit il y avait fort longtemps, les croyances dans les dieux et dans l'au-delà ne faisaient qu'accroître la peur et le malheur des gens. Comme D'Holbach l'écrivit : « Loin de consoler les mortels, loin de forger leur raison, loin de leur apprendre à plier sous la nécessité, la religion en mille contrées s'est efforcée de leur rendre la mort plus amère, d'alourdir son joug, d'orner son cortège d'une foule de fantômes hideux et de rendre ses approches plus effrayantes qu'elle-même[21]. » Et plus loin : « Elle en est venue à les persuader que leur vie actuelle n'est qu'un passage pour arriver à une vie plus importante. » Nous pouvons nous libérer de ce discours en apprenant à mieux comprendre le monde, c'est-à-dire en apprenant à voir qu'il est essentiellement matériel.

D'Holbach lui-même paraissait fournir un bon exemple de libération. C'était un incorrigible enthousiaste qui avait rassemblé une vaste collection de spécimens de l'histoire naturelle pour ses études diurnes, ainsi qu'une non moins vaste collection de vins et de mets raffinés pour son salon du soir, où il entretenait ses camarades des Lumières deux fois par semaine. Dans leur groupe, Diderot et lui étaient connus comme les deux plus grands athées, même si Diderot faisait plus attention à ne pas trop s'exposer comme tel.

D'autres penseurs des Lumières n'étaient pas du tout athées, et certains adhéraient officiellement à une religion, mais à tous ou presque il arriva de se retrouver du mauvais côté pour les autorités théologiques et politiques. Le philosophe et historien Pierre Bayle, par exemple, était protestant – mais sa conception de la religion se révèle mieux dans cette repartie qu'on lui prête : « Je suis bon protestant, et dans toute la force du mot ; car au fond de mon âme, je proteste contre tout ce qui se dit et tout ce qui se fait[22]. »

Certains prirent leurs distances avec les croyances religieuses institutionnelles, sans devenir complètement athées ; ce fut le cas de Voltaire. Il mena campagne contre les dommages causés par le fanatisme religieux, notamment lorsqu'il s'efforça de réhabiliter la mémoire d'un protestant, Jean Calas, qui avait été torturé et exécuté sous un chef d'inculpation monté de toutes pièces – on l'accusait d'avoir tué son fils pour l'empêcher de se convertir au catholicisme. Cette campagne fut un succès ; elle eut lieu trop tard pour sauver Calas mais elle aida sa famille et attira l'attention sur la cause de la tolérance[23]. On pourrait dire que la tolérance était la religion de Voltaire – même si c'était avant tout un *déiste*.

Le déisme, très répandu parmi les intellectuels européens depuis la fin du dix-septième siècle, reposait sur l'idée qu'un univers aussi grand et aussi complexe que le nôtre devait avoir un Créateur au moins aussi grand et habile. Cela ne signifiait pas que l'Être suprême s'intéressait aux détails de notre quotidien planétaire ou de nos affaires humaines. Indifférence que certains déistes payaient de retour en se désintéressant de l'Être suprême.

Libre à nous, donc, de protester contre les calculs rénaux et les naufrages des bateaux, parce qu'il est naturel que nous le fassions, mais il est vain de s'attendre à ce qu'un tel Être s'en soucie, ou même qu'Il remarque seulement nos prières et nos lamentations. Si nous trouvons des moyens élaborés de justifier les catastrophes, Il n'y prêtera pas plus attention. Il ne produira aucun miracle particulier pour nous aider à nous convertir. Il n'enverra pas – et c'est là une divergence cruciale avec le dogme chrétien – Son Fils unique pour nous sauver. Tout cela relève de mythes purement humains. D'un autre côté – et c'est là un point réconfortant –, Il ne nous enverra pas non plus de séismes ni de maladies pour nous prouver mesquinement qu'Il désapprouve tel spectacle musical ou telle activité des jésuites.

Et si nous réclamons encore des miracles, quel plus grand miracle peut-il y avoir que ce monde magnifique, harmonieux et varié qui nous entoure ? Comme l'écrit Voltaire : « Un miracle, selon l'énergie du mot, est une chose admirable. En ce cas, tout est miracle. L'ordre prodigieux de la nature, la rotation de cent millions de globes autour d'un million de soleils, l'activité de la lumière, la vie des animaux sont des miracles perpétuels[24]. »

Aussi, si nous souhaitons réduire les souffrances humaines et améliorer notre sort, devons-nous continuer d'y travailler par nous-mêmes. (C'est d'ailleurs ce que les gens *ont fait*, en réalité, quelles que soient leurs croyances. Pour citer l'humaniste du dix-neuvième siècle Robert Ingersoll : « À tous les âges, l'homme a prié pour recevoir de l'aide, puis il s'est aidé lui-même[25]. »)

Le déisme dérangeait tellement les autorités cléricales qu'elles lui auraient tout aussi bien préféré l'athéisme. Il ne laissait aucune place au message chrétien de la rédemption et du sacrifice personnel, ne disait rien de l'au-delà et contredisait, ou ignorait purement et simplement chaque récit, ou presque, de la Bible. Les autorités politiques, qui trouvaient tout cela dangereux, l'interdirent également. Elles avaient déjà interdit d'autres variantes de cette même veine théologique, notamment celles qui étaient nées de la pensée du philosophe du dix-septième siècle Baruch Spinoza. Il avait décrit Dieu comme une présence diffuse partout autour de nous, dans tout l'univers, si bien que nous pouvions *presque* l'identifier à la Nature. Il faut en effet un scalpel bien affûté pour distinguer une telle idée de celle qui affirme que la Nature est tout ce qui existe. Spinoza avait déjà été chassé de la communauté juive, à Amsterdam, avant même d'avoir publié le moindre texte – et c'était là un châtiment terrible, qui interdisait à ses amis et à sa famille de lui adresser la parole ou de l'aider en quoi que ce soit[26]. Ses ouvrages furent plus tard interdits par toutes les autorités protestantes *et* catholiques.

La puissance humaniste de ces idées avait moins à voir avec leur contenu théorique qu'avec leurs conséquences pour nous. Si la prière et les rites n'ont aucune importance, et si rien n'arrive qui n'appartienne au grand ordre de la nature, alors nos vies relèvent entièrement des affaires humaines. Ce que nous perdons en intérêt personnel et en miracles, nous le gagnons à être responsables de notre monde et capables de l'améliorer à notre guise, sans que là-haut quiconque puisse y trouver à redire.

Du point de vue éthique, les conséquences sont énormes. Si nous voulons vivre dans une société paisible, bien réglementée, nous devons la créer et veiller nous-mêmes à ce qu'elle le reste. Au lieu de renvoyer les questions morales à des commandements divins, nous devons élaborer notre propre système éthique, un système qui soit bon, généreux et qui bénéficie à tous. Nous pouvons essayer de concevoir nos propres règles – par exemple « Traitez les autres comme vous voudriez être traités », ou bien « Considérez tous les êtres humains comme des fins en soi, et non comme des moyens », ou encore « Choisissez l'action qui apporte le plus grand bonheur au plus grand nombre ». Ce sont des outils efficaces pour la pensée morale, mais radicalement différents d'une liste de commandements gravés dans une table de pierre par Dieu. Nos vies morales restent complexes et personnelles – et humaines.

Les humanistes et les philosophes des Lumières étaient donc mus par une vieille idée : celle qui veut que le meilleur fondement possible pour un monde moral se trouve dans notre tendance spontanée à agir les uns avec les autres selon un sentiment de fraternité : « sympathie », empathie, ou encore interconnexion, comme l'expriment les mots *ren* ou *ubuntu*. C'est ce que Condorcet appelait « une sensibilité délicate et généreuse, dont la nature a placé le germe dans tous les cœurs, et qui n'attend, pour s'y développer, que la douce influence des lumières et de la liberté[27] ».

Les premiers humanistes avaient écrit sur ce sentiment de fraternité. Montaigne avait observé qu'il était particulièrement fort chez lui, et pas seulement à l'égard des êtres humains. Il ne pouvait pas supporter de voir un poulet se faire tordre le cou et il en avait déduit qu'il existait « un certain respect qui nous attache, et un general devoir d'humanité, non aux bestes seulement qui ont vie et sentiment, mais aux arbres mesmes et aux plantes ». S'il voyait quelqu'un pleurer, ou même une image de quelqu'un qui pleure, il en avait lui-même les larmes aux yeux. Surtout, il était pris d'angoisse quand il assistait aux tortures et aux exécutions qui étaient courantes à son époque et dont ses responsabilités officielles l'obligeaient parfois à être témoin[28]. On eût dit qu'il était perméable aux souffrances des autres et qu'il mêlait la sienne aux leurs.

Étant donné que les humains semblent enclins à de telles réactions, il est difficile d'imaginer qu'on pourrait se réjouir à l'idée que d'autres soient en train de souffrir en enfer. Ce n'était pourtant pas un problème, apparemment, pour certains des premiers théologiens de la chrétienté comme Tertullien, selon lequel voir brûler des persécuteurs anti-chrétiens était encore plus divertissant pour les chrétiens que le cirque, le théâtre et les courses de chars tout à la fois[29]. Certes, il écrivit cela à une époque où les chrétiens avaient enduré tellement de persécutions que leur soif de vengeance pouvait sembler compréhensible. Au douzième siècle, le moine Bernard de Cluny affirmait encore : « De même qu'il vous plaît aujourd'hui d'observer des poissons bondir dans l'océan, de même, vous ne gémirez point lorsque vous verrez votre progéniture en Enfer[30]. » Il semblerait que chez les chrétiens, pleins de compassion et de vertu, un phénomène psychologique majeur s'opère après la mort de leurs enfants, qui leur permet de regarder sans la moindre réaction leurs filles et leurs fils être torturés. Au dix-neuvième siècle, c'est pour cette raison entre autres que les gens se sont détournés du christianisme. Charles Darwin disait qu'il avait perdu la foi notamment parce qu'il ne comprenait pas comment quelqu'un pouvait *vouloir* que l'histoire de l'enfer soit vraie[31]. Le philosophe John Stuart Mill dit : « Je ne qualifierai pas de bon un être qui ne l'est pas au sens qu'a cet adjectif quand je l'applique à mes semblables. Et si un tel être peut me condamner à l'enfer pour ne pas avoir dit qu'il était bon, eh bien, j'irai en enfer[32]. » Pour lui, la version humaniste de la bonté était un principe si vaste que même Dieu avait intérêt à s'y conformer.

Les bases d'un système éthique fondé sur le sentiment de fraternité et sur une sorte de « bon goût » moral furent posées en 1699 par le philosophe anglais Anthony Ashley Cooper, troisième comte de Shaftesbury[33]. C'était un déiste lui aussi, qui voyait l'univers comme un endroit plutôt inoffensif et harmonieux (à tel point que Voltaire se moqua de lui dans l'article de son dictionnaire « Bien, tout est bien »). Pour Shaftesbury, tout est interconnecté, y compris les humains, ce qui sous-tend notre capacité à réagir avec compassion. Et cette réaction est à son tour la graine à partir de quoi nous pouvons cultiver une vie morale épanouie. Point crucial : cette morale ainsi cultivée ne requiert aucun système de croyance particulier, puisqu'elle émane de notre nature. Il nous faut seulement améliorer notre bon goût éthique, comme nous le faisons dans le domaine artistique. Ce processus repose avant tout sur le plaisir : quand nous faisons quelque chose de bien pour les autres, cela leur plaît et ils nous apprécient – ce qui provoque un sentiment agréable, qui nous incite à accomplir d'autres bonnes actions. On peut même devenir ainsi ce que les Français appellent un *honnête homme* : quelqu'un de cultivé, d'humain, d'équilibré, à l'aise dans le monde – une personne dotée d'*humanitas*.

L'*Essai sur le mérite et la vertu* de Shaftesbury, dans lequel il expose ces arguments, impressionna beaucoup ses lecteurs français, tout particulièrement Diderot, qui en fit une traduction si libre et si créative que c'était autant son propre livre que celui de Shaftesbury. Diderot le publia, mais il devait prendre garde à la censure française ; le livre parut donc sans son nom ni celui de Shaftesbury sur la page de titre, et avec une fausse ville de publication, Amsterdam[34].

De telles précautions étaient nécessaires : présenter la thèse selon laquelle le sentiment moral est inhérent à l'homme était dangereux dans la France catholique et autoritaire de cette époque. Une éthique fondée sur l'humain implique que nous n'avons besoin d'aucune autorité extérieure pour guider nos choix moraux. Il y avait là de quoi inquiéter l'*establishment* politique et religieux : cela sous-entendait une anarchie morale grâce à laquelle les gens pouvaient suivre leurs propres idées. C'était inacceptable : pour avoir un État cohérent, il faut de l'unité, et non du pluralisme ; de la conformité, et non de l'indépendance ; de la hiérarchie, et non de l'individualité. En outre, le mot *athée* était encore considéré comme synonyme de « personne dépourvue de sens moral ». Si une société tolérait cela, elle courait à sa perte. (Ainsi le philosophe anglais John Locke défendit-il la tolérance religieuse dans bien des cas, mais pas dans celui des athées, parce que les promesses et les serments n'avaient aucune emprise sur eux : « Si l'on bannit du monde la croyance d'une divinité, on ne peut qu'introduire aussitôt le désordre et la confusion générale[35]. »)

Les rebelles pensaient, eux, qu'il pouvait en être autrement. Pierre Bayle écrivit en 1682 un livre doté d'un titre à la douceur trompeuse : *Pensées diverses sur la comète*. Il faisait allusion à la comète qui avait été aperçue pour la première fois en 1680 et que beaucoup avaient prise pour le signe d'une intervention divine dans les affaires humaines. Non seulement Bayle s'éleva contre cette croyance, mais il alla jusqu'à réfléchir à comment on pouvait vivre heureux sans ce genre d'intervention. Certaines personnes peuvent avoir du sens moral sans avoir à reconnaître aucune autorité religieuse – et plus encore, ajoutait-il, une société entièrement composée de telles personnes peut aussi être moralement bonne[36]. Peut-être la capacité humaine à vivre selon nos propres valeurs morales et nos relations sociales était-elle tout ce dont nous avions besoin, si chacun ressentait le désir inné d'être aimé et apprécié des autres.

Bayle savait qu'il ne pouvait pas sortir un tel livre en France, et qu'en tant que protestant connu pour nourrir des vues peu orthodoxes, il valait mieux qu'il quitte le pays. Il trouva refuge aux Pays-Bas et y publia le livre de manière anonyme et en indiquant une fausse ville d'édition – Cologne – pour mieux se protéger encore. Il s'installa dans une communauté de réfugiés bien implantée et des amis l'aidèrent à trouver un poste d'enseignant[37].

Mais les autorités françaises trouvèrent une autre manière d'affirmer la nécessité de défendre la morale, l'Église et l'État. À défaut d'arrêter Pierre, elles arrêtèrent son frère Jacob. Celui-ci fut incarcéré dans des conditions terribles et mourut cinq mois plus tard. Quand Pierre apprit ce qui s'était passé, il sombra dans la dépression[38].

La prison, les persécutions, l'exil, les autodafés de livres, et pire encore – autant de menaces qui pesaient constamment sur les écrivains des Lumières françaises. Voltaire séjourna plusieurs fois en prison, et il s'exila en Angleterre, assez tôt dans sa vie, après avoir maladroitement provoqué un aristocrate français qui l'avait agressé et menacé. Dans son cas, l'exil fut bénéfique, qui le mit en contact avec des hommes de sciences, des philosophes et des moralistes anglais. Il fut ainsi convaincu, entre autres, par l'inoculation contre la variole – une pratique récente à la mode en Angleterre et un bon exemple de méliorisme en action. Cette expérience lui fournit le matériau d'un livre à succès, ses *Lettres anglaises*, un ouvrage qui contenait cependant des éléments inacceptables dans son pays, notamment un passage où il critiquait le système de la censure en France. Une telle accusation agaça tant et si bien que des exemplaires des *Lettres* furent brûlés sur le parvis du Palais de justice, à Paris. Quelques années plus tard, son *Dictionnaire philosophique* serait également brûlé, à la fois par les catholiques de Paris et par les calvinistes de Genève, dont la politique n'était pas moins répressive. Voltaire prit la précaution de vivre près de la frontière entre la France et Genève pour pouvoir se sauver promptement d'un côté ou de l'autre, en fonction des persécutions du moment[39].

Diderot connut aussi la prison, dans son cas la forteresse de Vincennes, en 1749. Il écrivit des lettres quémandant humblement sa liberté et promettant de ne plus écrire ce genre de livres ; il lui fallut néanmoins plusieurs mois avant d'obtenir sa libération. Comme Voltaire, il s'efforça ensuite d'éviter d'avoir à revivre de telles épreuves[40]. Tous deux ne cessèrent pas d'écrire, mais ils adoptèrent – comme d'autres auteurs de leur acabit – toute une série de dispositifs et de ruses pour échapper aux ennuis. Ils faisaient imprimer leurs livres à l'étranger, avant de les introduire en contrebande en France, souvent en un très petit nombre d'exemplaires transportés par des voyageurs à valise à double fond ou autres. Ils utilisaient des titres trompeurs, l'anonymat ou bien des pseudonymes. Ils faisaient parfois circuler leurs textes sous forme de manuscrits, faisant revivre de vieilles techniques de copie et de distribution, antérieures à l'imprimerie, avec tous les risques de perte et de dégâts que cela impliquait[41].

Aux Pays-Bas aussi, au siècle précédent, Spinoza avait eu recours à la même technique. Quelques-uns de ses ouvrages parurent de son vivant, mais son grand œuvre, *L'Éthique*, passa seulement de main en main, parmi ses amis, sous sa forme manuscrite. Sur son lit de mort, il pria ces amis d'envoyer une malle remplie de ces documents par péniche à Amsterdam, où pourraient encore être réalisées d'autres copies et traductions, qui mèneraient peut-être, espérait-il, à une édition posthume. Ce fut chose faite, alors que les autorités protestantes *et* catholiques de Hollande, qui avaient entendu des rumeurs à ce sujet, mettaient toute leur énergie à traquer les manuscrits. Les catholiques recrutèrent même un rabbin d'Amsterdam pour essayer de savoir où ils se trouvaient. Trois équipes de fins limiers furent lancées sur les traces du texte, mais ils échouèrent tous à retrouver les manuscrits à temps pour en déjouer la publication[42].

Ce qu'il y a de bien avec la répression – pourrait-on avancer, pour contrebalancer tout le malheur engendré –, c'est qu'elle stimulait l'ingéniosité. Pour son *Système de la nature*, le baron d'Holbach en envoya le manuscrit au frère de son secrétaire, lequel en fit une nouvelle copie et détruisit l'original, pour que l'écriture n'en trahisse pas l'auteur. Ce frère emballa et scella ce nouveau manuscrit pour l'envoyer à un ami à Liège, lequel le transmit à un éditeur d'Amsterdam, Marc-Michel Rey, qui le publia en l'attribuant à un écrivain décédé, le Français Jean-Baptiste de Mirabaud[43].

Voltaire enveloppa lui aussi ses écrits de mystère : *Candide* parut sous le pseudonyme de « Monsieur le Docteur Ralph » et sous l'artifice d'une prétendue traduction de l'allemand. Il s'amusa ensuite à écrire à des amis pour leur demander s'ils pouvaient lui trouver un exemplaire de ce livre infâme dont il entendait sans cesse parler. Pour d'autres textes, il les fit imprimer à l'étranger, même si les livres étaient parfois interceptés quand ils franchissaient la frontière[44]. Il se plaignait ainsi : « Aucun livre ne peut entrer par la poste en France sans être saisi par des commis, qui se font, depuis quelque temps, une assez jolie bibliothèque, et qui deviendront en tous sens des gens de lettres[45]. »

De fait, l'une des figures majeures en charge de la censure à cette période *était* un homme de lettres, et un homme des Lumières : Guillaume-Chrétien de Lamoignon de Malesherbes. Ce qu'il voulait véritablement faire de sa vie, c'était s'adonner à sa passion pour les plantes et réfléchir à des questions de classification botanique. Au lieu de quoi, il se retrouva aux avant-postes, sur le front, à conseiller Louis XV et à endosser le rôle de directeur de la Librairie. Ce qui signifiait être le censeur en chef et diriger plus d'une centaine de personnes qui passaient en revue les livres et les pamphlets pour y traquer tout ce qui serait suspect. Mais certains des auteurs de ces livres étaient ses amis et il respectait les raisons qu'ils avaient eues de les écrire. Dans un traité sur la liberté de la presse de 1788, il désigna l'un des problèmes d'un excès de censure : ce sont souvent les auteurs les plus extrémistes qui la défient, alors que de nombreux écrivains aux vues plus modérées, meilleures pour la société, sont privés de la possibilité de les exprimer, au détriment d'un discours public équilibré, bien informé[46].

Quand on lui demandait de censurer ou de bloquer les ouvrages de ses amis, Malesherbes obéissait tout en trouvant simultanément des manières de les aider. Ce fut le cas pour l'*Encyclopédie* qui, après seulement deux premiers volumes, fut interdite sur ordre du roi, au motif qu'elle contenait des éléments tendant à affaiblir les autorités morales et royales, et à propager un esprit d'indépendance, de révolte et d'incroyance. Tout le travail en cours devait être saisi. Malesherbes fut chargé de fouiller la maison de Diderot, qui pouvait receler des éléments plus dangereux encore, mais il rencontra secrètement le philosophe, la veille au soir, et lui offrit de cacher tous ces éléments dans sa propre maison : le dernier endroit que l'on envisagerait de fouiller. Il négocia également un nouvel arrangement, permettant aux volumes suivants de l'*Encyclopédie* de passer plus tard par un processus d'approbation avant publication : pas l'idéal, mais mieux en tout cas qu'être interdit après parution. Le roi se montra tolérant, encouragé par son ancienne maîtresse et favorite, Mme de Pompadour, qui défendait l'*Encyclopédie* : elle disait vouloir trouver des informations sur l'origine de la soie dont ses vêtements étaient faits. Le quatrième tome apparaît, à côté de quelques livres de Voltaire et d'autres, dans le décor du portrait raffiné que Maurice-Quentin de La Tour fit d'elle[47].

Quant aux autres manuscrits de Diderot qui n'auraient pas pu passer l'étape de la pré-censure, il se retenait la plupart du temps d'essayer de les publier. Parmi ces textes qui ne parurent que longtemps après sa mort figurent *La Promenade du sceptique* (une suite de dialogues entre un athée, un déiste et un panthéiste), *La Religieuse* (une plongée dans une vie monastique forcée) et *Le Neveu de Rameau* (un dialogue abordant des sujets aussi variés que la musique, la moralité ou le plaisir). Ce dernier ouvrage ne paraîtrait pas en français avant 1821, dans une version mal re-traduite d'une traduction allemande de 1805 réalisée par Goethe – traduction elle-même basée sur une copie du texte original. Lequel texte original ne fut retrouvé qu'en 1891 sur le stand d'un bouquiniste[48]. L'ironie du sort aura voulu que Diderot, qui avait tant fait l'éloge de l'imprimerie dans son *Encyclopédie*, fut contraint pour ses propres textes de revenir aux méthodes des moines du Moyen Âge.

Il connut une autre mésaventure fort pénible : lorsque la publication de l'*Encyclopédie* reprit, il découvrit que l'éditeur avait commencé en secret à expurger les articles concernant tout ce qui lui paraissait problématique – puis à détruire les manuscrits pour que les éléments perdus ne soient pas rétablis. Après ce choc, Diderot ne retrouva jamais entièrement son enthousiasme initial quant à ce projet[49].

Voltaire et lui eurent au moins la chance de pouvoir vivre sans courir trop de risques. Ce ne fut pas le cas de Malesherbes, qui mourut exécuté, non pas par l'Église ni par le régime monarchique, mais par les nouvelles autorités répressives : les officiers de la Terreur.

Malesherbes avait déjà pris sa retraite – pour enfin se consacrer à la botanique – quand, en décembre 1792, à l'âge de soixante et onze ans, il fit un retour inattendu à sa vocation d'avocat en venant appeler à la clémence et assurer la défense du roi incarcéré, Louis XVI. C'était là un geste courageux, qui fut par ailleurs sans effet : le roi n'en fut pas moins guillotiné. Malesherbes se retira dans sa demeure campagnarde, mais il refusa de fuir la France. Un an plus tard – alors que la Terreur battait son plein –, il fut arrêté avec presque toute sa famille et accusé de conspiration en faveur des *émigrés*. Ils furent emprisonnés durant plusieurs mois, puis guillotinés l'un après l'autre. Le premier à mourir fut son gendre. Vinrent ensuite, le 22 avril 1794, sa fille et la fille de sa fille, Aline, ainsi que le mari d'Aline, tous guillotinés sous les yeux de Malesherbes. Puis ce fut son tour de tomber sous le couperet. Sa sœur connut le même sort, un peu plus tard, ainsi que ses deux secrétaires ; seul son domestique fut épargné[50].

D'autres philosophes des Lumières périrent ainsi, pour s'être opposés à l'exécution du roi. Parmi eux figurait l'activiste féministe et anti-esclavagiste Olympe de Gouges, qui avait adressé à l'Assemblée en 1791 sa *Déclaration des droits de la femme et de la citoyenne*, sommant les députés d'étendre les nouveaux droits de l'homme, tant acclamés, aux femmes. Ses arguments furent ignorés et elle fut décapitée le 3 novembre 1793. L'un des idéologues chargés de son cas, Pierre-Gaspard Chaumette, expliqua ainsi la faute qu'elle avait commise : « L'oubli des vertus de son sexe l'a conduite à l'échafaud[51]. » (Il sera lui aussi guillotiné quelques mois plus tard.)

Autre victime, bien qu'il ait échappé, lui, à la guillotine : Condorcet, le philosophe du progrès humain par les mathématiques et par la fraternité. Il avait plaidé lui aussi pour que tous les droits civiques soient accordés aux femmes, et il n'obtint pas gain de cause non plus[52]. Il écrivit son principal ouvrage, celui qui présentait sa théorie du progrès, *Esquisse d'un tableau historique des progrès de l'esprit humain*, à la hâte, alors qu'il craignait d'être arrêté, voire pire, et qu'il se cachait avec un ami. Il avait été favorable à la Révolution, mais n'approuvait ni le niveau de violence atteint, ni, plus particulièrement, l'exécution du roi ; il fut donc placé sur la liste des personnes à abattre. En mars 1794, redoutant de mettre en danger la femme qui l'hébergeait, il tenta de disparaître à la campagne en se déguisant en paysan. Il fut arrêté et jeté dans une prison, où il fut retrouvé mort le lendemain, sans que l'on sût s'il s'agissait d'un suicide ou d'un meurtre. Étrange expérience aujourd'hui que la lecture de son *Esquisse*, parue après sa mort et porteuse d'une vision radieuse, dans laquelle l'avenir est parfaitement soumis à la raison, dépourvu d'oppression, d'inégalités, de violence et de stupidité politique – qui plus est quand on pense aux circonstances dans lesquelles elle fut écrite. C'était évidemment cela l'enjeu. Quelle consolation pour un philosophe affligé, confie-t-il, que de méditer sur cette humanité future « marchant d'un pas ferme et sûr dans la route de la vérité, de la vertu et du bonheur ! ». Et encore : « Cette contemplation est pour lui un asile, où le souvenir de ses persécuteurs ne peut le poursuivre ; où, vivant par la pensée avec l'homme rétabli dans les droits comme dans la dignité de sa nature, il oublie celui que l'avidité, la crainte ou l'envie tourmentent et corrompent[53]. »

Un dernier auteur emprisonné (mais pas exécuté) pour avoir plaidé en faveur du roi et de la miséricorde : Thomas Paine, un ami de Condorcet, connu pour ses travaux prérévolutionnaires en Amérique aussi bien qu'en France. Bien qu'il fût d'origine anglaise, il avait la citoyenneté américaine – ce qui le sauva. Après son arrestation, en décembre 1793, et dix mois passés dans l'inquiétude en prison, où il pouvait être exécuté à tout moment, il fut libéré : un nouvel ambassadeur américain en France, James Monroe, avait réussi à négocier sa sortie[54].

Le jour où il avait été jeté en prison, Paine venait de finir la première partie d'un ouvrage intitulé *L'Âge de raison*, dans lequel il rassemblait des arguments en faveur d'un déisme éclairé et tolérant. Il parvint à passer le manuscrit à un ami, alors qu'il était arrêté. Il put ensuite reprendre son travail, quand il fut de nouveau en sécurité, avec Monroe ; il termina alors la seconde partie du livre.

C'est toutefois la première partie, celle qui fut écrite à la hâte, qui s'avère la plus convaincante et la plus éloquente. (La seconde repose principalement sur des citations de la Bible venant étayer son argumentation.) Il semblait incroyable « qu'il ait pu exister sous le nom de religion une doctrine où l'on taxait d'*irréligion* la contemplation et l'étude de l'univers fait par Dieu ». Les réflexions de Paine étaient typiquement déistes, tout comme son rejet de l'idée que Jésus avait été envoyé sur Terre pour sauver le genre humain. Paine considérait notamment les récits de la crucifixion comme des histoires cruelles, « qui [conviennent] mieux au génie ténébreux d'un clerc confiné dans sa cellule » qu'à n'importe quel être humain qui « respire l'air libre de la Création ». Et les institutions ecclésiastiques fondées plus tard pour diffuser de telles histoires étaient encore pires : c'étaient des « inventions humaines conçues pour asservir les hommes par la terreur et pour s'approprier pouvoirs et richesses[55] ».

Paine préférait les principes humanistes : être reconnaissant envers la vie, ne pas vouer un culte à la souffrance, être tolérant et essayer de résoudre les problèmes le plus rationnellement possible. Il résuma ainsi son credo d'humaniste des Lumières :

> Je crois à l'égalité des hommes ; je crois que leurs devoirs consistent à pratiquer la justice, à aimer la clémence et à tâcher de rendre leurs semblables heureux[56].

L'Âge de raison, son message de fraternité, d'égalité, de bonheur, et sa célébration lumineuse de la magnificence du cosmos valurent à Paine des expériences assez peu heureuses. Un cocher qui avait lu des comptes rendus calomnieux du livre dans les journaux refusa de laisser l'auteur monter dans sa diligence entre

Washington et New York, en 1802. La même année, la veille de Noël, un inconnu essaya de lui tirer une balle dans la tête, chez lui, à New Rochelle, dans l'État de New York, et il le manqua de peu[57]. Quand Paine mourut (de cause naturelle), il avait formé le vœu par testament d'être enterré dans un cimetière quaker – il était lui-même d'origine quaker –, mais ce souhait ne fut pas exaucé, parce que la communauté le rejeta. Il fut enterré sur le terrain de sa propre maison. Il y eut une suite, pour le moins bizarre : le journaliste politique anglais William Cobbett déterra la dépouille de Paine en 1819 et l'emporta en Angleterre, dans le but de lui offrir une tombe plus digne là-bas. Mais un incident se produisit et Cobbett demeura en possession de la dépouille jusqu'à sa propre mort – après quoi on constata sa disparition. Elle n'a jamais été retrouvée[58].

L'Âge de raison continuait de rassembler des lecteurs, en Amérique comme en Angleterre – même si l'*establishment* ignorait – au mieux – toujours cette œuvre. Au pire, elle était interdite. En Angleterre, elle fut considérée comme blasphématoire ; sa publication était illégale. Tout comme les autres livres de Paine. Sans être blasphématoires, ils incitaient – croyait-on – à la sédition politique. Quelques éditeurs en poursuivirent la diffusion malgré tout ; certains publièrent même des éditions à bas prix pour la classe ouvrière – autre point qui préoccupait, puisque ces lecteurs-là semblaient prêts à initier de vrais soulèvements, et non une forme de non-orthodoxie de bon ton.

Le grand défenseur de Paine en Angleterre était Richard Carlile, un socialiste et un déiste à la fois. Il passa au total près d'une dizaine d'années en prison pour ses publications, lesquelles comprenaient une collection d'ouvrages de Paine à prix accessibles. En 1819, Carlile fut jugé pour avoir publié à la fois son propre récit du massacre de Peterloo (une charge fatale de la cavalerie contre des manifestants à Manchester, dans St Peter's Fields) et *L'Âge de raison*. Par provocation, Carlile défendit l'ouvrage de Paine avec une ruse très habile, dans la salle du tribunal. Il intégra le livre dans sa défense et le récita en entier devant la cour, en arguant qu'il était essentiel à la compréhension des motifs de l'affaire. Le plan était qu'ensuite, tout ce qui avait été dit au procès pourrait être publié en toute légalité – y compris le texte intégral de *L'Âge de raison*. Si cela avait marché, ce serait resté dans l'histoire de l'humanisme comme l'un des meilleurs tours joués à la censure, mais, hélas !, ce ne fut pas le cas : aucune transcription ne parut jamais[59].

Richard Carlile fut déclaré coupable et passa deux années dans la prison de Dorchester. Les premiers temps, son épouse Jane poursuivit les activités de la maison d'édition en son absence. Puis elle fut arrêtée elle aussi et envoyée à Dorchester à son tour. Mary Ann Carlile, sœur de Richard, reprit les choses en main – elle fut emprisonnée elle aussi. Ils partagèrent la même cellule. Richard passait son temps à écrire des livres qu'il faisait sortir clandestinement ou qu'il gardait pour plus tard. Un de ses textes de cette époque s'intitule *Adresse aux hommes de science* ; il y énonce le principe selon lequel l'éducation devrait inclure des sciences comme l'astronomie ou la chimie, plutôt que la religion ou les études classiques, afin d'amener les enfants à l'idée que nous sommes des êtres physiques, que nous faisons partie de la nature[60].

Et la bataille des esprits de se poursuivre : à mesure que les prisons se remplissaient de penseurs non conformistes, ceux-ci continuaient d'inventer de nouvelles échappatoires toujours plus élaborées, des prouesses d'ingéniosité et de leurre, notamment en utilisant le savoir-faire des anciens copistes humanistes.

Cette situation les contraignait toutefois à une duplicité inconfortable. Ils ne pouvaient pas parler ouvertement ; il leur était difficile d'être des *honnêtes hommes** ou des *honnêtes femmes**. Il leur fallait souvent adopter un style « ésotérique », avec un sens apparent pour les lecteurs ordinaires et un sens réel, caché, pour les initiés. Par nécessité, et non par choix, ils devinrent élusifs et allusifs. Comme Shaftesbury le remarquait en 1714, les

* Les astérisques signalent les termes en français dans le texte.

gens qui n'ont pas le droit de parler franchement ont recours à l'ironie : « C'est l'esprit de persécution qui a suscité l'esprit de badinage[61]. »

Ce faisant, ils perdirent un peu de leur intégrité et se mirent eux-mêmes, et d'autres, en danger. Devoir prétendre croire ce que l'on ne croit pas, écrivit Paine, est bien pire que ne rien croire du tout : c'est un « mensonge à soi-même » qui a un prix[62]. On accusa les athées et les libres-penseurs de manquer de sens moral – alors que leur sens moral était fondamentalement compromis par la persécution qu'ils enduraient. Si la plupart d'entre eux parvinrent à conserver un peu d'*honnêteté** malgré tout, ce ne fut – pourrait-on dire – rien de moins qu'un miracle.

Pour tous ceux qui estimaient qu'une personne non religieuse ne pouvait pas être quelqu'un de bien, il existait un contre-exemple particulièrement confondant : le philosophe des Lumières écossais David Hume. Il était tellement *gentil*.

Ce qui est aussi troublant, c'est que Hume était par ailleurs le penseur le plus impitoyable de son temps. Son *Traité de la nature humaine*, publié entre 1739 et 1740, détruisait jusqu'au moindre soupçon de religiosité ou de certitude qu'un être humain pouvait nourrir devant la vie, devant son expérience et devant le monde. Il nous dit que nous ne pouvons jamais être sûrs qu'une cause engendrera un certain effet, ni même que le Soleil se lèvera encore demain, ni que nous disposons d'une identité stable. Nous avons l'*impression* qu'il y a des causes et des identités réelles et cohérentes, mais ce ne sont là que des impressions nées de l'habitude et des associations d'idées. Le philosophe et journaliste du vingtième siècle Bryan Magee résuma bien les choses : « Typiquement, quand vous allez le voir avec un problème, Hume vous répond : "C'est pire que vous ne le pensez"[63]. »

Il y avait aussi ses attaques contre la foi traditionnelle. On nous raconte des histoires de miracles, dit-il, le paralysé qui se lève et qui marche, l'apparition des saints, des prières exaucées. Mais arrêtez-vous un instant et réfléchissez. Qu'est-ce qui a le plus de chances d'être vrai ? Est-il déjà arrivé quoi que ce soit qui contredise les expériences qu'on a faites du fonctionnement de la nature ? Ou bien est-il déjà arrivé que quelqu'un se trompe, mente, invente, brouille le récit ou dise quelque chose que ses auditeurs ont mal compris ? Il propose d'appliquer un principe simple : « Aucun témoignage ne suffit pour établir un miracle, sauf si le témoignage est de telle sorte que sa fausseté serait plus miraculeuse que le fait qu'il essaie d'établir[64]. » (Le vulgarisateur scientifique Carl Sagan dira plus tard, plus clairement : « Les affirmations extraordinaires nécessitent des preuves extraordinaires[65]. »)

Imaginez, continue Hume, imaginez quelqu'un qui prétendrait avoir vu un mort revenir à la vie. C'est là quelque chose qui n'arrive jamais, normalement, et qui entre donc en contradiction avec toute l'expérience que nous avons des cadavres. Si vous voulez en avoir la preuve, vous devez vous demander ce qui est le plus plausible : qu'un fait aussi bizarre se produise ou qu'il y ait quelque chose qui cloche dans ce qu'on a raconté[66]. Sachant qu'il s'adressait à un lectorat chrétien dont la foi reposait en large part sur le récit de la Résurrection, l'exemple n'était point anodin.

Cela frappa la première personne sur qui Hume testa son argumentation – d'autant plus qu'il s'agissait d'un jésuite. Hume résidait alors à La Flèche, en France, un endroit où la vie n'était pas chère, ce qui lui permettait d'écrire son *Traité* à sa guise ; il sympathisa avec les jésuites du collège local, qui lui permirent de fréquenter leur bibliothèque. Là-bas, l'un d'eux lui raconta un événement miraculeux censé avoir eu lieu au sein de leur communauté. Quand il entendit cela, Hume pensa aussitôt au principe du test, et il le lança. Le jésuite resta un moment pensif, puis il dit que cela ne pouvait pas être juste, parce que, si c'était juste, on pourrait y avoir recours aussi bien contre les histoires du Nouveau Testament que contre les miracles modernes. Il était pourtant assez clair que Hume avait envisagé cela, et que ça ne le dérangeait nullement.

Il eut tout d'abord l'intention d'inclure son argument contre les miracles dans son *Traité*, mais il n'osa pas[67]. Ce principe-là n'apparaîtrait que dans une réécriture tardive de la philosophie du *Traité*, son *Enquête sur l'entendement humain*. Il conserva d'autres écrits plus longtemps encore dans ses tiroirs, notamment des essais sur la question morale du suicide et sur l'immortalité de l'âme. Il écrivit une *Histoire naturelle de la religion*, mais il en repoussa la publication pendant plusieurs années, et il ne divulgua jamais une suite de *Dialogues sur la religion naturelle* dans lesquels les protagonistes comparent leurs points de vue sur le sujet[68]. L'une des questions dont ils discutent est de savoir si les athées peuvent bien se comporter. L'un des interlocuteurs dit (comme Voltaire semblait le croire) qu'il peut être utile que les gens croient à l'au-delà, car cela les incite à être bons. Un autre n'est pas d'accord. Si c'était vrai, demande-t-il, pourquoi l'histoire regorge-t-elle d'histoires de persécutions, d'oppressions et de guerres civiles et religieuses ? « Chaque fois qu'il est question de l'esprit religieux dans une relation historique, nous sommes sûrs de rencontrer ensuite le détail des malheurs qui l'accompagnent. Et il n'est pas d'époque plus heureuse et plus prospère que celles où jamais l'on ne s'en soucie ni n'en entend parler[69]. »

Malgré les précautions de Hume, personne n'ignorait, dans sa ville d'Édimbourg comme dans la France des Lumières, quel libre-penseur extrêmement sceptique – pour dire le moins – il était. Parmi ses surnoms : « l'Athée » et « le Grand Infidèle ». Parmi les infâmies qu'il dut subir, il se vit interdire l'accès à des postes universitaires à Édimbourg comme à Glasgow, et ses adversaires parvinrent à lui faire perdre son emploi de bibliothécaire à la faculté des avocats d'Édimbourg[70]. Cela aurait pu être pire : à peine quelques décennies avaient passé depuis l'exécution dans la même ville d'un étudiant de vingt-deux ans, Thomas Aikenhead, accusé de blasphème pour avoir manqué de respect envers les récits bibliques et avoir dit : « Dieu, le monde et la nature ne sont qu'une seule chose[71]. »

Pourtant, contrairement à cette réputation inquiétante, Hume émerveillait presque tous ceux qui le rencontraient par sa bonne nature et son amabilité. Son autre surnom était *le bon David**. Un compatriote écossais, James Boswell, dit ainsi : « S'il n'y avait pas ses écrits mécréants, tout le monde l'aimerait. » Un jour, alors que l'architecte Robert Adam voulait inviter Hume à dîner dans sa maison familiale à Édimbourg, sa mère l'arrêta : « Je serai heureuse de voir tous tes compagnons pour le dîner, mais j'espère que tu ne troubleras jamais ma tranquillité en amenant ici l'Athée. » Peu après, à un autre dîner, Adam l'invita, sans révéler de qui il s'agissait. Après le départ des convives, sa mère déclara qu'ils étaient tous sympathiques, « mais cet homme corpulent et enjoué qui était assis à côté de moi est le plus agréable de tous ». Adam : c'était l'Athée ! « Eh bien, répondit-elle, tu peux l'inviter ici aussi souvent que tu le souhaiteras[72]. » David Hume était l'illustration vivante et plaisante d'une idée formulée par l'un des interlocuteurs de ses *Dialogues* : « Le moindre brin d'honnêteté et de bienveillance naturelle a plus d'effet sur la conduite des hommes que les vues les plus pompeuses, insinuées par les théories et les systèmes théologiques[73]. »

Il avait atteint ce degré de décontraction – et était devenu cet homme « enjoué » – après s'être soumis lui-même à une sorte de thérapie pour s'écarter des batailles philosophiques stériles de sa jeunesse. Pour s'être trop arraché les cheveux sur des énigmes philosophiques insolubles, il était tombé dans un état d'anémie tel qu'il avait dû faire appel à un médecin. Celui-ci lui suggéra d'arrêter la philosophie et de boire un pichet de bordeaux par jour tout en pratiquant un peu l'équitation. Hume essaya et devint bientôt, comme il l'écrivit, « le gars le plus vigoureux, le plus costaud, le plus sain qu'on ait jamais vu, avec le teint coloré et le visage le plus jovial[74] ».

Cette bonne santé se maintint même lorsqu'il renoua avec la philosophie, notamment parce qu'il l'abordait désormais de manière plus constructive, en partant de la « nature humaine », au lieu d'essayer d'échafauder des théories fondées sur des abstractions. Comme Montaigne, il commença par la mesure humaine : en s'observant lui-même, en observant les autres, et en prenant les expériences et les comportements comme un matériau pour son questionnement.

Hume ressemblait à Montaigne à bien d'autres égards, notamment par le mélange frappant entre un scepticisme intellectuel des plus rigoureux et une bonne humeur pleine de tolérance. On peut ainsi entendre la voix de Montaigne quand Hume nous dit, à la fin du premier livre – dévastateur – de son *Traité*, que son contenu l'a conduit en un lieu si étrange qu'il se sent maintenant comme un monstre (« Où suis-je ? Que suis-je ? Quelles sont les causes d'où je tire mon existence et à quelle condition dois-je retourner ? De qui dois-je rechercher les faveurs et de qui craindre la colère ? De quels êtres suis-je environné ? ») – pour mieux conclure ensuite qu'il n'a aucun souci à se faire. Si la raison ne peut plus l'aider, la Nature le guérit promptement de sa « mélancolie » et de son « délire » en le divertissant par les joies quotidiennes de la vie. « Je dîne, je fais une partie de jacquet, je converse et me réjouis avec mes amis[75]. »

Rasséréné, il s'en retourne à ses spéculations, et les sections suivantes de son *Traité* explorent des sujets comme les émotions et la morale. Comme Montaigne et Shaftesbury – et comme son ami Adam Smith, qui écrivit aussi sur ces questions –, Hume situe la base de la morale dans la « compassion » ou la fraternité. Quand quelqu'un ressent une émotion, on peut le voir sur son visage ou l'entendre dans sa voix. Quand je le vois ou l'entends, je ressens une sorte de réplique de l'émotion elle-même, fondée cette fois sur mes propres expériences similaires de ce sentiment. Nos esprits fonctionnent comme « des miroirs les uns pour les autres », dit-il : une formulation très *montaignesque*. Hume semble également anticiper ici quelque chose qui rappelle notre compréhension moderne des « neurones miroirs ». Mais il s'inscrit dans une tradition alors bien établie dans le champ de la psychologie morale. Comme d'autres avant lui, il poussa l'idée jusqu'à produire une théorie de l'éthique. Grâce au miroitement de nos émotions, expliquait-il, nous sommes généralement plus heureux quand nous pensons à d'autres gens qui se sentent heureux, et cela nous invite à approuver tout ce qui peut favoriser l'épanouissement général de nos semblables[76].

Autre trait que Hume partageait avec Montaigne (et avec Érasme) : une tendance à être audacieux par la pensée mais prudent dans son comportement. Hume n'était pas un Laurent Valla, ni même un Voltaire. Il appréciait une existence faite d'amitié et d'activités intellectuelles, plutôt que de scandale et de conflit. Il confia un jour à un ami : « Je pourrais recouvrir le sol d'une vaste pièce avec les livres et les pamphlets qui ont été écrits contre moi, auxquels je n'ai jamais fait la moindre réponse, non point par dédain (je respecte même certains de leurs auteurs), mais pour préserver ma tranquillité[77]. »

Il continua donc de garder pour lui les écrits les plus susceptibles de nuire à sa tranquillité. Dès le début, quand il décida de ne pas inclure son argumentation sur les miracles au sein du *Traité*, il reconnut : « C'est un geste lâche, pour lequel je me blâme moi-même[78]. » Plus tard, en 1757, il publia une série de *Quatre dissertations* sur différents sujets ; il en retira deux à la dernière minute : une sur le suicide, l'autre sur l'immortalité de l'âme. Elles furent littéralement découpées dans les exemplaires du livre et remplacées par un autre essai. Dans les références bibliographiques, elles furent « annulées » [*cancelled*] – terme qui a récemment acquis une signification plus large pour décrire ce qui arrive quand une personne ou une œuvre, considérées comme inacceptables pour certaines sensibilités, sont contraintes au silence ou au retrait. Hume retira ses propres œuvres de la sphère publique sans les détruire ni arrêter d'écrire[79].

D'un autre côté, il ne savait pas ce qu'était la peur. James Boswell fut frappé par sa capacité à ne pas s'inquiéter de ne rien attendre de l'au-delà. Boswell décida de le cuisiner, comme il en avait l'habitude avec les célébrités : il suivit son ami Samuel Johnson partout en notant tout ce qu'il disait, y compris ses remarques sur la religion. Il rendit aussi visite à Voltaire et le mit au pied du mur : « Je lui demandai une confession honnête de ses sentiments véritables. » Quand Voltaire affirma que ses sentiments véritables étaient l'amour de l'Être suprême et le désir d'être bon, pour imiter « l'Auteur de la bonté », Boswell avoua : « J'étais touché ; j'étais déçu. J'avais douté de sa sincérité. Je l'interpellai avec émotion : "Êtes-vous sincère ? Êtes-vous vraiment sincère ?" » Il répondit qu'il l'était[80].

Un jour, alors qu'il écoutait à l'église un sermon concernant les consolations de la foi, Boswell nota en son for intérieur : penser à demander à Hume comment il réussit à rester d'aussi bonne humeur alors qu'il ne croit à rien. Sa réponse pouvait s'avérer utile, au cas où Boswell lui-même perdrait la foi. Il aurait été bien « humain » de la part de Hume de lui procurer quelque conseil à cet effet[81].

Lorsque l'occasion d'une telle conversation se présenta, en 1776, les circonstances étaient pires que Boswell n'aurait pu l'imaginer. On venait de diagnostiquer chez Hume une tumeur fatale à l'abdomen, assez grosse pour être palpable, et il était conscient qu'il allait en mourir[82]. Boswell voulut plus ardemment savoir comment il supportait cette absence d'avenir.

Quand il lui rendit visite, Hume se trouvait dans son salon : il avait l'air malade, il avait perdu toutes ses rondeurs. Mais il était joyeux, même quand il lui confirma sans émotion particulière qu'il était sur le point de mourir. Boswell l'interrogea sur sa foi. Hume répondit l'avoir perdue depuis longtemps. « Il dit ensuite ouvertement que dans toutes les religions, la morale était mauvaise, et il ne plaisantait pas – comme je le crus – quand il affirma que lorsqu'il entendait que telle personne était pieuse, il en concluait que c'était un vaurien. » Boswell fut stupéfait de l'entendre parler de la sorte, alors que la mort le talonnait de près.

Il lui demanda encore (et je paraphrase ici sa propre paraphrase de ses propos) : N'est-il pas possible qu'il y ait une vie après la mort, malgré tout ?

Il est possible qu'un morceau de charbon posé sur un feu ne brûle pas, répliqua Hume – une allusion à ses arguments philosophiques sur la causalité et sur les miracles –, mais ce n'est pas probable.

Certes, mais l'idée d'être annihilé ne vous rend-elle pas inquiet, tout de même ? demanda Boswell.

Pas le moins du monde, fit Hume.

D'un côté, ces réponses réjouirent Boswell : « Les plaisanteries de M. Hume étaient telles qu'il n'y avait aucune solennité dans la scène ; la mort elle-même ne semblait alors plus lugubre. » D'un autre côté, il était décontenancé : « Je le laissai en emportant des impressions qui me troublèrent assez longtemps. » Si un homme confronté à la mort pouvait parler d'une telle manière, comment tenir encore pour vrai ce qu'on disait couramment des athées – qu'ils étaient méchants, incapables de noblesse ou d'héroïsme, et qu'ils finissaient toujours par revenir à la religion, parce qu'ils ne pouvaient pas vivre sans[83] ?

De fait, lorsque Boswell raconta à Samuel Johnson sa discussion avec Hume, Johnson refusa vivement de le croire. « Il mentait, dit Johnson. Il se piquait d'être perçu comme un homme tranquille. Qu'il ait menti est plus probable que ce cas hautement improbable d'un homme qui n'aurait pas peur de mourir. » Johnson renversait avec esprit l'argument de Hume contre les miracles. Mais Boswell fut plus astucieux encore ; il perçut les raisons qui poussaient Johnson à parler aussi durement : étant particulièrement sujet à l'angoisse face à la mort et à la solidité de sa propre foi, il devait travailler dur pour garder son assurance[84].

Pendant ce temps, à Édimbourg, l'ami de Hume, Adam Smith, restait près de lui, alors que sa maladie s'aggravait, et il publierait plus tard un bref compte rendu de ses dernières semaines. Hume écrivit aussi un court mémoire, *Ma propre vie*, édité plus tard par Smith, et il continua à corriger ses autres œuvres. Il reçut beaucoup de visites d'amis et joua à son nouveau jeu préféré avec eux, le whist. Il paraissait tellement normal, par moments, que ses amis peinaient à croire qu'il était mourant. C'est vrai, dit Hume, « je me meurs aussi vite que mes ennemis – si j'en ai – pourraient le souhaiter, et aussi facilement, aussi joyeusement que mes meilleurs amis pourraient le désirer ». Par plaisanterie, il chercha des excuses à offrir à Charon le nocher pour le persuader de retarder sa traversée vers le monde des morts (selon une autre mythologie à laquelle il ne croyait évidemment pas). « Mon bon Charon, je suis en train de corriger mes œuvres pour une nouvelle édition. Accorde-moi un peu de temps pour que je voie comment le public réagira à ces modifications[85]. »

Parmi les textes qu'il révisa ainsi figuraient ses essais longtemps tenus secrets sur la religion et sur le doute. Il fit de son mieux pour les préparer en vue d'une publication posthume. Il demanda tout d'abord à Smith de s'en charger, mais Smith parut nerveux, et Hume le soulagea de cette tâche. Il modifia son testament pour que ce soin soit confié à son éditeur habituel, William Strahan, à qui il demanda de publier les *Dialogues* d'ici à deux ans, et les essais supprimés, « Du suicide » et « De l'immortalité de l'âme », quand il le souhaiterait[86]. Comme pour beaucoup d'autres humanistes, ces questions de publication et de lectorat terrestre étaient bien la forme d'immortalité qui comptait pour Hume.

Strahan ne publia jamais aucun de ces textes. Les *Dialogues sur la religion naturelle* paraîtraient en 1779, mais sous anonymat et dans une édition conçue par le neveu de Hume, et non par Strahan. Les essais sur le suicide et sur l'immortalité parurent aussi, au compte-gouttes et dans des éditions anonymes et clandestines ; il faudra attendre le dix-neuvième siècle pour voir le nom de Hume y être clairement rattaché[87].

Charon échoua lui aussi à satisfaire les demandes de Hume. Il ne pouvait pas patienter indéfiniment – Hume n'arrêtait pas d'ajouter des corrections, encore et encore, et il n'en aurait jamais eu terminé. Venez donc, dit Charon, « montez dans la barque, s'il vous plaît » ; Hume mourut le 25 août 1776 et, à en croire son docteur, il garda jusqu'à la fin une « heureuse sérénité d'esprit[88] ». Une foule se rassembla devant sa maison, quatre jours plus tard, pour voir le cercueil être transporté jusqu'au cimetière, sous une pluie battante. Boswell était là, à l'écart mais bien présent, pour lui témoigner son respect. On entendit quelqu'un dans la foule dire : « Oh, mais c'était un athée. » À quoi quelqu'un d'autre répondit : « Peu importe, c'était un *honnête* homme[89]. »

Smith était d'accord, et il acheva son récit de la mort de Hume par ces mots : « Je l'ai toujours considéré, de son vivant comme depuis sa mort, comme l'être approchant au plus près d'une sagesse et d'une vertu parfaites, pour autant que la faiblesse de la nature humaine le permette[90]. »

Prudent et héroïque à mesures égales, apprécié pour son sens de l'amitié mais redoutable dans ses assauts contre les mauvais raisonnements, aimant à se divertir mais s'attelant toujours à améliorer les outils intellectuels et moraux mis à disposition de l'esprit humain, *le bon David** était un parfait exemple de *lumière** – et un homme d'*humanitas*.

7.

Une sphère pour tous les êtres humains

1405-1971

Universalité, diversité, pensée critique, connexion morale : quatre idées qui transformèrent l'humanisme et que l'humanisme transforma – Mary Wollstonecraft, Harriet Taylor Mill – Jeremy Bentham, Oscar Wilde, ou être fait pour les exceptions – Frederick Douglass et l'éternel éveil – E. M. Forster encore – relier les fragments.

Je n'en qualifierais pas Hume de *parfait* pour autant (ni personne d'autre, d'ailleurs).

Tous les humanistes, ou presque, cités jusqu'alors dans ce livre, se sont arrêtés à un certain point : ils appliquaient leurs idées de l'humanité ou de l'*humanitas* exclusivement ou presque à des mâles blancs, en bonne santé et conformes au stéréotype de leur genre – soit des hommes ressemblant peu ou prou au dessin vitruvien de Léonard de Vinci. Seul ce sous-ensemble de l'espèce pouvait aspirer à devenir « l'homme universel ». Tout autre cas était traité comme déficient et inférieur, peut-être même infra-humain.

Les penseurs humanistes étaient loin d'être les seuls à avoir ces préjugés, la plupart des intellectuels européens les partageaient.

Certains des humanistes de l'époque des Lumières avaient néanmoins tendance à aborder cette question avec un faux air d'assurance scientifique. Hume était l'un d'eux : dans une note de bas de page devenue célèbre, il affirma que les non-Blancs étaient « naturellement inférieurs » et que leur culture n'avait rien produit de comparable aux créations européennes : « Il n'y a chez eux aucune industrie ingénieuse, aucun art, aucune science. » En réponse à une critique de James Beattie, qui l'accusait, lui parmi d'autres philosophes, de penser que « toute pratique, tout sentiment sont barbares, qui ne correspondent pas aux usages de l'Europe moderne », Hume corrigea son insulte pour ensuite l'appliquer seulement aux personnes d'origine africaine – ce qui n'était pas mieux[1] !

Plusieurs écrivains des Lumières manquèrent ainsi de clairvoyance, notamment un dont on aurait attendu mieux : Condorcet. Il condamnait fermement le colonialisme, le racisme et le sexisme en général, portant la vision d'un avenir lumineux commun à l'humanité tout entière. Pour lui, cependant, tous les êtres humains ne se trouvaient pas *au départ* au même niveau de l'échelle du progrès, et il se demandait même si certaines cultures finiraient par atteindre un jour le sommet : peut-être allaient-elles simplement disparaître, sans que leur perte affecte le tableau d'ensemble[2].

Il y avait aussi la question des femmes. L'un des penseurs politiques les plus radicaux de l'époque était Jean-Jacques Rousseau – mais quand il se mit à écrire sur l'éducation des filles, il se transforma en conservateur des plus racornis. Dans son traité de pédagogie *Émile*, il affirme en effet que les filles n'ont nul besoin d'étudier la philosophie ni les sciences, parce que tout ce qu'on attend d'elles, c'est de savoir satisfaire leur mari[3]. (Et il n'était pas ironique.) Voltaire pensait, lui, que les femmes faisaient de bonnes scientifiques : il étudiait la physique newtonienne, entre autres, avec son amie et amante Émilie du Châtelet, mathématicienne et traductrice. Pourtant, lorsqu'elle mourut, il crut lui adresser un compliment en écrivant : « J'ai perdu un ami de vingt-cinq années, un grand homme qui n'avait de défaut que d'être femme[4]. »

Dans l'ensemble, ces écrivains des Lumières ne faisaient qu'être les héritiers d'une longue lignée mêlant l'excellence sur certains sujets et la stupidité sur d'autres. Dans la Grèce antique, par exemple, Platon approuvait l'éducation des filles, tout en pensant que les femmes étaient la réincarnation des hommes qui avaient été lâches ou immoraux dans une vie précédente[5]. (Ce n'était pas le pire : pour des fautes plus graves, on renaissait mollusque.) Aristote écrivit les ouvrages fondateurs d'éthique et de politique les plus importants d'Europe, mais uniquement pour ce qui concernait les mâles grecs libres : les autres étaient tous d'une nature inférieure. Les femmes, bien entendu, mais aussi ceux qu'il classait comme naturellement nés pour être esclaves. Telle était, selon Aristote, la méthode permettant d'identifier ces personnes-là : « Est esclave par nature celui qui est capable de devenir la propriété d'autrui (et le devient bien) et qui a part à la raison au point de la percevoir, mais sans la posséder. » Cette dernière clause servait surtout à distinguer les esclaves des animaux non humains, qui n'étaient même pas capables de reconnaître la raison quand ils la voyaient. Une fois cela établi, on pouvait reconnaître ceux qui étaient nés pour être esclaves à ceux qui l'étaient présentement. Pour eux, très clairement, « la condition d'esclave est avantageuse et juste ». Aristote éclaira mieux encore la situation en comparant l'esclavage à la domination naturelle de l'homme sur la femme[6].

« L'esclave par nature » d'Aristote fut utilisé plus tard pour justifier des siècles d'exploitation. Le philosophe Juan Ginés de Sepúlveda appliqua ce principe au seizième siècle pour justifier les exactions espagnoles sur les populations des Caraïbes et d'Amérique centrale, au prétexte qu'elles étaient nées d'une Création distincte et qu'elles pouvaient donc être traitées comme des animaux domestiques[7]. Dans un discours de 1844, le chirurgien de l'Alabama Josiah Clark Nott justifia l'esclavage en Amérique du Nord en se fondant sur cette théorie des origines distinctes, et il ajouta une cerise sur le gâteau – due non pas à Aristote mais à Alexander Pope –, cette phrase pratique, tirée de l'*Essai sur l'homme* et renforcée par un maximum d'emphase typographique : « Une chose est sûre, c'est que TOUT CE QUI EST EST BIEN. » Et c'est bien là ce à quoi se réduisaient la plupart des arguments d'Aristote – à ceci près que Nott se disait chrétien[8].

À dire vrai, sur la question de l'humanité, certaines institutions chrétiennes s'en sortaient mieux que les philosophes séculiers. Augustin avait affirmé dans sa *Cité de Dieu* que tous les êtres humains, si divers soient-ils, avaient la même origine – quoiqu'il choisît pour exemples de vieilles histoires de races à tête de chien et à pied unique et énorme pouvant servir de parapluie[9]. Même ces peuples-là devaient avoir une âme humaine ; ils pouvaient donc être sauvés, à condition d'être initiés à la doctrine chrétienne. On pouvait en tirer deux conséquences : l'esclavage, c'est mal ; l'activité des missionnaires, c'est bien. Cette doctrine théologique fut confirmée en 1537, lorsque le pape publia une bulle expliquant que l'esclavage en Amérique était mal[10]. Le débat n'en fut pas clos pour autant. Les chrétiens continuèrent à chercher des moyens de défendre l'esclavage, souvent en niant l'idée que tous les peuples avaient une origine commune. Plusieurs confessions intégrèrent néanmoins peu à peu le camp abolitionniste. Les quakers furent les pionniers ; vinrent ensuite les mouvements menés, entre autres, par les évangéliques anglicans, qui insistaient tous sur le principe d'une humanité universellement partagée. Principe exprimé avec efficacité par une médaille réalisée en 1787 par Josiah Wedgwood pour la Société pour l'abolition de la traite des esclaves ; elle montre un homme noir à genoux, enchaîné, qui demande : « Ne suis-je pas un homme ni un frère ? »

Pour ce qui concerne les revendications des femmes à l'humanité et à la liberté, les chrétiens s'appuyèrent encore sur le « Tout ce qui est, est bien ». Les hommes jaugèrent les femmes qu'ils connaissaient, surtout les plus raffinées de la bonne société, et ils ne purent déceler en elles aucun signe d'éducation aboutie ni de sophistication : les intérêts de ces femmes semblaient frivoles, leur attitude modeste et soumise. Ils en conclurent qu'il était à tout jamais « bénéfique et juste » pour elles de continuer ainsi, c'est-à-dire de recevoir une éducation minimale, frivole, et de se voir dénier tout élan d'affirmation immodeste de soi.

Il semble surprenant que les humanistes de l'époque des Lumières ne se soient pas affranchis plus souvent de ce genre de raisonnements, eux qui se targuaient de remettre en question les idées reçues et qui considéraient souvent la « compassion » et la fraternité comme la base de la morale. Dans la plupart des situations, ils répétaient après Térence : « Je suis humain et rien de ce qui est humain ne m'est étranger. » Mais ils tendaient souvent à faire des exceptions quant à la seconde partie de cette formule.

Ce n'était pas vrai pour tous, certes ; d'aucuns parvinrent à élargir leur vision des choses. Plusieurs voix humanistes majeures s'élevèrent en faveur de l'idée d'une humanité par essence partagée par tous et de la nécessité de faire avec notre vie *ici-bas*, plutôt que dans une perspective de salut dans l'autre monde. Grâce à la foi humaniste en la raison et le méliorisme, Voltaire défendit la tolérance vis-à-vis des différentes religions ; Condorcet et Olympe de Gouges réclamèrent l'inclusion des femmes et des races non européennes dans l'idée révolutionnaire française de libération de l'humanité, et leur camarade, le penseur des Lumières Jeremy Bentham, prit parti pour ce que l'on appellerait aujourd'hui les droits LGBTQ+.

Ces pionniers, et d'autres après eux, avançaient des arguments fondés en particulier sur quatre grandes idées humanistes. La première est celle qui vient d'être mentionnée : nous sommes unis dans notre humanité, si bien que « rien de ce qui est humain ne nous est étranger ».

La deuxième, à l'inverse, n'insiste pas sur l'universalité mais sur la diversité. Oui, nous sommes tous humains, mais notre expérience de la vie diffère selon notre culture, notre situation politique ou d'autres facteurs encore – et ces différences devraient être respectées et saluées.

Le troisième principe est la valorisation de la pensée critique et de la recherche. Pour n'importe quel humaniste, il n'est rien dans notre vie humaine qui doive être pris comme allant de soi ou accepté par la force d'une autorité ou d'une tradition. Tout ce qui EST peut NE PAS être bien, et devrait être remis en question.

Enfin, la quatrième idée veut que notre vie morale, qui est centrale pour notre humanité, soit le mieux servie par la quête de moyens de connexion et de communication entre nous.

Universalité, diversité, pensée critique, connexion morale : toutes ces valeurs sont aujourd'hui largement reconnues, sans l'être autant qu'un humaniste le souhaiterait. Chacune s'inspire d'éléments issus de la tradition humaniste que nous avons déjà rencontrés : depuis la mesure humaine de Protagoras jusqu'à la *diversité** de Montaigne, la pensée critique de Valla et la morale de la fraternité d'un Shaftesbury ou d'un Hume.

Dans le même temps, tandis que les humanistes avançaient ces idées et exploraient une nouvelle manière, plus ouverte, de penser l'humanité, cette façon de réfléchir contribua à repenser ce que cela signifiait qu'être un humaniste. Les humanistes devinrent moins élitistes et plus tolérants vis-à-vis des différences culturelles. Certains essayèrent de se remettre toujours plus en question eux-mêmes. Ils continuèrent d'appliquer les vieux savoir-faire de l'examen critique et de l'éloquence, mais appliqués à de nouveaux champs d'exploration.

Examinons chacune de ces quatre idées – en multipliant les sauts dans le temps – et voyons à quels types de changements les humanistes des différentes époques se préparaient.

Qu'une personne puisse revendiquer à elle seule le premier point, l'égalité au sein de l'humanité, voilà qui ressemble à un grand défi – surtout s'il ne s'agit pas de la bonne sorte de personne.

En l'an 1900, la professeure d'université et spécialiste des lettres classiques Jane Harrison écrivit un essai intitulé *Homo sum* – soit les premiers mots de la phrase de Térence. C'était un titre provocateur, car le nom *homo* était invariablement traduit par « homme » (alors qu'en latin il signifie « humain », et qu'un mâle adulte se dit *vir*). Et voici qu'une femme se l'appliquait à elle-même ! Elle voulait évidemment dire par là qu'elle avait autant le droit que les hommes d'utiliser ce terme et d'accéder à l'ensemble des possibilités qu'il permettait d'offrir dans la vie[11]. La traductrice de Dante et romancière Dorothy L. Sayers reprit l'argument dans un discours de 1938 au titre encore plus frappant : « Les femmes sont-elles humaines ? » Elle éclaira sa question en donnant des exemples. Les gens se demandent : les femmes doivent-elles porter des pantalons ? Certains pensent que non, parce que les pantalons iraient moins bien aux femmes qu'aux hommes. Mais Sayers trouve les pantalons plus confortables. « Je veux jouir pleinement de ma vie en tant qu'être humain, et pourquoi pas[12] ? » (S'il vous semble étrange d'accorder autant d'attention à un tel exemple, pensez aux railleries qui accueillirent les pantalons auxquels Amelia Bloomer donna son nom au siècle précédent, et qui libérèrent les femmes de leurs vêtements tellement encombrants qu'elles pouvaient à peine s'asseoir avec, sans parler de faire de l'exercice.) Voici une autre question posée par Sayers : Les femmes devraient-elles aller à l'université ? Certains pensent que non, parce qu'il semblerait que les femmes ne

AMELIA BLOOMER, ORIGINATOR OF THE NEW DRESS.—FROM A DAGUERREOTYPE BY T. W. BROWN.—(SEE PRECEDING PAGE.)

veuillent généralement pas étudier Aristote. Mais le fait est que Sayers, pour sa part, veut étudier Aristote.

Évidemment, pour que l'université soit accessible à n'importe quelle femme, il faut qu'une lutte collective soit menée. Et ce fut le cas : on fit longtemps campagne avant que les premières universités n'acceptent des étudiantes – les neuf premières ont été admises à l'université, assez visionnaire, de Londres en 1868. Il y en eut d'autres ensuite, mais il fallut encore plus de mobilisations pour convaincre que ces étudiantes devaient aussi recevoir des diplômes. Sayers en obtint un au terme de son premier cycle à Oxford, en 1915, mais elle dut attendre 1920 pour pouvoir le récupérer en bonne et due forme, en même temps que celui de sa maîtrise. Au moment de son discours, en 1938, Cambridge s'entêtait toujours, et continuerait à le faire dix années encore.

Dorothy Sayers ne disait pas que les femmes ne devaient pas s'atteler à combattre ensemble, mais que la raison de ce combat restait individuelle. Les hommes ne cessent de demander : « Mais que veulent encore les femmes ? » Voici la réponse : « En tant qu'êtres humains, elles veulent, chers messieurs, exactement la même chose que vous : un métier intéressant, une liberté raisonnable qui leur permette de faire ce qui leur plaît, et la possibilité d'exprimer leurs émotions[13]. » Elles veulent le même vaste ciel de possibles au-dessus de leurs têtes, comme les hommes – et non pas un dôme réduit pour dames.

Ces idées avaient été formulées avec éloquence un peu plus tôt, en 1851, dans un article de la féministe Harriet Taylor. On dit, écrivait-elle, des femmes qu'elles ont leur « propre sphère ». Mais :

> Nous réfutons l'idée selon laquelle une partie de l'humanité serait en droit de décider pour une autre, ou un individu pour un autre, de la sphère qui lui « convient ». Pour tout être humain cette sphère est la plus large et la plus élevée qu'il soit capable d'atteindre, et elle ne saurait être définie en l'absence d'une complète liberté de choix[14].

Le confinement à une sphère limitée : voilà ce qui arrive à chaque fois que des gens sont assignés à un certain type d'activités à cause de leur naissance, notamment pour des raisons liées à leur classe sociale, à leur caste, à leur groupe ethnique ou à d'autres facteurs. Si vous croyez, comme Platon, à la réincarnation et à la migration des âmes, eh bien, vous pouvez au moins vous consoler avec l'espoir de vous en tirer avec un meilleur statut dans votre prochaine vie. Si, au contraire, comme la plupart des humanistes, vous pensez que c'est *cette* vie qui compte, il est alors inacceptable de perdre l'option « la plus large et la plus élevée » en raison de stéréotypes. Refuser une telle limitation, c'est exprimer implicitement une revendication philosophique : l'humanité universelle appartient à chacun de nous. C'est là ce que Montaigne avait dit – nous portons tous en nous la forme entière de l'humaine condition –, même si sa capacité à appliquer ce principe à la situation des femmes était fluctuante. (*Tout* chez Montaigne est fluctuant.)

Après cette revendication d'humanité, il en vient une autre : nous devrions tous aspirer à l'ensemble des vertus humaines, plutôt qu'à un nombre restreint de vertus spécifiques à notre groupe. Une telle revendication a une grande importance pour les humanistes, eux qui sont en général très intéressés par les questions de vertus : ils veulent savoir ce que c'est qu'être un bon être humain. Vous vous rappelez peut-être le discours de Périclès aux hommes libres d'Athènes, en 430 avant J.-C., dans lequel il les décrit comme d'excellentes personnes, responsables, actives politiquement et vivant en harmonie – avant d'ajouter que cela ne s'applique pas aux femmes, dont la seule vertu est de ne jamais faire parler d'elles[15]. Ce fut la norme durant des millénaires : tenues à l'écart de l'excellence humaine, les femmes ne disposaient que de vertus marginales et négatives : la modestie, le silence, la placidité, l'innocence, la chasteté. Toutes se caractérisent par *l'absence* d'une qualité positive (la confiance, l'éloquence, l'action responsable, l'expérience et – je vous laisse appeler comme vous le souhaitez le contraire de la chasteté, mais quel qu'en soit le nom, c'est sûrement plus amusant). Autant de « vertus de son sexe » qu'Olympe de Gouges fut accusée d'avoir oubliées, ce qui l'aurait conduite à l'échafaud, durant la Terreur[16].

Sa camarade féministe des Lumières révolutionnaires, l'Anglaise Mary Wollstonecraft, aborda aussi la question de la vertu. Sa *Défense des droits de la femme* de 1792 commençait par un constat : « Je considérerai d'abord les Femmes sous le grand point de vue de créatures humaines, placées sur cette terre pour y développer leurs facultés[17]. » Elle signale ensuite que les femmes ne peuvent les développer sans un accès à l'ensemble des qualités humaines. Certes, différentes tâches peuvent leur revenir, notamment celles qui touchent au fait d'être mère (et elle découvrit bientôt ce que cela impliquait, quand le vil Gilbert Imlay la laissa peu après devenir la mère célibataire d'une petite fille). Mais, explique-t-elle, quelles que soient leurs tâches, elles participent encore de l'ensemble des « devoirs *humains* ».

Pour atteindre une pleine humanité en matière de vertu, les femmes doivent aussi avoir accès à une éducation complète. Wollstonecraft avait des constats cinglants à exprimer quant à l'éducation des filles de son époque, surtout au sein des classes supposées privilégiées. On leur apprenait à se tenir droites, à aider un peu aux travaux ménagers, et surtout à attirer de mille manières un mari : elles en ressortaient fort limitées. « Renfermées dans des cages comme la race emplumée, il ne leur reste qu'à s'y pavaner avec leur majesté dérisoire. » À la place de cela, elle aimerait une éducation qui permettrait aux femmes de devenir des adultes à part entière, capables d'être responsables de leur propre vie. Comme elle l'écrivit : « [Je désire] voir les Femmes devenir des agents libres. »

L'élément clé pour atteindre cet objectif, c'est la liberté – comme ce fut plus explicitement encore établi dans *De l'assujettissement des femmes*, un livre publié en 1869 par John Stuart Mill, le second époux de Harriet Taylor et un grand féministe lui-même. Il y invitait ses lecteurs masculins à se souvenir du moment si exaltant de leur vie où ils avaient atteint leur majorité légale et où ils avaient soudain eu le droit de déterminer leur propre chemin d'adulte. Ne vous êtes-vous pas sentis « deux fois plus vivants, deux fois plus hommes qu'auparavant ? » demande-t-il. C'est pourtant là quelque chose que les femmes n'éprouvent jamais de toute leur vie[18]. On en viendrait presque à dire que, dans le fond, elles ne peuvent jamais être pleinement humaines.

Ainsi, la sphère totale et l'entière condition humaine de Montaigne devraient être ouvertes à tous les êtres, sans limites dues à des caractéristiques particulières. Cela, alors que les particularités importaient aussi aux humanistes.

L'on pourrait entendre là une contradiction. Mais cette première idée – l'universalité – et la seconde – la diversité ou la particularité – ne se sont jamais vraiment opposées. Le fait est qu'elles fonctionnent le mieux quand on les combine. L'universalité sans la diversité, ce serait une abstraction creuse ; il y aurait même là quelque chose d'inhumain. La diversité sans l'idée d'humanité universelle nous laisserait tous à notre isolement, sans guère de chemins pour nous relier les uns aux autres. Chacune attise l'autre. Et quand ces principes font défaut, dans une société oppressive, il arrive souvent qu'ils fassent *tous les deux* défaut. Les régimes qui ne respectent pas les différences entre les êtres tendent aussi à ne pas savoir reconnaître dans nos vies humaines ces « miroirs » universels à travers lesquels nous pouvons nous voir nous-mêmes *et* voir les autres.

Pensez par exemple à ce qu'une personne handicapée peut endurer. Si elle vit dans une société où l'humanité universelle est reconnue, elle peut espérer que tout ce qui est possible sera fait pour encourager sa capacité à apprécier et à « déployer » son humanité de la manière la plus pleine possible – à un niveau très simple, en s'assurant qu'elle puisse facilement entrer dans les immeubles avec son fauteuil roulant. Il y a là la reconnaissance en miroir de l'expérience d'un semblable : évidemment, comme tout le monde, une personne handicapée veut être capable d'aller où elle veut, d'être active, de faire ce qui l'intéresse et d'être pleinement engagée dans le monde.

Une société qui respecte le principe de diversité pourra aussi réagir en cherchant à élargir sa notion de vie humaine *pleine*. Dan Goodley défendit ce point dans un livre de 2021, *Le Handicap et autres questions humaines* : les sociétés qui sont discriminantes ont tendance à brandir comme idéal une « espèce d'humanité autosuffisante dont elles se congratuleraient elles-mêmes[19] ». (On pense encore à l'homme de Vitruve, seul et debout avec ses gros muscles.) De telles sociétés pourraient moins tenir compte des besoins dans d'autres domaines et tendre à un modèle économique plus rude, fondé sur « l'autonomie » de chacun. Une société qui remettrait en question ses discriminations, au contraire, pourrait apprendre à mettre l'accent sur l'entraide, sur la communauté et sur une conscience générale accrue de la « nature fragile, périssable, diverse et inconstante de l'humanité ».

Autre domaine où un modèle unique et exclusif de ce qui serait « naturel » fait plus de mal que de bien : la sexualité. Le philosophe des Lumières et théoricien politique Jeremy Bentham explora cette question au début du dix-neuvième siècle. Il est surtout connu pour avoir mis au point un système éthique offrant une alternative aux choix moraux fondés sur des lois divines ou sur des notions fallacieuses comme « la répugnance de la Nature ». Pour Bentham, rien ne répugne à la Nature ; seulement aux êtres humains. Et le fait que certains n'aiment pas ce qu'ils croient percevoir de quelque chose, ou n'en veulent pas pour eux-mêmes, ne signifie pas que c'est mal[20].

Bien au contraire. Et Bentham propose un test : si je fais quelque chose, est-ce que (pour autant que je puisse le savoir) cela rendra les personnes impliquées plus heureuses, ou plus malheureuses ? C'est là son *felicific calculus*, ou « calcul du bonheur », un point central de son système éthique connu sous le nom d'utilitarisme. La manière de l'appliquer est invariablement rendue autrement complexe, bien sûr, par des questions comme : qui prend la décision ? Comment le calcul peut-il être précisément exécuté, et en quoi consistent le bonheur ou le malheur ? L'outil n'est pas infaillible, mais lorsqu'il fonctionne, il est non seulement efficace, mais aussi humaniste, puisqu'il place les personnes, et non les lois, au centre des choses. Et plus encore que les personnes. Bentham étendit ce principe au bien-être animal : « La question n'est pas : "peuvent-ils *raisonner* ?", ni "peuvent-ils *parler* ?", mais "peuvent-ils *souffrir*[21] ?" »

Dans l'un de ses courts essais, « Sur les irrégularités sexuelles », notamment, il appliqua le *calculus* aux pratiques minoritaires consentantes telles que l'homosexualité (même s'il n'emploie pas le mot). Pour Bentham, la seule question qu'il faille se poser dans ce genre de cas est celle-ci : est-ce que cela nuit à qui que ce soit ? Est-ce que cela engendre de la souffrance ? Si ce n'est pas le cas – si cela rend heureux les personnes impliquées sans faire de mal à quiconque, alors, quel est le problème ? Tout ce qui compte, c'est que cela ajoute au bonheur du monde, sans rien y enlever[22]. L'utilitarisme a parfois été considéré comme une théorie froide, mais cette philosophie de vie me frappe en l'occurrence par sa générosité et par sa beauté.

Bentham, connu pour son excentricité, tant dans ses tenues vestimentaires que dans sa philosophie, ne craignit jamais de n'en faire qu'à sa tête. (L'excentricité est aussi un bon exemple pour le *calculus* du bonheur : dans son cas, il semblerait que cela l'ait rendu heureux, sans nuire à personne.) Dans son testament, il fit don de son corps à la science, d'une part, pour qu'il soit disséqué, et d'autre part à ses amis, à ses disciples et à la postérité, pour qu'une effigie ou « auto-icône » soit réalisée qui puisse les inspirer et leur faire plaisir – un bonus incontestable, même s'il ne prit peut-être pas en compte la déception des lombrics du cimetière[23].

Et pourtant, même cet homme indomptable ne se sentit pas capable de publier ce texte, « Sur les irrégularités sexuelles », après l'avoir écrit en 1814. Ainsi – comme tant d'autres œuvres humanistes –, ses manuscrits sur ce sujet languirent longtemps avant d'être édités, deux cents ans plus tard, en l'occurrence en 2014.

Sa prudence était compréhensible. Les pratiques homosexuelles entre hommes étaient encore illégales, et l'effet négatif de ce genre de lois sur le bonheur humain devint plus flagrant encore à la fin du siècle, lorsque le dramaturge, bel esprit et esthète Oscar Wilde fut emprisonné, deux années durant, à partir de 1895, précisément au nom de la « répugnance de la Nature » que Bentham avait voulu démystifier. Outre sa liberté, Wilde perdit presque tous ses biens pour payer les frais de justice. Lors d'une vente aux enchères chaotique organisée dans la rue, devant sa maison, ses livres, sa porcelaine, ses meubles et d'autres trésors encore – tout ce que Savonarole aurait appelé des « vanités » – furent cédés, voire pillés. Wilde lui-même fut envoyé aux travaux forcés à Pentonville : il dut s'atteler au moulin à discipline, ainsi qu'à la cueillette de l'étoupe, corvée délibérément punitive où l'on se déchiquette les doigts à séparer de vieilles cordes goudronneuses destinées à être recyclées en mastic fibreux. Il fut plus tard transféré dans la geôle de Reading, où les conditions étaient un peu meilleures ; mais le voyage jusque-là fut marqué par une humiliation : Wilde, qui attendait sur le quai avec ses gardiens lors d'un changement de train à Clapham Junction, fut reconnu et raillé par la foule. Une telle expérience – la perte de ses livres, de sa dignité, de sa liberté – changea à jamais sa personnalité : elle le livra à la morosité et fit taire son panache[24].

Mais peut-être pas entièrement. Lorsqu'il fut enfin libéré, il refit le voyage par Clapham Junction, sans menottes cette fois-ci mais toujours accompagné par des gardiens de la prison. Alors qu'ils attendaient, Wilde vit des plantes en fleurs près du quai ; il tendit les bras vers elles en s'exclamant : « Oh, que le monde est beau, que le monde est beau ! » Son gardien lui dit : « Attention, monsieur Wilde, vous allez être reconnu. Vous êtes le seul homme dans toute l'Angleterre qui puisse dire une chose pareille dans une gare[25]. »

Le seul, en effet. Comme il l'avait écrit dans son *De profundis* quelques mois plus tôt, alors qu'il était encore emprisonné : « Je suis de ces hommes faits pour les exceptions, non pour les lois[26]. »

En plus de cette universalité et de cette diversité entremêlées, nos humanistes mettent en avant une troisième qualité : ils font de leur mieux pour poser un regard critique sur le monde, plutôt que d'accepter des situations simplement parce qu'elles ont toujours été telles. Ils cherchent à savoir *comment* ces situations se sont mises en place, et ils se demandent si, parfois, CE QUI EST pourrait, APRÈS TOUT, NE PAS ÊTRE BIEN.

Quelques humanistes avaient déjà soulevé cette question quant aux femmes. Établir des listes de figures féminines remarquables de l'histoire ou de la mythologie devint un jeu à la mode, la première étant celle de Boccace, *Les Femmes illustres*, composée au début des années 1360[27]. Le dialogue de Paul Jove, *Hommes et femmes remarquables de notre temps* (1527), citait l'homme d'État humaniste Giovanni Antonio Muscettola, selon lequel les femmes pouvaient être aussi intelligentes que les hommes, à condition qu'on leur enseigne « le meilleur des arts et des vertus extraordinaires ». Leur corps est fait du même sang et de la même moelle, dit-il, et elles ont « la même aspiration à la vie » ; pourquoi leur esprit serait-il différent[28] ? Montaigne, dans ses meilleurs moments, fit des observations similaires sur le comportement des femmes, qui s'expliquait non point par leur nature, mais par les attentes et les rôles que leur accordait la société[29].

Toutes ces opinions venaient des hommes, mais certaines femmes avançaient de tels arguments depuis tout aussi longtemps. Christine de Pisan, l'humaniste pionnière que nous avons rencontrée plus haut, les plaça au cœur de son *Livre de la cité des dames* de 1405. Sa figure de la Raison pose la question suivante : « Sais-tu pourquoi les femmes possèdent moins de connaissances ? », et elle y répond elle-même : « C'est sans aucun doute qu'elles n'ont pas l'expérience de tant de choses différentes, mais, s'en tenant aux soins du ménage, elles restent chez elles. » Elle poursuit en comparant les femmes aux villageois des communautés montagnardes reculées : ils peuvent sembler naïfs et bornés, mais c'est seulement parce qu'ils ont vu très peu de choses du monde[30].

Mary Wollstonecraft s'inspira plus tard de ces réflexions pour critiquer l'éducation des femmes, et les féministes du vingtième siècle mirent tout cela à l'épreuve dans leurs œuvres. Virginia Woolf imagina ce que la vie aurait pu réserver à une sœur de William Shakespeare, née avec les mêmes talents, mais constamment empêchée et exclue[31]. Simone de Beauvoir retrace dans *Le Deuxième Sexe* (1949) la vie d'une femme, depuis l'enfance et l'adolescence jusqu'à la maturité et la vieillesse, en montrant comment sa confiance et son sentiment d'identité sont affectés à chaque étape par les attentes et les pressions de la société. Elle écrit ainsi, dans une formule limpide : « On ne naît pas femme, on le devient[32]. »

Tous ces exemples relèvent d'une réflexion généalogique et critique : la recherche des origines et des causes. John Stuart Mill écrivit dans *L'Asservissement des femmes* que nous ne pouvons tout simplement pas savoir comment est « réellement » l'un ou l'autre sexe, parce qu'il n'y a jamais eu de société dans laquelle les femmes n'aient pas été sous la domination masculine. Les femmes sont ainsi dénaturées, comme des plantes que l'on fait pousser sous serre et auxquelles on donne une forme ou une taille particulières. (Les hommes n'en sont pas moins dénaturés.) Cependant que « les hommes, avec cette incapacité à reconnaître leur œuvre caractéristique d'un manque d'esprit d'analyse, croient sans plus d'effort que l'arbre pousse naturellement de la façon dont ils l'ont fait pousser[33] ».

Une partie de la tradition humaniste consiste cependant à essayer de ne pas « croire avec indolence » à quoi que ce soit sans l'analyser. Un humaniste pose des questions, comme Laurent Valla quand il examinait les documents qu'il avait sous les yeux : D'où cela vient-il ? Quelle est la source des preuves qui sont apportées ? Quel intérêt cela a-t-il servi ? John Stuart Mill fit l'éloge de son propre mentor, Bentham, pour avoir mené de telles recherches dans tous les domaines : il appelait Bentham « le grand questionneur de toute chose établie » et « le grand penseur subversif ou, dans le langage des philosophes "continentaux", le grand penseur critique de ce siècle comme de ce pays »[34]. On pourrait en dire autant de Mill lui-même à bien des égards. Il établissait des liens – par exemple, entre les raisons invoquées pour justifier l'esclavage et celles données pour justifier l'oppression des femmes[35]. Dans les deux cas, de nombreuses personnes ne parvinrent apparemment pas à voir ce qui sous-tendait sa démarche : à savoir, que les êtres humains sont influencés et transformés par leurs expériences et par leur éducation. Pour Mill, ce manque de perspicacité était le plus grand obstacle au progrès social[36].

Il ne fallait pourtant pas réfléchir beaucoup pour arriver à cette conclusion. Le grand abolitionniste et autobiographe Frederick Douglass le souligna avec force et clarté lors d'un discours prononcé le 4 juillet 1852 : « Il n'y a pas un seul homme sous la voûte céleste qui ne sache *pour lui-même* que l'esclavage est une mauvaise chose[37]. » Cette phrase suffit à détruire des volumes entiers d'arguments fallacieux – en commençant par ceux d'Aristote.

Derrière cette apparente simplicité se cache une analyse critique profonde – et beaucoup d'expérience personnelle. Frederick Douglass avait lui-même vécu les effets de ces faux raisonnements, dans son propre corps et dans son propre esprit. Il savait ce que l'esclavage et les traitements déshumanisants faisaient, parce qu'il y avait été soumis.

Né dans le Maryland en 1817 ou 1818 d'une mère réduite en esclavage, Harriet Bailey, et d'un père blanc inconnu (probablement un surveillant, peut-être le « maître » lui-même), Douglass ne fut jamais reconnu par son père et fut très tôt séparé de sa mère, celle-ci ayant été envoyée dans une autre propriété, à une vingtaine de kilomètres de là. Il ne la vit plus que quatre ou cinq fois par la suite, durant les rares nuits où elle parcourut secrètement cette grande distance dans l'obscurité pour passer quelques heures avec lui, avant de repartir, toujours à pied, afin d'être présente le lendemain dans les champs, au lever du soleil. Le moindre retard lui aurait valu le fouet. Douglass lui-même fut envoyé plus tard dans un foyer encore plus brutal. Les enfants vivaient pieds nus, n'avaient ni vêtements ni couchages décents, mangeaient de la farine de maïs dans une auge, comme des cochons, et ne recevaient aucune éducation[38].

En grandissant, Douglass essaya à plusieurs reprises de s'enfuir vers le nord et fut plusieurs fois rattrapé, avant de réussir enfin. S'étant libéré lui-même, il se mit à écrire et à parler de ce qu'il avait vécu avec une éloquence et une puissance dévastatrices. Il composa trois ouvrages autobiographiques, notamment *Récit de la vie de Frederick Douglass, un esclave américain*, paru en 1845, et qui est resté un classique en Amérique. C'est aussi un classique de la littérature humaniste, à plus d'un titre. C'est une histoire d'éducation, et de libre-pensée en matière de religion (Douglass était chrétien, mais il haïssait l'hypocrisie

des prédicateurs sudistes qui défendaient l'esclavage). C'est aussi l'histoire d'un être humain qui échappe à une tentative de déshumanisation.

Parmi les autres œuvres de Douglass figure une lettre ouverte à son (second) ancien maître, Thomas Auld, écrite à l'occasion du dixième anniversaire de son évasion. Cette lettre tente notamment d'inciter Auld à réfléchir avec un minimum d'esprit critique à ce qu'il a fait, à imaginer ce qui se passerait si les rôles étaient inversés et à réfléchir aux causes et aux conséquences. Douglass rappelle à Auld la violence des abus, en particulier lorsqu'il fut capturé en pleine fuite puis traîné sur près de vingt-cinq kilomètres sous la menace d'une arme à feu pour être vendu, « comme une bête au marché », les mains liées – « cette main droite, avec laquelle j'écris maintenant cette lettre [...] étroitement attachée à la gauche ». Qu'éprouverait Auld, demande-t-il, si une telle douleur et une telle humiliation étaient infligées, par exemple, à sa fille Amanda – si elle était enlevée la nuit, emportée, torturée et inscrite sur un registre, en tant que propriété d'autrui ? Trouverait-il un moyen de justifier tout cela comme une chose naturelle[39] ?

Comme Douglass le dit ailleurs, dans *Ma servitude et ma liberté*, rien dans le monde humain n'est tel qu'il est par nécessité ou par nature. Il applique même cette idée aux esclavagistes brutaux qui, selon lui, auraient pu être humains et respectables si leur vie s'était déroulée dans un contexte différent. Sur le plan moral et humain, l'institution de l'esclavage les a détruits, eux aussi : « L'esclavagiste, tout comme l'esclave, est la victime du système esclavagiste[40]. » Comme nous l'avons vu plus haut, l'archevêque Desmond Tutu tint plus tard un discours semblable sur l'apartheid sud-africain, et James Baldwin le dit aussi en 1960 : « C'est une loi terrible, inexorable, que l'on ne peut nier la valeur humaine d'un autre individu sans diminuer la sienne[41]. » En général, écrivait Douglass, « le caractère d'un homme prend sa couleur et sa forme dans celles des choses qui l'entourent[42] ».

Nous sommes façonnés par notre environnement. D'un autre côté, nous disposons toujours d'une liberté fondamentale – ce qui signifie que nous pouvons également travailler à *changer* ces forces qui nous façonnent. C'est là précisément ce à quoi Douglass consacra sa vie, en multipliant sans relâche les voyages, les écrits et les campagnes en faveur du mouvement abolitionniste. En tant qu'orateur, il eut un impact considérable, qui n'était pas seulement dû aux mots qu'il employait. (Comme le savaient Cicéron et Quintilien, l'art oratoire ne se réduit jamais à une question de mots.) Douglass avait une voix envoûtante, et un tel talent pour imiter celles des esclavagistes et autres ennemis que le public se mettait à rire. Et il pouvait passer de l'humour au mélodrame en un instant[43]. Son apparence l'aidait : il était grand, d'une beauté saisissante, et il s'en servit, notamment par le biais de la photographie. Ce nouvel art l'intéressait beaucoup : il donna quatre conférences sur le sujet et fit faire de lui plus de cent soixante portraits ; il devint ainsi l'Américain le plus photographié de son époque[44].

En outre, il usait avec excellence des techniques rhétoriques – une maîtrise qu'il devait en grande partie à un coup de chance rare qu'il avait eu à l'âge de sept ou huit ans. Lors de ce qu'il considéra plus tard comme le grand tournant de sa vie, il fut envoyé vivre quelque temps chez des membres de la famille Auld à Baltimore. L'environnement urbain offrait des possibilités d'apprentissage légèrement meilleures, et la maîtresse de maison, Sophia Auld, lui apprit les bases de la lecture, jusqu'à ce que son mari y mît un terme, arguant qu'enseigner la lecture à un jeune esclave ne faisait qu'accroître son mécontentement. Et ce fut bien le cas ; en entendant cette remarque, Douglass eut une illumination : « Je compris le chemin qui mène de l'esclavage à la liberté[45]. » Les leçons s'arrêtèrent, mais il continua à s'exercer à la lecture et à l'écriture en demandant de l'aide aux garçons blancs du quartier.

Il tomba ensuite sur un ouvrage qui changea sa vie : *L'Orateur colombien. Contenant une variété de pièces originales et choisies, ainsi que des règles destinées à l'amélioration des jeunes comme des autres dans l'art ornemental et utile de l'éloquence*, de Caleb Bingham. Ce livre était rempli d'exemples à étudier et à imiter, dont beaucoup visaient à faire progresser les idées sur l'abolition et sur la justice sociale en général. L'un des dialogues comportait une discussion sur la question de l'esclavage entre un esclavagiste et un esclave qui avait été capturé à trois reprises, après trois tentatives d'évasion. Ce dernier plaidait si bien sa cause qu'il sut convaincre l'esclavagiste de le libérer. Cette histoire un peu trop optimiste révéla au jeune Douglass l'importance de bien parler et d'être du côté de la vérité. Son âme atteignit « l'éveil éternel[46] ».

À l'âge adulte, Douglass composa ses discours et ses écrits en s'appuyant sur des techniques d'art oratoire puisées dans de nombreuses sources – y compris, mais sans s'y limiter, les modèles grecs et romains présentés dans *L'Orateur colombien*.

Il privilégiait les périodes cicéroniennes ou le dispositif connu sous le nom de « chiasme », dans lequel deux parties d'une phrase s'inversent l'une l'autre ainsi : « Vous avez vu comment un homme a été fait esclave ; vous verrez comment un esclave a été fait homme. » Dans son autobiographie, Douglass gonfle pleinement les voiles de la rhétorique avec cette apostrophe adressée aux navires qu'il aperçoit au loin dans la baie de Chesapeake :

> Vous êtes détachés de vos amarres, et vous êtes libres ; je suis tenu par mes chaînes, et je suis esclave ! Vous avancez joyeusement vers une légère tempête, et moi tristement vers un fouet sanglant ! Vous êtes les anges aux ailes rapides de la liberté, qui volez tout autour du monde ; je reste prisonnier de mes chaînes d'acier[47] !

Il ne se prive pas d'effets grandiloquents. Le voici qui s'attaque de nouveau aux églises du Sud :

> « Nous avons des voleurs d'hommes pour ministres, des fouetteurs de femmes pour missionnaires et des pilleurs de berceaux pour membres de l'Église. L'homme qui manie le cuir de vache taché de sang pendant la semaine occupe la chaire le dimanche. [...] La cloche du commissaire-priseur d'esclaves et la cloche de l'église s'accordent l'une avec l'autre[48]. »

L'éloquence – comme l'avaient toujours su les humanistes des siècles précédents et les orateurs de toutes les cultures – est d'une importance capitale pour les êtres humains. Le langage est notre élément : la base de notre vie sociale et morale. Il nous permet d'élaborer nos critiques intellectuelles à l'encontre du monde tel qu'il existe, de forger nos meilleurs arguments, d'imaginer en mots comment les choses pourraient être différentes – et ensuite d'en convaincre les autres.

Le langage joue également un rôle important en nous liant à ce que l'archevêque Desmond Tutu appelait « le faisceau d'humanité ». Nous communiquons et nous nous *connectons* les uns aux autres. C'est là la quatrième des idées qui aidèrent les humanistes à élargir leur champ d'action.

Tandis que les antihumanistes s'attelaient à répéter que « tout ce qui est est bien », les humanistes purent trouver un bon slogan rival dans la formule d'E. M. Forster que nous avons déjà rencontrée : « Relier ! »

Cette phrase, on l'a vu, figure dans son roman de 1910 *Howards End*, lequel raconte l'histoire complexe de deux familles bourgeoises, les Schlegel et les Wilcox, et d'un couple de prolétaires, les Bast, dont les vies se retrouvent indissolublement liées aux leurs. Du côté des Wilcox, Henry est un tyran hypocrite qui juge tout le monde. Du côté des Schlegel, Margaret estime que Henry ne *remarque* rien. Il n'a aucune conscience « des lumières et des ombres qui existent jusque dans la conversation la plus grise, les panneaux indicateurs, les jalons, les collisions, les vues illimitées ». Il ne voit pas ce qui relie ces choses, ni les personnes dont la vie en est affectée. Il n'établit donc aucun lien entre ses propres échecs (la liaison qu'il a eue avec Mme Bast et les conseils catastrophiques qu'il a donnés à son mari en matière de finances) et leurs conséquences pour les autres – ou bien les réactions des autres. Margaret conclut ainsi ses réflexions : « Relier ! […] Ne vivez plus fragmentairement. » Plus tard, elle l'affronte directement : « Quand elle vous tuerait, il faudra bien que vous aperceviez la relation, Henry ! […] L'homme qui, pour son plaisir, détruit l'existence d'une femme […]. L'homme qui donne de mauvais conseils financiers et se déclare, ensuite, irresponsable. Tous ces hommes, c'est vous[49]. »

C'était là ce que Frederick Douglass disait à Thomas Auld quand il le sommait de comparer les souffrances endurées par les esclaves noirs à la vie privilégiée de sa famille, ou quand il opposait les pensées subtiles des prédicateurs du dimanche aux tortures qu'ils administraient les autres jours de la semaine. Lorsqu'il était lui-même en campagne, Douglass essayait toujours d'établir de tels parallèles – ce qui explique qu'il ait soutenu à la fois le mouvement abolitionniste et le combat des femmes pour le droit de vote[50].

Forster fit lui aussi de son mieux pour appliquer le principe d'intégrité à sa propre vie. Il écrivit à un ami en 1915 : « Ma défense lors de n'importe quel Jugement dernier serait : "J'ai essayé de relier et d'utiliser tous les fragments avec lesquels je suis né." » Ce qui n'était pas facile, en particulier lorsqu'il s'agissait de la difficulté d'être honnête à propos de son homosexualité – laquelle permet d'éclairer son propos[51]. Les actes homosexuels étaient encore illégaux en Grande-Bretagne ; Forster avait écrit un roman intitulé *Maurice*, qui racontait l'histoire d'un homme gay qui lui ressemblait beaucoup : il était maintenant confronté à l'impossibilité de courir le risque de le publier.

L'idée de ce livre lui était venue deux ans plus tôt, lorsqu'il avait rendu visite à l'écrivain Edward Carpenter, lequel vivait ouvertement – chose incroyable – avec son compagnon, George Merrill. Ils partageaient une maison dans un cadre forestier idyllique et ils y vivaient pleinement leur contre-culture : ils étaient végétariens, ils coupaient leur propre bois, et Carpenter écrivait des livres. Livres qui soutenaient différentes causes comme les droits des femmes, une meilleure éducation en matière de sexualité et une plus grande tolérance de la diversité sexuelle. Dans *L'Âge adulte de l'amour*, publié en 1896 (Oscar Wilde était encore en prison), Carpenter plaide pour une vision plus large et moins *fragmentée* de la vie humaine, qui intégrerait la dimension sexuelle de notre existence, plutôt que de la traiter comme une chose à ne jamais mentionner. Pour Carpenter, cette exclusion appauvrissait la vie. Elle entraînait un « appauvrissement de la nature humaine ». Il vaudrait bien mieux que la sexualité soit une matière enseignée à l'école, non seulement pour fournir les connaissances physiologiques fondamentales, mais aussi pour parler de « la dimension *humaine* de l'amour », autrement importante[52].

Carpenter et Merrill accueillaient les visiteurs dans leur charmante clairière, en pleine forêt, mais avec des exceptions. Quand un

missionnaire qui faisait du porte-à-porte leur demanda s'ils ne voulaient pas aller au paradis, Merrill le chassa avec la réponse suivante : « Ne voyez-vous pas que nous sommes déjà au paradis ici ? Nous ne *voulons* rien de plus, alors allez-vous-en[53] ! »

Forster reçut un accueil plus chaleureux. Il confia plus tard que l'idée de *Maurice* avait surgi toute prête dans sa tête, lorsque Merrill, dans un moment de flirt, lui avait donné une petite claque sur les fesses. Forster en fut converti, non pas à l'homosexualité (il l'était déjà), mais à l'idée que l'on puisse vivre joyeusement et ouvertement toutes les dimensions de l'existence, sans en laisser aucune dans une obscurité honteuse[54]. Il se mit presque immédiatement à travailler à ce roman qui raconte l'histoire de l'épanouissement sexuel d'un jeune homme, depuis ses années d'études jusqu'au moment où il trouve enfin l'amour auprès d'un ouvrier, Alec Scudder (personnage peut-être inspiré par Merrill, qui appartenait lui aussi à la classe ouvrière).

Cet aspect de classe est important dans le livre. Forster y explore les relations entre classe sociale et sexualité – nouvelle connexion – à une époque où les homosexuels les plus aisés avaient toujours intérêt à se méfier du chantage. Maurice et Alec doivent trouver le moyen de surmonter leurs peurs. Dans le même temps, Maurice parvient à questionner son acceptation tacite de ses privilèges, qui l'avaient amené à dire que les pauvres « n'ont pas le cuir très sensible », qu'ils « ne souffrent pas comme nous à leur place[55] ». Il apprend que d'autres humains peuvent avoir une vie intérieure, tout comme lui. Il (se) connecte.

Forster avait déjà eu de semblables prises de conscience. Sans avoir fait l'expérience de la pauvreté ou des préjugés de classe, il avait développé un sens aigu des dégâts qu'ils causent. Il les avait explorés (assez maladroitement, selon certains) dans *Howards End*, où l'ambitieux Leonard Bast se retrouve exclu du paysage culturel que d'autres considèrent comme un droit acquis à la naissance[56].

Pour ce qui est des femmes, la capacité de connexion de Forster avait des limites. Dans un carnet de notes tardif, il écrivit qu'il était heureux de soutenir les droits politiques des femmes, tant qu'il pouvait personnellement s'en tenir éloigné[57]. Cette réticence à fréquenter des femmes devait sans doute beaucoup au fait qu'on lui avait refusé la compagnie masculine qu'il souhaitait. Il se lassait également de devoir toujours centrer ses romans sur des amours hétérosexuelles qui l'ennuyaient. Ce fut là peut-être l'une des raisons pour lesquelles il finit par abandonner complètement l'écriture de romans[58].

Malgré cela, Forster savait très bien camper des personnages féminins et il était sensible au désir d'une « sphère » la plus large possible, telle que l'avait décrite Harriet Taylor Mill. Dans son roman de 1908, *Avec vue sur l'Arno*, la protagoniste, Lucy Honeychurch, aspire à être libre et à mener sa vie à sa guise, plutôt qu'à la manière inepte d'une dame raffinée sortie d'une romance médiévale et qui attend son chevalier :

> Elle aussi s'est enamourée de la violence des vents, des vastes horizons, du déroulement des mers glauques. Elle s'est éveillée au royaume de ce monde ; elle l'a vu croulant de richesses, de beautés, de tumultes – étincelante croûte planétaire qui emprisonne le feu central et roule sans fin vers des cieux en fuite. Les hommes, inspirés, disent-ils, par leur dame, se promènent gaiement sur cette surface et y jouissent des rencontres les plus savoureuses, non parce qu'ils sont mâles mais parce qu'ils sont vivants. La châtelaine aussi voudrait bien, avant que le rideau ne tombe, dépouillant son auguste « Éternel Féminin », promener son moi éphémère[59].

Ce que Forster n'oublia jamais, c'était que la classe sociale, la race et la sexualité *comptaient* plus que la plupart de ses pairs ne l'admettaient. Dans un discours prononcé lors d'un congrès international d'écrivains à Paris, en 1935, et inspiré par l'interdiction d'un autre roman (beaucoup plus sombre) sur le thème de l'homosexualité, le *Boy* de James Hanley, Forster fit remarquer que la liberté dans son acception anglaise était à la fois puissante et limitée. « Elle est liée à la race et à la classe sociale. Elle a le sens de liberté pour les Anglais, et non pour les races sujettes de l'Empire[60]. » En Angleterre, elle signifie liberté pour les nantis, et non pour les pauvres. Et elle est extrêmement limitée en matière de sexualité.

Tellement limitée, même, qu'après avoir écrit *Maurice* dans un grand élan d'honnêteté, Forster s'abstint de le publier. Le texte devint l'un de ces manuscrits que nous avons rencontrés tout au long de notre histoire, qui furent cachés, recopiés dans différentes versions, ou faillirent carrément disparaître. Il le fit dactylographier, mais par précaution, il en confia différentes parties à deux dactylographes distincts, afin (pensait-il) qu'ils ne saisissent pas le sens global du livre[61]. Quand on parle de fragmentation !

Ce livre resta dans les tiroirs de Forster pendant six décennies ; il l'en ressortit parfois, pour y ajouter des éléments ou pour le modifier. *Maurice* ne fut envoyé à l'éditeur qu'après sa mort, survenue en 1970, soit trois ans après que l'homosexualité eut été dépénalisée en Angleterre et au Pays de Galles pour les hommes de plus de vingt et un ans. Le roman parut l'année suivante.

Connexions, communications, liens moraux et intellectuels de toutes sortes, mais aussi reconnaissance de la différence et remise en question des règles arbitraires : la toile de l'humanité est tissée de tout cela. Voilà ce qui permet à chacun d'entre nous de s'épanouir sur Terre, quel que soit le contexte culturel dans lequel nous nous trouvons, mais aussi d'essayer de nous comprendre le mieux possible les uns les autres. Ainsi pourra-t-on encourager une éthique de l'épanouissement mondial, opposée à des systèmes de croyances qui n'offrent aux âmes frustrées que l'espoir d'une amélioration de leur sort dans l'au-delà. L'humaniste moderne préférera toujours dire avec Robert G. Ingersoll que le seul endroit pour être heureux, c'est *ici*, dans ce monde, et que la seule façon d'être heureux, c'est d'essayer de rendre les autres heureux.

La vieille Règle d'or associée à plusieurs religions, ainsi qu'à la morale laïque, a beaucoup à offrir : « Traitez les autres comme vous voudriez être traités. » Ou bien, sous une forme inversée : « *Ne faites pas* aux autres ce que vous ne voudriez pas qu'on vous fasse. »

Ce n'est pas là une règle parfaite, mais notre petit doigt humaniste nous dit que, si vous n'aimez pas que l'on vous dise de rester silencieux et invisible, que l'on vous réduise en esclavage, que l'on abuse de vous, que vous ne puissiez entrer dans certains édifices parce que personne n'a pensé à y installer une rampe, ou bien que l'on vous considère comme moins qu'humain, alors il y a des chances pour que cela ne plaise pas aux autres non plus.

Soit, comme le dit Confucius : « La voie du Maître consiste à faire de son mieux pour s'épanouir dans son humanité et à traiter les autres en gardant à l'esprit qu'eux aussi, ils vivent avec humanité[62]. »

8.

Déployer l'humanité

Principalement au dix-neuvième siècle

Oursons et jeunes pousses – trois grands humanistes libéraux sur l'éducation, la liberté et l'épanouissement – Wilhelm von Humboldt, qui voulait être pleinement humain – John Stuart Mill, qui voulait être libre et heureux – Matthew Arnold, qui voulait de la douceur et de la lumière.

Lorsque Simone de Beauvoir écrivit : « On ne naît pas femme, on le devient », elle donna une nouvelle tournure aux idées plus anciennes de pédagogues comme Érasme, selon lequel : « On ne naît pas homme, on se fait homme. » Érasme citait aussi une vieille légende tirée de Pline, selon laquelle les bébés ours à leur naissance ressemblaient à des grumeaux : leur mère les léchait jusqu'à leur donner la forme d'un ours[1]. Peut-être les humains avaient-ils besoin eux aussi d'être façonnés, au moins mentalement, sinon physiquement.

C'était une belle idée à méditer pour les enseignants, puisqu'elle leur accordait beaucoup d'importance. Ils *fabriquaient* donc des êtres humains ! D'aucuns préféraient dire que les humains – tout en ayant besoin d'être guidés par de bons éducateurs comme par de bonnes influences – s'en sortaient mieux s'ils développaient eux-mêmes leurs propres « graines » naturelles d'humanité. Ces deux aspects du développement n'étaient pas contradictoires : l'élève avait toujours besoin d'un bon professeur pour assurer sa croissance et pour le protéger des mauvaises influences. Même si les enseignants étaient là avant tout pour encourager et pour guider, plutôt que pour donner forme, ils avaient toujours des raisons d'être fiers de leur travail. On pouvait même les considérer comme les guides de l'ensemble du développement futur de l'humanité. Si chaque génération recevait une meilleure éducation que la précédente, et qu'elle produisait à son tour de nouveaux enseignants, on atteindrait le grand objectif des Lumières : le progrès. Le philosophe prussien Emmanuel Kant défendit cette idée à travers une série de conférences sur l'éducation données à la fin du dix-huitième siècle : en aidant les individus à épanouir leurs plus hautes capacités, l'enseignant aide aussi à « déployer l'humanité à partir de ses germes[2] ». Difficile de faire mieux, sur l'échelle de l'importance.

Des visions similaires de l'éducation comme déploiement de l'humanité perdureront tout au long du dix-neuvième siècle, d'abord en Prusse et dans d'autres pays germanophones, puis ailleurs, à mesure que d'autres pays reprendront ces idées (littéralement) progressistes. Cette approche peut être résumée par deux mots allemands. Le premier est *Bildung*, qui signifie « éducation », mais qui implique aussi de former une image, puisqu'il vient de la racine *Bild*, qui signifie précisément « image ». *Bildung* suggère la fabrication ou la formation d'une personne, généralement un jeune homme. Les expériences de la vie et l'influence des mentors l'aident à développer son humanité complète à mesure qu'il grandit, jusqu'à ce qu'il soit prêt à prendre sa place en tant que personne épanouie au sein de la société des adultes[3].

L'autre mot est *humanismus*. Étonnamment, il n'entra pas dans les usages, en tant que mot décrivant tout un champ d'activités ou toute une philosophie de la vie, avant le dix-neuvième siècle allemand. Il y avait eu de nombreux *umanisti* en Italie au cours des siècles précédents, mais ce qu'ils faisaient n'avait pas encore été rassemblé sous le nom d'*umanesimo.* Initialement, le terme allemand désignait surtout une approche éducative largement fondée sur les classiques grecs et romains : tel fut le contexte de sa première occurrence attestée chez le pédagogue Friedrich Immanuel Niethammer, en 1808. Il s'étendit ensuite à l'ensemble des domaines de l'histoire, du langage, des arts et de la morale, ainsi qu'à l'éducation[4]. Au milieu du dix-neuvième siècle, les historiens allemands l'appliquaient aussi, rétrospectivement, aux Italiens de l'époque antérieure : il figure en bonne place dans un ouvrage du professeur de Leipzig Georg Voigt paru en 1859, intitulé *La Renaissance de l'Antiquité classique, ou Le Premier Siècle de l'humanisme* – une énorme étude s'ouvrant par un long chapitre sur Pétrarque, présenté comme l'incarnation de « l'*humanitas*, soit tout ce qu'il y a de purement humain dans l'esprit et dans l'âme de l'homme[5] ». Il apparaît également parmi les thèmes de l'historien suisse Jacob Burckhardt, dans sa *Civilisation de la Renaissance en Italie*, parue l'année suivante[6], bien que Burckhardt fût moins intéressé par les collectionneurs de livres et les philologues. Il était autrement inspiré par des personnages comme Léonard de Vinci, « l'homme universel » de son époque, multidisciplinaire et aux talents variés. Les pédagogues du Nord se demandaient néanmoins s'ils pourraient produire de telles figures, ou du moins s'en approcher, grâce à un nouveau système éducatif – une éducation visant la polyvalence, voire une harmonie humaine totale, plutôt que d'inculquer simplement des compétences.

Le premier à avoir eu l'occasion de mettre cela en pratique à grande échelle fut Wilhelm von Humboldt, auquel le gouvernement prussien confia en 1809 la tâche de réorganiser l'ensemble de son système éducatif, pour marquer une nouvelle ère. L'éducation prussienne allait acquérir une réputation de sévérité et de rigidité, alors que l'homme qui l'avait conçue était lui-même fort peu conventionnel, de bien des manières, et avant tout animé par l'amour de la liberté et de la culture humaniste. Ses idées

– celles qu'il put promouvoir de son vivant, comme celles qu'il lui fut impossible de publier pendant un certain temps – allaient inspirer d'autres pédagogues et penseurs dans toute l'Europe, y compris en Grande-Bretagne. Elles influenceraient notamment deux écrivains anglais, auxquels nous reviendrons plus loin dans ce chapitre.

Commençons par Wilhelm von Humboldt. Outre ses travaux pédagogiques, c'était un collectionneur d'art et un excellent linguiste, à la vie sexuelle par ailleurs débridée. Vous vous demandez quel type d'œuvres d'art il collectionnait, quelles langues il étudiait. Lisez la suite.

Le premier « déploiement » de Humboldt eut lieu dans un contexte très privilégié. Il naquit en 1767 dans la famille qui possédait Tegel, un manoir du seizième siècle magnifiquement situé près d'un lac, à la lisière de Berlin. Il y fut éduqué par des précepteurs, tout comme son frère Alexander. Celui-ci avait deux ans de moins que lui ; il travaillait très peu à ses leçons, mais il attirait davantage l'attention. Alors que Wilhelm était un garçon plus calme, plutôt « introverti », comme il le reconnaissait lui-même, Alexander était impulsif et extraverti[7]. Alexander devint par la suite un explorateur et un scientifique, célèbre à la fois pour une expédition périlleuse de cinq années en Amérique centrale et en Amérique du Sud et pour son *Cosmos*, un ouvrage scientifique en plusieurs tomes ; il donna son nom à des centaines de choses, depuis les montagnes jusqu'aux plantes, en passant par les pingouins. Johann Wolfgang von Goethe dirait de lui plus tard, encore sous le choc de l'une de ses visites : « Quel homme ! [...] Je crois voir une fontaine avec une quantité de tuyaux ouverts, on n'a qu'à mettre sa cruche, on a de l'eau fraîche tant que l'on en désire[8]. »

Wilhelm avait son propre charme, mais celui d'un fleuve tranquille, plutôt que d'une fontaine bouillonnante. Même s'il s'intéressait aussi aux sciences et à l'histoire naturelle, ce qui le passionnait vraiment, c'étaient les sciences humaines, en particulier les langues, les arts et la politique. Dans ces domaines-là, et à sa manière « introvertie », il se montra tout aussi aventureux et franc-tireur qu'Alexander, déterminé à vivre selon ses propres lumières. Il était studieux sans être austère : sa fille le décrivit plus tard comme un homme habituellement « joyeux et spirituel », faisant preuve « d'une bonté et d'une gentillesse parfaites[9] ». Des choses allaient également porter son nom. Simplement, ce seraient des écoles et des universités, plutôt que des pingouins.

Les deux garçons grandirent et partirent ensemble à l'université, curieusement accompagnés par leur précepteur. En 1789, deux événements se produisirent dans la vie de Wilhelm. Alors qu'il voyageait en France avec un autre précepteur, la Révolution française éclata. Ils se précipitèrent à Paris pour que Wilhelm y assiste et puisse en tirer une expérience éducative. Ce qu'il vit ne le convertit pas à la politique révolutionnaire, mais il fut frappé par l'atmosphère de liberté qui régnait dans la ville, ainsi que par l'extrême pauvreté encore si manifeste. Ce qui l'amena à écrire : « Il y a tellement peu de gens qui étudient la misère humaine dans toute son horrible étendue, et pourtant, quelle étude serait plus nécessaire[10] ? » Il en garda la conviction qu'il était essentiel d'étudier la vie et l'expérience des hommes.

L'autre événement de 1789 trouve son origine dans ses propres réflexions, plutôt que dans des événements extérieurs. Il exposa ces idées dans un traité intitulé « De la religion », écrit alors qu'il était encore étudiant. Il y abordait la question controversée de savoir si l'État avait le droit de dire aux gens ce qu'ils devaient croire, une opinion assez partagée (du moins pour les autorités), mais qui avait été remise en question durant la longue époque des Lumières par des philosophes comme John Locke ou Voltaire. Le jeune Humboldt était lui aussi enclin à la remettre en question. Deux ans après ce premier traité, il intégra ses conclusions dans un ouvrage politique plus vaste, *Idées pour une tentative de définition des limites de l'action de l'État*. Il s'agit là d'une traduction littérale de l'allemand ; le livre parut en fran-

çais sous le titre *Essai sur les limites de l'action de l'État*. Son titre n'a rien d'excitant. Son contenu, en revanche, est fort audacieux.

Le sujet de Humboldt, c'était l'État dans son rôle autoproclamé d'arbitre moral et idéologique de la vie des citoyens. Les autorités gouvernementales, écrit-il, semblent estimer qu'il est de leur devoir d'imposer telle religion ou tel dogme à leur société, parce qu'elles pensent que, sans cela, tout sombrerait dans l'immoralité et le chaos. Humboldt n'était pas d'accord, parce qu'il avait une vision humaniste de la morale : selon lui, elle est en germe dans notre prédisposition naturelle à la gentillesse et à la fraternité. Ces élans demandent à être guidés et développés, mais ils n'ont pas besoin d'être remplacés par des injonctions de l'État. Pour Humboldt, des principes tels que l'amour ou la justice entrent « doucement et naturellement » en harmonie avec notre humanité, mais pour que cette harmonie soit suivie d'effet, il faut que son champ d'action soit libre. Si l'État impose des principes moraux par diktat, il entrave leur développement naturel. Ainsi, dans les faits, un État qui impose une croyance particulière refuse aux gens le droit d'être pleinement humains[11].

Humboldt conseille donc à l'État de se *limiter*, du moins en ce qui concerne les questions d'humanité et de moralité individuelles. Les gens doivent pouvoir les aborder à leur guise – à une condition toutefois. Si leurs actions les conduisent à empiéter sur le développement ou sur le bien-être d'autrui (par exemple, par un comportement violent ou destructeur), l'État doit intervenir pour les en empêcher. Humboldt affirme ainsi le principe clé du libéralisme politique. Le gouvernement n'est pas là pour dire qui on doit épouser, ni ce qu'on doit croire ou dire, ni quel culte pratiquer, mais principalement pour s'assurer que les choix ne nuisent pas à autrui. Nous ne demandons pas à notre État une grande vision morale ; nous avons seulement besoin qu'il nous fournisse les conditions nécessaires à une vie décente et libre.

Pour Humboldt, des principes similaires s'appliquent aux questions d'éducation. Le caractère se développe au mieux lorsqu'il se déploie « à partir de la vie intérieure de l'âme, plutôt que sous les ordres ou les suggestions d'une influence extérieure[12] ». Pour cela, nous avons besoin de bons enseignants humanistes, pas de règles intrusives de l'État.

Une telle philosophie n'est guère susceptible de plaire aux régimes traditionalistes. (Et elle a peu à offrir aux régimes révolutionnaires, puisque ceux-ci œuvrent à une transformation radicale de tous les aspects de la société, ce qui implique aussi une intrusion au sein de la vie des gens et de leurs choix personnels.) Il peut sembler étrange que l'auteur d'un tel livre se soit vu un jour confier par les autorités le soin de concevoir un programme éducatif national majeur. Mais nul ne savait qu'il l'avait écrit, ou presque : le livre était impubliable. Il essaya bien de le faire éditer avec l'aide de son ami le dramaturge Friedrich Schiller, mais Schiller ne parvint qu'à en faire paraître quelques passages dans des périodiques[13]. L'ouvrage dans sa totalité connut le destin fréquent des travaux humanistes : il fut relégué dans les tiroirs de l'auteur et il y passa des décennies. Humboldt y reviendrait de temps en temps, pour le corriger, mais le manuscrit attendait son heure.

Pendant ce temps, Humboldt devint une figure éminente de l'*establishment*. Il voyagea dans toute l'Europe, où il occupa différents postes gouvernementaux et diplomatiques : il vécut tour à tour à Rome, à Vienne, à Prague, à Paris et à Londres.

Cette carrière prestigieuse fit de lui un bon choix lorsque le projet éducatif prussien fut lancé, en 1809. Humboldt s'y appliqua scrupuleusement, mais il semble aussi y avoir vu l'occasion de mettre enfin en pratique certaines de ses idées libérales. On retrouve dans ses réformes à la fois son amour de la *Bildung* et la conviction qu'il avait que les jeunes développeraient mieux leur « humanité » s'ils pouvaient jouir d'une liberté aussi grande que possible.

Lors des premières années, il estimait que tous les enfants devaient commencer avec les mêmes bases[14]. (C'est-à-dire tous les garçons, puisqu'il ne lui vint pas à l'esprit – pas plus qu'au reste du monde – d'inclure les filles dans son système.) Au lieu de former d'emblée les enfants de la classe ouvrière à un métier, on commencerait par une *Bildung* générale visant à leur forger un bon caractère. Quel que soit le niveau, l'éducation ne devait pas avoir pour but premier d'acquérir des compétences, mais de former des êtres humains dotés d'un sens des responsabilités morales, d'une vie intérieure riche et d'une ouverture intellectuelle au savoir. Ainsi, ils seraient capables de s'épanouir, quel que soit le parcours qu'ils adopteraient.

Ceux qui avaient des aptitudes à l'étude pouvaient accéder à des niveaux plus élevés. Lorsqu'ils atteignaient l'université, on attendait d'eux qu'ils soient capables d'organiser eux-mêmes la majeure partie de leur apprentissage, en augmentant leurs connaissances grâce à des séminaires et des recherches indépendantes, plutôt qu'en écoutant passivement des cours magistraux. Selon Humboldt, l'enseignement universitaire devrait favoriser « une émancipation à l'enseignement proprement dit[15] ». Même si les étudiants obtenaient leur diplôme, cela ne devait pas signifier la fin de leur éducation. Il croyait à l'apprentissage tout au long de la vie, plutôt qu'au fait d'obtenir un diplôme et de s'empresser de tout oublier.

Sous certains aspects, sa vision reflétait assez son époque, notamment en raison de ce désintérêt pour le sort des filles. Elle ressemble aussi, sur d'autres points, aux expériences éducatives les plus radicales du milieu du vingtième siècle – même si elles allaient pousser la part de liberté bien plus loin encore. Le principe de Humboldt, ce n'était pas « tout est permis » ; il cherchait à permettre et à favoriser le développement d'êtres humains véritablement harmonieux et polyvalents. Sa vision de l'humanité et de la liberté demeura au cœur du système éducatif prussien et continua d'influencer ailleurs la pensée des pédagogues. Des questions furent soulevées qui sont encore épineuses aujourd'hui : *À quoi sert* une éducation humaniste ? Si l'objectif est de créer des citoyens épanouis et responsables, comment l'évaluer ? Comment le justifier sur le plan financier, ou sur le plan politique ? Comment équilibrer l'apprentissage de compétences utiles et les bénéfices plus nébuleux d'une *Bildung* globale ? De quel degré de liberté l'étudiant doit-il jouir et quel est le rôle de l'enseignant dans la vie de l'étudiant ? Enfin, comment valoriser le fait de continuer à apprendre après les années de formation ? Ces problèmes vont au-delà de la théorie de l'éducation ; ils touchent à des questions plus profondes : ce que nous voulons dans la vie en général.

Humboldt lui-même prit certainement plaisir à poursuivre sa propre formation tout au long de sa vie. Il n'était jamais aussi heureux que lorsqu'on le laissait tranquillement effectuer ses recherches pour quelque projet intellectuel – et le sujet de ses recherches était souvent, sous une forme ou une autre, cette chose insaisissable : l'humain. Comme il l'écrivit dans une lettre :

> Il n'y a qu'un seul sommet dans la vie : avoir pris et ressenti la mesure de tout ce qui est humain, avoir vidé jusqu'à la lie ce que le destin offre, et rester tranquille et doux, pour permettre à la vie nouvelle de prendre librement forme dans le cœur[16].

Cette quête lui procurait tant de plaisir qu'il imaginait, naïvement peut-être, qu'elle permettrait à beaucoup d'autres de s'épanouir – même s'il savait qu'on ne pouvait que l'encourager, et jamais l'imposer. La vie doit prendre *librement* forme en chacun de nous. Et Humboldt ne se contenta pas d'appliquer sa foi en la liberté aux domaines de l'éducation, de la politique et de la religion : il l'appliqua aussi à sa vie personnelle.

Il avait épousé Caroline von Dacheröden (ou « Li », comme il l'appelait toujours) ; ils eurent des enfants et semblent avoir été heureux ensemble. Humboldt n'avait rien de conventionnel, ni dans ses idées, ni dans leur mise en pratique. Dans son essai secret sur le rôle de l'État, il avait déjà suggéré que la liberté devait aussi signifier confier aux gens la responsabilité de leurs choix en termes de mariage et de vie sexuelle – là encore, tant qu'ils ne nuisaient à personne et que la situation était consensuelle[17]. Selon lui, tout mariage devrait surtout être autorisé à suivre son chemin, à l'instar des individus. Chaque mariage aussi a un caractère propre, qui vient du caractère des deux personnes impliquées. On ne le renforcera pas en le rendant conforme à une loi extérieure. La tâche de l'État, ici comme ailleurs, est de protéger les gens contre des maux éventuels, et à part cela de les autoriser à faire ce qu'ils veulent.

Ainsi Caroline eut-elle des amants, avec lesquels elle passa parfois plus de temps qu'avec Wilhelm. Et lui poursuivit son existence fantaisiste. J'évoquais plus haut sa sexualité peu orthodoxe : nous savons qu'elle l'était parce qu'il écrivit sur le sujet – aucun texte destiné à publication, naturellement, mais dans son journal intime, où il notait ses rêves. Il était fasciné par l'idée de soumettre des femmes physiquement fortes et issues de la classe ouvrière dans diverses situations. Une femme, par exemple, attira son attention lorsqu'il la vit travailler sur le bac qui traversait le Rhin. Il mit parfois en scène de tels scénarios avec des prostituées, d'autres fois ils restaient imaginaires[18]. Ce qui rend tout cela si intéressant, c'est que, lorsqu'il écrivait sur le sujet, il réfléchissait aussi à l'origine et aux effets de sa vie sexuelle sur sa propre psychologie. Longtemps avant que Sigmund Freud ne fasse de cette idée une évidence, Humboldt se demandait dans son Journal si de tels désirs pouvaient éclairer d'autres aspects de l'âme humaine. Il émit l'hypothèse que mener une existence dotée d'une imagination sexuelle aussi vive l'avait aidé à se tailler son propre chemin dans la vie : cela l'avait rendu plus « introverti ». Cela avait également nourri sa curiosité à l'égard des relations humaines comme de toute « étude de caractère » – soit le cœur de sa carrière intellectuelle.

Ainsi, à la question : le système éducatif prussien doit-il quelque chose aux perversions sexuelles de Wilhelm von Humboldt ?, la réponse est oui, d'une certaine manière. Ce qui est plus intéressant encore, c'est que ces pans de sa vie révèlent à quel point il était préoccupé par la question de la nature humaine dans toute sa complexité et dans toute sa diversité.

Les aspects inhabituels de sa relation avec Caroline eurent une autre conséquence heureuse : comme ils étaient souvent séparés, nous disposons d'une volumineuse correspondance entre eux, que nous n'aurions pas eue si l'une était toujours restée dans le salon et l'autre dans le bureau. Les lettres qu'il lui adressa constituent un ensemble d'une grande richesse ; elles sont remplies de réflexions sur l'humanité, sur l'éducation et sur ses autres thèmes de recherche. De manière générale, Humboldt était un bon correspondant – l'un de ces épistoliers prodigues que l'on peut placer aux côtés de Pétrarque, d'Érasme ou de Voltaire. Ayant vécu dans de nombreuses régions d'Europe, il connaissait des gens partout, et il s'intéressait toujours à eux, malgré son introversion. Comme il l'écrivit dans une de ses lettres à Caroline :

> Plus on cherche, et trouve, en cette vie, des êtres humains, plus on s'enrichit, plus on se suffit à soi-même et plus on devient indépendant. Plus humanisé, plus facilement touché par tout ce qui est humain dans toutes les facettes de sa nature et dans tous les aspects de la création. Tel est le but, chère Li, vers lequel ma nature me pousse. C'est ce que je vis et ce que je respire. C'est ici que se trouve pour moi la clé de tous les désirs [...]. Celui qui à sa mort peut se dire « J'ai compris le monde autant que je le pouvais et je l'ai transformé en mon humanité » aura atteint son but[19].

Après toutes ces expériences, cependant, ce qu'il aimait plus que tout, c'était rentrer chez lui, dans le château de Tegel – dont Alexander et lui avaient entre-temps hérité de leurs parents. Wilhelm l'avait fait complètement rénover au début des années 1820 dans le style néoclassique. Caroline et lui y passèrent beaucoup de temps ensemble, notamment autour de leur collection d'œuvres d'art, qui comprenait des sculptures particulièrement prisées à l'époque dans l'espace germanique : des copies de grandes statues classiques de Rome et de Grèce. Wilhelm eut le plaisir d'y accueillir leurs enfants, et plus tard leurs petits-enfants. Pour sa part, il lisait, écrivait et étudiait.

Il s'adonnait surtout à sa grande passion intellectuelle : l'étude du langage, qu'il considérait comme la clé de l'étude de l'humanité elle-même, puisque nous sommes des créatures culturelles qui vivons en large part dans le monde des symboles, des idées et des mots. Il écrivit à Caroline : « Seule l'étude du langage permet à l'âme de s'ouvrir, depuis la source de toutes les pensées et de tous les sentiments, jusqu'à toute l'étendue des idées, soit tout ce qui concerne l'homme, avant tout et au-delà de tout le reste, même de la beauté et de l'art[20]. »

L'un des avantages des postes qu'il avait occupés dans d'autres pays fut la possibilité de s'immerger dans les langues de ces pays. Il apprit le basque lorsqu'il vécut dans la péninsule espagnole, ou à proximité, et il travailla sur des inscriptions étrusques pendant son séjour à Rome. Il étudia également des langues plus lointaines : l'islandais, le gaélique, le copte, le grec, le chinois, le sanskrit. Et Alexander lui rapporta de ses voyages de quoi lui permettre de s'initier aux langues amérindiennes[21].

Avec le temps, Alexander devint un visiteur toujours plus fréquent à Tegel – un endroit qu'il n'avait pourtant fait que fuir dans sa jeunesse. Il venait et divertissait la famille de Wilhelm en rapportant des histoires et des nouvelles politiques du monde extérieur. Wilhelm, au contraire, aimait à proclamer qu'il ne lisait jamais le journal : « Vous pouvez être sûr d'entendre ce qui s'y trouve d'important, et vous pouvez faire l'économie du reste[22]. » Le contraste entre les deux frères était plus visible que jamais : l'un regardait vers l'extérieur, l'autre vers l'intérieur ; l'un suivait le bouillonnement des événements en cours, l'autre s'immergeait dans de longues et profondes études culturelles.

Caroline mourut en 1829 et Wilhelm consacra ses dernières années à Tegel à son ultime projet : l'étude du kawi, la langue classique, religieuse et poétique de Java, en Indonésie. Il commença par la rédaction d'une introduction qui prit les dimensions d'un véritable livre. Il y réfléchissait à sa théorie générale des langues : dans son approche habituelle, holistique, il voyait chacune d'elles comme l'expression de la vision du monde propre à leurs cultures respectives[23].

Mais le temps lui fit défaut ; il ne put jamais achever son ouvrage. Cinq ans après la mort de Caroline, sa propre santé déclina. Sa fille Gabrielle von Bülow quitta sa maison en Angleterre pour venir l'aider, en emmenant ses enfants avec elle ; linguiste jusqu'au bout, Humboldt fut impressionné par la manière insouciante avec laquelle ces jeunes cosmopolites mélangeaient l'allemand et l'anglais quand ils parlaient. En mars 1835, une forte fièvre le fit glisser dans une semi-inconscience durant laquelle il murmura lui-même un mélange de français, d'anglais et d'italien. À un moment, il prononça clairement les mots : « Il doit y avoir quelque chose à suivre – quelque chose à venir encore – à révéler – à... » Sa famille se réunit autour de lui au moment de son agonie. Le 8 avril, il demanda qu'un portrait de Caroline soit décroché du mur et qu'on le lui apporte. Il y appuya un baiser de son doigt. Puis il dit : « Au revoir ! Allez la raccrocher, maintenant ! » Et il quitta ce monde sur ces mots[24].

Le modèle éducatif humboldtien allait être largement diffusé, et dans de grandes parties des territoires germanophones il domina jusqu'au vingtième siècle – jusqu'à 1933, plus précisément, année de l'arrivée au pouvoir des nazis, qui rejetèrent en bloc les idéaux humanistes. À la place, ils installèrent un gigantesque système d'endoctrinement destiné à transformer les garçons en guerriers et les filles en génitrices vouées à produire des guerriers. La formation d'individus équilibrés, pleinement humains, libres et cultivés n'avait pas sa place dans le monde des fascistes, qui ne souhaitaient pas « humaniser » quiconque – au contraire.

Comme ses idées pédagogiques, les idées politiques de jeunesse de Humboldt sur la liberté ont également eu une postérité. À sa mort, ses héritiers commencèrent à examiner les documents dans son bureau, et ils y trouvèrent – toujours là après un demi-siècle – le traité sur les limites de l'État. Il fut finalement publié grâce à Alexander, qui s'attela au formidable travail d'une édition en plusieurs volumes des œuvres de son frère. L'*Essai sur les limites* parut dans cette édition en 1852.

Il fut traduit dans d'autres langues, notamment l'anglais, et il retint rapidement l'attention de ses lecteurs anglais. Parmi eux se trouvaient l'un des penseurs libéraux les plus importants de la génération suivante, John Stuart Mill, ainsi que sa collaboratrice et compagne qu'il venait d'épouser : Harriet, anciennement Taylor, désormais Mill.

Nous avons rencontré les Mill au chapitre précédent, dans le contexte du féminisme. Les arguments de Harriet en faveur du droit des femmes à aspirer à la « sphère propre à tous les êtres humains[25] » la plus vaste et la plus haute présentaient une puissante connotation humaniste. John, de son côté, développa une théorie intégrale du libéralisme politique. Son propre féminisme et ses discussions avec Harriet exercèrent une grande influence sur sa théorie, de même que sa lecture de Wilhelm von Humboldt. En 1859, lorsqu'il publia son court ouvrage *De la liberté*, à son tour très consulté, il le fit précéder d'une citation du livre redécouvert de Humboldt sur l'État :

> Le grand principe directeur vers lequel convergent directement tous les arguments développés dans ces pages est l'importance

absolue et essentielle du développement humain dans sa diversité la plus riche[26].

Le thème de Mill était la liberté, mais en choisissant une telle citation en ouverture, il inscrivait résolument la liberté dans une tradition humaniste plus large. Les deux mots figurant dans ces lignes, *diversité* et *développement*, iraient toujours de pair avec le mot *liberté*, dans la pensée de Mill. Chacun de ces trois mots nourrissait les autres. Selon lui, pour devenir des êtres humains pleinement développés, il nous faut non seulement la liberté, mais aussi de nombreux contacts avec la diversité des façons de vivre une existence humaine – y compris les plus excentriques. Une société libérale nous permet de développer nos propres talents à travers des contacts avec la diversité, le tout se déroulant dans un environnement culturellement riche et sans ingérence de l'État. Sauf, bien sûr, si ce que nous faisons nuit aux autres. Pour Mill, comme pour Humboldt, le rôle de l'État n'est pas de définir une forme de vie ou de morale unique et parfaite, mais de permettre à chacun d'avoir l'espace nécessaire pour s'épanouir, sans priver les autres de leur propre espace.

Pour Mill aussi, une bonne approche de l'éducation est cruciale, et là encore, il souligne l'importance de la diversité[27]. Nous avons besoin d'expériences qui nous fassent grandir, ce qui signifie des « expériences de vie ». Humboldt avait déjà écrit à quel point nous apprenons mieux quand nous sommes placés dans une « variété de situations », plutôt que face à un modèle unique de vie[28]. Plus encore, être confrontés à la variété contribue à nous rendre plus tolérants. Comme le disait Montaigne au sujet des bienfaits du voyage : « Tant d'humeurs, de sectes, de jugements, d'opinions, de lois et de coutumes nous apprennent à juger sainement des nôtres[29]. »

D'après Mill, il est bon qu'une société libérale défende « l'absolue liberté d'opinion et de sentiment sur tous les sujets, pratiques ou spéculatifs, scientifiques, moraux ou théologiques ». Ce qui implique d'encourager la liberté de pouvoir exprimer

tout cela ouvertement, car une liberté qui doit être gardée secrète n'en est pas une. Il note toutefois qu'une telle liberté d'expression peut heurter les sensibilités et amener les gens à faire des choses que d'autres considèrent comme « folles, perverses ou mauvaises ». Ce n'est pas un problème tant que cela ne cause de réel préjudice à personne[30]. (Bien entendu, la définition de « préjudice » est tellement complexe qu'on en discute encore aujourd'hui.)

De la liberté comportait d'autres conséquences, notamment en matière de sexualité et de religion. Mill pensait, comme Humboldt, que les individus devraient être libres de choisir leurs relations, toujours dans le respect de la clause de non-préjudice. Comme Wilhelm et Caroline, Harriet et John eurent une relation non conformiste – sans qu'aucune batelière ne soit impliquée cette fois-ci (pour autant que nous le sachions). Vingt années durant, après leur rencontre, ils ne purent pas se marier, parce que Harriet était déjà la femme de quelqu'un d'autre et que le divorce était presque impos-

sible à l'époque. Son époux, John Taylor, semble avoir été un homme sympathique, mais ils s'étaient mariés alors que Harriet n'avait que dix-huit ans et elle constata trop tard qu'ils n'allaient pas ensemble. Lorsqu'elle rencontra Mill, elle tomba amoureuse de lui principalement parce que c'était quelqu'un avec qui elle pouvait parler de philosophie, de politique et de morale pendant des heures. Ils passèrent du statut d'amis à celui d'amants et finirent par vivre (plus ou moins) ensemble, selon un arrangement discret avec John Taylor. Pour éviter tout désagrément éventuel, ils menèrent une vie tranquille dans la banlieue, à l'écart de la société mondaine. Cela dura une quinzaine d'années, jusqu'à ce que John Taylor meure d'un cancer, en 1849. Après une période de deuil décente, Harriet et Mill se marièrent, non sans quelques ajustements ajoutés aux promesses de mariage standard. Le mariage, à cette époque, donnait au mari un contrôle presque total sur les affaires de sa femme, y compris sur ses biens. Il était impossible de renoncer légalement à ce contrôle, mais lors de la cérémonie, Mill lut une « Déclaration sur le mariage » dans laquelle il indiquait qu'il n'était pas d'accord avec les droits qui lui étaient accordés : il promit de ne jamais les exercer[31]. Ainsi, comme les Humboldt, ils rejetèrent la voie définie par l'État et choisirent les principes qui convenaient à leurs idées.

L'autre question délicate était la religion, et sur ce point les sentiments de Mill varièrent tout au long de sa vie. Durant ses dernières années, il semble avoir envisagé la possibilité d'un Dieu abstrait, dans le style déiste, quelque part dans le monde, loin des affaires humaines. De façon générale, il ne trahit jamais aucun signe de quelque croyance que ce soit. De manière très inhabituelle pour l'époque, il avait été élevé sans endoctrinement religieux : son père, James Mill, était un agnostique qui avait rejeté sa propre éducation presbytérienne en faveur de la philosophie utilitariste de son ami Jeremy Bentham. John fut donc endoctriné par cette philosophie[32]. Retournons un instant au temps de son enfance.

Son immersion dans la théorie utilitariste ne représente qu'une partie de ce qui fut sans doute l'une des expériences éducatives les plus bizarres depuis que le père de Montaigne avait voulu faire de son fils un latinophone de langue maternelle. James Mill, lui, choisit pour ses enfants l'école à la maison et donna à son fils un accès étonnamment précoce aux études classiques. Dès l'âge de trois ans, le bambin apprenait le grec en s'appuyant sur les *Fables* d'Ésope ; il passa ensuite à Hérodote, Xénophon et Platon. Le latin vint s'y ajouter vers l'âge de sept ans. Il fut également chargé d'enseigner ce qu'il avait appris à ses jeunes frères et sœurs qui grandissaient derrière lui. Tous les matins, sa journée commençait par une promenade avant le petit déjeuner en compagnie de son père, dans la plaisante région, encore rurale, qui entourait leur maison de Newington Green, au nord de Londres. Ils auraient pu atteindre un gros score au *bonheur-o-mètre*, si John n'avait pas été contraint de faire pendant la promenade un compte rendu oral de ce qu'il avait lu la veille, puis d'écouter son père disserter sur « la civilisation, le gouvernement, la morale, cultiver son esprit ». Enfin, John devait répéter l'essentiel de ces arguments avec ses propres mots. Il serait bon de savoir ce que sa mère pensait de tout cela, mais curieusement – pour un féministe – James ne la mentionne jamais dans son autobiographie.

Dans un premier temps, John fut influencé par son père ; il fonda même, dans sa jeunesse, sa propre petite Société utilitariste, qui compta trois membres. Il continua de développer les idées utilitaristes par la suite : vous pouvez les voir à l'œuvre dans l'équilibre entre les avantages et les inconvénients du libéralisme décrits dans *De la liberté*. À l'âge d'environ vingt ans, cependant, il vécut une expérience qui changea son point de vue sur ces équilibres. Il tomba dans la dépression. C'est là le même type d'acédie dont Pétrarque avait souffert cinq siècles plus tôt : une incapacité à ressentir du plaisir[33]. Cela jeta l'ombre d'un doute sur le calcul félicifique. À quoi bon compter les unités de bonheur si, pour des raisons plus profondes, on ne peut pas *ressentir* ce bonheur ?

Mill s'en sortit en partie grâce à une découverte inattendue : la poésie. Ni son père ni Bentham n'en avaient jamais vu l'intérêt ; Bentham définissait un poème comme un texte dont les lignes ne parviennent pas à atteindre la marge[34]. John s'était rebellé : il était tombé amoureux de cette forme, en particulier de l'œuvre de William Wordsworth, chargée d'émotions intenses et d'amour de la nature[35]. Wordsworth essayait également, dans son *Prélude*, de retracer le développement de l'expérience intérieure d'un individu depuis l'enfance : une entreprise très *Bildung*-oïde.

La lecture de Wordsworth fit comprendre à Mill que les humains ont besoin de satisfactions plus profondes, et cela d'une manière propre à aucun autre animal. Nous avons besoin de sens ; nous avons soif de beauté et d'amour. Nous recherchons notre épanouissement dans « les objets de la nature, les œuvres de l'art, l'imagination poétique, les événements historiques, les coutumes de l'humanité passée et présente ainsi que ses perspectives futures » – soit tous les aspects de la *culture*[36]. (On pense à Giannozzo Manetti et à son traité *Sur la dignité et l'excellence de l'homme* : « Quel plaisir nous procurent nos facultés d'appréciation, de mémoire et de compréhension[37] ! ») Le bonheur reste le bien à rechercher, mais dorénavant, Mill saura que certaines formes de bonheur ont plus de sens que d'autres. L'une d'elles est le sentiment d'être libre, « vivant » et « humain », ce dont il parlera dans *L'Asservissement des femmes*[38]. L'utilitarisme strict ne s'en accommode pas facilement : au lieu d'unités de bonheur comptables, nous sommes ramenés à des qualités inquantifiables et incommensurables. Mais ce que la nouvelle approche de Mill perd en rigueur, elle le gagne en subtilité. Sa version est plus *humaine* que celle de Bentham.

Tout en améliorant l'utilitarisme, l'élément humain de Mill améliore le libéralisme. Il le distingue, par exemple, de sa parodie aujourd'hui qualifiée de « néolibéralisme », qui permet aux riches d'accroître leurs profits sans aucune réglementation, tan-

MILL'S LOGIC ; OR, FRANCHISE FOR FEMALES.

"PRAY CLEAR THE WAY, THERE, FOR THESE—A—PERSONS."

dis que le reste de la population doit en subir les conséquences. Pour Mill comme pour Humboldt, ce n'est pas ce que signifie la liberté. Une société véritablement libérale valorise et permet des satisfactions plus profondes : la recherche du sens et de la beauté, la diversité des expériences culturelles et personnelles, l'excitation des découvertes intellectuelles, et les plaisirs de l'amour et de l'amitié.

Mill disait toujours que Harriet avait beaucoup contribué à la réflexion qui avait abouti à *De la liberté*, et plus tard à *L'Asservissement des femmes*, même s'il n'alla pas jusqu'à faire figurer son nom sur ces essais. S'il avait voulu le faire, c'eût été de manière posthume, car elle ne vécut pas assez longtemps pour voir ces deux livres paraître. Elle mourut en 1858 d'une maladie respiratoire – probablement la tuberculose –, alors qu'ils se trouvaient à Avignon, sur la route du Sud, du soleil et d'un air plus sain. Dans sa tristesse, après l'avoir enterrée là-bas, Mill acheta une maison à côté du cimetière pour pouvoir rester à proximité de sa fille à elle (née Taylor). Il écrivit une épitaphe tissée d'éloges pour ce qu'elle avait accompli et qui contenait cette phrase : « S'il y avait ne serait-ce qu'un petit nombre de cœurs et d'intelligences comme les siens, cette terre serait déjà le paradis espéré. » Il ne mentionne aucun autre type de paradis : sa vie après la mort, comme celle des autres humanistes, n'existera que dans la mémoire humaine, à travers les conséquences de ses actes et de ses écrits[39].

Mill poursuivit son travail en politique et en philosophie, et mit en pratique ses idées féministes en 1865 en se présentant aux élections législatives britanniques, en partie sur le fondement d'un programme visant à accorder le droit de vote aux femmes. Il fut élu, mais lorsqu'il proposa un amendement sur le suffrage des femmes au projet de réforme électorale de 1867 (il suggérait de remplacer le mot « homme » par « personne »), sa démarche échoua. Le débat parlementaire fit néanmoins un pas en avant, et il le considéra comme sa plus grande réussite dans ce rôle[40]. Cinq ans plus tard, en 1873, il mourut et fut enterré avec Harriet à Avignon.

Les idées de Humboldt et de Mill constituent aujourd'hui encore le socle de la société libérale, non seulement pour leur conception de la liberté, mais aussi pour leur humanisme : leur vision d'une société fondée sur l'épanouissement humain, dans laquelle chacun peut déployer sa vie et s'épanouir au maximum dans son humanité. Aucune société ne peut prétendre avoir atteint un tel objectif à la perfection – loin de là. Or, parvenir à un état idéal n'a jamais été un but libéral, ni utilitariste. Ni même humaniste. Le but, dans ces trois cas, est simplement d'améliorer un peu les choses, pas de les empirer.

Wilhelm von Humboldt inspira un autre Anglais : Matthew Arnold. Poète, critique littéraire, essayiste spirituel et controversé, c'était aussi un pédagogue qui passa trente-cinq ans à inspecter des écoles dans tout le pays et à rédiger des rapports sur d'autres systèmes en usage à l'étranger – tout cela dans le but d'élever le niveau général d'épanouissement[41].

Il y avait assurément de quoi faire. En Angleterre, les écoles pour les pauvres étaient de qualité variable. Arnold plaidait pour qu'elles soient toutes au même niveau et que ce niveau soit relevé de plusieurs degrés, principalement en introduisant du meilleur matériel culturel dans les salles de classe. On voit bien qu'il a lu Humboldt lorsqu'il écrit, dans son essai de 1869 *Culture et anarchie*, que l'objectif de ces réformes est de nous permettre de développer « toutes les facettes de la culture ». De manière également humboldtienne, il considère que cela signifie que *tous* les niveaux de la société développeraient ensemble leur humanité. Personne ne devrait être laissé pour compte : nous sommes tous sans exception « les membres d'un grand tout, et la sympathie qui existe dans la nature humaine ne permet pas à l'un de ces membres d'être indifférent aux autres ni de jouir d'un bien-être parfait indépendamment des autres ». Au lieu de se contenter de se développer seul, l'individu devrait faire « continuellement tout ce qu'il peut pour grossir et augmenter le volume du flot humain déferlant vers ce même but [*thitherward*] ». Arnold me tient, avec ce « *thitherward* ». J'ai longtemps pensé que la famille de termes comprenant *thither* et *thence* (« vers là-bas » et « à partir de là ») devrait être remise en usage, mais ici il fait encore mieux[42].

Matthew Arnold avait grandi dans un milieu d'enseignants, puisque son père, Dr Thomas Arnold, était le vigoureux et très chrétien directeur du collège de Rugby. Matthew partit étudier à Oxford, où il nourrit peut-être des doutes sur la religion ; le sujet le troublait et surgissait souvent dans ses poèmes. (Nous reviendrons sur ce point dans le chapitre suivant.) Il épousa une femme pieuse, Frances Lucy Wightman, connue sous le nom de « Flu ». Contrairement aux Humboldt et aux Mill, le mariage des Arnold suivit une voie plus conventionnelle, mais marquée par beaucoup de tristesse. À l'époque où Thomas révisait le texte d'une conférence pour en faire son livre *Culture et anarchie*, ils étaient en deuil de deux enfants perdus en l'espace d'une seule année – le dernier en date étant celui de leur fils aîné, Tommy, mort après une chute de poney[43].

Pourtant, *Culture et anarchie* se révéla pétillant d'esprit et d'espièglerie, tout en avançant des arguments sérieux. L'idée générale d'Arnold est que l'anarchie, qu'il déplore, peut être combattue au moyen de la culture, qu'il admire. Il se passe beaucoup de choses en cours de route. Il surprend et amuse le lecteur par ses tournures de phrases ; il prend régulièrement soin de faire en sorte que le cœur des humanistes se gonfle d'enthousiasme. Il sait charmer et convaincre, même lorsqu'il avance des choses quelque peu absurdes ou mal étayées. Par endroits, vous en êtes réduit à le regarder avec perplexité s'adonner à quelque lubie qui l'emporte au loin, sur une page ou deux ; il finit par revenir au trot de sa digression. Il montre surtout une tendance presque délibérée d'égarer ses lecteurs en donnant à des mots un sens qu'ils n'ont pas d'habitude. Ainsi, il emprunte le terme « hébraïsme » au poète juif allemand Heinrich Heine, mais il l'utilise pour désigner le puritanisme chrétien. Lorsqu'il parle de la classe sociale des « barbares », un lecteur inattentif pourrait penser qu'il parle avec mépris des classes inférieures, mais non, il désigne ainsi l'aristocratie. (La classe ouvrière est la « populace », et les classes moyennes sont les « philistins ».)

Deux définitions de la culture qu'il répète souvent dans le livre peuvent également induire en erreur. La première est l'affirmation selon laquelle la « culture » peut être définie comme « ce qui a été pensé et dit de meilleur dans le monde[44] ». Pour la seconde, elle est tout ce qui apporte « douceur et lumière[45] ».

La première de ces définitions, « ce qui a été pensé et dit de meilleur », semble élitiste. Arnold rejette en fait catégoriquement la tendance des membres des classes moyennes et supérieures à estimer que toute la culture leur appartiendrait de droit, quand bien même ils n'auraient jamais touché un livre ni regardé une œuvre d'art[46]. Pour lui, la vraie culture est accessible à tous, et elle provient d'un « intérêt pour les choses de l'esprit[47] ». Cela signifie être curieux et remettre en question les idées reçues ;

ou : « diriger un courant de pensée nouvelle et libre sur nos idées et nos habitudes toutes faites, que nous suivons, à l'heure présente, résolument mais mécaniquement[48] ». C'est le sentiment exaltant d'*expansion* dans le monde humain, tel que Humboldt le décrit dans ses lettres. Il s'agit aussi de l'élargissement de la vie qui découlait chez Mill de la rencontre avec une diversité d'expériences. On peut être cultivé même si on ne lit que le journal, disait Arnold, à condition de le lire avec un regard libre, neuf et critique[49].

Il est toutefois difficile de développer un tel esprit si l'on n'a pas été suffisamment exposé à des matériaux de grande qualité – d'où l'importance de l'éducation. Et d'une bonne éducation. Même les membres les plus pauvres de la société devraient avoir accès à des œuvres d'art et à de la littérature originales et de qualité, plutôt qu'aux fadaises abrutissantes qui leur sont souvent servies sous prétexte qu'ils ne pourraient pas recevoir autre chose que du prémâché peu exigeant. Aux yeux d'Arnold, il y a là un défi à relever pour les enseignants : trouver des moyens de présenter la culture dans toute sa richesse, *tout en* la rendant accessible. Ce qu'il faut faire avec la culture, c'est « l'humaniser, la rendre efficace hors de la caste des hommes cultivés et des savants » – tout en veillant à ce qu'elle reste « le savoir et la pensée les *plus remarquables* de leur temps[50] ».

Quant à l'autre définition, « douceur et lumière », elle n'est pas mieux, suggérant des sucreries dignes des contes de fées. En fait, elle est tirée d'une scène de la « Bataille des Livres » de Jonathan Swift, elle-même inspirée par certaines poésies latines d'Horace. Dans la satire de Swift, une araignée et une abeille discutent pour savoir laquelle des deux est la meilleure. C'est moi, dit l'araignée, parce que je suis une créatrice originale. Je construis à partir de ma propre soie, sans avoir besoin de rien d'autre. C'est moi, dit l'abeille. Tu es peut-être plus originale, mais tu ne crées que des toiles d'araignées et du venin, alors que moi, je puise mon pollen dans les fleurs, certes, mais je l'utilise pour produire du miel (douceur) et de la cire pour les bougies (lumière)[51]. Pour

SWEETNESS AND LIGHT.

Arnold aussi, la culture se nourrit de nombreuses expériences de seconde main, mais elle les transforme en quelque chose de neuf et de lumineux. La « lumière » dont il parle n'a rien de féerique ; elle ressemble plutôt à la lumière intellectuelle que les humanistes férus de Pétrarque avaient l'impression de libérer des cellules monastiques – ou peut-être à la lumière de la Raison des Lumières.

Culture et anarchie est un livre dans lequel vous pouvez trouver différents messages, selon vos inclinations. Les conservateurs l'appréciaient parce qu'ils partageaient l'horreur d'Arnold pour l'« anarchie », en particulier les désordres publics et les manifestations de rue qui caractérisaient la vie britannique à l'époque de sa publication. Lui-même privilégié, Arnold ne voyait pas pourquoi les gens se comportaient d'une manière aussi grossière, alors qu'ils auraient mieux fait de lire Horace. Certains de ses propos n'en sont pas moins remarquablement visionnaires : il s'oppose à l'exclusion et fait preuve d'ouverture d'esprit en encourageant la pensée critique et la curiosité. Il se décrit également comme un libéral[52]. Au cœur de *Culture et anarchie* se trouvent des idées humanistes intemporelles : notre humanité commune nous relie tous, et nul n'a le droit d'être condescendant envers les autres ni de les rejeter comme des êtres sans importance.

La pensée arnoldienne possède une certaine forme de sérieux, laquelle se perpétua par son influence en Grande-Bretagne et ailleurs. Elle est l'une des forces fondatrices au vingtième siècle de la British Broadcasting Corporation, chaîne de radio dont le but est d'éclairer et d'informer les masses, autant que de les divertir. Elle se trouve aussi au centre d'innombrables institutions de formation des adultes fondées au début du même siècle, telles que la Workers' Educational Association, créée en 1903.

Elle eut également un impact sur l'édition, qui connut une phase très arnoldienne en Amérique comme en Angleterre[53]. Les collections de « Grands Livres » pouvaient rapporter gros aux éditeurs, puisque les œuvres de Shakespeare et Milton étaient dans le domaine public. Même les traductions pouvaient marcher, malgré la nécessité de payer des traducteurs. Une des premières collections de ce genre, « Bohn's Standard Library », publia de nombreux classiques grecs et romains en anglais, même si elle frustrait les lecteurs en laissant tous les passages comportant des allusions sexuelles dans leur langue d'origine[54].

Vinrent ensuite des productions aussi remarquables que le *Five-Foot Shelf of Books* du Dr Eliot, nom donné à un ensemble de cinquante et un volumes de littérature édités en 1909 par Charles W. Eliot, président de l'université de Harvard[55]. En Grande-Bretagne, il y eut la Everyman's Library, fondée en 1906 par J. M. Dent, fils d'un peintre en bâtiment. Hélas, l'habitude qu'avait Dent de crier « Espèce d'âne ! » aux membres de son équipe laisse à penser que son enthousiasme à leur endroit avait des limites[56]. Ces employés étaient en réalité le secret de sa réussite, en particulier le directeur de la collection, Ernest Rhys, un ingénieur des mines qui avait organisé des groupes de lecture pour les mineurs avant de se reconvertir dans le monde du livre[57]. C'est lui qui donna à la collection sa ligne : des livres bon marché conçus selon les critères de qualité les plus élevés[58]. Chaque ouvrage était orné d'une belle page de titre gravée sur bois et de l'emblème d'Alde Manuce – le dauphin et l'ancre – en hommage à ce pionnier de l'édition et à ses livres légers et bien imprimés.

Pour aider les lecteurs à s'y retrouver dans cette abondance, des listes des « meilleurs livres » arnoldiens commencèrent à paraître, comme les « Cent meilleurs livres » choisis en 1886 par le directeur du Working Men's College, Sir John Lubbock. Outre les choix eurocentriques habituels, il recommandait des ouvrages comme les *Entretiens* de Confucius et des versions abrégées du *Mahābhārata* et du *Rāmāyana*. Il admit qu'il n'avait pas personnellement apprécié tout ce qui figurait sur la liste : « En ce qui concerne les Pères apostoliques, je ne peux pas dire que j'ai trouvé leurs écrits très intéressants ni très instructifs, mais ils sont très courts[59]. »

La liste comprenait d'autres suggestions, ajoutées par des personnalités connues que Lubbock avait contactées. John Ruskin voulait y trouver plus de livres d'histoire naturelle : « L'autre jour, au petit déjeuner, il m'arriva de souhaiter en savoir plus sur la biographie d'une crevette[60]. » Henry Morton Stanley, l'aventurier qui était parti en Afrique pour y retrouver David Livingstone, raconta la rocambolesque histoire de ce voyage qu'il fit en compagnie de Darwin, d'Hérodote, du Coran, du Talmud, des *Mille et Une Nuits*, d'Homère et de bien d'autres encore : au fur et à mesure que ses porteurs le quittaient ou tombaient malades, il était contraint de jeter ces livres, jusqu'à ne plus posséder que « la Bible, Shakespeare, le *Sartor Resartus* de Carlyle, la *Navigation* de Norie et l'Almanach nautique de 1877. Le pauvre Shakespeare fut ensuite brûlé à la demande du peuple idiot de Zinga[61] ».

Les ouvriers donnèrent aussi leur avis sur la foi d'Arnold dans l'épanouissement par la lecture et par la culture, et leurs réponses divergent. Certains craignaient – comme le dit Ethel Carnie, autrice radicale et ancienne ouvrière d'une filature de coton, dans une lettre au *Cotton Factory Times* de 1914 – que trop de culture « chloroforme » les travailleurs en les distrayant de leur combat pour apporter de réels changements dans leur vie[62]. Ils feraient mieux de lire Karl Marx, plutôt que Confucius ou des biographies de crevettes, et de se tourner vers l'action politique révolutionnaire.

Mais d'autres ne voyaient là aucune contradiction : pour eux, la lecture et l'étude étaient le meilleur moyen de prendre conscience de l'exploitation dont ils étaient victimes et de se donner les moyens de la combattre – ne pas être chloroformé dans le sommeil, donc, mais bien émerger jusqu'à l'état d'éveil. George W. Norris, un postier et syndicaliste qui passa vingt-deux ans à suivre les cours de l'Association pour l'éducation des travailleurs, décrivit plus tard l'effet que ces cours eurent sur lui : « La formation à l'art de la pensée m'a donné les moyens de voir à travers les faux-semblants et les escroqueries qui se cachent derrière les titres sensationnels des journaux modernes, derrière les effusions oratoires des politiciens et des dictateurs mensongers, et derrière les idéologies doctrinaires qui parcourent le monde en semant la haine[63]. »

Un autre facteur entrait en ligne de compte. Étudier, lire, regarder des œuvres d'art, exercer son esprit critique : tout cela pouvait procurer du *plaisir*.

Les humanistes avaient toujours insisté sur l'aspect hédoniste de la vie culturelle. Manetti avait écrit sur la joie que procurent la pensée et le raisonnement. Cicéron avait plaidé en faveur de l'octroi de la citoyenneté romaine au poète Archias en raison du plaisir et de l'élévation morale qu'il procurait aux Romains. Les trois humanistes de ce chapitre-ci s'accordaient à dire que la culture et le développement de l'humanité à son maximum étaient des choses profondément satisfaisantes. Pour Arnold, cela donnait à la vie un goût de miel. Quant à Mill, l'expérience de « l'imaginaire de la poésie » et l'étude des « voies de l'humanité » lui avaient redonné la capacité d'éprouver des émotions. Humboldt était le plus enthousiaste des trois, qui écrivait dans une lettre : « Un nouveau livre important, une nouvelle théorie, une nouvelle langue m'apparaissent comme autant de choses que j'ai arrachées aux ténèbres de la mort, et me procurent une joie inexprimable[64]. »

Une joie inexprimable ! Pour apprécier la différence entre cette sensibilité et certaines conceptions étroites de la culture qui eurent cours chez les pédagogues les plus mornes, il suffit de se tourner vers une idéologie qui a fleuri brièvement dans certaines universités américaines au début du vingtième siècle, connue sous le nom de « Nouvel Humanisme ».

Ce nom vint plus tard, mais cette idéologie, on la doit surtout à Irving Babbitt[65], un autre universitaire de Harvard, dont l'état d'esprit était toutefois très différent de celui de son président Charles Eliot. Babbitt plaidait pour une formation morale fondée principalement sur la littérature des Grecs anciens, avec peut-être quelques Romains. Toute autre source culturelle était sans intérêt, et il n'y était pas question de parler de liberté dans l'éducation. Il avait commencé sa carrière de polémiste en publiant une attaque de la philosophie éducative d'Eliot parue un an avant l'arrivée de la *Five-Foot-Shelf*. Pour Babbitt, de tels projets de vulgarisation étaient abominables[66]. Il était d'accord avec la vision d'Arnold sur certains points, mais ne faisait pas mystère de ne pas l'être sur d'autres : il ne souhaitait nullement entraîner l'ensemble de l'humanité vers l'avant. Pour lui, peu importait la direction prise par le grand public. L'humaniste avait pour seule mission de former une élite, qu'il faudrait encourager à nourrir une empathie « sélective » et disciplinée à l'égard des autres, tempérée par le jugement – et non une empathie débridée. Nous *ne* sommes *pas* tous reliés par notre humanité. De la formule de Térence « Rien de ce qui est humain ne m'est étranger », Babbitt écrivit qu'il s'agissait d'une erreur : elle n'était pas suffisamment sélective. À ses yeux, cette formule était responsable des excès de bien-pensance pleutre et mollassonne qu'il voyait partout autour de lui. Pour lui, et pour les Nouveaux Humanistes qui le suivirent, le « meilleur » était quelque chose qu'il fallait renforcer derrière des remparts et défendre contre le monde extérieur.

De telles façons de penser perdent de vue tout ce qui compte pour un véritable humaniste : la capacité de se relier aux expériences des autres, le libre déploiement de notre curiosité, l'approfondissement du goût. Et surtout, la joie, qu'ils remplacent par la contrainte – ou par une sorte d'acédie, si l'on veut. Lorsque le romancier Sinclair Lewis (qui avait malicieusement choisi le nom de Babbitt pour le héros de l'un de ses romans de façon très certainement délibérée) reçut le prix Nobel en 1930, il tança les Nouveaux Humanistes dans son discours de réception : « Dans ce pays neuf, intense et expérimental qu'est l'Amérique, on s'attendrait à ce que les professeurs de littérature soient moins monastiques et plus humains que les ombres traditionnelles de la vieille Europe. » Qu'y trouvons-nous ? La même vieille sécheresse, la même vieille négativité[67].

Edward Saïd observerait bien plus tard, dans le contexte d'une autre guerre culturelle, qu'une telle « moue », qu'un tel « manque de joie et réprobation » et qu'une telle déconnexion des sciences humaines d'avec tout ce qui était « humain » engendraient une absence de joie qu'aucun humaniste comme Érasme ou Montaigne ne reconnaîtrait[68]. Pas plus qu'un Humboldt, un Mill ou un Arnold, aurait-il pu ajouter. Au lieu de cela, comme l'écrivait Montaigne, parlant des écoles de son temps :

> Combien leurs classes seroient plus decemment jonchées de fleurs et de feuilles que de tronçons d'osier sanglants. J'y feroy pourtraire la joye, l'allegresse et Flora et les Graces, comme fit en son eschole le philosophe Speusippus. Où est leur profit, que ce fust aussi leur esbat[69].

Cette querelle peut sembler ancienne, et les Nouveaux Humanistes sont en grande partie oubliés. Ils ont pourtant contribué à donner une mauvaise image de l'humanisme, dans certains milieux. Il en est même, parmi ceux qui recherchent aujourd'hui une approche diversifiée et plus généreuse de la culture, pour qui le mot *humanisme* suggère un élitisme étroit. Si aujourd'hui encore, dans la vie académique, l'humanisme est rejeté parce que conservateur et opposé aux valeurs de la diversité et de l'inclusion, cela s'explique en partie par le manque d'*humanitas* des Nouveaux Humanistes.

De fait, au moment où Irving Babbitt et ses partisans lançaient leurs polémiques, leur cause était déjà perdue. L'explosion de l'accès à la lecture, à l'écriture et à la vie culturelle était déjà en cours dans le monde entier. Les livres bon marché et populaires, les nouvelles bibliothèques qui les prêtaient à tout le monde, les cours accessibles à tous ceux qui souhaitaient s'y inscrire : tout cela n'était pas près de disparaître.

Ces bibliothèques de prêt, ces livres bon marché et ces cours permirent à un grand nombre de découvrir certaines des idées les plus radicales du siècle. Pour quelques shillings, on pouvait lire des études mettant en doute l'existence de Dieu, des ouvrages d'économie marxiste et de nouvelles théories scientifiques sur l'origine de la Terre, des espèces vivantes et de l'humanité. Tous ces nouveaux départs résultèrent de ce qu'Arnold appelait « déverser un flot de pensées fraîches et libres sur nos notions et sur nos habitudes fondamentales ». Et ils allaient à leur tour engager l'humanisme lui-même sur une nouvelle voie.

9.

Un pays de rêve

Principalement entre 1859 et 1910

L'humanisme devient scientifique – Charles Darwin et Thomas Henry Huxley – être agnostique – Leslie Stephen dans les Alpes – « des vicaires à problèmes, des vicaires qui doutent » – Robert Elsmere, *par Mary Ward – quelques réponses étranges au problème de l'humanité – Ernest Renan et Auguste Comte – une période de transformations.*

Certaines des nouvelles découvertes qui parvenaient au grand public à l'époque de Mill et d'Arnold avaient de si grandes conséquences sur notre conception de l'humanité que les autorités religieuses avaient du mal à suivre. Les géologues leur brandirent d'abord sous le nez des preuves que la Terre était à la fois plus ancienne que ne le laissait entendre la Bible et constamment en mouvement et en mutation, ce qui ne cadrait pas avec le récit univoque de la Création. Puis ce furent les paléontologues qui vinrent les chercher, avec leurs fossiles d'espèces disparues ou modifiées. Même les spéléologues s'y mirent, forts d'avoir trouvé dans les grottes de la vallée de Neander, en Allemagne, des restes d'un type d'hominidé qui s'était éteint.

Ce fut ensuite le tour de Charles Darwin, avec son livre de 1859 intitulé *De l'origine des espèces au moyen de la sélection naturelle*. Sa théorie de la diversité de la vie était élégante : lorsque les membres d'une espèce se reproduisent sur une immense période, des variations aléatoires se produisent, générant par exemple un bec plus grand, un orteil plus long ou quelques nouveaux poils duveteux à l'oreille. Ces variations peuvent être transmises à la progéniture. Et si elles s'adaptent bien à leur environnement, ces individus s'épanouissent et produisent d'autres descendants de ce type. Dans le cas contraire, ils meurent souvent sans progéniture. Ainsi, conclut-il à la fin de son livre, « à partir d'un commencement extrêmement simple, des formes infinies, toujours plus belles et plus merveilleuses, ont évolué et évoluent encore ». Vision splendide, mais aussi d'horreur, puisque Darwin admet que tout dépend de cycles d'échecs et de souffrances. « Le résultat direct de cette guerre de la nature, qui se traduit par la famine et par la mort, est donc le fait le plus admirable que nous puissions concevoir : la production des animaux supérieurs. » Voilà qui nous dit non seulement que la vie vient de la mort, mais aussi que *nous* pourrions être nous aussi ces « animaux supérieurs », soit le résultat d'un tel processus[1]. À ce stade, Darwin ne dit rien de plus explicite. Il ne le fera qu'en 1871, avec *La Filiation de l'homme et la Sélection liée au sexe*, et ce dans un discours fort distrayant sur le sujet susnommé. Et cela aurait pu être plus amusant encore : Darwin avait voulu utiliser l'expression plus concise de « sélection sexuelle » dans son titre, mais l'éditeur l'en avait empêché, estimant que « sexuel » était plus choquant que « sexe »[2]. Quoi qu'il en soit, dès la première édition de *L'Origine*, ce qui y était impliqué concernant l'humanité n'était guère difficile à deviner.

L'Origine rencontra un large lectorat, notamment en Grande-Bretagne, où il fit l'objet d'une mise en avant particulière chez Mudie's, l'une des nouvelles librairies les plus importantes de l'époque. John Stuart Mill, dont l'ouvrage *De la Liberté* parut la même année, le lut avec intérêt. George Eliot aussi : elle et son compagnon George Henry Lewes étaient intrigués par Darwin, notamment parce qu'ils étaient férus d'histoire naturelle et qu'ils avaient passé l'été 1856 à explorer les régions côtières, et à écrire sur les mares résiduelles et les fossiles[3]. Autre genre de lecteur : Karl Marx, qui pensait pouvoir établir des liens entre les idées de Darwin et sa propre théorie de la lutte des classes. « Bien qu'il ait été élaboré avec la primitivité de la méthode anglaise, commentait-il à Friedrich Engels, c'est, dans le domaine de l'histoire naturelle, le livre qui fournit la base de nos idées. » Plus tard, après avoir publié *Le Capital*, il en envoya un exemplaire à Darwin, lequel exemplaire demeura ensuite sur l'étagère du naturaliste, sans que ses pages soient coupées, bien qu'il ait écrit à Marx une chaleureuse lettre de remerciement[4].

Un autre lecteur encore comprit tout de suite que *L'Origine* serait à l'origine d'un combat : Thomas Henry Huxley. Zoologiste, pédagogue, essayiste et polémiste éloquent, il allait faire plus que n'importe qui d'autre à cette époque pour promouvoir le darwinisme et, ce faisant, pour favoriser deux grands mouvements du dix-neuvième siècle : l'essor de l'éducation et de la libre-pensée, et l'arrivée des modes de pensée scientifiques dans notre réflexion sur nous-mêmes. Il inaugurait ainsi un nouveau type d'humaniste : l'humaniste scientifique.

Dans ce chapitre, nous verrons ce qui résulta de cette fusion des courants humanistes et quels en furent les effets, en particulier en Grande-Bretagne. Elle suscita des réactions de la part des gens d'Église comme des poètes, des romanciers comme des naturalistes, de ceux qui voulaient rendre l'humanité divine comme de ceux qui, à l'inverse, voulaient rendre la divinité plus humaine. Nous allons en rencontrer quelques-uns. Mais tout d'abord, Huxley. Par chance pour la théorie darwiniste, le combat était le domaine de prédilection de Huxley – contrairement à Darwin, qui détestait se battre.

L'amitié de Darwin et de Huxley avait commencé un peu plus tôt, lorsque ce dernier avait été invité à Down House, la maison de Darwin dans le Kent, pour y voir sa collection d'ascidies[5].

Huxley adorait les ascidies. Naturaliste ayant suivi une formation de médecin, il venait de rentrer en Grande-Bretagne après un voyage de quatre ans en bateau dans le Pacifique en tant que médecin de bord. Il avait passé son temps à collecter des espèces marines et autres, et il était maintenant chargé d'établir le catalogue des ascidies du British Museum. Il accepta donc avec empressement l'invitation de Darwin et apprécia la visite de sa maison dotée de plantations, de serres, de pigeons exotiques ; il y observa de nombreuses expériences et des collections en constante expansion. Darwin semblait être un passionné inoffensif et zélé. Huxley ignorait – comme presque tout le monde – qu'il utilisait tout cela comme matériau pour élaborer une nouvelle théorie de l'évolution.

Quand le livre fut dévoilé et que Huxley comprit à quoi Darwin avait passé son temps jusque-là, il eut envie d'aider. Contrairement à Darwin le gentleman, Huxley était d'origine modeste, et *tout* dans sa vie avait été un combat. Il commença par rédiger un compte rendu très théâtral du livre avec des phrases comme celle-ci : « Des théologiens anéantis gisent autour du berceau de toutes les sciences, comme les serpents étranglés autour de celui d'Hercule[6]. » Il donna ensuite des conférences, en ayant recours à des moyens spectaculaires : à la Royal Institution, pour montrer les effets de la sélection dans l'élevage, il lâcha une volée de pigeons vivants sous les yeux du public, comme un magicien sur la scène[7].

Vint ensuite la réunion de 1860 de l'Association britannique pour l'avancement de la science, qui se tint dans le magnifique nouveau musée d'Histoire naturelle d'Oxford. Darwin n'y assista pas, sous prétexte d'une crise de foie, s'épargnant ainsi tout affrontement[8]. Y participèrent des représentants des mondes de la religion, de la culture et de la science, tous prêts à faire fuser leurs saillies spirituelles. Robert FitzRoy, ancien capitaine du *Beagle* sur lequel Darwin avait voyagé, était présent ; il avait écrit à Darwin pour lui dire : « Mon cher vieil ami, je ne peux rien trouver d'ennoblissant, pour ma part, à l'idée d'être le descendant d'un *singe*, fût-ce du plus ancien. » Samuel Wilberforce, évêque d'Oxford, un homme costaud et spontané, si réputé pour ses boutades que les gens commençaient souvent à rire avant même qu'il n'ouvre la bouche, fit à Huxley une remarque du même genre : Est-ce par votre grand-père ou par votre grand-mère que vous revendiquez un héritage simien[9] ?

Huxley répondit habilement qu'il préférait avoir pour ancêtre un singe, plutôt qu'une personne qui n'utilise son mérite et son influence que pour tourner une discussion scientifique en ridicule. Tel est du moins le récit qu'en fit Huxley lui-même – et selon lui la salle éclata de rire[10]. Comme il est courant dans les histoires qu'on raconte, les versions diffèrent. Le botaniste Joseph Dalton Hooker croyait avoir *lui-même* « descendu » Wilberforce par une repartie bien sentie, alors que celui-ci quittait la réunion tout heureux d'en sortir vainqueur[11]. Darwin était plein de gratitude envers Huxley pour son soutien, mais il était également inquiet. « Pour l'amour du ciel, n'écrivez pas un article contre moi, lui dit-il. Vous y réussiriez tellement bien que c'en serait confondant[12]. »

Grâce à de telles manifestations, Huxley lui-même devint de plus en plus célèbre. Il écrivit par la suite des ouvrages de vulgarisation de la théorie darwinienne qui connurent un grand succès, notamment *La Place de l'homme dans la nature* (1863), dont le frontispice montre des squelettes de singes marchant à la queue leu leu jusqu'à aboutir à une silhouette humaine.

On se souvient moins aujourd'hui de son rôle d'intellectuel à part entière, et de diffuseur d'idées humanistes et scientifiques. Il s'intéressait beaucoup à l'éducation. Comme Arnold, il était convaincu que toutes les classes sociales devaient avoir accès à un enseignement de qualité ; comme Humboldt, il estimait que l'apprentissage devait se poursuivre tout au long de la vie.

HUXLEY ON MOUNTIN' KIDS.

" Having anatomically guaged the capabilities of the knowledge-box *(genus homo)*, he believes an infant could learn to spell 'pap' fluently, and at the age of seven embark in surgery, music, and the study of natural phenomena, including, of course, itself." *(See Article.)*

Conformément à ces idées, il participa en 1868 à la fondation du South London Working Men's College – et c'est dans ce type d'établissements pour les ouvriers, et non à une élite ou à des professionnels, qu'il donna certaines de ses conférences les plus importantes.

Dans une allocution prononcée au South London Working Men's College la même année, intitulée « Une éducation libérale – et où la trouver », il présenta son point de vue sur l'éducation[13]. Il critiqua tout d'abord la façon dont les écoles croyaient avoir fait leur travail une fois qu'elles avaient transmis quelques préceptes moraux simples, ainsi que l'histoire et la géographie du Moyen-Orient, parce que cette partie du monde était liée à la Bible. (Dans *La Maison d'Âpre-Vent*, Charles Dickens écrivit lui aussi, non sans ironie, que l'éducation des pauvres semblait consister principalement en un cours sur l'histoire des Amorrites et des Hittites de l'Antiquité[14].) Pour Huxley, ce n'était même pas une bonne base pour les sciences humaines, sans parler du reste. Non qu'il n'aimât pas ces études ; il disait adorer apprendre de nouvelles choses sur les cultures anciennes, parce que cela faisait partie du passé de l'humanité. Et il citait Térence : rien de ce qui était humain ne lui était étranger – tout ce qui était humain l'intéressait[15].

Il était d'accord avec Arnold et Humboldt pour dire que le but de l'éducation était de produire des êtres humains équilibrés, dotés d'une vie mentale riche et d'une bonne compréhension du monde[16]. Mais, contrairement à eux, il ne pensait pas que les sciences humaines devaient être le point de départ : il suggérait que l'étude des sciences pourrait constituer un meilleur socle. Elles enseignaient aux enfants les bases du monde physique, et leur donnaient *aussi* des compétences humanistes et une démarche de chercheur. Elles leur apprenaient à observer attentivement les phénomènes et à apprendre par le biais d'expériences – plutôt que de tout puiser dans l'autorité des textes anciens, ou même des professeurs. Ils seraient ainsi mieux armés pour comprendre ces textes et les enseignants. John Stuart Mill dit un jour que l'étude de la littérature classique et de la dialectique formait à l'esprit critique. Huxley cita Mill dans une conférence – mais avec une différence : il remplaça le mot « dialectique » ou d'autres termes similaires par « science[17] ». L'amour de la libre-pensée et de l'enquête était le même ; les moyens étaient différents.

En 1880, après une conférence dans laquelle Huxley présentait de nouveau ses arguments en faveur d'une éducation fondée sur la science, Matthew Arnold a fait paraître un essai intitulé « Littérature et science ». Selon lui, la science était certes importante, mais les sciences humaines l'étaient plus encore, notamment parce qu'elles permettaient de donner un *sens* humain aux découvertes de la science. Par exemple, si la science nous dit que nos ancêtres ressemblaient à des singes, nous tirerons certaines conclusions hâtives nous concernant, nous et notre nature humaine. Si nous ne sommes pas orientés dans des directions plus constructives, ces conclusions pourraient s'avérer dangereuses et négatives. Nous pourrions par exemple nous dire : de toute façon, nous ne sommes que des animaux – inutile de s'attendre à des valeurs morales élevées de notre part. Alors qu'une bonne éducation, écrit Arnold, une éducation fondée sur l'éthique et sur les sciences humaines, nous aide à aborder plus subtilement le monde moral et nous propose des objectifs plus élevés.

Il s'agit en fait d'un bon argument. Arnold n'est pas contre la science ; il ne dit pas que la façon scientifique de penser notre existence est erronée. Il dit seulement que nous avons besoin d'un bon bagage culturel pour en tirer le meilleur parti. Rares sont ceux qui ne seraient pas d'accord avec lui.

Mais l'argument de Huxley est également valable. Pour lui, nous parviendrons mieux à élaborer des réponses morales et humaines si nous commençons par avoir de bonnes bases scientifiques, histoire de savoir de quoi on parle. Un peu de formation scientifique nous protège contre la tendance à nous lancer dans des interprétations sans queue ni tête fondées sur une mauvaise compréhension des faits et une méconnaissance de la façon dont on peut les vérifier. Je trouve cela très convaincant, moi qui ai écrit une grande partie de ce livre au cours d'une pandémie mondiale caractérisée par de multiples vagues de désinformation et de superstitions, lesquelles ont eu des effets délétères, comme la méfiance à l'égard des vaccins. Une meilleure éducation scientifique aurait pu nous épargner cela. Tandis qu'un arnoldien pourrait faire valoir que la pandémie de Covid-19 a également montré l'importance des questions humanistes classiques que sont, par exemple, l'art de bien gouverner et l'engagement moral envers les autres. En vérité, nous avons besoin des deux.

Le débat entre Arnold et Huxley, qui oppose deux êtres cultivés et éloquents, tous deux imprégnés (même si c'est de manière légèrement différente) de l'esprit de leur époque, reflète un changement dans l'histoire de la pensée humaniste. Désormais, « l'humanisme des sciences humaines » et celui des Lumières se retrouvaient en compagnie d'un nouveau venu, l'humanisme scientifique. Les principes de ce dernier – un intérêt pour les méthodes et le raisonnement scientifiques, ainsi qu'une interprétation naturaliste de la place de l'homme dans le tableau – allaient participer jusqu'à nos jours à la représentation humaniste du monde, sous sa forme élargie.

L'humanisme fondé sur les sciences humaines nous rappelle que nous sommes des êtres spirituels, cultivés et moraux : nous sommes formés par notre environnement humain, autant que par notre nature physique. L'humanisme scientifique nous dit que nous sommes aussi des animaux et que nous vivons un processus constant de mutation sur une Terre elle-même en mutation, dans un univers très vaste. Si l'équilibre est bon, ces visions ne sont pas contradictoires ; elles s'informent et se renforcent mutuellement.

Dans les dernières lignes de *L'Origine*, Darwin s'émerveillait de la simplicité du processus naturel qui engendrait des résultats extraordinaires et magnifiques. Il constatait aussi que sa théorie de la sélection naturelle et de la survie ne fournissait pas de fondement clair à l'éthique[18].

Dans *La Filiation de l'homme*, il propose cependant une explication possible, indirecte, de l'arrivée de la morale dans le monde humain. Son hypothèse doit beaucoup aux humanistes des Lumières comme David Hume, parce qu'il pense – comme eux – que la morale a dû naître de notre tendance à ressentir de la compassion, de la sympathie pour les autres. Lesquelles tendances découlent à leur tour de notre nature d'animaux vivant en société. Comme toutes les espèces sociales, les premiers humains durent relever les défis de la vie en groupe, ce qui nous a rendus sensibles aux réactions des autres. Lorsqu'ils nous traitent bien, nous nous sentons bien. D'autres animaux partagent cette sensibilité, mais dans notre cas, nous disposons en plus du langage, ce qui nous permet d'aller plus loin dans l'expression de nos sentiments. Notre univers moral s'approfondit, car nous pouvons aussi nous remémorer des situations passées et comparer les choses que nous avons faites auparavant, et les réactions qu'elles ont suscitées. Il en ressort des opinions éthiques générales, qui commencent à se former et qui sont partagées avec les autres. Ainsi, « l'habitude, l'exemple, l'instruction et la réflexion » se combinant ensemble, un système moral voit le jour[19].

L'explication darwinienne de la moralité est tout à fait humaniste : elle n'a pas besoin de s'appuyer sur quoi que ce soit qui vienne de Dieu. Cela fonctionne même dans le sens inverse : selon lui, c'est à un stade ultérieur du développement culturel que le regard moral d'autrui prend la forme d'une figure imaginaire, celle d'une « divinité omnisciente[20] ».

Darwin s'inspira également de sa propre vie. Il avait perdu sa foi chrétienne dans sa jeunesse, notamment parce qu'il ne supportait pas l'idée – détestable – de l'existence d'un enfer. Dans des notes personnelles, il écrivit avoir toujours ressenti une profonde satisfaction quand il avait aidé les autres et qu'il avait acquis grâce à cela une bonne image à leurs yeux – surtout s'il s'agissait de personnes dont il était proche. Pour lui, ces sentiments compensaient amplement la perte de l'idée de Dieu. Il n'allait pas jusqu'à se dire athée, mais il se disait *agnostique*[21].

La personne qui contribua le plus à populariser ce terme est, encore une fois, T. H. Huxley. Il est l'auteur d'un essai simplement intitulé « Agnosticisme » (1889), dans lequel il explique qu'il a passé en revue toutes les façons possibles de se décrire. Était-il « un athée, un théiste, ou bien un panthéiste ; un matérialiste ou un idéaliste ; un chrétien ou un libre-penseur » ? Aucun de ces termes ne le satisfaisait, même si le dernier n'était pas si mal. Les autres semblaient désigner une croyance définie à une certaine nature du monde, alors qu'il en était dépourvu. Il se décida finalement pour « agnostique » parce que c'était le contraire de « gnostique » – soit quelqu'un qui se réfère à la gnose, à un savoir[22].

En fait, l'agnosticisme est une position plus précise, plus positive que ne le laisse entendre Huxley. Son contemporain Richard Bithell souligne dans un livre intitulé *Le Credo d'un agnostique moderne* qu'il ne s'agit pas de flotter dans un nuage mystique de non-connaissance. Pour lui, les agnostiques pensent que les êtres humains peuvent avoir des principes moraux définis. Ils croient également pouvoir apprendre des choses sur le monde en se fiant à la méthode scientifique qui consiste à avancer des hypothèses et à tenter de les vérifier. Ils font simplement preuve de plus de modestie que d'ordinaire à l'égard des résultats[23]. Plus récemment, un autre agnostique, le philosophe et journaliste Bryan Magee, écrivait dans son court testament, *Ultimes questions*, que le mot signifiait pour lui « être ouvert au fait que nous ne savons pas, et puis mener une enquête intellectuellement honnête, dans un esprit pleinement réceptif[24] ».

Un autre agnostique célèbre du dix-neuvième siècle, Sir Leslie Stephen, se montra plus désinvolte quant aux raisons qui le poussèrent à choisir ce terme : il déclara préférer *agnostique* parce que le mot *athée* sentait encore trop « le bûcher dans ce monde et le feu de l'enfer dans le suivant[25] ». Or, les agnostiques n'échappaient pas toujours à la menace funeste de cette dernière destination. Le pédagogue réformateur Frederick James Gould se souvenait d'avoir discuté de l'au-delà avec un aimable officier de l'Armée du Salut autour d'un thé et de sandwichs : « Je lui ai demandé ce qu'il advenait des agnostiques sincères. Il m'a montré le sol, d'un geste dramatique, tout en mâchonnant calmement sa tartine de beurre et de cresson[26]. »

Sir Leslie Stephen était connu pour avoir mis au point le très victorien *Dictionary of National Biography*, mais on se souvient aujourd'hui de lui comme du père de la romancière expérimen-

tale et résolument non victorienne Virginia Woolf. Il trouva également le temps d'être un alpiniste réputé. L'une de ses expériences à la montagne fournit la base d'un essai divertissant de 1872, « Cinq mauvaises minutes dans les Alpes ». Il y résume son tour d'horizon mental de toutes les croyances possibles et les conclusions auxquelles il est parvenu, tout en racontant une histoire littéralement vertigineuse.

Un dimanche, raconte-t-il, alors qu'il séjournait dans une station de haute montagne, il sortit pour une vivifiante promenade avant le déjeuner. Il y avait du vent, puis il se mit à pleuvoir. En essayant de rentrer, Stephen prit ce qu'il pensait être un raccourci. À un moment donné, la piste semblait disparaître dans une paroi rocheuse, au-dessus d'une rivière torrentielle, et continuer apparemment de l'autre côté. Il décida de prendre le risque de traverser en escaladant. Le début fut facile, mais lorsqu'il dut faire un grand pas pour atteindre un affleurement au-dessus de lui, il glissa. Tandis qu'il tombait vers la rivière, une seule pensée lui vint : « Enfin ! » Il avait craint la mort et y avait pensé pendant si longtemps – et elle était là.

Il tendit une main juste à temps pour parvenir à s'agripper à un rebord, ce qui arrêta sa chute. Puis il réussit à poser l'extrémité d'un pied sur un autre rocher en saillie, pour prendre un meilleur appui, mais il n'était pas capable de se hisser plus haut. Il resta suspendu, par une main et sur un pied – lesquels commençaient déjà à fatiguer. Il estima disposer d'une vingtaine de minutes avant de perdre toutes ses forces. Crier ne servirait à rien : personne ne l'entendrait et cela l'affaiblirait plus vite. Il imagina ses compagnons entrer dans la salle à manger, s'asseoir et plaisanter de son absence. Le temps que quelqu'un s'inquiète assez pour venir le chercher, il serait déjà en train de rouler dans la rivière comme une « effroyable masse ».

Puisqu'il paraissait condamné, Stephen s'attela à se préparer à la mort. Mais rien de ce qu'on lui avait enseigné ne semblait fonctionner. Son esprit s'égarait, et il s'en voulait d'avoir commis une telle erreur. Il se rappela qu'il disposait d'un quart d'heure encore pour répondre aux questions essentielles : Qu'est-ce que l'univers ? Quel rôle devons-nous y jouer ?

Toutes les religions et confessions qu'il avait rencontrées – protestantisme, catholicisme, panthéisme – désignaient des directions différentes. Il les passa en revue l'une après l'autre, et une idée terrible lui vint : et si elles étaient *toutes* vraies et s'il était censé croire à toutes en même temps, mais qu'il avait omis un seul point, par exemple le Symbole d'Athanase ? Dieu l'accueillerait en lui disant : désolé, tu as été bon et gentil, mais tu as oublié la Sainte Trinité, tu dois maintenant aller en enfer.

Heureusement, se dit Stephen, ces règles intransigeantes étaient passées de mode, tout comme d'autres vieilles idées, telles que celle qui voulait que la vie humaine soit vile et méprisable. Mais trop de positivité panglossienne ne semblait pas être une bonne chose non plus. Cela avait-il vraiment de l'importance ? Leslie Stephen n'était-il qu'un grain de poussière dans l'univers, sur le point d'être balayé avec indifférence ? Il savait que les atomes de sa chair se disperseraient dans le courant et se recombineraient pour former d'autres choses : la théorie épicurienne. Mais il était difficile de se sentir personnellement impliqué dans ce processus. Il ne trouvait pas grand réconfort non plus dans l'idée qu'une « humanité » partagée, dont il avait fait partie, continuerait sans lui. Il avait pourtant besoin de « quelque chose comme une bénédiction pour apaiser le moment du départ – une certaine forme de sanctification ».

Il en était là de ses réflexions quand il se souvint d'un jour où il avait participé à une course de bateaux sur la Tamise et où son bateau s'était retrouvé loin derrière les autres à l'approche de la ligne d'arrivée. Il était évident qu'il ne pourrait pas gagner. Il avait continué néanmoins à ramer, toujours aussi vaillamment, animé par le sentiment obscur qu'il était de son « devoir » de faire de son mieux. Accroché à sa falaise, il éprouvait maintenant le même sentiment. La partie était finie, mais il devait s'accrocher jusqu'au dernier moment, résister. Cela lui donna une sorte de fondement moral : un fondement qui n'avait pas besoin de Dieu, ni même d'un quelconque sens qu'aurait eu l'univers. Faire son devoir, tel était son besoin humain.

Pour les victoriens, le « devoir » avait beaucoup d'importance ; c'était quelque chose de presque transcendantal. George Eliot le tenait en haute estime : un jour, alors qu'elle se promenait avec un compagnon, elle remarqua que des trois mots « Dieu, Immortalité, Devoir », elle considérait le premier comme inconcevable, le deuxième comme incroyable, tandis que le troisième était « péremptoire et absolu[27] ». Darwin écrivit que le « sens moral ou conscience » était « le plus noble de tous les attributs de l'homme[28] » (et comme pour tous les attributs moraux, il spécula sur ses origines au sein du groupe social). Leslie Stephen lui-même semble avoir pensé à quelque chose de similaire lorsqu'il nota à propos de la perte de sa foi : « Je ne crois plus en rien, mais je n'en crois pas moins en la morale. » Il ajouta : « Je veux dire vivre et mourir comme un gentleman, si possible[29]. »

Aujourd'hui, beaucoup d'entre nous se sentent très concernés par le devoir, mais c'est souvent dans une situation spécifique, par exemple dans le contexte de la famille ou du travail. Pour les victoriens, le devoir était presque une entité en soi. Une entité essentiellement humaniste : elle n'avait pas besoin de Dieu pour garantie ; elle naissait de notre propre nature morale.

L'aventure alpine finit bien (comme on pouvait le deviner, puisque l'auteur était encore en vie pour la raconter). Après avoir reçu le devoir comme révélation, Stephen remarqua une autre prise qu'il pourrait peut-être atteindre s'il s'élançait vers elle. Il fallait prendre de l'élan et abandonner sa prise actuelle, mais il n'avait rien à perdre. Il s'élança – se manqua – et commença à glisser vers le bas. Mais il s'arrêta presque immédiatement. Il s'avéra qu'une corniche se trouvait juste en dessous de lui depuis le début ; elle le soutint plus fermement, et il put à partir de là regagner le sentier. En regardant sa montre, il s'aperçut que tout ce drame avait duré cinq minutes – cinq vilaines minutes dans les Alpes – et qu'il serait à l'heure pour le déjeuner.

À la fin de l'histoire, Leslie Stephen laisse entendre qu'il ne s'agit que d'une histoire[30]. Son récit pourrait également avoir inspiré une scène plus ouvertement fictive : un incident raconté dans un roman de Thomas Hardy. Dans *Deux yeux bleus*, qui commença à paraître en feuilleton cette année-là, en 1872, Hardy fait se promener son personnage, Stephen Smith, sur une falaise côtière avec la jeune femme dont il est amoureux, Elfride Swancourt. Smith dérape et glisse sur le bord du précipice, mais il se rattrape à un affleurement et reste suspendu au-dessus de la plage. Elfride part – pour chercher de l'aide, semble-t-il, ce qui risque de signifier une longue attente, car il n'y a personne dans les environs. Accroché à sa roche, Stephen remarque un fossile de trilobite incrusté juste devant ses yeux. Nous voilà tous les deux, pense-t-il, séparés par des millions d'années, et pourtant voisins dans la mort.

En fait, Elfride réapparaît presque aussitôt. Au lieu d'aller chercher de l'aide, elle s'est simplement cachée derrière un buisson pour enlever ses longues culottes bouffantes. Elle les noue pour en faire une corde, en jette l'extrémité à Stephen et le sauve à point nommé, prouvant ainsi que les sous-vêtements ne servent pas seulement à faire des manuscrits[31].

Thomas Hardy était à la fois poète et romancier, et plusieurs de ses poèmes traitent du retrait progressif de Dieu hors du paysage mental humain. Il composa des vers empreints de nostalgie à l'égard des certitudes anciennes – l'église chaleureuse du village, les hymnes – et d'autres qui suggèrent une grande libération. « Les funérailles de Dieu » et « Une plainte à l'homme » montrent un Dieu qui s'efface, comme l'image projetée par une lanterne magique dont on baisse la lumière. Bien sûr, la lumière était d'origine humaine depuis le début. Au fur et à mesure qu'il s'éloigne, Dieu dit à l'homme de chercher force et consolation dans la fraternité humaine.

D'autres poètes capturèrent cette même impression, celle d'assister à la disparition de quelque chose – notamment Matthew Arnold. Dans son poème « La plage de Douvres », commencé vers 1851 et publié en 1867, le poète regarde par la fenêtre une plage, la nuit. Il entend les galets rouler au fur et à mesure que la marée se retire, et il imagine un océan de foi, qui se retirerait de la même manière, abandonnant un monde conflictuel à son défaut de sens : « Et nous sommes ici comme dans une plaine obscure / Balayée par les clameurs confuses de la lutte et de la fuite, / Où d'ignorantes armées s'affrontent dans la nuit[32]. » S'il existe un faible espoir, conclut-il, il ne peut être trouvé que dans notre loyauté les uns envers les autres. (Apparemment, le poète fut inspiré par la vue depuis la fenêtre de sa chambre lors de sa lune de miel au bord de la mer – on est tenté de se demander si l'expérience avait été à la hauteur de ses espérances[33].) Ailleurs, Arnold adopta un point de vue plus pragmatique : dans *Culture et anarchie*, il recommandait de s'en tenir à la foi de l'Église anglicane, parce qu'elle était agréablement fade et qu'elle avait été établie officiellement comme religion nationale : on pouvait donc l'ignorer sans crainte la plupart du temps, ce qui permettait de penser à autre chose[34].

D'autres écrivains furent plus sérieux et plus violents. Si Dieu était mort, suggéraient certains, un meurtre avait dû être commis. Le poète anglais Algernon Charles Swinburne écrivit en 1869-1870 un « Hymne à l'homme » dans lequel les humains commencent par créer Dieu, puis le jugent et finalement le tuent. Cela rappelle un passage plus connu de Friedrich Nietzsche, qui ne fut publié qu'en 1882. Un fou court sur une place de marché avec une lanterne, à la recherche de Dieu, et s'écrie : « Nous sommes tous ses assassins ! Mais comment avons-nous fait cela ? Comment avons-nous pu vider la mer ? Qui nous a donné l'éponge pour effacer l'horizon ? [...] La magnitude de cet acte n'est-elle pas trop grande pour nous ? Ne sommes-nous pas forcés de devenir nous-mêmes des dieux pour du moins paraître dignes des dieux[35] ? » Ce n'est pas là le genre de meurtre pour lequel on est condamné à la prison ou à l'exécution, mais pour lequel on est condamné à prendre la relève, à prendre en charge la tâche qui appartenait à la victime.

D'autres métaphores du dix-neuvième siècle pour décrire la perte de la foi évoquent des sentiments de vertige ou de désorientation. Selon le biographe et romancier J. A. Froude, sa génération était celle qui avait trouvé « les lumières à la dérive et les boussoles disloquées, sans plus rien d'autre pour s'orienter que les étoiles[36] ». Il s'était lui-même senti très désorienté : jeune professeur à l'Exeter College, à Oxford, il avait publié un roman sur la complexité du doute religieux, *La Némésis de la foi*. Un de ses collègues alluma un feu de joie et procéda à un autodafé en public ; Froude fut contraint de démissionner[37]. En général, les collèges d'Oxford et de Cambridge étaient peu propices à un scepticisme revendiqué en matière de religion. Peu de choses changèrent au cours du dix-neuvième siècle. Percy Bysshe Shelley fut d'abord renvoyé de l'University College d'Oxford pour avoir coécrit un traité intitulé *La Nécessité de l'athéisme* ; à la fin du siècle, Bertrand Russell se verrait refuser un poste au Trinity College, à Cambridge, parce que son athéisme était de notoriété publique. Comme certains collèges avaient été destinés à la formation du clergé anglican, perdre sa foi signifiait aussi renoncer à sa carrière. Si vous le reconnaissiez *après* être devenu ecclésiastique, vous perdiez votre gagne-pain et pouviez même faire l'objet de poursuites judiciaires. En 1860, six membres du clergé contribuèrent à un recueil de réflexions critiques sur les questions religieuses, *Essais et comptes rendus* ;

à l'instigation de l'évêque Samuel Wilberforce, deux d'entre eux furent condamnés par un tribunal ecclésiastique pour hérésie[38] (bien que le verdict ait été plus tard annulé).

En dehors de ce monde élitiste, admettre ses doutes risquait de provoquer une rupture traumatisante avec la famille. Lorsque le jeune Robert Louis Stevenson dit à son père qu'il avait perdu la foi, ce dernier lui répondit par ces mots terribles : « Tu as fait de ma vie entière un échec[39]. » Un autre écrivain, Edmund Gosse, mit des années à s'émanciper de l'austérité des Frères de Plymouth, dont son père, Philip Henry Gosse, était membre. Dans sa phase la plus extrémiste, pendant son enfance, Edmund n'avait eu droit ni aux visiteurs, ni aux jeux ou aux livres autres que la Bible. Comme il l'écrivit, en faisant allusion à la fois à la culture humaniste et à la camaraderie : « Je n'avais pas d'humanité ; on m'avait soigneusement protégé de la possibilité de “l'attraper”, comme s'il s'agissait du plus dangereux des microbes. » Plus tard, il repenserait avec tristesse à tout ce que son père et lui auraient pu partager, d'autant qu'ils aimaient tous les deux s'adonner à la grande activité de l'époque : explorer les mares résiduelles en bord de mer et collecter des spécimens[40]. Gosse père était même plus qu'un amateur en la matière : c'était un naturaliste de renom, mais il se servait de ses livres pour avancer des explications bizarres et démontrer que le récit biblique de la Création, comme les découvertes des paléontologues et des géologues, étaient simultanément vrais. Sa théorie voulait que Dieu ait créé le monde en lui donnant l'air d'être ancien, même s'il ne l'était pas. Il fut blessé par son échec à convaincre même des ecclésiastiques zélés, certains allant jusqu'à s'offusquer devant l'idée d'un Dieu délibérément trompeur[41].

Dans l'Église anglicane, il y eut néanmoins un bon nombre de ces ecclésiastiques qui firent preuve de curiosité et d'ouverture d'esprit quant à Darwin ou à d'autres idées nouvelles – plus qu'on ne pourrait s'y attendre. Il s'agissait d'hommes instruits et de lecteurs attentifs de toutes sortes d'ouvrages. Plus d'un aimaient à collectionner les papillons et à explorer les mares. Il se peut qu'ils aient été les premiers à faire la queue à la librairie ou à la bibliothèque pour se procurer les livres de Darwin.

Ces ouvrages n'étaient pourtant pas d'une lecture de tout repos ; ils suscitaient des dilemmes chez les lecteurs. Comme le dit le biographe de Huxley, Adrian Desmond : « Un flot de lettres tombait jour après jour dans la boîte de Huxley, que lui adressaient des vicaires à problèmes, des vicaires dans le doute, des vicaires qui le tenaient pour responsable[42]. » Certains d'entre eux changeaient souvent d'avis, comme le père de famille, un membre du clergé, dans le roman de Rose Macaulay, *Raconté par un idiot*. Le livre s'ouvre sur l'annonce faite par la mère à ses six enfants : « Eh bien, mes chéris, il faut que je vous dise quelque chose. Votre pauvre papa a encore perdu la foi. » « Oh, je pense que papa est trop méchant, se lamente l'une des filles. Maman, faut-il *vraiment* qu'il la perde dès cet hiver – sa foi, je veux dire ? Ne peut-il pas attendre jusqu'à l'hiver prochain ? » Le problème de la famille, bien sûr, c'est que s'il avoue avoir perdu la foi, il perdra son emploi et tout le monde en souffrira. Une autre fille est plus optimiste : « D'ici l'hiver prochain, il l'aura peut-être retrouvée[43]. »

Le dix-neuvième siècle fut la grande époque des romans-fleuves, fouillés et engagés, et les thèmes du doute et de la lecture de Darwin y étaient tellement fréquents qu'ils constituaient un genre littéraire en soi[44]. Prenons un exemple représentatif : le roman *Robert Elsmere*, publié en 1888 par Mary Augusta Ward – une autrice prolifique qui choisit pudiquement d'écrire sous son nom de femme mariée, Mme Humphry Ward. C'était en fait une Arnold : Matthew Arnold était son oncle, et elle se lia également à la famille Huxley lorsque sa sœur épousa le fils de T. H. Huxley.

Pour ce qui est de la pudeur, ce n'aurait pas été le premier mot qui vous serait venu à l'esprit si vous aviez croisé au coin d'une rue le grand, le redoutable personnage victorien qu'était cette femme. Un tel spectacle poussa un jour la non moins redoutable Virginia Woolf à se cacher derrière

un poteau[45]. Elle l'évitait pour une raison bien précise : Mary Ward n'était pas d'accord avec elle sur la question du vote des femmes. Woolf y était très favorable, alors que Ward y était opposée et qu'elle jouait un rôle important au sein de la Women's National Anti-Suffrage League. Elle fit cependant campagne pour l'éducation des femmes, fut l'une des cofondatrices de l'Association pour l'éducation des femmes et soutint les femmes qui étudiaient à Oxford. Dans l'esprit arnoldien, elle défendait également une meilleure éducation pour les pauvres ; un centre Mary-Ward pour l'éducation des adultes existe aujourd'hui encore à Londres.

Ward n'était en rien irréligieuse, mais elle était fascinée par les étapes du développement du doute et par ses conséquences. Dans *Robert Elsmere* – le plus connu de ses vingt-six romans –, le personnage principal est un ecclésiastique, et sa femme, Catherine, une fervente croyante. Leur mariage est heureux, mais Robert subit une lente et longue altération de sa foi. Négligeant ses sermons, il passe son temps à soigner les malades de sa paroisse et à améliorer leurs conditions de vie insalubres. Catherine appelle ce travail « sa crasse et ses égouts ». Il divertit également ses ouailles en leur racontant des histoires, des intrigues tirées de Shakespeare et de Dumas, pour leur plaisir ; il leur fait ainsi découvrir une nouvelle expérience de la littérature et leur permet pendant une demi-heure de « vivre la vie de quelqu'un d'autre ». Sans être encore un sceptique, il devient un humaniste. Le processus se poursuit. Elsmere lit Darwin. Il étudie l'histoire et il est troublé : le christianisme semble avoir causé plus de violences et de souffrances qu'il n'en a évité. Il se demande à quoi ressemblerait un Christ qui serait seulement humain et imagine « un christianisme purement humain, explicable, mais toujours merveilleux. Il en avait le cœur brisé, mais le charme de ce christianisme était comme un pays de rêve où l'on verrait tous les objets familiers de la vie dans de nouveaux rapports et de nouvelles perspectives[46] ».

Ce monde « purement humain » était le pays des rêves, ou le pays des merveilles alternatif, dans lequel, à l'instar d'Alice, de nombreuses personnes réfléchies s'aventuraient désormais. Le monde semblait différent, après avoir lu Darwin ou Huxley. Les besoins de chacun étaient pourtant les mêmes : on avait toujours besoin de médicaments et d'égouts, toujours envie d'être rassuré et de donner du sens à sa vie. À ceux qui suivaient le chemin de Robert, il semblait que les valeurs humanistes ou bien un « Christ humain » pouvaient apporter tout cela aussi bien que la théologie traditionnelle, voire mieux.

Ainsi, par un « catéchisme de lui-même », Robert conclut qu'il croit en Jésus, mais seulement en tant que sage et enseignant, et non en tant que faiseur de miracles ou médiateur direct avec la divinité. Même Dieu – il le sentait – devrait être considéré comme un synonyme du « bien » : la qualité qui émerge chaque fois que les gens aident leurs semblables ou qu'ils se sacrifient pour les autres. Ces pensées s'accumulent en lui, jusqu'à ce qu'il prenne une décision : « Toute âme humaine dans laquelle la voix de Dieu se fait entendre jouit, au même titre que Jésus de Nazareth, de la filiation divine, et "*il n'y a pas de miracles*" ! » Voilà. « C'était fait[47]. »

Il doit quitter l'Église, et s'engage alors dans une école du dimanche non religieuse pour les garçons de la classe ouvrière.

Dans ses cours, il démontre les merveilles de l'électricité ou de la chimie, ou il initie les enfants aux collections d'histoire naturelle. Il donne des conférences dans des clubs d'ouvriers. Bref, il ressemble de plus en plus à T. H. Huxley, voire à Mary Ward elle-même – mais il va plus loin et met en place une organisation alternative, semblable à une Église, fondée sur le méliorisme et la réforme des conditions de vie des pauvres. Ward s'inspire ici des idées d'un véritable réformateur social nommé Thomas Hill Green, appelé « Grey » dans le roman.

La conversion (pour ainsi dire) de Robert Elsmere donne au livre sa ligne narrative, longue et claire à la fois. En cours de route, d'autres personnages sont introduits, chacun incarnant une perspective différente sur les mêmes questions. La sœur de Catherine, Rose, est une musicienne talentueuse qui choisit, parce qu'elle veut croire à la vie, de *ne pas* renoncer à son art au nom de l'abnégation au profit de la religion, comme Catherine aurait préféré qu'elle le fasse. Langham, le vieil ami de Robert à Oxford qui tombe amoureux de Rose, est un libre-penseur lui aussi, mais il est plus perturbé par ses doutes que le solide Elsmere. À l'autre bout du spectre, on trouve M. Newcome, un ecclésiastique obsédé par le strict respect des rituels. Confronté à l'idée d'Elsmere selon laquelle des croyances différentes pourraient être tolérées simultanément, il fulmine : Comment pourrait-on s'en remettre à des choix hasardeux, s'agissant de ce que nous croyons, comme si c'était un jeu, alors que nous sommes constamment dans un danger extrême, poursuivis par les deux « chiens de chasse » que sont le Péché et Satan ? Il dit, en illustrant son propos de sa main griffue : « Je vois toujours le chemin de la vie comme un fil tendu entre des abîmes le long desquels l'homme doit *ramper* [...], les mains et les pieds en sang, en direction d'une issue unique, étroite et solitaire ». « Quelle vie d'estropié ! » pense calmement Elsmere[48].

Sa femme Catherine est, à mes yeux, le personnage le plus émouvant. Elle n'est jamais fanatique comme Newcome. Elle essaie même de tolérer le changement d'opinion de Robert, mais elle trouve cela difficile pour la plus aimable des raisons : elle a peur de ce qui lui arrivera après la mort. La femme de Darwin, Emma, ressentait la même inquiétude. Charles l'avait prévenue avant leur mariage : il n'était pas croyant. Elle l'avait remercié pour son honnêteté, mais elle avait peur, car cela signifiait qu'elle ne reverrait jamais son mari dans l'au-delà[49]. Le christianisme d'un Tertullien ou d'un Bernard de Cluny avait fait du chemin : la perspective de voir ses proches aller en enfer n'est pas si réjouissante, après tout.

Catherine Elsmere se lamente sur l'avenir de son mari et doit, plus immédiatement, se résoudre à le voir perdre son emploi. Ward exprime ces périls spirituels et pratiques de manière saisissante. Comment une personne qui aime son mari peut-elle le regarder, de l'autre côté de l'âtre, en étant convaincue qu'il va finir en enfer ? C'était pourtant le drame de nombreux foyers victoriens.

Robert Elsmere n'est pas court, même selon les critères de l'époque, et il fut accueilli avec exaspération par des critiques aussi respectés que William Gladstone, qui le trouvait dérangeant sur le plan religieux, et trop didactique. Henry James le compara à un navire qui avance lentement avec une lourde cargaison[50] – et il savait de quoi il parlait !

En fait, après l'avoir abordé avec appréhension, j'ai été surprise de voir à quel point ce roman m'a captivée. Même s'il vaut peut-être mieux nourrir un intérêt préalable pour la crise de la foi à cette époque. Mais je ne suis pas la seule. *Robert Elsmere* devint un succès de bouche à oreille dès sa publication, se vendant à environ quarante mille exemplaires en Grande-Bretagne et à deux cent mille en Amérique au cours de la seule première année[51]. Certains de ces exemplaires étaient des éditions pirates – tellement nombreuses que le livre devint un cas d'école pour les militants qui essayaient d'introduire une protection internationale des droits d'auteur pour les écrivains et les éditeurs. Ils obtinrent gain de cause en 1891 : une petite victoire humaniste en soi.

Élément intéressant d'un point de vue humaniste : Robert fait bien plus que tomber dans l'océan du doute. Il perd une version de lui-même, mais ce n'est pas de cela qu'il s'agit en fin de compte dans son histoire. Il s'agit de trouver un ensemble de valeurs positives et humanistes qui remplacerait la religion. Pour lui, ces valeurs sont dignes d'être appelées une nouvelle religion.

Il n'était pas le seul à partir en quête d'une religion plus humaine. Et certains des résultats de cette quête furent pour le moins étranges.

Il était possible – si vous vouliez concevoir autrement le christianisme en y intégrant les nouvelles idées humanistes – de prendre l'histoire de Jésus telle qu'elle existait et d'en enlever tout ce qu'elle avait de surnaturel, pour ne garder que l'histoire enthousiasmante d'un grand professeur de morale qui avait vécu il y a fort longtemps. Il y avait déjà eu des précédents, le plus notable étant le travail effectué par le père fondateur de l'Amérique Thomas Jefferson. En 1819, il découpa littéralement des exemplaires du Nouveau Testament pour en assembler les passages choisis et former un récit de la vie de Jésus allégé d'éléments comme la conception virginale, les miracles et la résurrection. Cela permettait de mettre l'accent sur l'enseignement moral de Jésus, notamment son Sermon sur la montagne. Jefferson appela ce nouveau texte *La Vie et la Morale de Jésus à travers des extraits des Évangiles en grec, en latin, en français et en anglais.* Après parution, le livre fut diffusé sous le nom plus pratique de « Bible de Jefferson ». Son intention, comme il le dit dans une lettre, était d'isoler « le code moral le plus sublime et le plus bienveillant jamais offert à l'homme » de ce qu'il appelait les « amphibologies », soit les éléments plus ambigus, notamment les récits qu'il soupçonnait d'avoir été ajoutés par d'autres mains et d'être manifestement des faux[52]. À sa manière, il travaillait dans la tradition d'un Valla ou d'un Érasme : il remettait en question le texte, et essayait de revenir à quelque chose de plus pur et de plus bénéfique. Il poussa seulement l'idée beaucoup plus loin.

Sans aller jusqu'à découper des pages, d'autres cherchèrent à sauver les idées et les récits bibliques édifiants tout en les libérant de leur côté surnaturel. L'un d'eux fut Matthew Arnold, dont le grand essai *La Littérature et le Dogme* défendait une approche des textes sacrés semblable à celle des œuvres littéraires – soit des sources purement humaines de douceur et de lumière culturelles. Il espérait ainsi attirer de nouveau ceux qui s'étaient éloignés de la religion, ou au moins empêcher les autres de partir. Or, *par quoi* seraient-ils attirés, sans la dimension surnaturelle ? Simplement par ce qui fait la bonne littérature : un message moral subtil et un personnage central mémorable[53].

Pour certains, Jésus était un protagoniste tellement fascinant qu'il s'imposait aux dépens du but éthique. Deux biographies notables lui furent consacrées au cours du dix-neuvième siècle, qui le replaçaient dans son contexte historique tout en examinant sa vie et le sens de son mythe. La plus imposante des deux est celle de l'historien allemand David Friedrich Strauss, *La Vie de Jésus* (1835), qui fut traduite en anglais par George Eliot. La plus lisible est celle d'Ernest Renan, dont la *Vie de Jésus* parut en 1863.

Ce fut la lecture du livre de Strauss qui lança Renan sur sa propre voie : il était tombé dessus encore jeune homme, alors qu'il étudiait pour devenir prêtre dans sa Bretagne natale. L'impact fut immédiat : il décida de quitter le séminaire[54]. Il n'en demeura pas moins un savant et un historien de la Bible, et plus un déiste qu'un athée – il croyait que Dieu avait créé le monde et l'avait rempli d'un « souffle divin » avant de se retirer de la scène[55]. Jésus était un simple être humain, mais pas un être ordinaire. Renan dépeint un visionnaire qui s'éloigne progressivement de tout attachement au monde et qui avance vers le drame d'un ciel qu'il est le seul à voir. À la fin, Jésus n'est plus tout à fait de cette planète. Renan nous fait *sentir* pourquoi les gens ont été tellement captivés par lui ; il utilise le savoir-faire d'un romancier psychologique pour révéler le caractère de Jésus à mesure qu'il s'éloigne de l'humanité normale, sans jamais la quitter complètement. Il utilise aussi sa formidable érudition (et les nombreux voyages qu'il a effectués sur les sites des origines) pour enraciner toujours plus Jésus dans son contexte historique et géographique. Il sait transmettre de manière saisissante l'enfance que l'on pouvait alors avoir dans un espace tellement éloigné du monde culturel de la Grèce ou de Rome.

Le livre déchaîna les fureurs (comme celui de Strauss en son temps), même si Renan reconnaissait en avoir « éteint le style » avant publication, pour moins offenser. Il quitta Paris pour la Bretagne, mais sa notoriété l'y précéda. « Ah ! J'ai toujours pensé qu'on vous faisait faire de trop fortes études », lui dit l'un de ses anciens maîtres[56]. Renan semble avoir malgré tout apprécié, en secret, cette agitation : un témoin qui assista ensuite à ses conférences observa comment ses yeux clignaient dans son visage rond à chaque fois qu'il ouvrait la bouche (dévoilant une suite de « toutes petites dents ») pour dire quelque chose d'audacieux[57]. Le libre-penseur américain Robert G. Ingersoll, qui le connut bien et qui partageait cette tendance à cligner des yeux, s'amusait de voir les bigots irrités par la gaieté et la modestie de Renan : « Quelle gaieté, quelle bonne philosophie, avec bonnet et grelots, quels badinages et quels blasphèmes, que de

Born Feb. 27, 1823 — Died Oct. 2, 1892
THE LATE M. ERNEST RENAN

bon sens, écrivait Ingersoll, il avait d'excellentes manières spirituelles[58]. »

Ingersoll lui-même relevait d'une autre école de pensée : il ne trouvait Jésus ni passionnant ni sage moralement. Pour lui, il avait commis une erreur en montrant si peu d'intérêt pour les processus physiques et l'amélioration des conditions de vie dans ce monde[59]. E. M. Forster, plus tard, fut du même avis : il admit ne pas apprécier la non-mondanité de Jésus et son rejet de la curiosité intellectuelle ; il trouvait en lui « une telle absence d'humour et de joie que [son] sang en était glacé ». Forster ne pensait pas qu'il aurait apprécié Jésus en tant qu'individu, et c'était là une rupture irrémédiable, car pour lui les relations personnelles étaient essentielles[60]. Le problème venait peut-être du semblant de divinité qui s'accrochait encore à Jésus, que l'on croie ou non à cette divinité. L'on pouvait essayer de le rendre « humain, trop humain », il n'en demeurait pas moins entièrement dédié à la rédemption dans l'au-delà, à la soumission à Dieu et à l'amour de Dieu le Père.

Une autre option, pour celles et ceux qui préféraient humaniser plus encore leur religion, était de mettre l'humanité elle-même à la place de Dieu ou de Jésus et de la vénérer.

À cela aussi, il y avait eu des précédents. En France, juste après la Révolution, une « religion » séculière avait été brièvement imposée, destinée à remplacer la religion catholique, que les révolutionnaires souhaitaient éradiquer. Ceux-ci commencèrent par saccager les églises. Ils envisagèrent même de démolir les grandes cathédrales comme celle de Chartres, avant qu'un architecte fasse remarquer que les décombres bloqueraient le centre de la ville pendant des années. Mais ils sentaient que les gens pourraient avoir besoin d'un substitut ; ils inventèrent donc des personnifications de la Raison, de la Liberté ou de l'Humanité, destinées à canaliser la dévotion. L'autel de Notre-Dame de Paris fut remplacé par un autel dédié à la Liberté, et l'édifice accueillit une fête de la Raison le 10 novembre 1793. Cette fête comprenait un défilé de la déesse de la Raison, interprétée par

LA FÊTE DE LA RAISON, DANS NOTRE-DAME DE PARIS, LE 10 NOVEMBRE 1793
D'après le tableau de M. Ch. L. Muller, dix-neuvième siècle.

Sophie Momoro, l'épouse de l'organisateur, Antoine-François Momoro. L'année suivante, les religions de l'humanité et de la raison tombèrent en disgrâce aux yeux de Maximilien Robespierre, qui manifesta sa désapprobation en faisant guillotiner Antoine-François Momoro et d'autres avec lui, puis en introduisant son propre culte de l'Être suprême, plus déiste. Lequel culte dura jusqu'en 1801, date à laquelle Napoléon l'interdit à son tour et permit le retour des pratiques religieuses plus conventionnelles[61].

L'idée de vénérer des notions abstraites ne disparut pas pour autant. En Allemagne, le philosophe Ludwig Feuerbach suggéra le culte d'une religion humaine dans son livre de 1841, *L'Essence de la chrétienté* (autre ouvrage qui serait traduit en anglais par George Eliot). Feuerbach pensait que la religion monothéiste avait pour origine une sélection des meilleures qualités, réalisée par les hommes et appelée « Dieu » afin d'être vénérée. On pouvait donc aussi bien supprimer le dieu intermédiaire et vénérer directement l'Humanité, ou du moins sa dimension morale. Feuerbach n'essaya pas d'organiser une telle religion, mais d'autres le firent, notamment Auguste Comte.

Comte avait d'excellentes idées. Il fonda la sociologie et inventa le terme *positivisme* pour décrire ce en quoi il croyait : que nous mènerions mieux nos vies si nous les fondions sur la science empirique (c'est-à-dire « positive »). Sa vision scientifique du monde le conduisit à rejeter la religion traditionnelle, mais la sociologie lui apprit que les gens semblaient avoir besoin de rituels pour la remplacer. Il conçut donc ce qui fut connu sous le nom de religion positiviste, ou religion de l'Humanité. Elle était dédiée à une abstraction, mais ses pratiques n'avaient rien d'abstrait.

Tout d'abord, étant catholique de naissance, Comte était certain que cette religion aurait besoin d'une figure féminine idéalisée pour remplacer la Vierge Marie. Il trouva cette figure dans une femme qui le fascinait personnellement, Clotilde de Vaux. Celle-ci était morte jeune, après un mariage malheureux avec un homme qui l'avait abandonnée ; tout cela faisait d'elle le symbole parfait de la vertu féminine, douce et angoissée. Dans la religion de l'Humanité, elle semblait parfois même avoir une plus grande aura que l'humanité elle-même. Pour les femmes encore vivantes, la religion de Comte avait moins à offrir : elles étaient censées se consacrer exclusivement à l'éducation de leurs enfants.

Il fallait aussi des saints pour remplacer ceux des catholiques[62]. Comte choisit une série d'artistes, d'écrivains, de scientifiques et même quelques penseurs religieux qui avaient fait preuve de qualités humaines extraordinaires, comme Moïse. Il renomma d'après eux les douze mois de l'année – une idée empruntée au calendrier révolutionnaire. Et puis il fallait bien sûr un pape à la tête de tout cela. Comte semblait prêt à envisager de se confier ce rôle, mais il n'eut pas le temps de le faire officiellement avant sa mort, survenue en 1857.

La religion positiviste fit boule de neige et trouva des disciples dans le monde entier. Elle connut un succès durable au Brésil, où elle fut adoptée par certains des fondateurs de la nouvelle république, après leur coup d'État de 1889[63]. Ils étaient attirés par le rationalisme du positivisme, et par son opposition à la guerre et à l'esclavage. Un beau *Templo da Humanidade* fut érigé à Rio de Janeiro, inspiré par le Panthéon de Paris et doté d'un immense tableau représentant Clotilde de Vaux tenant un enfant. Son plafond s'est hélas effondré au cours d'une tempête, en 2009. D'autres églises positivistes sont encore debout, dans d'autres régions du Brésil[64].

En Angleterre aussi, à la même époque, alors que beaucoup de gens pataugeaient déjà dans la mer infinie du doute, les positivistes reçurent un bon accueil. En 1859 (année de la publication de *L'Origine des espèces* et de l'essai de Mill *De la liberté*), le traducteur anglais de Comte, Richard Congreve, ouvrit une branche londonienne de la religion de l'Humanité. Les réunions avaient lieu principalement chez lui, au début. Une petite communauté écoutait les sermons et récitait le credo positiviste, qui contenait des formules comme : « Je crois en la venue du règne de l'Humanité[65]. » Congreve parla même, dans un sermon, de l'humanité comme de la « grande puissance que nous reconnaissons ici comme la plus haute[66] ». On jouait de la musique, on récitait des poèmes. L'un des choix les plus prisés était « Le chœur invisible » de George Eliot, qui exprimait son souhait de survivre dans la mémoire humaine plutôt que dans un au-delà céleste. Les positivistes le mirent en musique[67], afin d'en faire leur hymne :

> Ô puis-je rejoindre le chœur invisible
> De ces morts immortels qui revivent
> Dans des esprits que leur présence rend meilleurs :
> Dans des cœurs incités à la générosité,
> Dans des actes d'une audacieuse droiture[68]...

George Eliot elle-même s'intéressait beaucoup aux idées humanistes et séculières, si l'on en croit la liste des livres qu'elle traduisit. Mais, après avoir rencontré certains des adhérents anglais à l'Église positiviste, elle se tint à l'écart. Ce choix s'expliquait en partie par la difficulté qui éloigna Forster de Jésus : elle n'avait pas d'affinités avec le meneur du mouvement. Congreve et elle étaient voisins, mais elle avait l'impression que son amabilité superficielle dissimulait un cœur froid[69].

Les autres grandes figures intellectuelles qui s'intéressaient aux thèmes de la religion et de la science à l'époque se méfiaient également. John Stuart Mill écrivit un discours ridiculisant l'attachement des comtistes au rituel. Il insista aussi sur la façon dont Comte vouait un véritable culte à la féminité sans pour autant se soucier des possibilités offertes aux femmes dans la vie réelle[70]. T. H. Huxley jeta un coup d'œil et résuma cette religion ainsi : « Le catholicisme moins le christianisme[71]. »

De fait, certains membres de l'Église anglaise de l'Humanité avaient également émis des réserves quant à l'excès de rituels, et il en résulta ce fait caractéristique inévitable propre à toutes les religions : un schisme. La scission se produisit lors d'une réunion de 1881, et la plaisanterie qui circula à l'époque – selon le récit humoristique qu'en fit T. R. Wright dans *La Religion de l'humanité* – disait : « Ils étaient venus à l'église dans un seul taxi et en étaient repartis dans deux[72]. »

Le groupe qui s'éloigna de celui de Congreve était dirigé par Frederic Harrison. Lui préférait une imagerie et un arsenal un peu moins élaborés ; il pensait que « marmonner des rites catholiques dans un trou sordide » rendait le positivisme ridicule. Il y aurait toujours des hymnes : sa femme, Ethel, en édita une anthologie, comprenant par exemple « Salut à toi ! Enfant de l'Humanité ! ». Ses membres se réunissaient dans un lieu plus lumineux, Newton Hall, près de Fetter Lane, à Londres, et toute l'approche de Harrison était plus chaleureuse. Personne ne le qualifia de cœur froid ; il était exceptionnellement cordial et plein d'humour. L'ayant vu un jour à cheval, Anthony Trollope le décrivit comme « un joyeux boucher sur un hippopotame[73] ». Le fils de Harrison, Austin, laissa un magnifique portrait de lui dans ses Mémoires, où il évoque les représentations mélodramatiques hilarantes de son père interprétant chez eux son auteur préféré,

Shakespeare, jusqu'à ce que les enfants s'écroulent de rire. Il leur prit par ailleurs un précepteur : le romancier désargenté George Gissing, qui les conquit par des histoires horribles tirées de ses propres années d'école, très différentes des leurs, agrémentées de « *Tchak !* » très sonores, lorsqu'il se souvenait des coups de fouet[74].

Malgré ces personnalités si séduisantes et le plaisir de chanter des hymnes à pleine voix, la religion de l'Humanité ne laissa dans l'ensemble qu'un héritage malheureux. Aujourd'hui encore, les humanistes sont souvent accusés de vouloir seulement remplacer une religion par une autre et de faire de l'humanité une idole, aux dépens des autres espèces, considérées comme inférieures. Ces reproches sont assez justifiés pour la religion conçue par Comte. Cependant que l'humanisme moderne rejette les systèmes dogmatiques de toutes sortes et insiste sur le respect de la vie, humaine comme non humaine.

Il me semble dommage qu'à côté des idées humanistes de Comte, parfaitement valables, sur la raison et la morale, on en trouve une autre, plutôt offensante : celle qui voudrait que les êtres humains *doivent* avoir des saints et des vierges, sans quoi ils ne pourraient pas s'en sortir. Mill exprima cette objection à la pensée de Comte lorsqu'il demanda : « Pourquoi cette universalité systématisée, systématisée, systématisée ? » Et pourquoi cet attachement aux idéologies, aux rites et aux règles ? Tout dans la philosophie de Mill, qui prônait la liberté, la diversité et les « expériences de vie », tout allait à l'encontre de cela. Il était consterné de voir qu'une philosophie qui partait d'un désir d'« évolution » de l'homme avait fini, au contraire, dans la soumission à un dogme[75].

Le dix-neuvième siècle était une période de grandes transformations, à la fois dans les sciences et dans les humanités ; il n'est donc guère surprenant d'y voir émerger des réponses erratiques. Le Jésus humanisé et la religion de l'Humanité ne sont que deux d'entre elles. Les Mémoires d'Austin Harrison, le fils de Frederic, nous ont laissé un tableau très vivant du monde intellectuel libre dans lequel il avait grandi, à Londres, à l'époque victorienne.

C'était, dit-il, tellement rempli de radicaux, d'évolutionnistes, de libres-penseurs, d'agnostiques et de positivistes que ne pas être l'un d'entre eux, « c'était n'être personne du tout[76] ». Le drame de la « mort de Dieu », la désorientation due à la perte de la foi, les folles tentatives de substitution, le désir de mentors moraux, l'excitation scientifique, tout cela se mélangea jusqu'à former un moment extraordinaire dans l'histoire de l'humanisme.

Nous nous posons toujours des questions similaires, même si nous les formulons différemment : comment les humains s'intègrent-ils dans le reste de la diversité de la vie, ou dans l'univers matériel en général ? Comment pouvons-nous réconcilier ce qu'apporte la raison scientifique avec ce que nous héritons de la tradition religieuse ? Avons-nous besoin de héros, de saints ou de mentors ? Quel genre d'entité est-ce donc que notre humanité, qui domine tellement la planète que certains ont commencé à qualifier notre ère d'anthropocène ? Nous n'avons certainement pas les réponses à ces questions, pas encore, et nous ne les aurons peut-être jamais. Mais comme n'importe quel agnostique le dirait, il est parfois préférable de ne pas être sûr des réponses.

Quand le philosophe Bertrand Russell repensa à cette période – le dix-neuvième siècle de son enfance, vu depuis le siècle très différent qui lui succéda –, il écrivit qu'elle pouvait sembler naïve et pleine de « charlataneries[77] ». Elle eut néanmoins un grand avantage : on vivait alors plus dans l'espoir que dans la peur. De ce point de vue, si l'humanité devait fleurir, ou seulement survivre, il faudrait s'accommoder sagement de cette peur et recouvrer quelque reste d'espoir.

10.

Docteur Espéranto

Principalement à partir des années 1870

Un trio d'humanistes à l'attitude positive dans une époque pleine d'espoir – Louis-Lazare Zamenhof invente une langue – Robert G. Ingersoll croit au bonheur – Bertrand Russell regarde autour de lui d'un air extrêmement décidé.

Il y avait beaucoup de façons d'avoir de l'espoir, au dix-neuvième siècle. Certains accordaient leur confiance à la révolution politique. Certains rêvaient que l'humanité tout entière suivrait les Anglais sur la voie du progrès. D'autres croyaient aux victoires nationalistes ou à la transcendance religieuse. D'autres encore, optimistes d'un autre genre, espéraient appeler par des solutions rationnelles les hommes à vivre sans bigoterie, sans superstitions et sans guerres, pour le plus grand bien de tous.

Ce chapitre est consacré à trois de ces optimistes héroïques, trois hommes du dix-neuvième siècle qui portaient en eux une grande partie de l'esprit de leur siècle, bien que deux d'entre eux aient vécu après sa fin – bien après, dans le cas de Bertrand Russell. Robert G. Ingersoll, lui, n'aura pas dépassé le siècle : il est mort en 1899.

L'un est entré juste assez dans le vingtième siècle pour voir ses espoirs pour l'humanité balayés par la Première Guerre mondiale. C'est lui que nous allons rencontrer en premier : Louis-Lazare Zamenhof, l'inventeur d'une langue dont le seul nom parlait déjà d'optimisme.

Louis-Lazare Zamenhof était né à la fin de 1859 dans une famille juive de Białystock, où il put faire lui-même l'expérience de ce que l'oppression et les préjugés nationaux faisaient vivre. Au cours de sa longue histoire, Białystock, ville aujourd'hui située en Pologne, appartint à différentes nations. D'abord partie intégrante de l'immense territoire de la Lituanie d'alors, elle devint polonaise pour quelque temps, puis prussienne. Pendant la jeunesse de Zamenhof, elle était sous le contrôle – très mal vécu – de la Russie. Plus tard, elle serait envahie à deux reprises par l'Allemagne. Sa population était composée de Russes, de Polonais, d'Allemands et de Juifs : chaque groupe avait tendance à détester les autres et à s'en méfier, les Juifs étant invariablement les plus durement touchés.

Enfant, Zamenhof remarqua combien l'incompréhension entre les communautés de sa ville était exacerbée par la ferveur avec laquelle chaque groupe considérait sa langue comme la dépositaire de son identité, tout en considérant la langue et l'identité des autres comme étrangères et menaçantes. Partout où il allait, il entendait les gens parler des Russes, des Polonais, des Allemands et des Juifs. Il ne les entendait jamais parler de « personnes[1] ».

Les habitants de Białystock apprenaient souvent des rudiments des langues des autres, mais c'était d'autant plus difficile que cela signifiait empiéter sur leur territoire : aucune langue ne pouvait être un terrain neutre. Encore adolescent, Zamenhof se demanda s'il ne serait pas utile de disposer d'une nouvelle langue qui pourrait être apprise sans trop d'efforts et qui ne serait la propriété exclusive de personne[2].

Il n'envisagea pas que quiconque perde sa langue ou sa culture ; il s'agirait simplement d'une langue en plus, d'une langue-passerelle, qui donnerait à tous le moyen de communiquer et qui les aiderait ainsi à comprendre que les autres vivaient une existence semblable à la leur.

C'était une belle idée, qui rappelait une vieille légende. L'histoire de Babel, dans l'Ancien Testament, racontait comment les habitants de cette grande ville, qui parlaient tous la même langue, avaient conçu et construit une tour qui s'élevait presque jusqu'au ciel. Dieu la regarda et dit : « Ils sont un seul peuple, ils ont tous la même langue : s'ils commencent ainsi, rien ne les empêchera désormais de faire tout ce qu'ils décideront[3]. » N'appréciant pas cette perspective, il détruisit la tour, dispersa les bâtisseurs dans toutes les directions, et multiplia les langues pour qu'à l'avenir ils aient toujours du mal à travailler ensemble pour le bien commun. Depuis, l'incompréhension au niveau linguistique et culturel continue à maintenir l'humanité dans un état de faiblesse.

Pour Érasme, et pour d'autres, au fil des siècles de l'histoire européenne, le latin avait joué ce rôle. Il l'avait si bien joué que certains linguistes médiévaux, notamment Dante, pensaient que le latin était une langue *artificielle*, créée par les Romains pour pallier l'éparpillement des langues vernaculaires naturelles après Babel. Comme elle avait été conçue par un comité (« réglée du commun consentement de maints peuples[4] »), elle avait l'avantage de n'être pas sujette aux caprices du temps et au changement. Laurent Valla gâcha un peu cette théorie, plus tard, en rappelant que le latin s'en était donné à cœur joie, pour ce qui est de changer.

Cependant, le latin fut toujours réservé au petit nombre des personnes cultivées et, même parmi elles, à la fin du dix-neuvième siècle, il était en déclin. Il restait courant dans l'enseignement scolaire, mais le nombre de personnes capables de l'utiliser pour communiquer ne faisait que diminuer. Zamenhof envisagea le latin ou le grec dans la perspective qui était la sienne, mais il les rejeta, principalement parce que, comme le russe et le polonais, ils contenaient tous deux des conjugaisons et des déclinaisons compliquées qui torturaient celui qui les apprenait[5]. Ils manquaient également de mots pour nommer les objets modernes – problème auquel les cicéroniens avaient déjà été confrontés.

Il rassembla donc des cahiers et des manuels de langues – il était bien placé pour cela, son père et son grand-père ayant été professeurs de langues étrangères – et il se mit à créer sa propre langue en veillant avant tout à ce qu'elle soit facile à apprendre. Il supprima les genres, les déclinaisons et la conjugaison des verbes. Il prit par ailleurs environ neuf cents mots racines issus de différentes familles de langues, et il leur ajouta une série de préfixes et de suffixes cohérents pour générer davantage de significations. Lorsqu'il eut terminé une première version, il organisa une fête de lancement, le 17 décembre 1878, juste après son dix-neuvième anniversaire : ce fut donc à la fois une fête d'anniversaire pour lui-même et pour sa langue. Les amis et la famille se réunirent autour d'une table joliment décorée d'un gâteau, de cahiers et de listes de vocabulaire, et ils chantèrent une chanson :

Malamikete de las nacjes,
Kadó, kadó, jam temp' está !
La tot' homoze en familje
Konunigare so debá.

À bas l'inimitié des nations,
À bas, il est grand temps !
L'humanité tout entière
Doit être unie en une seule famille.

Zamenhof dut surmonter un pénible revers avant de révéler sa langue sous une forme plus aboutie. Après son lancement, il partit étudier la médecine à Moscou. (Il se spécialiserait plus tard en ophtalmologie et continuerait à exercer dans la communauté juive de Varsovie jusqu'à la fin de sa vie.) Son père, craignant

And they said go to, let us build us a City and a Tower, whose top may reach unto Heaven, and let us make us a name, lest we be scatter'd abroad upon the face of the whole Earth. Gen. 11. v. 4.

que le travail linguistique ne détournât le jeune homme de ses études, intervint comme l'avait fait en son temps le père de Pétrarque : il confisqua les cahiers de son fils. Ils furent emballés et enfermés dans une armoire de la maison. Louis-Lazare accepta son sort, mais quelques années plus tard, alors qu'il était de retour chez lui pour les vacances, il demanda la permission de ressortir les cahiers afin de pouvoir au moins y travailler. Il se rendit alors compte que son père n'avait pas conservé les documents : il les avait purement et simplement brûlés[6]. L'histoire du père de Pétrarque se répétait ainsi, mais cette fois-ci, rien ne survécut aux flammes.

Zamenhof n'avait pas d'autre choix que de recréer toute la langue de mémoire, et c'est ce qu'il fit. En 1887, il publia son premier abécédaire, connu sous le titre *Unua libro*, ou *Premier livre*, et signé du pseudonyme « Doktoro Esperanto », qui signifie « Docteur Espérant ». Ainsi la langue elle-même prit-elle le nom d'espéranto – la langue de l'espoir[7].

Dans le même mouvement, Zamenhof essaya de créer une religion de l'espoir. Emmanuel Kant avait remarqué en 1795 que la religion et le langage étaient les deux sources principales de division, et donc de guerre, parce qu'elles accentuaient le contraste entre ce qui distinguait les peuples[8]. Comme face au problème de la langue, Zamenhof pensait que les gens parviendraient plus facilement à dépasser ces différences s'ils disposaient d'une religion secondaire commune qu'ils pourraient ajouter à leur propre culture et à leurs propres pratiques. L'idée sous-jacente était que tout le monde partagerait une humanité spirituelle fondamentale, mais aussi, dans une certaine mesure, des valeurs fondamentales. On pouvait par exemple trouver une clé de l'éthique universelle dans la Règle d'or adoptée par le théologien juif Hillel et par d'autres : « Ce qui t'est odieux, ne le fais pas à ton prochain. » Il existait des variantes de cette règle dans un si grand nombre de cultures, et elle était si simple à retenir, qu'elle constituait un bon point de départ pour créer une sorte d'espéranto de l'âme[9]. Zamenhof donna d'abord à sa religion le nom d'Hillel[10] et il publia en 1901 une introduction, *L'Hillelisme*. Il se choisit à cette occasion un nouveau pseudonyme : « Homo Sum », d'après la formule de Térence. Plus tard, le nom de sa religion changerait également : elle devint (en espéranto, bien sûr) *Homaranismo*, qui se traduit par « Humanisme ».

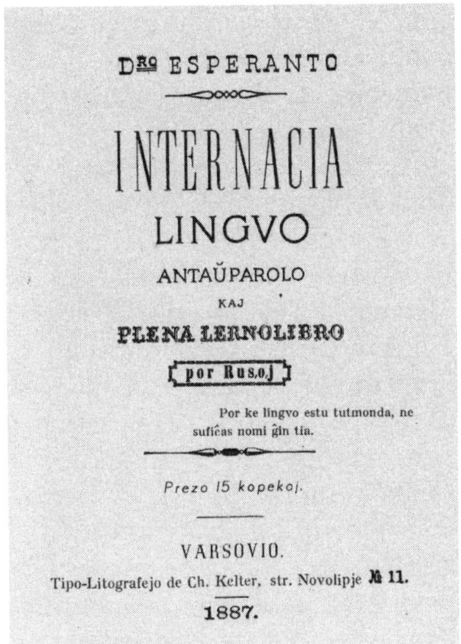

D-ro ESPERANTO

INTERNACIA

LINGVO

ANTAŬPAROLO

KAJ

PLENA LERNOLIBRO

(por Rusoj)

Por ke lingvo estu tutmonda, ne sufiĉas nomi ĝin tia.

Prezo 15 kopekoj.

VARSOVIO.

Tipo-Litografejo de Ch. Kelter, str. Novolipje № 11.

1887.

Comme cette idée de religion n'était pas du goût de tous les membres du mouvement espérantiste, Zamenhof suivit le conseil de minimiser l'importance de cet aspect au sein de son idéal, même lorsqu'il prenait la parole lors de rassemblements espérantistes[11]. Pourtant, la logique était la même : l'*homaranismo* devait simplement ajouter un niveau de relation et d'humanité partagée, sans priver personne de sa religion. Zamenhof avait lui-même été sioniste dans sa jeunesse ; il était fermement enraciné dans la communauté juive où il travaillait et il n'était pas peu fier de son identité juive[12]. Il ajouta simplement cette idée : rien d'humain n'est étranger.

Les espérantistes furent les premiers à admettre que leurs projets nécessitaient beaucoup d'optimisme. Le *Premier livre* s'ouvrait sur cet aveu : « Le lecteur prendra sans doute ce petit ouvrage avec un sourire incrédule, en s'imaginant sur le point d'emprunter les voies impraticables d'un bon citoyen d'Utopie. » (Ou bien, d'après une traduction contemporaine : « Le lecteur prendra sans doute avec méfiance cet opuscule entre ses mains, estimant avoir affaire ici à quelque utopie irréalisable[13]. ») Beaucoup de gens continuèrent à sourire et à percevoir l'espéranto comme une fantaisie donquichottesque fondée sur la vision d'une humanité capable d'*apprendre* à s'embrasser elle-même dans une amitié universelle.

Doit-on se moquer de cette idée ? Tout dépend de la façon dont on l'aborde. C'est vrai, après plus d'un siècle d'existence de l'espéranto, nous n'avons toujours pas réussi à atteindre la paix dans le monde, ni même à avancer dans la bonne direction. Quant à l'*homaranismo*, peu de gens en ont entendu parler. Fatalement, les gouvernements n'ont jamais fait grand cas de l'espéranto, du moins dans le bon sens. (Nous y reviendrons plus loin.) Aucune organisation internationale ne l'a adopté, à part celle des espérantistes eux-mêmes. En 1908, un médecin espérantiste du nom de Wilhelm Molly essaya bien de créer un micro-territoire espérantiste dans sa ville natale de Moresnet-Neutre[14], une région de Belgique fréquemment contestée par l'Allemagne (soit une situation délicate un peu comparable à celle de Białystok, mais à plus petite échelle). Le Dr Molly envisageait de la rebaptiser Amikejo, ou « Lieu de l'amitié ». Mais le vingtième siècle ne laissa que peu de place à un micro-territoire de l'amitié et de la paix, et le projet coula quand la Première Guerre mondiale éclata. Bien plus tard, en 1967, l'espéranto fut choisi comme langue officielle de l'île de la Rose, une nation fondée sur une plate-forme maritime au large de Rimini, en Italie. L'objectif principal du pays était d'échapper aux impôts et aux lois italiennes, ce qui n'avait rien d'idéaliste, et l'île fut dynamitée par le gouvernement italien[15].

Zamenhof et les espérantistes n'en continuèrent pas moins à trouver leur langue idéale et, dans une certaine mesure, leur religion digne d'intérêt, avant tout parce qu'il s'agissait d'un signe que l'esprit n'était pas mort. L'espéranto et l'*homaranismo* ne seront peut-être jamais des projets adoptés par un grand nombre de personnes, mais ils ont au moins le mérite de proposer cette possibilité. Ce sont des *tentatives*, comme les « essais » de Montaigne. Même si elles ne changent pas le monde, on peut

se réjouir que de telles tentatives existent. L'espérantisme a également initié un réseau international d'engagement mutuel et de lien entre ceux qui s'y impliquent.

Parfois, l'espérantisme surgit là où l'on s'y attend le moins. Alors que je visitais le site de la maison de Pétrarque à Fontaine-de-Vaucluse, pour l'écriture de ce livre, et que je marchais sur le sentier qui longe son ruisseau bien-aimé, j'ai été surprise et ravie de voir sur un mur une plaque en espéranto. Traduisant une plaque voisine rédigée en français et datée de 1937, elle commémore la poésie et les recherches historiques de Pétrarque, ainsi que sa décision – prise exactement six cents ans plus tôt – de construire sa maison dans cet endroit magnifique.

Nous avons déjà rencontré un personnage animé par des espoirs semblables – un être hors normes, à tous les égards. Il s'agit de Robert G. Ingersoll, créateur du credo du bonheur cité dans notre introduction :

> Le bonheur est le seul bien.
> Le seul moment pour être heureux, c'est maintenant.
> Le seul endroit pour être heureux, c'est ici.
> La seule manière d'être heureux, c'est de rendre les autres heureux.

Grâce aux innovations technologiques de son époque, nous pouvons l'entendre prononcer ces mots, quoique indistincts et grésillants. Il les enregistra en 1899, dans le studio de Thomas Edison, et le cylindre phonographique a été conservé au musée de sa ville natale, Dresden, dans l'État de New York – avec un autre enregistrement de lui sur ce grand thème : l'espoir[16].

Ingersoll était un agnostique et un rationaliste, très représentatif des conférenciers itinérants et charismatiques de son époque[17]. J'ai failli écrire l'un de ces *prédicateurs* itinérants, et dans son cas, toute ressemblance avec cette catégorie n'eût pas été un hasard. Il avait grandi sur les routes, avec son père, un pasteur congrégationaliste qui se déplaçait fréquemment d'un endroit à un autre – notamment parce que ses opinions tranchées dérangeaient partout où il allait, par exemple sa position contre l'esclavage. Lorsque Robert vint au monde, sa date de naissance fut consignée dans une Bible familiale : le 11 août 1833. Dans une autre Bible familiale, la date indiquée est le 12 août. « Ainsi, dit-il un jour pour plaisanter, vous voyez que la première chose que j'ai trouvée dans la Bible, c'est une contradiction[18]. »

De par son éducation, il eut l'occasion d'observer les nombreuses façons dont on peut utiliser le langage et aussi le corps pour amuser, séduire, provoquer ou galvaniser une foule[19]. En grandissant, il exerça des fonctions qui affûtèrent encore ses capacités en la matière. Il devint tout d'abord instituteur, mais il fut rapidement écarté de ce métier à cause de sa tendance à faire des plaisanteries douteuses en classe – en faisant remarquer, par exemple, que le baptême était une pratique saine, à condition qu'il soit administré avec du savon.

Il suivit ensuite une formation d'avocat – avec une interruption durant la période où il combattit au cours de la guerre de Sécession et fut fait prisonnier, une expérience qui lui laissa toute la vie la haine de toutes les guerres[20]. Pendant ses études de droit, un juge et ami lui donna accès à sa bibliothèque personnelle, composée de livres de philosophie chinoise et indienne, ainsi que d'ouvrages de Lucrèce, Cicéron, Voltaire, Paine, Spinoza,

Hume, Mill, Gibbon, Darwin et Huxley – une liste de lecture parfaite pour un « libre-penseur » en herbe (pour reprendre le terme de l'époque). Ingersoll, qui n'avait pas eu l'occasion de recevoir une éducation humaniste généraliste, se frayait maintenant un chemin à travers les rayons[21]. Il fut horrifié d'apprendre que des penseurs avaient été accusés de blasphème pour avoir exprimé de telles idées dans le passé ; il fut encore plus horrifié de découvrir que des persécutions similaires avaient encore lieu en Amérique[22]. Il commença à s'occuper de telles affaires, en tant qu'avocat. Au tribunal, il perfectionna un style spectaculaire et remarqué que d'autres jeunes avocats tentèrent d'imiter, sans grand succès. Parmi ceux qui abandonnèrent rapidement figure Clarence Darrow, célèbre par la suite pour avoir défendu le professeur de biologie John T. Scopes, poursuivi en 1925 pour avoir contourné une loi du Tennessee interdisant l'enseignement du darwinisme. Darrow se souvenait ainsi d'Ingersoll : « J'ai déjà rencontré quelques personnes qui maîtrisaient sa manière de s'exprimer, mais il leur manquait ce dont Ingersoll n'a jamais manqué, à savoir quelque chose qui vaille la peine d'être dit[23]. »

Ingersoll avait beaucoup à dire, et il le faisait de plus en plus souvent, en dehors de la salle d'audience comme à l'intérieur[24]. Il se mit à écrire des articles et à prendre la route pour donner des conférences, en commençant en 1860 par Pekin, dans l'Illinois, pour parler d'un autre grand sujet de l'époque : le progrès. Ces conférences et ces écrits devinrent son activité principale et le resteraient pendant trente ans. Outre l'espoir, le progrès et le bonheur, ses autres thèmes comportaient notamment la manière dont (selon lui) la religion traditionnelle limitait l'horizon des fidèles, ainsi que l'envie de se libérer en essayant de penser de façon plus rationnelle.

Il mit au service de cette cause tout le savoir-faire rhétorique qu'il avait engrangé au cours de ses différentes carrières. Cicéron et Quintilien auraient été impressionnés par la palette d'Ingersoll. Il utilisait la logique pour souligner les contradictions dans les récits de miracles ou de prières exaucées. Il utilisait

l'humour presque comme un comédien de stand-up. Un jour, lorsqu'une femme le vit sortir d'un bar et lui dit d'un ton choqué : « Eh bien, monsieur Ingersoll, je suis surprise de vous voir sortir d'un tel endroit », il répliqua : « Mais, chère madame, vous ne voudriez pas que j'y reste[25]. »

À d'autres moments, il usait du mélodrame en parlant, par exemple, des « fantômes » de la religion qui président à l'histoire : ils n'ont « pas ménagé leur peine pour transformer l'aigle de l'intelligence humaine en une chauve-souris des ténèbres », claironnait-il. Or, voici que les spectres s'en vont ! « Qu'ils recouvrent leurs orbites sans yeux de leurs mains sans chair et qu'ils disparaissent à jamais de l'imagination des hommes[26]. »

Tous ces éléments – dramatiques, argumentatifs, comiques – étaient renforcés par son élocution, qui était d'autant plus percutante qu'elle émanait d'une carrure imposante. Quintilien lui-même avait recommandé de cultiver les avantages naturels dont on disposait, « tels que la voix, les poumons et la grâce dans le port et dans les mouvements[27] ». Ingersoll possédait tous ces atouts, même s'il était grâcieux comme un ours. Il aimait manger et boire : « La bonne cuisine est la base de la civilisation [...]. L'inventeur d'une bonne soupe a plus fait pour sa race que le créateur de n'importe quelle croyance. Les doctrines de la dépravation totale et du châtiment sans fin sont nées d'une mauvaise cuisine et de la dyspepsie[28]. » Il mangeait si bien qu'un journaliste de l'*Oakland Evening Tribune* commenta l'« autodafé spectaculaire » qu'aurait engendré son corps s'il avait vécu à une autre époque et fini sur le bûcher[29].

Pour Ingersoll, il n'y avait rien d'abstrait dans les idées humanistes ; elles influençaient tout son mode de vie. Avec la bonne chère, il appréciait la bonne culture. Comme Frederic Harrison, il adorait Shakespeare[30]. Il était d'accord avec Matthew Arnold pour apprécier « le meilleur de ce que les hommes et les femmes du monde ont dit, pensé et fait ». Ces meilleures productions sont les véritables « écritures » de l'humanité, disait-il, au même titre que les meilleures inventions mécaniques et les meilleures lois, car ces deux domaines ont un effet positif sur la vie des gens.

Il exprima son émerveillement devant le simple fait d'être sur cette planète :

> La vie vaut-elle la peine d'être vécue ? Eh bien, je ne peux répondre que pour moi-même. J'aime être vivant, respirer, regarder le paysage, les nuages, les étoiles, réciter des poèmes anciens, regarder des tableaux et des statues, écouter de la musique ou les voix de ceux que j'aime. J'aime manger et fumer. J'aime l'eau bien fraîche. J'aime parler avec ma femme, avec mes filles, avec mes petits-enfants. J'aime dormir et rêver. Oui, on peut dire que, pour moi, la vie vaut la peine d'être vécue[31].

Il évoque très souvent sa femme, Eva Parker, et sa famille dans son œuvre. Le couple vécut trente-huit ans de mariage et eut deux filles, dont l'aînée, Eva Ingersoll-Brown, devint une célèbre militante féministe, ainsi qu'une libre-penseuse. Robert lui-même soutint la cause féministe, de même qu'il défendit les droits des enfants. Les parents qui battent leur progéniture, disait-il, devraient demander à quelqu'un de prendre une photo de leur visage rouge et laid de colère quand ils le font, afin qu'ils puissent voir par eux-mêmes ce qu'ils sont devenus. Au lieu de trouver des justifications à la violence, demandait-il, pourquoi ne pas traiter les enfants « comme des êtres humains[32] » ?

Dans un autre credo, qui s'ajoute à celui du bonheur, il déclarait :

> Je crois en la noblesse de la nature humaine. Je crois à l'amour et au foyer, à la gentillesse et à l'humanité. Je crois à la bonne entente et à la gaieté, au bonheur que l'on apporte à sa femme et à ses enfants. Je crois en notre bonne nature [...]. Je crois à la liberté de pensée, à la raison, à l'observation et à l'expérience. Je crois à l'autonomie et à l'expression d'une pensée honnête. J'ai de l'espoir pour l'ensemble de la race humaine[33].

Naturellement, de telles opinions lui valurent des inimitiés et des suspicions. Ses adversaires l'appelaient « *Robert Injuresoul* » [litt., « âme nocive »], et il était bombardé de fruits et de légumes lors de ses conférences[34]. Or, rien ne l'atteignait : ni les insultes, ni les sobriquets, ni les choux, ni les tomates. Il utilisait même les fruits dans ses métaphores. Emmagasiner des richesses pour le paradis est une perte de temps sur Terre, disait-il. Au lieu de quoi : « Je veux sucer l'orange jusqu'à la moelle, pour qu'il ne reste que les pelures, quand la mort viendra. Ainsi donc : "Longue vie[35] !" »

Sa propre vie ne fut pas exceptionnellement longue : Ingersoll mourut d'un arrêt cardiaque à soixante-cinq ans, en 1899. Il laissait derrière lui des admirateurs, des disciples et des imitateurs, ainsi que de nombreux correspondants dont le réseau rivalisait avec celui d'un Pétrarque, d'un Érasme ou d'un Humboldt. Ce réseau n'avait cessé de s'agrandir grâce à l'attention que les journaux accordaient à ses apparitions, tout cela suscitant à son tour des lettres de curieux, de mécontents ou d'angoissés. Parmi ses réponses, retenons celle qu'il fit en 1890 à un homme qui l'avait approché pour lui confier qu'il avait des idées suicidaires. Ingersoll lui avait donné ce conseil : « Nul ne devrait se tuer tant qu'il peut être de la moindre utilité à qui que ce soit, et si vous ne pouvez pas trouver quelqu'un que vous seriez prêt à aider, trouvez-vous un bon chien et prenez soin de lui. Vous n'imaginez pas à quel point vous vous sentirez mieux[36]. » J'espère que cet homme a suivi son conseil.

Le credo du bonheur d'Ingersoll est resté populaire au sein des organisations humanistes. Bien qu'il soit exprimé sous la forme d'une série de réponses, il nous incite également à nous interroger sur nous-mêmes : pourquoi ne serions-nous pas plus heureux que nous le sommes ? Pourquoi accepter les misères de l'effroi religieux, de la cruauté patriarcale ou de la déraison, plutôt que de nous donner nous-mêmes les moyens de trouver une meilleure façon de vivre ?

Tel était l'espoir de Zamenhof lorsqu'il inventa sa langue. Et comme l'écrivit Bertrand Russell : « Tout le devoir d'un homme n'est pas de glisser à travers le monde aux seules fins d'échapper à la colère de Dieu. Le monde est *notre* monde, et il ne tient qu'à nous d'en faire un ciel ou un enfer[37]. »

Ce qui m'amène au troisième humaniste plein d'espoir de ce chapitre. Lui aussi dut sa formation au monde du dix-neuvième siècle et à l'expérience qu'il en eut, depuis sa naissance en 1872, en pleine période victorienne, jusqu'à sa mort en 1970, au temps des hippies, du rock et des ordinateurs.

À en croire sa mère, Bertrand Russell se mit dès sa naissance à regarder autour de lui « d'un air extrêmement décidé[38] ». C'était là précisément ce qu'il allait faire jusqu'à ses quatre-vingt-dix-sept ans (presque quatre-vingt-dix-huit), en tant que philosophe, logicien, mathématicien, pamphlétaire, militant, libérateur des mœurs, féministe, rationaliste, athée, défenseur de l'interdiction de la bombe, et bien d'autres choses encore.

Il vint au monde apparemment entouré de bons présages – si l'on croit à ce genre de choses, ce qui n'était pas son cas. Sa mère, Katharine Russell, vicomtesse Amberley, lutta pour amé-

liorer l'accès des femmes à l'éducation et eut l'honneur – après un discours qu'elle tint à Stroud en 1870 – d'être décrite par la reine Victoria comme une personne qui méritait « un bon coup de fouet[39] ». Le mari de Katharine, John Russell, vicomte d'Amberley, était le fils de l'ancien Premier ministre Lord John Russell, et il était lui-même membre du Parlement, où il défendait des causes sociales progressistes. Il perdit son siège en 1868, en partie parce qu'il voulait améliorer l'accès au contrôle des naissances[40]. Ce couple de libres-penseurs, aristocrates et intrépides, eut également une relation ouverte : la vicomtesse prit un amant, avec l'accord de son mari.

La naissance de « Bertie » fut assistée par une pionnière des femmes médecins, Elizabeth Garrett Anderson, une amie de la famille. Un autre ami fut choisi comme parrain : John Stuart Mill. Ce choix était significatif. Si sa tâche consistait à guider le garçon sur le plan spirituel, il était peu probable qu'il l'orienterait vers la religion traditionnelle.

Hélas !, Mill quitta ce monde avant que Russell eût un an ; il ne put donc pas l'influencer. Du moins pas directement. Mais à travers ses écrits, il eut une très grande influence sur lui. Russell dit que la lecture de l'autobiographie de Mill à l'âge de dix-huit ans le libéra des derniers restes de la foi chrétienne de son enfance[41].

La mort de Mill ne fut pas la plus importante dans la vie de Russell, car sa mère mourut alors qu'il n'avait que deux ans, puis son père, un an et demi plus tard. Russell et ses frère et sœur aînés furent élevés par leur grand-mère paternelle. Elle était ascétique et traditionnelle : Russell se rappelait en particulier qu'elle ne s'asseyait jamais dans un fauteuil confortable avant l'heure du thé. Ce devait être une obsession de cette époque : dans le roman d'Anthony Trollope, *Peut-on lui pardonner ?*, le personnage de Lady Macleod est décrit comme ayant été « éduqué à une époque où les fauteuils confortables étaient considérés comme pervers, et parmi des gens qui considéraient toute position confortable comme telle ; et elle pouvait encore se vanter, à soixante-seize ans, de ne jamais se pencher en arrière[42] ».

Mais Russell apprit aussi quelque chose d'important de sa sévère grand-mère. « Elle m'a donné une Bible, avec ses passages préférés recopiés sur la page de garde. Y figurait cette citation : "Tu ne suivras pas la multitude pour mal faire[43]." » Cette formule, dit-il, le guida toute sa vie. Il fut certainement à la hauteur. Si la raison lui soufflait qu'un argument était juste ou faux, il le disait toujours, même si cela risquait de lui causer des ennuis. Il appela judicieusement l'une de ses publications les plus provocantes *Essais impopulaires.*

Ce principe allait de pair avec un autre : Russell considérait qu'il n'était « pas désirable d'admettre une proposition lorsqu'il n'y a aucune raison de supposer qu'elle est vraie[44] ». Il fournit une bonne métaphore à ce sujet en 1952, bien que le texte n'ait pas été publié à l'époque. En réponse à la question « Y a-t-il un Dieu ? », il demande au lecteur de considérer une théière en orbite :

> Si je suggérais qu'entre la Terre et Mars se trouve une théière de porcelaine en orbite elliptique autour du Soleil, personne ne serait capable de prouver le contraire, pour peu que j'aie pris la précaution de préciser que la théière est trop petite pour être détectée même par nos plus puissants télescopes. Mais si j'affirmais que, comme ma proposition ne peut être réfutée, il n'est pas tolérable pour la raison humaine d'en douter, on me considérerait aussitôt comme un illuminé. Cependant, si l'existence de cette théière était décrite dans des livres anciens, enseignée comme une vérité sacrée tous les

dimanches et inculquée aux enfants à l'école, alors toute hésitation à croire en son existence deviendrait un signe d'excentricité et vaudrait au sceptique les soins d'un psychiatre, à une époque éclairée, ou de l'Inquisiteur en des temps plus anciens[45].

Nous rencontrons ici l'une des convictions les plus fortes de Russell, à savoir qu'il n'est jamais suffisant d'accepter des affirmations sur la seule base de l'autorité. Nous avons également là un merveilleux exemple du ton de Russell. Il avait, comme l'écrivit Thomas Paine un jour à propos de Voltaire, une grande capacité à repérer la folie, combinée à un « penchant irrésistible à la ridiculiser[46] ». Comme chez Voltaire, ou chez Ingersoll, cela pouvait être divertissant ou irritant, selon votre humeur et selon que vous étiez ou non celle ou celui dont il dénonçait la folie.

Derrière l'emphase apparente, la pensée de Russell s'appuyait sur une profonde compréhension du raisonnement logique – la logique et les mathématiques étant ses grandes amours (et des amours interconnectées). Les mathématiques étaient entrées dans sa vie lorsqu'il avait onze ans et que son frère lui avait passé un exemplaire de la géométrie d'Euclide. Russell était en extase : « Je n'aurais jamais imaginé qu'il pût exister rien d'aussi délicieux au monde[47]. » Il enseigna par la suite les deux matières et coécrivit avec Alfred North Whitehead le magistral *Principia Mathematica*, qui explorait les fondements logiques des mathématiques. Il étudia aussi ceux de bien d'autres domaines : le nationalisme, les

justifications de la guerre, l'opposition au contrôle des naissances, le refus des droits de la femme, les justifications du pouvoir de l'Église – et il les trouva tous déficients.

C'est la logique, ainsi que la tradition familiale, qui le conduisirent à s'engager très tôt dans la lutte pour le droit de vote des femmes. Il se présenta aux élections législatives de Wimbledon en 1907 sur cette seule question, sachant qu'il allait perdre mais décidé à faire connaître la cause[48], tout comme Mill l'avait fait avec ses arguments de 1867 au Parlement. Ce qui choqua Russell, ce ne fut pas la défaite elle-même, mais le comportement ignoble de leurs adversaires. Des foules organisées se rendirent à ses interventions pour y jeter des œufs pourris, ou bien, une fois, pour lâcher des rats vivants dans l'auditoire, ainsi qu'un rat mort jeté plus tard dans la salle de réunion des militants. Comme Zamenhof et Ingersoll, Russell était perplexe ; il se demandait pourquoi les choses ne pouvaient pas se faire de manière plus rationnelle ; *pourquoi* les gens ne voyaient pas le chemin vers le bien-être et le bonheur, alors que tout était si *logique*.

La vie de Russell ne fut cependant pas guidée exclusivement par la raison et la logique. Il souffrit parfois de dépression. Un jour, alors qu'il était jeune, il regarda le coucher de soleil et pensa au suicide – mais il fut sauvé, dit-il, par son désir d'approfondir sa connaissance des mathématiques[49]. Des émotions intenses le traversaient ; il fut une fois décrit comme « un bon haineux », et il était aussi enclin à des amours ou à des engouements soudains[50]. Lors d'un moment étrange, voyant la femme de son collègue Whitehead manifestement malade et souffrante, il comprit tout d'un coup que :

> la solitude des cœurs humains est intolérable ; rien ne peut l'entamer que, porté à sa plus haute intensité, ce genre d'amour qu'ont prêché les grandes religions ; tout ce qui ne découle pas de ce mobile est néfaste ou, dans le meilleur des cas, inutile ; il s'ensuit que la guerre est un mal, que l'éducation des jeunes gens de bonne famille dans les *public schools* est abominable, que le recours à la force

> doit être absolument proscrit, et que, dans les relations humaines, c'est au cœur même de la solitude, en chaque être, qu'il importe d'atteindre et de parler. [...] Des années durant, je ne m'étais soucié que d'analyse et d'exactitude, et voilà que je me trouvais envahi d'aspirations quasi mystiques à la beauté, débordant d'intérêt pour les enfants, avide, presque autant que Bouddha, d'une philosophie qui pût rendre supportable l'existence humaine[51].

Ce n'était pas de la logique ; c'était une révélation. L'expérience lui fit également comprendre qu'il n'aimait plus sa femme, Alys, et ils divorcèrent quelque temps plus tard ; il se maria trois fois par la suite et eut de nombreuses liaisons. Pendant la plus grande partie de sa vie, il se montra excessivement porté sur le sexe ; c'était presque une addiction. Il avait tendance à tenter sa chance avec presque toutes les femmes qu'il rencontrait ; pour autant que nous le sachions, il n'alla jamais jusqu'à les forcer, mais son comportement pouvait être fatigant pour les femmes qui l'entouraient, et quelque peu épuisant pour lui-même. Le fait que Russell n'était que trop humain est également évident dans l'intensité émotionnelle très personnelle qu'il mettait dans sa quête des vérités de la logique et des mathématiques. Il aimait ces deux sujets parce qu'ils portaient une dimension transcendantale qui allait au-delà des vies humaines, mais c'était aussi pour lui une source d'émotion, comme la poésie pour le jeune Mill. Russell en fit une blague : lorsque, en 1929, la *Little Review* de Chicago lui demanda quelles étaient les choses qu'il aimait le plus, il répondit : la mer, la logique, la théologie et l'héraldique. « Les deux premières parce qu'elles sont inhumaines, les deux dernières parce qu'elles sont ridicules[52]. »

Il ne put jamais résister à de telles tournures de phrases, très soignées, mais son aversion pour la tradition théologique était plus profonde que ne le suggère cette plaisanterie. Comme les épicuriens de jadis ou le baron d'Holbach à l'époque des Lumières, ou encore Ingersoll à une époque plus récente, Russell pensait qu'il était nécessaire d'échapper aux angoisses religieuses, surtout celles liées à l'au-delà, pour être heureux. La peur était le plus grand ennemi du bonheur, et la religion à son tour était l'une des plus grandes sources de peur. L'idée d'utiliser des expressions telles que « craignant Dieu » [*God-fearing*] dans un sens positif lui répugnait[53]. Parfois, bien sûr, il est utile d'être sur ses gardes, comme lorsque l'on est confronté à une menace physique que l'on doit fuir, mais dans la plupart des situations de la vie moderne, pensait-il, nous en avons moins besoin que de courage. « Nous devrions nous lever et regarder le monde en face[54]. » En général, comme Ingersoll, il souhaitait que la vie humaine soit plus audacieuse, plus libre, plus constructive, plus joyeuse – et il estimait que c'était en grande partie à nous qu'il revenait de faire en sorte qu'elle le devienne.

Une autre peur ruina de nombreuses vies : la peur de l'étranger, ou de toute personne différente de soi – un sentiment attisé par les nationalistes comme par les racistes. En 1914, soit l'année qui suivit la publication du dernier volume des *Principia Mathematica*, le monde confirma les pires craintes de Russell à cet égard, avec le début de la Première Guerre mondiale. Dans une lettre à sa maîtresse Ottoline Morrell écrite dès les tout premiers jours, Russell donna voix à son horreur : « Il me semble ressentir tout le poids des passions de l'Europe, comme si j'étais le foyer d'un verre incandescent – tous les cris, les foules en colère, les empereurs au balcon qui en appellent à Dieu, les mots solennels de *devoir* et de *sacrifice* utilisés pour couvrir les meurtres et la rage[55]. » Même certains de ses propres amis libéraux se jetaient dans cette frénésie et se transformaient du jour au lendemain en ennemis des Allemands[56].

Dans toute l'Europe, les pacifistes et les rationalistes subissaient un choc analogue. L'écrivain autrichien Stefan Zweig se souvenait que ses amis et lui, qui avaient toujours joui d'un monde de raison et de technologie, de la lumière électrique et de voitures sans chevaux, d'une bonne santé et de la protection sociale, étaient stupéfaits par le retour soudain à la « barbarie[57] ». En Hongrie, lorsque le jeune artiste Béla Zombory-Moldován vit une affiche annonçant la guerre – ce qui signifiait qu'il allait devoir se présenter à la conscription les jours suivants –, il n'en revint pas : « C'était le vingtième siècle ! » C'était l'ère des « Lumières et de l'humanisme démocratique ». Comment cela pouvait-il être vrai ? « Ils allaient me tirer dessus, ou me poignarder, ou bien j'allais tirer sur un parfait inconnu avec qui je n'avais aucun différend, que je ne connaissais même pas[58]. » Cela n'avait aucun sens. Le choc pour l'Europe était comparable à celui du tremblement de terre de Lisbonne pour les philosophes « optimistes » du dix-huitième siècle, mais la cause cette fois-ci était l'instabilité humaine, et non l'instabilité géologique. C'était le genre de dérapage stupide vers la guerre contre lequel Érasme avait mis en garde.

Russell pensait que la Grande-Bretagne, au moins, ne devait pas s'en mêler. Il ne risquait pas d'avoir à se battre lui-même dans les tranchées : lorsque la conscription commença, au début de l'année 1916, il avait quarante-trois ans ; il dépassait donc la limite d'âge qui était de quarante ans. Arrêtons-nous un instant pour nous en étonner. Russell avait encore devant lui tant d'illustres décennies de vie publique et de protestations, et il fut témoin d'un si grand nombre de changements sociaux (dont beaucoup furent favorisés par son propre militantisme), qu'il est impressionnant de constater qu'il avait déjà atteint l'âge de la maturité si tôt dans le siècle. Après s'être opposé à la Première Guerre mondiale dans sa quarantaine, il allait vivre assez longtemps pour s'opposer encore à la guerre du Vietnam, à l'âge de quatre-vingt-dix ans.

Bien que Russell n'ait pas eu besoin de se définir comme objecteur de conscience pour éviter le front, il s'efforça de défendre ceux qui le firent. En 1916, il fut condamné à une amende de cent livres sterling après avoir reconnu être l'auteur d'un pamphlet défendant la cause d'un objecteur[59]. À la suite de cette condamnation, il perdit son poste d'enseignant au Trinity College de Cambridge. (Il serait réintégré après la guerre, grâce au soutien de ses collègues.) Sa désobéissance civile ne s'arrêta pas là. En 1918, la police vint l'arrêter alors qu'il prenait son bain, à cause d'un article dans lequel il plaidait en faveur d'un accord de paix rapide. L'infraction précise consistant en un aparté où il se demandait si les troupes américaines actuellement présentes en Grande-Bretagne et en France ne finiraient pas par être déployées pour intimider les travailleurs en grève, comme elles l'avaient été dans leur pays. Russell fut accusé d'avoir publié des « déclarations susceptibles de nuire aux relations de Sa Majesté avec les États-Unis d'Amérique ». Il fut reconnu coupable et condamné à une peine de six mois de prison, dont cinq fermes[60].

Évoquant plus tard son expérience carcérale, il fit preuve de sa légèreté habituelle. En arrivant à la porte de la prison, il avait dû répondre à des questions le concernant. « [Le gardien] m'a demandé ma religion et j'ai répondu "Agnostique". Il m'a demandé comment ça s'écrivait et il a soupiré : "Eh bien, il y a beaucoup de religions, mais je suppose qu'elles adorent toutes le même Dieu[61]." »

Une fois à l'intérieur de la prison, Russell s'intéressa à ses codétenus, « même s'ils étaient dans l'ensemble légèrement en dessous du niveau moyen d'intelligence, puisqu'ils avaient été attrapés ». Il fut autorisé à continuer à lire et à écrire, à condition de ne rien écrire de subversif.

Alors qu'il lisait les *Victoriens éminents* de Lytton Strachey, un ouvrage qui démystifiait violemment les vertus de l'époque victorienne, il rit si fort que le gardien vint lui rappeler que la prison était censée être un lieu de punition[62]. On se demande comment les prisonniers et les gardiens purent le supporter.

Alors qu'il était encore incarcéré, le seuil de l'âge de la conscription fut relevé pour inclure ceux qui avaient plus de quarante ans ; il reçut donc l'ordre de se présenter à l'examen médical. « Mais, écrivit-il, le gouvernement, malgré tous ses efforts, ne put jamais découvrir où j'étais, ayant oublié qu'il m'avait mis en prison[63]. » Lorsqu'il fut libéré en septembre, la guerre était presque terminée.

Malgré ses plaisanteries, Russell fut ébranlé par tous les aspects de son expérience pendant cette période ; il dit plus tard que la guerre avait tout changé pour lui[64]. Il décida dès lors d'écrire un autre type de livres. Il n'abandonna pas la philosophie en tant que telle ni la logique, mais, comme il le nota dans un essai intitulé « De la logique à la politique », il éprouvait à présent le désir d'écrire sur la paix, sur la société, et sur la question de savoir pourquoi les gens étaient tellement attirés par la violence et la cruauté[65]. Il n'en désespérait pas de l'humanité pour autant. Au contraire, il ressentait « un nouvel amour pour ce qui est vivant » et une conscience plus grande que jamais de l'omniprésence de la souffrance. Il reconnaissait que la destruction humaine ferait toujours partie du tableau, mais il espérait trouver un élan équivalent vers la « joie[66] ».

Avant même la fin de la guerre, la question la plus pressante pour lui était de savoir comment *réorienter* les forces qui avaient poussé les hommes vers la peur et le bellicisme. Il ne partageait pas tout à fait l'espoir de Zamenhof, lequel pensait que les gens pouvaient être unis par quelque chose d'aussi simple qu'une langue ou un système de croyances communs – voire par un esprit d'amitié, comme l'avait pensé Érasme. La raison ne suffirait pas non plus, du moins pas à elle seule. Dans une série de conférences données en temps de guerre, au début de l'année 1916, et intitulées « Principes de reconstruction sociale », Russell écrivit que nous ne pouvions pas simplement *vouloir* que la guerre disparaisse de nos vies. La guerre est le fruit de pulsions émotionnelles, et il en va de même pour la science, pour l'art, pour l'amour et l'esprit de coopération, différentes formes prises par l'énergie créatrice des hommes. Nous devons apprendre non pas à supprimer nos passions, mais à les orienter vers des fins plus constructives que la guerre ou le fanatisme. « Ce que l'on doit désirer avant tout, ce n'est pas d'affaiblir l'impulsion, mais de la diriger vers la vie et le développement de la vie, en la détournant de la mort et de la désagrégation[67]. » Ou bien encore, pourrait-on dire, vers l'espoir plutôt que vers le désespoir.

Comment faire ? Pour Russell comme pour tant d'autres humanistes avant et après lui, un changement essentiel devait transformer notre manière d'élever nos enfants, et plus généralement notre manière de soutenir les gens tout au long de leur vie. L'*éducation* devait changer.

Dans les écrits qu'il rédigea par la suite sur ce sujet, Russell s'inspira parfois de l'expérience de Wilhelm von Humboldt : l'éducation devrait encourager les jeunes à déployer librement leur humanité et à satisfaire leur curiosité, au lieu qu'ils restent assis en consommateurs passifs des faits dont ils étaient gavés. Depuis Humboldt, d'autres pédagogues avaient élaboré des approches radicales – comme le poète Rabindranath Tagore, qui fonda à Santiniketan, en Inde, une école où les cours se déroulaient sous les arbres, en plein air, et où des artistes et des savants venaient partager leur travail avec les enfants. Tagore croyait qu'il fallait donner aux jeunes Indiens une éducation fondée sur la liberté et sur leur propre monde, plutôt que sur un modèle importé d'Angleterre. De manière générale, écrivait-il, l'éducation doit encourager « les nourritures de l'esprit, l'expansion de la conscience et la force de caractère[68] ».

Russell partageait cette vision de l'éducation. Il partageait également avec T. H. Huxley l'idée que l'étude des sciences était cruciale pour le développement d'un esprit d'enquête sur le monde. La culture scientifique aidait à se protéger contre les croyances irrationnelles et stimulait l'imagination en encourageant à réfléchir à « ce que le monde pourrait être », plutôt qu'à se concentrer sur ce qu'il est déjà. Les études fondées sur les classiques considéraient les auteurs anciens comme s'ils étaient figés dans une perfection éternelle, impossible à dépasser, alors que, pour les scientifiques, toute idée peut être développée et modifiée[69].

Russell s'écartait par ailleurs de Humboldt par sa vision autrement radicale de la liberté de l'apprenant. Il mit cette vision en pratique en 1927 avec sa deuxième épouse, Dora Russell, en fondant l'école expérimentale de Beacon Hill, dans le Hampshire, avec pour principe de donner aux enfants toute la liberté qu'ils pouvaient assumer – et plus encore. Ils commencèrent par une vingtaine d'enfants, en plus des deux leurs, et ils leur permirent d'apprendre ce qui les attirait, dans leur « vie mentale libre », et de mener eux-mêmes leurs questionnements et leur curiosité. Pour Russell, les enfants auxquels on apprenait à s'enquérir eux-mêmes de ce qu'ils découvraient, plutôt qu'à obéir à des règles et à s'accrocher à d'apparentes certitudes, seraient moins susceptibles, à l'âge adulte, d'être attirés par des idéologies offrant « la sécurité en échange de la servitude[70] ».

L'expérience était périlleuse, et Beacon Hill eut des difficultés. Le manque de discipline permit aux brimades de passer inaperçues ; lors du pire incident, des enfants essayèrent de brûler deux lapins qu'un autre enfant avait reçus, et le feu s'étendit si bien qu'il faillit détruire toute la maison. Les Russell s'empressèrent de resserrer leur encadrement[71].

De tels événements firent scandale, et l'éthique générale des Russell n'arrangeait pas les choses. Ils n'enseignaient pas la religion et, pire encore peut-être, sur la nation et l'Empire, ils refusaient de transmettre le discours convenu qui résonnait encore dans les salles de classe des écoles plus conventionnelles. Russell pensait également que, lorsque les enfants posaient des questions sur la sexualité, il fallait leur dire la vérité[72] – un point de vue controversé. Il souligna toutefois que, quand on parlait de sexualité aux enfants, il était important d'insister sur la nécessité de respecter la liberté et le consentement d'autrui à tout moment ; c'était contraire à l'enseignement de l'Église, fit-il remarquer, puisque, à l'époque, celle-ci considérait que « si les parties sont mariées et que l'homme désire un autre enfant, les rapports sexuels sont justifiés, quelle que soit la réticence de l'épouse[73] ».

Ce n'est pas tout. Lorsqu'il faisait très chaud, les enfants étaient autorisés à aller nus. On raconte qu'un journaliste avait un jour sonné à l'entrée et s'était vu ouvrir la porte par un enfant nu. « Oh, mon Dieu ! » s'exclama le journaliste, à quoi l'enfant répondit : « Il n'existe pas », avant de refermer la porte. La fille de Russell, Katharine Tait, commenta dans ses Mémoires : « Nous avons traité cette histoire avec le mépris qu'elle méritait, parce que nous savions que nous n'avions pas de sonnette à l'entrée[74]. »

Des histoires croustillantes de ce genre reviendraient hanter Russell. En 1940, alors qu'il était séparé de Dora (laquelle continua à diriger l'école pendant un certain temps) et qu'il enseignait en Californie, il eut l'impression qu'un nouveau poste au City College de New York lui tendait les bras. Il démissionna en Californie et se rendit à New York, avec ses derniers sous ou presque, pour découvrir que le poste ne lui était plus ouvert : sa réputation le lui avait fait perdre. L'université retira son offre sous prétexte qu'il n'était pas citoyen américain[75]. L'affaire fut portée devant les tribunaux, où l'avocat Joseph Goldstein qualifia les œuvres de Russell de « lubriques, libidineuses, lascives, vénéneuses, érotomanes, aphrodisiaques, irrévérencieuses, étroites d'esprit, mensongères et dépourvues de morale[76] ». La famille de Russell se promenait nue en Angleterre, disait-il. Plus encore, « Russell ferme les yeux sur l'homosexualité. J'irais même jusqu'à dire qu'il l'approuve[77] ».

Russell perdit parce que, de fait, il était vrai qu'il n'était pas citoyen américain, ce qui invalidait toute prétention à l'emploi en question. Il se retrouva dans l'impasse, âgé de soixante-sept ans, sans le sou mais avec des obligations familiales considérables, cependant que la Seconde Guerre mondiale avait déjà éclaté de l'autre côté de l'Atlantique.

Sa bonne étoile vint une nouvelle fois à son secours, lui apportant le salut sous la forme d'un riche chimiste : Albert C. Barnes. Grâce à la fortune qu'il avait gagnée en co-inventant l'antiseptique commercialisé plus tard sous le nom d'Argyrol, utilisé pour les maladies des yeux, Barnes avait créé une fondation pour promouvoir l'éducation, l'art et la botanique. (La Fondation Barnes existe toujours aujourd'hui, sous la forme d'un musée, à Philadelphie.) Il engagea Russell, pour une somme généreuse, afin qu'il donne une série de conférences sur la philosophie à travers les âges. Celles-ci furent finalement rassemblées dans un livre, *L'Histoire de la philosophie occidentale*, qui devint un best-seller au long cours. L'argent qu'il rapporta permit à Russell de rester solvable et indépendant jusqu'à la fin de sa vie – finançant ainsi une grande partie de son militantisme[78].

Russell était bien sûr trop âgé pour participer à la Seconde Guerre mondiale, tout comme il l'avait été pour la Première, mais cette fois, il n'était pas pacifiste. Alors qu'il lui semblait que la Première Guerre mondiale aurait pu être évitée, il considérait que les dangers du nazisme étaient bien pires que ceux d'une guerre pour l'arrêter[79]. L'idéologie d'Hitler représentait tout ce que Russell haïssait : le racisme, le militarisme, le nationalisme, la brutalité, la stupidité, tout cela poussé à l'extrême[80]. C'était ce que Milton avait appelé (dans un contexte assez différent !) « Chaos et antique nuit ». Lutter contre ces deux choses, disait Russell, est « notre seule activité véritablement humaine ».

Zamenhof, qui avait également consacré sa vie et ses forces à ce combat, ne vécut pas assez longtemps pour assister à la Seconde Guerre mondiale, ni à la fin de la Première. Ayant exercé le métier d'ophtalmologue au service de sa communauté, à Varsovie, jusqu'à la fin, il mourut en 1917. L'espéranto allait survivre, mais non sans subir, comme la famille de Zamenhof, de terribles pertes.

Tout d'abord la langue. Après l'instauration du régime nazi en Allemagne en 1933, les organisations espéranto du pays prirent deux chemins différents. L'Association d'espéranto des ouvriers allemands fut dès le début hostile aux nazis ; elle fut d'ailleurs aussitôt interdite en tant que mouvement socialiste. La principale Association allemande d'espéranto continua de fonctionner pendant quelques années en s'adaptant au système nazi. Elle obéit aux nouvelles lois en rejetant tous ses membres identifiés comme juifs, un geste extraordinaire pour une organisation dont le fondateur, juif lui-même, avait voulu lutter contre les préjugés et le racisme[81].

S'ils espéraient apaiser ainsi le régime, ce fut sans effet : les nazis n'allaient jamais tolérer un mouvement créé dans le but de favoriser la paix dans le monde au moyen d'une langue cosmopolite. Pour Hitler et ses partisans, l'espéranto était une ruse juive visant à dominer le monde. En 1935, l'enseignement de l'espéranto fut supprimé dans toutes les écoles et, en 1936, les organisations d'espéranto furent totalement interdites[82]. Quelques professeurs d'espéranto parvinrent non sans mal à maintenir la langue en vie jusque dans les pires situations, au cours des années suivantes : l'un d'entre eux donna des cours d'espéranto dans le camp de concentration de Dachau, un autre dans le camp de concentration néerlandais d'Amersfoort, en prétendant qu'il s'agissait de l'italien, langue jugée acceptable puisque l'Italie était alors un allié de l'Allemagne[83].

La plus jeune fille de Louis-Lazare Zamenhof, Lidia, passa une grande partie des années 1930 en France, à écrire des articles mettant en garde contre les dangers qu'elle voyait venir[84]. Elle tenta d'obtenir un visa pour les États-Unis, où elle avait brièvement enseigné, mais ce visa lui fut refusé et, en novembre 1938, elle retourna en Pologne. Après l'invasion allemande de 1939, elle fut arrêtée et emprisonnée, tout comme son frère Adam et sa sœur Zofia. Adam fut fusillé l'année suivante, dans le cadre de représailles à des activités de résistance perpétrées par d'autres. Ses deux sœurs furent libérées et vécurent dans le ghetto de Varsovie jusqu'en 1942, date à laquelle elles furent envoyées, séparément, à Treblinka, et assassinées là-bas[85].

La veuve et le fils d'Adam parvinrent néanmoins, par extraordinaire, à s'échapper. Ils devaient être envoyés à Treblinka vers la même époque, mais ils réussirent à s'enfuir juste avant de monter dans le train ; après quoi ils passèrent le reste de la guerre à se cacher. Le fils, Louis-Christophe Zaleski-Zamenhof, vécut jusqu'en 2019 ; il mourut en France. Ses deux filles, Hanna Zaruski-Zamenhof et Margaret Zaleski-Zamenhof, vivent aujourd'hui aux États-Unis et en France – et sont toutes deux des espérantistes[86].

L'espéranto n'a pas eu les grands effets tant espérés. Bien qu'il ait été conçu pour être facile, il faut tout de même faire quelques efforts pour l'apprendre (comme toute langue, du reste !), et ceux qui sont le plus enclins à exclure ou à massacrer les autres en raison de leur race, de leur langue ou d'un autre motif discriminatoire ne sont probablement guère susceptibles de prendre la peine de suivre des cours pour défendre la paix et devenir des esprits éclairés.

Quoi qu'il en soit, la langue est toujours vivante et pleine d'espoir. Comme le dit Robert Ingersoll dans un enregistrement phonographique sur ce thème, en 1895 : « L'espoir construit la maison, plante les fleurs et remplit l'air de chansons[87]. »

11.

Le visage humain

Principalement entre 1919 et 1979

Ascendant antihumanisme – les ingénieurs de l'âme – Giovanni Gentile et Benedetto Croce – mais qu'est-ce qu'un humaniste peut y faire ? – les Mann – exils – la bibliothèque d'Aby Warburg et autres sauvetages – horreur et désespoir – organisations internationales et guérisons pragmatiques – Russell est à nouveau plein d'espoir.

Si vous cherchiez un manifeste pour « Chaos et antique nuit », vous pourriez commencer par le bréviaire en deux parties de l'idéologie fasciste italienne publié en 1932 par Benito Mussolini et son co-auteur philosophe et bras droit, Giovanni Gentile[1].

Gentile, qui a rédigé les parties théoriques, explique qu'un État fasciste ne vise pas à accroître le bonheur ou le confort de ses citoyens et qu'il n'est pas intéressé par l'idée de progrès. Si la vie ne faisait que s'améliorer, qui serait encore prêt à se battre ou à mourir pour un but glorieux et transcendant ? La paix n'est pas souhaitable non plus : il n'y a rien de bon à tirer des compromis ou à chercher un équilibre avec les autres nations, comme Érasme, Kant ou Russell l'auraient voulu. Il en va de même pour le développement ou la liberté de l'individu, les objectifs exprimés par un Mill ou un Humboldt. Loin de la vision libérale d'un État qui interviendrait principalement pour empêcher les individus de se nuire les uns aux autres, l'État fasciste *veut* parfois nuire aux citoyens, au profit des intérêts de la nation. À la place du bonheur ou du bien-être, il offre quelque chose de plus grand : le sacrifice de soi. Devenant la seule source de valeur pour tous, l'État joue un rôle similaire à celui de Dieu : le fascisme est ouvertement une « conception religieuse ». Comme la plupart des dieux des monothéismes, l'État requiert « une discipline et une autorité qui pénètrent et dominent les esprits sans aucune opposition ». À travers la soumission, les individus obtiennent leur vraie liberté, « la seule sorte de liberté qui soit valable ».

Vous pouvez généralement être sûr qu'à chaque fois que des idéologues parlent de liberté véritable ou valable, celle-ci se fera aux dépens de la liberté effective, ordinaire. Et lorsque la rhétorique est transcendantale, la réalité sera probablement misérable.

Le fascisme italien était lui-même issu de la misère. Né en 1919, le parti national fasciste fit d'abord appel à une cohorte de jeunes hommes désorientés qui avaient combattu pendant la Première Guerre mondiale et qui, à leur retour, avaient été ignorés et abandonnés à leur pauvreté. Le parti leur redonnait un sentiment d'appartenance et de sens. Le nom même du fascisme évoquait l'appartenance : il venait du symbole romain du *fasces*, ou « faisceau de bâtons », qui représentait l'union des individus pour créer une unité puissante.

Au début, il n'y avait guère de philosophie ou d'imagerie classique chez les fascistes : leur principale occupation était les combats de rue violents contre les groupes rivaux de socialistes et de communistes, eux aussi radicalisés par leur expérience de la guerre. Le parti allait néanmoins prendre le contrôle de l'Italie en 1922, avec Mussolini comme Premier ministre – au moins en partie grâce à des politiciens libéraux naïfs qui pensaient pouvoir l'apprivoiser et le neutraliser en lui permettant d'entrer dans un gouvernement de coalition. (Les politiciens allemands allaient bientôt commettre une erreur similaire.) Mussolini espérait acquérir un plus grand prestige intellectuel en nommant le professeur de philosophie Gentile ministre de l'Éducation et théoricien officieux du régime.

L'éducation était importante, parce que, dans la vision fasciste, les êtres humains ordinaires tels que nous les connaissons doivent être *transformés* pour correspondre aux besoins de l'État. Comme l'écrivit Gentile, le fascisme proposait une transfiguration complète de l'homme : il cherchait à reconstruire « l'homme, le caractère, la foi[2] ». Cet objectif de modification de l'humanité revient fréquemment dans les régimes antihumanistes. Léon Trotski, le révolutionnaire russe, écrivait en 1924 qu'il fallait élever l'homme à un type supérieur en le transformant socialement et peut-être même biologiquement. Dans l'ère à venir, prédisait-il, l'être humain entrera une fois de plus dans un état de transformation radicale et « se traitera lui-même comme objet des méthodes les plus complexes de la sélection artificielle et des exercices psychophysiques. [...] L'homme s'efforcera de commander à ses propres sentiments, d'élever ses instincts à la hauteur du conscient et de les rendre transparents, de diriger sa volonté dans les ténèbres de l'inconscient. Par là, il se haussera à un niveau plus élevé et créera un type biologique et social supérieur, un surhomme, si vous voulez[3] ». Plus tard, Joseph Staline qualifia également les écrivains d'« ingénieurs de l'âme » en raison du travail qu'ils étaient appelés à faire : remodeler mentalement les citoyens pour qu'ils correspondent au « nouveau type soviétique ». Ce type était représenté dans les sculptures et les photographies selon les proportions vitruviennes, gonflé à bloc, le menton viril levé haut et les épaules hyper-musclées. (Et il ne s'agissait là que des femmes.)

Comme Érasme et d'autres l'avaient observé bien avant cela, si l'on veut modeler les êtres humains selon des formes particulières, comme le fait une mère ourse avec ses petits, il faut commencer par une éducation précoce, à la maison et à l'école. En Italie, Gentile organisa donc l'ouverture de nouvelles écoles élémentaires dans tout le pays[4] – ce qui était d'une certaine manière une bonne chose et permettrait d'élever le niveau de base de l'éducation. Or, les programmes pétris d'idéologie inculquaient aux jeunes esprits la grandeur de la Rome impériale et l'idée générale d'un destin unique de l'Italie. Un programme éducatif similaire fut lancé en Allemagne après l'arrivée au pouvoir d'Adolf Hitler, en 1933. Comme le décrivit Erika Mann dans son essai *L'École pour les barbares. L'éducation sous les nazis*, ce programme renonçait à l'idée même de transmettre des connaissances, sans parler d'encourager la recherche. Son principal objectif était de fabriquer des enfants incapables d'imaginer quoi que ce soit au-delà de la nation et de la race, et de les habituer à des images de guerre, bien avant que la guerre proprement dite ne commence : dans les cours d'arts plastiques, écrit-elle, ils dessinaient des masques à gaz et des explosions de bombes, et il y avait constamment des marches pour former des soldats[5]. La philosophe Hannah Arendt l'exprime clairement dans son essai d'après-guerre sur le totalitarisme : « Le but de l'éducation totalitaire n'a jamais été d'inculquer des convictions mais de détruire la faculté d'en former aucune[6]. »

Le modèle humboldtien, qui avait été si important en Allemagne, avec son discours sur la *Bildung* libre, fut abandonné. Si une éducation humboldtienne vise à créer une personne « touchée par tout ce qui est humain dans toutes les facettes de sa nature », une éducation fasciste vise au contraire à créer une personne *dés*humanisée. Soit l'éducation transformée par ceux que l'historien de l'art allemand Erwin Panofsky appela les « insectolâtres » : ceux qui pensaient qu'un esprit de ruche ou de fourmilière centré sur la race, la classe ou la nation, valait mieux qu'une pluralité désordonnée d'êtres indépendants pensants[7].

Certains pédagogues osèrent s'élever contre ces projets. En Italie, lorsque Gentile devint ministre de l'Éducation, il assuma une fonction qui avait été occupée avant lui par un de ses collègues et amis, Benedetto Croce. Ce dernier et Gentile partageaient de nombreux centres d'intérêt philosophiques et avaient longtemps travaillé ensemble à la revue culturelle *La Critica*. Mais à l'époque fasciste, chacun devint l'envers de l'autre, comme le clair et l'obscur : soit deux exemples caractéristiques des différentes réactions des intellectuels face à la montée d'un mouvement politique antihumaniste.

Croce était un humaniste à plus d'un titre : non seulement c'était un érudit en sciences humaines (comme Gentile), mais aussi un penseur libéral dans la tradition de Humboldt et de Mill. Et il n'avait pas de croyance religieuse.

Sa prise de distance vis-à-vis des idées traditionnelles sur Dieu n'est peut-être pas sans lien avec une catastrophe personnelle à laquelle il survécut à l'âge de dix-sept ans[8]. Alors que sa famille était en vacances sur l'île d'Ischia, en juillet 1883, il y eut un tremblement de terre et leur hôtel s'effondra, les ensevelissant tous sous les décombres. Pris au piège, les os brisés, Croce écouta pendant toute la nuit les lointains appels à l'aide de son père – jusqu'à ce qu'ils s'estompent. Sa mère et sa sœur périrent également. Ce désastre fit de Croce le seul représentant de sa famille : traumatisé mais soudainement riche. Ainsi, un an ou deux plus tard, lorsqu'il constata qu'il ne pouvait pas faire face émotionnellement à l'université, il put subvenir à ses besoins des années durant, le temps de mener des études personnelles[9]. Cette formation hors des standards ne le freina en rien. Il fit ensuite une éminente carrière d'historien et de philosophe, et il se lança dans la politique.

Croce fut ministre de l'Éducation sous le gouvernement libéral qui précéda le gouvernement fasciste. Comme d'autres membres de son ancien parti, il pensa d'abord que Mussolini pourrait s'adoucir, s'il était introduit dans le cercle du pouvoir. La véritable nature de la menace devint plus manifeste en juin 1924, lorsque les fascistes assassinèrent Giacomo Matteotti, un socialiste au franc-parler courageux. Croce resta prudent pendant quelque temps – le danger d'être dans l'opposition étant désormais indéniable –, mais il finit par prendre position. Son amitié avec Gentile était terminée, annonça-t-il[10]. Comme il l'exprima dans une

lettre écrite plus tard cette année-là, il n'avait pas l'intention de regarder sans rien faire la « robe blanche » de la philosophie être réduite à « une serpillière pour la cuisine du fascisme[11] ».

Au mois d'avril qui suivit, Gentile publia un « Manifeste des intellectuels fascistes », une exaltation pseudo-religieuse du fascisme et de l'État. Croce répondit par un texte devenu célèbre, le « Manifeste des intellectuels antifascistes », où il attaqua le manifeste de Gentile en le qualifiant de « dissertation scolaire bâclée », farcie d'arguments spécieux et témoignant d'une grande confusion intellectuelle. Gentile parlait de « religion », écrivait Croce, mais il s'agissait en fait d'un vulgaire mélange d'agression et de superstitions. L'Italie devait-elle renoncer à sa *vraie* religion ? Croce entendait par là non pas le catholicisme, mais les idéaux qui avaient accompagné l'unification de l'Italie au siècle précédent : à savoir « l'amour de la vérité, de l'espoir pour la justice, un sens de l'humain et du civisme généreux, de l'enthousiasme pour l'éducation intellectuelle et morale et de l'ardeur pour la liberté[12] ».

Ensuite, Croce se retira dans sa maison de Naples, mais il continua à étudier, à écrire et même à organiser des réunions antifascistes assez ouvertes. Le régime n'intervint pas, à une exception près : des hommes firent irruption chez lui tard dans la nuit, en 1926, endommagèrent les œuvres d'art accrochées sur les murs et hurlèrent sur Croce et sa femme quand ils sortirent de leur chambre. Par la suite, sous prétexte que Croce avait besoin d'être protégé contre de telles attaques, deux policiers furent en permanence postés à l'extérieur de la maison pour surveiller les allées et venues. Croce n'en poursuivit pas moins son travail, et il survécut à toute la période fasciste sans subir d'autre préjudice[13].

Tout au long de ces années, Croce exhorta ses lecteurs à conserver leur sens de l'humanité et leur espoir en l'avenir. Il croyait que le long cours de l'histoire menait toujours vers plus de liberté et de progrès, même s'il prenait parfois de sacrés détours. L'important, écrivait-il dans un essai de 1937, est de comprendre que ces détours sont inévitables, et donc de ne pas sombrer dans le désespoir lorsqu'ils se produisent. En même temps, on ne doit pas en déduire qu'il faudrait se contenter d'attendre que les bonnes années reviennent d'elles-mêmes. La liberté est semblable à la vie : il faut toujours se battre pour elle, même si le combat ne s'arrête jamais, et même s'il est parfois tentant d'abandonner tout espoir[14].

Au milieu des années 1930, de nombreux humanistes en Europe avaient du mal à maintenir ce niveau d'optimisme. Leur première réaction, surtout lorsque Hitler arriva au pouvoir, plus de dix ans après Mussolini, fut de se sentir abasourdis et de ne pas savoir vers quoi se tourner.

Comme le dit Stefan Zweig dans son autobiographie, *Le Monde d'hier*, ses amis civilisés de Vienne et lui-même ne purent tout d'abord pas croire que le danger était réel. « Il est difficile de se dépouiller en quelques semaines de trente ou quarante ans de foi au monde[15] », écrivit-il. On aurait cru qu'une telle « inhumanité » allait rapidement s'autodétruire « face aux normes humaines ». Mais ce n'est pas ce qui s'est passé. L'Autriche comptait déjà de nombreux sympathisants nazis. Zweig était à la fois juif et connu pour ses opinions humanistes et pacifistes ; il était donc évident qu'il pourrait être une des premières cibles. Lorsque ses livres furent brûlés en public et que la police fit une descente à son domicile, ce fut pour lui le signal de quitter le pays.

La même année, en 1934, Zweig publia une courte biographie d'Érasme, pleine d'admiration pour le grand humaniste, mais elle s'achevait sur une question : pourquoi les valeurs érasmiennes que sont la paix et la raison s'avèrent-elles si difficiles à préserver ? Elles s'étaient effondrées au temps d'Érasme ; elles s'effondraient à son époque aussi. Pourquoi l'humanisme présentait-il cette « faiblesse » fatale ? Les humanistes paraissaient souffrir d'une « belle erreur » : ils s'autorisaient à croire que mieux apprendre, mieux lire et mieux réfléchir suffirait à rendre le monde meilleur. Et le monde n'en finissait pas de leur donner tort[16].

Mais que fait un humaniste au juste ? Telle était la question qui taraudait alors pas mal de gens. Faut-il s'impliquer dans le gouvernement et espérer limiter les dégâts de l'intérieur ? Les Italiens avaient découvert les dangers de cette stratégie : essayer de tempérer les fascistes pouvait presque conduire à en être les complices. Faut-il sortir dans la rue, être prêt à se battre physiquement ? Ce n'était pas la voie humaniste. Faut-il plutôt déplorer la montée de la barbarie dans une prose élégante, et rappeler aux lecteurs leur humanité dans des discours et des articles ? La plupart de ceux qui entendent vos discours et qui lisent vos articles sont probablement déjà d'accord avec vous.

Si l'on veut vivre et que l'on est en danger, peut-être faut-il commencer par émigrer, comme le fit Zweig. Mais le prix à payer était si élevé qu'au moment où sa femme, Lotte Altmann, et lui arrivèrent dans leur troisième pays d'accueil, le Brésil, ils étaient épuisés aussi bien psychiquement que physiquement. Zweig avait perdu sa bibliothèque et ses notes. Il continua cependant à écrire au Brésil ; parmi ses dernières œuvres, on trouve un essai biographique sur Montaigne, qu'il présente, comme il l'avait fait pour Érasme, en héros antihéroïque vivant dans une époque terrible et restant fidèle à son esprit humaniste, sans désespérer[17]. Zweig quant à lui désespéra. Lotte et lui se donnèrent la mort ensemble, au Brésil, en 1942[18]. Dans un hommage radiophonique, E. M. Forster déclara que Zweig était lui aussi l'un des héros non héroïques sur lesquels il avait si souvent écrit : « Il est l'humaniste qui espère que la civilisation se poursuivra, et la civilisation d'aujourd'hui est loin d'être un spectacle encourageant[19]. » De fait, Forster lui-même avait été décrit en des termes presque identiques, plus tôt dans les années 1930, par son ami Christopher Isherwood : « le héros antihéroïque, avec sa moustache de paille hirsute, ses yeux de nourrisson, bleus, joyeux et clairs, et sa démarche de vieillard[20] ».

Roger-Pol Droit écrivit dans son histoire de l'Unesco, née après la guerre :

> Il y a quelque chose de véritablement poignant dans certains des débats et des témoignages des années 1930. Voilà en effet des intellectuels qui ont diagnostiqué les principaux traits de la crise de l'humanisme et de la société des temps modernes. Ils ont commencé à proposer des remèdes et à chercher des issues. Or ils voient, sous leurs yeux, sans rien pouvoir y faire, se mettre en place les engrenages qui vont conduire à des désastres pires encore que ceux de la Première Guerre mondiale. Le tragique naît ici, comme dans l'Antiquité et dans le théâtre classique, de la conjugaison de cette lucidité et de cette impuissance[21].

L'un de ces observateurs, par ailleurs lecteur du livre de Zweig sur Érasme à sa parution, est le romancier à succès allemand Thomas Mann (père, entre autres, de l'Erika Mann évoquée quelques pages plus haut à propos de l'éducation nazie). En prenant des notes sur le livre de Zweig dans son Journal, Mann pointa ce qu'Érasme n'avait apparemment pas compris : ce n'était pas seulement que l'humanisme ne parvenait pas à s'affirmer, c'était que beaucoup de gens semblaient *aspirer* à un monde de violence et de déraison[22]. Le manque d'audace des humanistes entrait aussi en ligne de compte. Dans une conférence d'avril 1935, Mann déclarait : « Dans tout humanisme il y a un élément de faiblesse qui [...] peut, en certaines circonstances, lui devenir fatal. » Il blâma sa tendance à être trop faible. L'humaniste cède trop facilement. « Il abandonne ses positions l'une après l'autre, ne sachant ce qui lui arrive ; intimidé et comme frappé de stupeur, il semble faire l'aveu “qu'il ne comprend plus le monde”. » Il s'adapte même au style de son ennemi, et semble « reprendre ses expressions stupides, s'accommoder de ses lamentables catégories de pensée ». Pire encore, il essaie toujours de voir l'autre côté de chaque question. Face à un fanatisme meurtrier, ce n'est pas nécessairement utile[23].

Mann lui-même était conscient du magnétisme des idées extrémistes depuis un certain temps et il avait exploré cela dans ses œuvres romanesques, surtout dans sa nouvelle de 1929, *Mario et le magicien*, dans laquelle un sinistre prestidigitateur, Cipolla, exerce un étrange pouvoir sur les foules qui viennent le voir, à l'instar de Mussolini et d'Hitler[24]. Avant cela, Mann avait également écrit sur l'irrationalisme et l'antihumanisme du vingtième siècle dans son chef-d'œuvre, *La Montagne magique*. Il s'agissait au départ, en 1912, d'une *novella*, mais il dut en interrompre l'écriture pendant environ cinq ans. Il reprit son travail dans un monde en pleine mutation : la Première Guerre mondiale avait éclaté et s'était achevée ; le fascisme commençait à prendre de l'ampleur. Ces changements influèrent sur le livre, qui atteignit des proportions énormes et qui fut publié en 1924, soit un an après la tentative de putsch d'Hitler dans la ville de Munich – là où vivait la famille Mann à l'époque.

Le jeune héros de *La Montagne magique*, Hans Castorp, se rend dans un sanatorium pour tuberculeux, dans la station des Alpes suisses de Davos, pour y voir son cousin Joachim, qui est malade. Il compte y rester trois semaines, mais avant qu'il ne s'en aperçoive, ou presque, ces trois semaines se sont transformées en sept années. On lui diagnostique à son tour une forme légère (peut-être imaginaire) de tuberculose. Dans le même temps, il tombe amoureux d'une Russe charismatique, Clawdia Chauchat, et il a des conversations philosophiques avec deux hommes aussi différents que bavards, qui représentent deux tendances de la culture européenne. L'un s'appelle Ludovico Settembrini ; c'est un humaniste archaïque, exubérant et pédagogue, originaire de Padoue – une sorte de version padouane de Bertrand Russell, les mathématiques en moins. L'autre est le menaçant Leo Naphta, un jésuite proto-totalitaire d'origine juive, qui représente à la fois la persistance des ténèbres médiévales et la vague à venir d'irrationalisme anti-humaniste en Europe.

C'est à qui aura le plus d'influence sur le naïf Castorp, lequel absorbe tout ce qu'ils disent. Settembrini est très civilisé, mais sa croyance en la raison et en la bonté essentielle de l'humanité semble vouée à l'obsolescence. Naphta, quant à lui, n'a aucune foi en l'humanité ; il garde même dans son appartement un exemplaire de l'ouvrage d'Innocent III *De la misère de l'homme*, qu'il prête à Castorp. Naphta se préoccupe autant de l'éducation du jeune homme que Settembrini, mais il n'en rejette pas moins le concept d'éducation dans sa totalité, du moins au sens humboldtien du terme. Les jeunes, dit Naphta, n'ont aucun intérêt à apprendre à être libres ; ils veulent seulement obéir. En outre, la structure humaniste de l'école sera bientôt remplacée par un enseignement public sous forme de conférences, d'expositions et de cinéma. Settembrini est horrifié : n'en résultera-t-il pas un analphabétisme de masse ? Sans aucun doute, dit Naphta, mais qu'y a-t-il de mal à cela[25] ?

Il n'y a pas d'avenir pour la *Bildung* dans les rêves de Naphta, mais le roman lui-même est un *Bildungsroman* : une illustration de ce genre littéraire, le roman de formation, dans lequel un jeune héros traverse une série d'expériences dont il apprend à chaque fois quelque chose, jusqu'à ce qu'il soit prêt à occuper sa place dans le monde. Castorp franchit ces étapes en compagnie de ses mentors, jusqu'à son épiphanie. Un jour, perdu dans la montagne en plein blizzard et persuadé qu'il va mourir – comme Leslie Stephen au bord de son précipice –, il décide de choisir la « vie », une troisième option qui n'appartient ni à Settembrini ni à Naphta. Comme Stephen, encore une fois, il découvre qu'il s'est seulement assoupi dix minutes dans la neige et qu'il n'est pas du tout en train de mourir. Il retrouve le chemin rassurant de l'hôtel et de ses déjeuners gargantuesques[26]. Il va ensuite au bout de ces sept années et, n'étant plus malade, quitte à jamais Davos. Il semble destiné à devenir un bon bourgeois, comme le reste de sa famille, dans la « plaine », mais en réalité, il part pour les champs de bataille de la Première Guerre mondiale. Nous le voyons de loin, au front, avec un avenir incertain. Il est possible qu'il ne survive pas : ce qui prend le contrepied de l'idée même de *Bildungsroman*.

Mann lui-même était sorti de la Première Guerre mondiale avec des opinions plutôt de droite et la conviction que les écrivains devaient être « apolitiques ». Il s'opposait ainsi à son frère aîné, le romancier Heinrich Mann, un socialiste convaincu qui estimait que les écrivains avaient le devoir moral de s'exprimer en faveur d'un monde meilleur[27]. Heinrich et Thomas ressemblaient à Naphta et Settembrini car ils n'arrêtaient pas de se disputer. Heinrich ne convertit pas son frère au socialisme radical, mais dans les années 1930, Thomas revint sur l'idée qu'un écrivain ne devait pas s'engager politiquement. Observant le désastre en cours en Allemagne, il se mit à tenir des discours contre le nazisme. Il était plus prudent que Heinrich, mais il attira tout de même l'attention des nazis. Lors d'un discours de 1930 intitulé « Un appel à la raison », il fut agressé par des hommes de la SA habillés en civil[28]. En 1932, il reçut un paquet contenant un exemplaire à moitié brûlé de son premier roman, *Les Buddenbrook*, envoyé par un jeune partisan d'Hitler avec un petit message l'invitant à finir le travail lui-même. Mann conserva les feuilles noircies et confia à son ami Hermann Hesse qu'un jour elles témoigneraient de l'état d'esprit du peuple allemand en 1932[29]. Autrement dit, cette folie était passagère, et n'empirerait pas. La prise du pouvoir par les nazis dès l'année suivante lui donna tort. Comprenant immédiatement l'ampleur du danger, Heinrich fuit l'Allemagne. Thomas n'était pas aussi sûr de savoir comment réagir.

Pour lui, le problème fut partiellement résolu, car il se trouvait en Suisse au moment de la prise de pouvoir des nazis ; il y passait des vacances avec une partie de sa famille. Sur les instances de sa fille Erika, il décida de ne pas retourner en Allemagne. Elle aussi était en danger, en tant qu'artiste de théâtre et lesbienne au travestissement flamboyant, par ailleurs célèbre comme championne de course automobile, entre autres. Son frère Klaus était également gay et actif dans le demi-monde du théâtre, et Thomas lui-même n'était pas aussi hétérosexuel qu'il le prétendait. Il était clair que toute la famille se porterait mieux si elle n'avait rien à voir avec l'Allemagne nazie – bien que Thomas choisît de continuer à publier ses œuvres là-bas, pendant un certain temps. D'un autre côté, il était persuadé qu'il valait mieux rester à l'extérieur du pays, et travailler contre le régime par ses écrits et ses conférences.

Une chose le préoccupait : il avait laissé des manuscrits à moitié terminés à leur domicile de Munich, notamment le dernier volume de son épopée de l'Ancien Testament en plusieurs parties, *Joseph et ses frères*. Erika prit sa voiture et se lança dans une périlleuse mission nocturne en solitaire : elle passa la frontière pour aller chercher le manuscrit de son père. Comme sa voiture était connue en ville, elle la gara à la périphérie et fit le reste du trajet à pied, avec des lunettes noires qui, pensait-elle, l'empêcheraient d'être identifiée mais la rendaient sans doute encore plus visible. Elle arriva jusqu'à la maison, qui semblait surveillée, et elle attendit le coucher du soleil. Puis elle se faufila à l'intérieur, mit les manuscrits dans son sac et resta assise dans l'obscurité de son ancienne chambre jusqu'à une heure du matin, jusqu'au cœur de la nuit. Après s'être glissée dehors, elle courut dans les rues au milieu des groupes de nazis ivres qui faisaient la fête. À la place des lunettes de soleil, elle rabattit son chapeau sur ses yeux. De retour à la voiture, elle emballa les documents et les entassa sous son siège au milieu de quelques outils pleins d'huile, puis elle roula jusqu'à la frontière suisse. À ce stade, il n'était pas encore trop difficile de traverser : les gardes « firent preuve de la plus totale compréhension pour [son] désir d'aller faire un tour en montagne[30] ».

Un autre enfant de Thomas, Golo, réussit à rapporter un peu plus de matériau un mois plus tard. Ayant ainsi retrouvé une partie de ses textes, Thomas resta en Suisse pendant plusieurs années ; il y écrivit des pièces comme *Achtung, Europa !*[31] (*Avertissement pour l'Europe*). En 1938, à l'occasion d'une tournée en Amérique, où il prononça l'une de ses conférences les plus remarquables, « La victoire finale de la démocratie », il décida de s'y installer définitivement. Klaus et Erika le rejoignirent. Thomas trouva d'abord du travail en tant qu'enseignant à Princeton, puis la famille emménagea à Los Angeles. Golo et Heinrich, le frère de Thomas, réussirent également à émigrer, après une éprouvante traversée des Pyrénées et de l'Espagne. Heinrich trouverait toujours la vie en Amérique éprouvante. Il s'en sortit grâce à l'aide de Thomas et d'un contrat d'écriture de scénarios à Hollywood – une bouée de sauvetage courante pour les artistes émigrés. Mais c'était un travail difficile pour un socialiste convaincu dont la maîtrise de l'anglais était limitée.

Thomas, lui, vécut bien l'exil. Il continua à écrire des romans et fut engagé comme consultant en littérature allemande à la bibliothèque du Congrès, avec l'aide du bibliothécaire Archibald MacLeish, lui-même poète et fervent défenseur du devoir des bibliothèques de soutenir les écrivains en de telles périodes[32].

Erika et Klaus écrivirent ensemble *Fuir pour vivre*, qui racontait leur propre histoire, et celle de nombreux amis artistes et comédiens exilés. En plus de son essai sur l'éducation nazie, Erika publia *Quand les lumières s'éteignent*, un recueil de récits saisissants, à moitié authentiques, provenant de dix personnes qu'elle avait connues et montrant comment chacune d'elles avait réagi à l'arrivée des nazis. Certains de ses personnages deviennent des victimes du régime ; d'autres tentent de s'adapter et se laissent entraîner dans des compromis moraux. Un industriel, sans penser à mal, finit par licencier son assistant à moitié juif pour se protéger ; il ne comprend jamais très bien la portée de son acte. D'autres réussissent à s'échapper, comme le journaliste qui commence par sympathiser avec les nazis avant de se rendre compte qu'il est en danger, car son rédacteur en chef l'a surpris avec un crayon rouge, en train de s'amuser à pointer et corriger trente-trois fautes de grammaire dans la transcription d'un discours d'Hitler. Il planifie sa stratégie pendant des années et parvient finalement à s'enfuir en Amérique avec sa famille – mais seulement après avoir perdu la précieuse collection d'art dont il avait espéré qu'elle lui permettrait de financer leur nouvelle vie, et après s'être presque noyé dans un navire torpillé. La famille devra repartir de zéro, mais ils sont en vie[33].

La communauté de ces évadés en Amérique comprenait de nombreux célèbres érudits humanistes européens, ainsi que des écrivains et des artistes. L'un des plus grands spécialistes de l'humanisme de la Renaissance, Paul Oskar Kristeller, fut aidé dans son voyage par nul autre que… Giovanni Gentile. Kristeller effectuait des recherches en Italie lorsque les lois raciales allemandes de 1933 entrèrent en vigueur, qui le privaient de son poste universitaire en Allemagne. Gentile l'aida à rester et à enseigner à Florence, puis à la Scuola Normale Superiore de Pise, l'Italie n'ayant pas encore de lois discriminatoires aussi extrémistes. L'enseignement permit également à Kristeller de bénéficier de billets de train italiens gratuits. Pendant ses vacances, il put visiter des bibliothèques dans tout le pays et découvrir des manuscrits négligés jusqu'alors d'humanistes littéraires. Il devint ainsi une sorte de Pétrarque ou de Pogge des temps modernes, muni d'un pass pour le chemin de fer. Les notes qu'il prit allaient donner naissance à son œuvre la plus monumentale, *Iter Italicum. Une liste de manuscrits humanistes de la Renaissance, non catalogués ou incomplètement, découverts dans les bibliothèques d'Italie et d'ailleurs*[34].

Mussolini promulga ses propres lois anti-juives en 1938, et Kristeller perdit également son poste en Italie. Gentile se mit en rapport avec Mussolini lui-même pour obtenir une compensation financière à Kristeller, sans toutefois prévenir ce dernier. Ainsi, lorsque Kristeller reçut une convocation au quartier général de la police, à Rome, il était persuadé qu'il allait être arrêté. Ne pas se présenter pouvait toutefois être encore plus risqué : il y alla donc et, à sa grande surprise, on lui remit une enveloppe pleine de petites coupures. Il jugea qu'il avait suffisamment goûté à la vie sous le fascisme. Il demanda à Gentile de donner l'argent à la Scuola Normale, et ne garda que la somme nécessaire pour payer son voyage en Amérique. Il embarqua pour New York en février 1939 et s'établit dans les universités de Yale et de Columbia comme doyen de l'histoire de la Renaissance humaniste.

Parmi les autres personnes qui se rendirent alors en Amérique, il y eut le philosophe Ernst Cassirer, qui collabora plus tard avec Kristeller et avec John Herman Randall Jr sur *La Philosophie de l'homme de la Renaissance*, une compilation de textes humanistes datant de 1956 et qui resta une référence pour les cours de premier cycle pendant des décennies. Une autre philosophe exilée, Hannah Arendt, écrivit ensuite sur le totalitarisme et sur la question de l'engagement politique. Hans

Baron, historien berlinois, étudia lui aussi l'engagement politique, qu'il définit comme un élément essentiel de la vision humaniste au quinzième siècle. Il s'établit à Chicago et devint bibliographe et bibliothécaire à la Newberry Library, la bibliothèque indépendante des sciences humaines de la ville. Il y eut aussi l'historien de l'art qui parlait d'« insectolâtres » : Erwin Panofsky. Il avait enseigné à l'université de Hambourg, mais le hasard fit qu'en 1933 il donnait un cours sur Albrecht Dürer à New York[35] : les lois nazies obligèrent Hambourg à le licencier par télégramme. Il resta là où il était et fit une longue carrière à Princeton.

Pendant ses années à Hambourg, Panofsky avait fait partie d'un réseau d'universitaires pour qui l'histoire de l'art appartenait à un champ d'étude culturel plus large centré sur le « symbolique » – soit la vaste sphère des langues, des images visuelles, de la littérature et des croyances, telles qu'elles étaient préservées et transmises au fil des générations. (Ernst Cassirer remarqua lui aussi que l'homme est l'animal le plus « symbolique » qui soit.) Avant les nazis, cette communauté d'historiens de l'art avait trouvé un heureux foyer dans la bibliothèque d'un extraordinaire institut de Hambourg, qui portait le nom de son créateur : Aby Warburg.

Warburg était originaire d'une illustre famille de banquiers de la ville ; en tant que fils aîné, il aurait dû être l'unique héritier de leur affaire. Mais dès l'enfance, il détesta tout ce qui avait trait à la banque ; ce qu'il aimait, c'était regarder des images et lire. Aussi se mit-il d'accord, dès l'âge de treize ans, avec Max, son plus jeune frère. Max pouvait disposer de tout l'héritage d'Aby. En échange, il devait seulement promettre d'acheter à Aby tous les livres qu'il voudrait, pour le restant de leurs vies[36].

Max n'avait aucune idée de ce qui l'attendait. Quand la Première Guerre mondiale éclata, la collection d'Aby s'élevait à plus de quinze mille livres, et à une multitude d'images originales gravées et photographiques. L'histoire de l'art était son premier et son plus grand amour, mais il s'intéressait aussi à la

mythologie, à la philosophie, à la religion, aux langues anciennes et à la littérature – tout ce qui était lié à l'activité symbolique humaine. Il collectionnait des objets provenant de cultures non européennes, et il était particulièrement intrigué par l'art Hopi et Zuni d'Amérique du Nord. Vers la fin de sa vie, il monta de grandes expositions d'images de sa collection, classées par thème et incorporant toutes sortes de choses, depuis des reproductions de grandes œuvres d'art jusqu'à des publicités modernes. L'idée était de les utiliser comme supports visuels pour des conférences. Il les appelait son Atlas Mnémosyne, du nom de la déesse grecque de la Mémoire. Il mourut en 1929, sans avoir pu achever son projet. Les soixante-cinq panneaux qu'il laissa ont survécu – une œuvre d'art en soi[37]. La bibliothèque est presque une œuvre d'art elle aussi, en tant qu'expression de la vision d'un seul homme, bien qu'elle se soit dotée d'une équipe de professionnels compétents et qu'elle ait continué à se développer considérablement après la mort de Warburg. En 1920, après une visite guidée par le bibliothécaire Fritz Saxl, Ernst Cassirer conclut : « Cette bibliothèque est dangereuse. Il me faudra soit l'éviter complètement, soit m'y enfermer pour des années[38]. »

La bibliothèque continua à prospérer, entretenue par son personnel et par les nombreux érudits qui y passaient – et puis les nazis sont arrivés. La menace qu'ils représentaient pour la bibliothèque et pour les membres du personnel était évidente, d'autant plus que beaucoup de ces derniers étaient juifs. Un plan étonnant et ambitieux fut imaginé : la bibliothèque, avec ses archives et ceux qui s'en occupaient, deviendrait – comme tant d'individus – une émigrée.

Grâce à un véritable tour de force logistique, l'équipe de la bibliothèque, dirigée par les conservateurs en chef Fritz Saxl et Gertrud Bing, emballa les livres, les images, les panneaux Mnémosyne, et même les étagères en fer, les bureaux, le matériel de photographie et de reliure. Tout fut expédié à Londres, et un bon nombre des personnes impliquées firent aussi le voyage. Le défi ne faisait que commencer. Comme Saxl le rappela plus tard, « c'était une aventure étrange que d'atterrir avec soixante mille livres au cœur de Londres et de s'entendre dire : "Trouvez-vous des amis et présentez-leur votre problème[39]" ».

C'était bien une aventure, mais ils furent aidés par des amis qu'ils avaient déjà dans la ville, tels que Samuel Courtauld de l'Institut Courtauld. Il les aida à trouver un hébergement dans Thames House, à Millbank, puis un logement plus permanent dans les bâtiments de l'université de Londres, à Bloomsbury. Les deux institutions lancèrent conjointement une revue, en 1937, dans le but de rassembler toutes les études « symboliques » en une même vision interdisciplinaire et holistique, et de prendre « l'étude de l'humanisme, au sens le plus large possible, comme territoire[40] ». L'équipe chercha également à susciter l'intérêt des Londoniens ; une note de service de 1934, probablement rédigée par Saxl, faisait remarquer qu'il allait peut-être falloir changer de style, les Anglais semblant peu enclins à apprécier ce qui était trop abstrait, trop théorique. De fait, parmi ceux qui trouvèrent un foyer intellectuel à l'Institut Warburg, beaucoup venaient d'autres pays. L'Institut Warburg devint un foyer international et humaniste pour tous.

C'est toujours le cas aujourd'hui. Alors que la maison originelle de Warburg à Hambourg est redevenue un institut et un centre d'archives, proposant en outre des événements et des cours, l'Institut Warburg de Londres est toujours un grand foyer humaniste. À l'heure où j'écris ces lignes, le bâtiment est en cours de modernisation dans le but de le rendre plus accueillant pour le public – on essaye toujours d'y attirer les Londoniens et on y établit des liens entre les chercheurs, les idées, les histoires et les images. Bon nombre des études sur l'histoire de l'humanisme que j'ai utilisées ont été écrites par des personnes qui ont étudié et travaillé là-bas. J'y ai moi-même écrit une grande partie de ce livre.

Son identité de bibliothèque en exil continue d'être honorée. En 2020, le céramiste et sculpteur Edmund de Waal lui a dédié une œuvre, *Bibliothèque de l'exil*, une salle sur les murs de laquelle sont consignés les noms de bibliothèques perdues ou dispersées dans le monde[41]. À l'origine, elle abritait quelque deux mille livres d'auteurs exilés, mais ces livres sont maintenant partis en Irak pour aider à la reconstruction de la bibliothèque centrale de l'université de Mossoul, qui a été gravement endommagée en 2015.

Dans la collection Warburg, on trouve naturellement beaucoup d'œuvres d'auteurs exilés et d'études sur ces auteurs : depuis Pétrarque jusqu'aux nombreux humanistes du quinzième siècle qui durent aller de ville en ville à travers l'Italie, sans oublier les écrivains français des Lumières qui cherchèrent refuge en Hollande ou en Angleterre, et les intellectuels ou artistes du vingtième siècle qui fuirent le fascisme ou d'autres régimes oppressifs. On peut voir l'Institut Warburg comme un rempart contre le principe de la perte, de l'oubli et de l'effondrement – ces pertes que Pétrarque et Boccace déplorèrent avec tant d'éloquence.

D'autres bibliothèques, d'autres sites du patrimoine culturel en Europe œuvrèrent d'arrache-pied dans les années 1930 pour protéger leurs collections de la destruction qui menaçait. Lorsque les nazis se mirent à brûler les livres, les exilés allemands à Paris (notamment l'écrivain Alfred Kantorowicz) créèrent une Bibliothèque allemande de la liberté – la Deutsche Freiheitsbibliothek – pour y conserver précisément les ouvrages que les nazis tentaient de détruire, mais aussi pour recueillir les affiches, pamphlets et autres publications du régime à destination des historiens du futur. Parmi les membres du conseil d'administration figurait Bertrand Russell, et Heinrich Mann en était le président[42]. Après la guerre, on a longtemps pensé que le contenu de la bibliothèque avait été entièrement détruit pendant l'occupation nazie, mais en 1990, il est apparu que certains titres avaient été sauvés ; ils se trouvent aujourd'hui à la Bibliothèque nationale de France.

Ailleurs, les photographes à microfilms et les archivistes voyagèrent partout, et à la hâte, pour photographier le plus grand nombre possible de documents et de manuscrits irremplaçables – comme le raconte Kathy Peiss dans son livre de 2020, *Les Chasseurs d'information*[43]. Certaines âmes courageuses poursuivirent même après le début de la guerre : l'Américaine Adele Kibre, spécialiste de philologie médiévale, resta à Rome pour y photographier des ouvrages de la bibliothèque du Vatican et d'ailleurs, aussi longtemps qu'elle le put. Elle retourna aux États-Unis en 1941 avec dix-sept valises de films, en abandonnant ses autres biens. Elle se rendit ensuite en Suède, où elle dirigea un service dédié aux microfilms jusqu'à la fin de la guerre.

Pendant ce temps, les bâtiments étaient protégés par des sacs de sable et les œuvres d'art stockées dans des cachettes, à l'écart des plus grandes villes. À Florence, les chefs-d'œuvre de la galerie des Offices furent mis à l'abri à la campagne. À Chartres, les magnifiques vitraux des douzième et treizième siècles de la cathédrale furent démontés pièce par pièce et enterrés dans la crypte.

Puis la guerre arriva, et avec elle le chaos, la mort et les pertes. Les réserves secrètes de culture et de beauté attendirent, dans leurs refuges.

Les rares personnes qui eurent elles aussi la chance de trouver un abri attendirent également – et travaillèrent. Depuis sa maison californienne, Thomas Mann continua d'écrire de la fiction, notamment un autre drame sur l'affaiblissement de l'humanisme, *Le Docteur Faustus*, publié en 1947. Il écrivit également des essais. Parmi ses œuvres polémiques des années de guerre, il y avait de courtes pièces destinées à toucher les Allemands de l'autre côté du mur de la propagande nazie. Malgré sa grande célébrité, beaucoup d'Allemands n'avaient pas su clairement, au début, ce qu'il pensait du régime ; il était donc important que certains de ses écrits antinazis leur parviennent. Ce fut d'abord une lettre ouverte adressée à l'université de Bonn après qu'elle lui eut retiré son titre de docteur *honoris causa*, en 1937 ; comme ce fut le cas pour tant d'œuvres au cours des siècles, des copies manuscrites de ce court texte circulèrent de main en main. Le critique littéraire Marcel Reich-Ranicki se rappelle avoir assisté à une réunion secrète avec des amis de confiance, au cours de laquelle le texte fut reproduit et lu à haute voix : « un petit paquet de papier, très fin et écrit des deux côtés ». Après l'avoir écouté, Reich-Ranicki s'excusa et rentra chez lui plus tôt que prévu pour être seul avec son bonheur : cette grande figure de la littérature allemande était finalement de leur côté[44].

Il y eut une suite, à partir d'octobre 1940, lorsque Mann commença à émettre tous les mois des messages en allemand par l'intermédiaire de la BBC[45]. Essayer de diffuser sa voix directement en Allemagne depuis l'Amérique n'aurait pas fonctionné, car la transmission ne pouvait être captée que sur des ondes courtes, et les radios capables d'en recevoir étaient interdites en Allemagne et dans les territoires occupés. Les premiers messages furent donc lus par quelqu'un d'autre à Londres, jusqu'à ce qu'une méthode plus élaborée permette d'entendre la voix de Mann en Allemagne. Il enregistra tout d'abord chaque message sur un gramophone à Hollywood, dans les studios de la NBC. Le disque était transporté par avion à New York, d'où il était diffusé par téléphone jusqu'à Londres, où il était enregistré sur un second disque. Celui-ci pouvait alors être lu et transmis sur le continent, comme d'autres émissions de la BBC.

Parfois, dans ces enregistrements, il rapportait des atrocités dont les auditeurs allemands étaient censés ne pas être au courant – comme lorsque, au début de l'année 1942, on apprit qu'un certain nombre de Juifs de Hollande avaient été rassemblés et gazés, à des fins d'« expérimentation[46] ». Le plus souvent, il s'attachait à rappeler à ses auditeurs que le Reich ne représentait pas l'Allemagne ni encore moins l'humanité, et qu'il ne pouvait donc pas durer. Dans l'émission de mai 1941, il déclarait :

> L'humanité ne peut pas accepter le triomphe ultime du mal, du mensonge et de la violence – elle ne peut tout simplement pas vivre avec cela. Le monde qui résulterait d'une victoire d'Hitler serait non seulement un monde d'esclavage universel, mais aussi un monde de cynisme absolu, un monde où il serait totalement impossible de croire encore à ce qu'il y a de plus élevé et de meilleur dans l'homme, un monde qui appartiendrait totalement au mal et qui serait soumis au mal. Cela n'existe pas ; cela ne sera pas toléré. La révolte de l'humanité contre un monde hitlérien fait de l'ultime désespoir de l'esprit et du bien – cette révolte est la plus sûre de toutes les certitudes[47].

Il fallait, à tout prix, garder espoir.

La guerre se termina enfin, et avec elle la machine à tuer nazie. Il ne restait plus qu'à compter les pertes, humaines et culturelles. Comme le dit l'historien de l'art américain Frederick Hartt en regardant les rues en ruine de Florence : « La forme devient l'informe, la beauté l'horreur, l'histoire l'insignifiance, tout cela dans un seul et même fracas aveuglant[48]. » Tant de choses avaient disparu. Beaucoup ne réapparaîtraient jamais. La fin de la guerre n'apporta pas un retour en douceur au monde de civilité et d'« amitié réciproque entre un grand nombre de gens » auquel aspiraient les humanistes – bien que certains aient fait des efforts héroïques pour y parvenir, comme nous le verrons un peu plus loin dans ce chapitre.

La fin de cette guerre ne marqua pas non plus un renoncement à la tendance générale de l'homme à se comporter de manière inhumaine. Il fallait faire face à de nouvelles menaces : la bombe atomique, larguée sur Hiroshima et sur Nagasaki, ne pourrait évidemment plus être désinventée. L'hostilité entre les deux grandes puissances qu'étaient les États-Unis et l'URSS devint froide et durable, et l'atmosphère culturelle en Amérique en souffrit. Au plus fort du maccarthysme de la guerre froide, Thomas Mann – décelant des signes indiquant qu'il pourrait être pris pour cible et se sentant écœuré par le phénomène – décida de quitter sa patrie d'adoption, le Nouveau Monde qui lui avait naguère offert un refuge, et de retourner en Suisse.

Quant à l'Union soviétique et à ses satellites, la dégradation de la dignité humaine et de la liberté s'y poursuivit sans relâche. Karl Marx avait commencé ses recherches en imaginant qu'une révolution rétablirait les hommes dans leur humanité entière et non aliénée[49], mais au lieu de cela, les États fondés en son nom devinrent d'énormes machines d'aliénation où les citoyens furent souvent contraints à une vie de faux-fuyants et de duplicité pour s'en sortir.

En Chine, dans la patrie du *ren*, le régime de Mao fit de son mieux pour effacer toute trace de cette philosophie consistant à « faire de son mieux pour réaliser son humanité » et à « traiter les autres en gardant à l'esprit qu'ils ont eux aussi reçu la vie et l'humanité ». Pendant la révolution culturelle, dans les années 1960, les écoliers furent encouragés à ignorer leurs professeurs, puis à dénoncer leurs manquements idéologiques.

Quiconque semblait un tant soit peu intellectuel ou cultivé était persécuté et ostracisé dans les campagnes reculées. Les beaux objets, les biens de valeur – œuvres d'art, livres, antiquités, porcelaines précieuses – étaient rassemblés et brûlés, comme sur les bûchers des vanités de Savonarole, ou bien entassés dans de gigantesques entrepôts isolés, où les parasites et l'eau transformaient lentement le papier en paillis[50]. Le confucianisme fut réprimé : dans la ville natale de Confucius, Qufu, dans la province du Shandong, sa tombe fut profanée. Environ cent mille livres furent retirés de la bibliothèque de la ville et brûlés[51]. (Cela semble d'autant plus choquant que Mao avait lui-même travaillé comme assistant bibliothécaire à l'université de Pékin.) Presque tous les éléments de la vie susceptibles d'apporter du plaisir devenaient suspects, soit le genre de choses qui avaient inspiré à quelqu'un comme Robert Ingersoll un si grand amour de la vie : la bonne chère, les liens familiaux, les plaisirs sociaux et la bonne humeur. Au lieu de cela, un terrible puritanisme s'imposa. « Les barbiers ouvraient encore, mais ne proposaient que des coupes de cheveux prolétaires (court derrière et sur les côtés), écrivit l'historien Frank Dikötter. Les restaurants ne servaient que des repas simples et bon marché[52]. » Et il y eut des morts : environ un million et demi de victimes lors de la révolution culturelle, chiffre qui reste cependant inférieur aux trente-six millions de morts causés peu de temps auparavant par la famine provoquée par le Grand Bond en avant[53]. De nombreuses autres vies furent détruites de manière plus subtile.

Le romancier populaire et humoristique Lao She eut l'audace de dire, lors d'un entretien avec des visiteurs étrangers en 1966, qu'il n'était pas marxiste. « Nous les anciens, nous ne pouvons pas nous excuser pour ce que nous sommes », déclara-t-il. Ces propos lui valurent d'être agressé par une bande de Gardes rouges. Ils firent une descente dans sa maison ; lorsqu'il rentra chez lui, il vit ses manuscrits déchirés, et sa collection de peintures et de sculptures endommagée et dispersée dans la cour. Peu après, il fut retrouvé noyé dans un canal, un suicide apparemment[54].

Autre régime de nihilisme extrême, celui des Khmers rouges de Pol Pot, au pouvoir de 1975 à 1979 au Cambodge. Il causa la mort de près de deux millions de personnes (les estimations varient), sur une population totale de sept millions d'habitants seulement[55]. Certains furent exécutés, mais la plupart furent contraints de travailler jusqu'à en mourir. La déshumanisation était systématique et totale. L'année de la révolution fut désignée comme l'année zéro : il ne devait pas y avoir d'autre histoire. L'une des premières décisions prises par le nouveau gouvernement fut de vider la capitale, Phnom Penh, de tous ses citoyens, en les envoyant rejoindre les travailleurs des campagnes. Il n'y eut plus dès lors de journaux, plus de courrier, plus de musique ni d'instruments traditionnels, plus de livres, plus de tribunaux, plus d'argent, plus de propriété privée, plus de cérémonies religieuses ni de rites de passage, plus de mariages libres et privés, plus de relations humaines ordinaires. Aucun médicament ni traitement n'étaient plus disponibles, ce qui eut de terribles conséquences en termes de souffrances. La nourriture était minimale. Comme le rappela l'écrivain et cinéaste Rithy Panh, « les variétés de riz disponibles dans mon enfance – fleur de jasmin, fleur de gingembre, jeunes filles pâles – ont disparu en quelques mois. Il ne nous restait plus qu'une seule sorte de riz, blanc et sans nom. Plus tard, il ne nous resta que la faim[56] ».

Le film de Rithy Panh, *L'Image manquante*, réalisé en 2013, traduit très bien l'anéantissement par les Khmers rouges des souvenirs de sa propre enfance et de sa famille[57]. Avant la révolution, ils avaient mené une vie culturellement riche à Phnom Penh : son père était enseignant, son frère jouait dans un groupe de rock, sa sœur était directrice adjointe du musée national. Puis, comme tout le monde, ils furent contraints à l'exil, ou envoyés travailler dans les champs. Leur vie avait été bien remplie ; à présent, il n'y avait plus que la « conquête par le vide ». Ils moururent l'un après l'autre : son père, puis ses jeunes frères et sœurs, puis sa mère. Un cinéaste a besoin d'images – mais il n'y avait pas d'images pour raconter cette histoire, puisqu'il n'y avait pas de caméras, ni aucun autre film que les quelques images de la propagande officielle. Pour *L'Image manquante*, Rithy Panh fabriqua de petites figurines en argile représentant chaque membre de sa famille et les photographia dans des tableaux fixes, en utilisant sa voix pour raconter l'histoire. « La révolution est pure, déclare-t-il à un moment donné. Il n'y a pas de place pour les humains. »

Compte tenu de ces événements, ainsi que des deux guerres mondiales et de la Shoah, il n'est pas surprenant que le milieu du vingtième siècle ait amené certains écrivains à réfuter sans appel toute vision humaniste du monde. Le romancier William Golding déclara à propos de la Seconde Guerre mondiale que « toute personne qui a traversé ces années-là sans comprendre que l'homme produit le mal comme l'abeille produit le miel devait être aveugle ou avoir un problème dans sa tête ». Sa fable nihiliste et grotesque *Sa Majesté des Mouches*, qui dépeint la dégénérescence morale d'un groupe de garçons échoués sur une île lointaine, était l'expression de cette pensée. Il expliqua qu'il n'avait pas auparavant de telles opinions, aussi négatives : c'était l'esprit de l'époque[58].

L'idée que le mal « suinte » en quelque sorte de l'humanité s'imposa. Tout comportement apparemment civilisé ou cultivé – toutes les choses dont les humanistes s'étaient réjouis ou étaient fiers au cours des siècles – ressemblait désormais à un vernis mensonger. Les humanistes pouvaient encore se voir attribuer, ponctuellement, le rôle créé par Stefan Zweig dans ses livres sur Érasme et Montaigne : celui de héros résistants et fragiles qui maintiennent une lumière dans les périodes sombres, mais ils pouvaient aussi être considérés comme des imbéciles ou des hypocrites, et leurs beaux idéaux comme des masques pour cacher des réalités brutales.

La couche superficielle d'humanité semble en effet bien mince si l'on considère, par exemple, les nombreux officiers de la SS et d'autres organisations nazies qui étaient des produits du système d'éducation humboldtien – un système destiné à former des êtres humains moraux et équilibrés. Il est choquant de lire qu'un jeune soldat put écrire en 1941, depuis le front si meurtrier de l'Est, qu'il se sentait poussé à accomplir de telles violences pour défendre « les valeurs vraiment humaines et individuelles[59] ». L'appétit constaté chez certains nazis haut placés pour les œuvres d'art pillées suggère un goût humaniste en surface, dépourvu toutefois de toute humanité. Et, comme le disait Thomas Mann en septembre 1945, quel manque total de sensibilité fallait-il pour que les habitants de l'Allemagne nazie écoutent *Fidelio* – l'opéra de Beethoven dans lequel des prisonniers sont injustement enfermés et maltraités dans un cachot – « sans se couvrir la face des deux mains et quitter la salle en courant[60] » ?

Voilà pourquoi le philosophe Theodor Adorno put dire dans un essai de 1951 : « Écrire un poème après Auschwitz est barbare[61]. » L'idée sous-jacente à cette assertion souvent citée, ainsi qu'aux arguments plus longs de sa *Dialectique de la Raison*, le livre qu'il écrivit avec Max Horkheimer à la fin de la guerre, n'était pas de dévaloriser la culture elle-même, mais d'inciter à une évaluation critique et radicale de la pensée occidentale et de son autosatisfaction[62] : « sarcler » la pensée des Lumières, comme Valla aurait pu le dire.

Mais cela pouvait se transformer en quelque chose qui ressemble davantage à un rejet total des valeurs libérales, humanistes et des Lumières, comme si ces valeurs étaient responsables de leur propre négation. La volte-face était étrange, sachant que les fascistes allemands et italiens se définissaient eux-mêmes explicitement par le rejet des principes de la raison, de l'internationalisme, de l'individualisme, de l'humanitarisme et du méliorisme, auxquels ils préféraient l'instinct, la violence, le nationalisme et la guerre. Bien que cette idéologie soit antihumaniste, elle était en quelque sorte censée être imputable à l'humanisme – ce qui, pour des oreilles humanistes, revient à dire que, puisque les feux de circulation n'empêchent pas les accidents de voiture, c'est la faute des feux de circulation.

De telles distorsions reflètent la difficulté des intellectuels à trouver une réponse adéquate aux événements extrêmes. Voyant les valeurs civilisées démantelées et n'ayant nulle part où se tourner, ils semblaient ne considérer aucune réponse autre qu'une sorte de démantèlement encore plus extrême des valeurs.

Ainsi, certains auteurs estimèrent que la situation exigeait un retour à la religion ou à une vague spiritualité irrationnelle. Il est vrai que les grands États totalitaires du vingtième siècle étaient en général athées, ce qui prouve une fois de plus qu'il n'y a pas de lien automatique entre la remise en question de la religion et l'ouverture d'esprit ou l'humanisme. (Leur principal problème avec la religion était qu'ils ne supportaient pas l'idée qu'il y ait un Dieu plus grand qu'eux-mêmes et que leur idéologie.) À ce moment-là, au lendemain des horreurs de la guerre, certains soutinrent que les humains ne devaient plus se fier à eux-mêmes pour œuvrer à un monde meilleur, et qu'ils devaient plutôt revenir humblement aux anciennes théologies. (De fait, certains humanistes religieux comme Jacques Maritain ou Gabriel Marcel affirmaient cela depuis les années 1930 : rien n'irait plus pour l'humanité, disait Maritain, tant qu'elle n'accepterait pas que « Dieu est le centre de l'homme[63] ».) En 1950, la *Partisan Review* publia une série d'articles intitulée « La religion et les intellectuels » parce que, comme l'annonçait l'introduction, il y avait partout des signes d'un « retour à la religion[64] ». Et lorsque des activistes non religieux organisèrent une réunion à Amsterdam en 1952 pour fonder l'organisation qui allait devenir l'actuelle Humanists International, le journal *Elsevier Weekblad* les mit en garde : nul ne devait essayer d'ébranler la foi à un moment où la société était si manifestement « assoiffée de force de caractère, de racines, de confiance en Dieu[65] ».

D'autres se tournèrent vers un mysticisme obscurantiste dépourvu de tradition religieuse, mais qui s'opposait clairement à la raison des Lumières et au méliorisme. L'une des figures influentes de ce courant était, ironiquement, un philosophe allemand entaché par son soutien au nazisme dans les années 1930 :

Martin Heidegger. Il avait exposé sa position antihumaniste d'après-guerre dans sa *Lettre sur l'humanisme*, rédigée à la fin de 1946 et publiée en 1947. Comme Maritain, mais pour des raisons différentes, Heidegger ne voulait pas mettre l'individu au centre. Ce qu'il mettait à la place n'était pas Dieu, mais « l'Être », qu'il distinguait de tous les êtres particuliers et individuels. Le rôle de l'homme est d'être à l'écoute de l'Être et de répondre à son « appel[66] ». Heidegger affirma n'avoir pas eu l'intention de faire de l'Être un substitut de Dieu, mais il est difficile de ne pas voir une certaine analogie entre eux. Quoi qu'il en soit, le rôle de l'homme par rapport à ce Machin gigantesque et ineffable est strictement celui d'une servante. Notre tâche n'est pas de mieux gérer nos propres affaires, ni d'améliorer notre vie morale, mais seulement de servir quelque chose qui ne peut même pas être nommé.

La *Lettre* de Heidegger se voulait une réponse au philosophe Jean-Paul Sartre, qui avait donné une conférence sur l'humanisme devant une salle comble à Paris en 1945. La position de Sartre sur ce sujet varia au fil du temps. Avant la guerre, il s'était moqué des humanistes d'antan, qu'il percevait comme des hypocrites sentimentaux épris d'une « humanité » abstraite ; cette accusation revint dans son œuvre ultérieure (sous l'influence du marxisme). Pour l'heure, au lendemain de la guerre, il promouvait un humanisme « existentialiste » fondé sur l'idée que chacun de nous est radicalement libre et responsable de ses actes. L'humanisme de Sartre était un humanisme de dur à cuire, conçu pour les années 1940, et il était authentiquement non religieux. Il repose sur l'idée que la nature de l'homme n'est calquée sur aucun modèle préexistant, divin ou autre. C'est à nous de décider ce que nous faisons de nous-mêmes ; nous devons, individuellement et à chaque moment de notre choix, « inventer l'homme[67] ».

En partie en raison de l'influence de Heidegger, et en partie en raison d'une fascination plus grande encore pour la théorie marxiste, les penseurs français de la génération suivante allaient se moquer de l'humanisme existentialiste et l'exclure des nouvelles tendances intellectuelles, pour parler non pas d'inventer l'humain, mais de le dissoudre. En 1966, Michel Foucault achevait *Les Mots et les Choses* en montrant la figure de « l'homme » sur le point de s'effacer, « comme à la limite de la mer un visage de sable ». De même que Nietzsche (et Swinburne) pensait que les humains avaient créé Dieu et l'avaient ensuite tué, de même, Foucault pensait que les Lumières avaient créé un Homme qui était maintenant prêt à être anéanti. Il serait remplacé par une compréhension plus critique de nous-mêmes et des influences, sociales et historiques, qui nous avaient construits[68]. Les penseurs religieux avaient centré l'humanité sur Dieu ; les heideggériens l'avaient centrée sur l'Être ; le noyau central, maintenant, ce seraient les structures et les processus – toujours humains, en un sens, mais traités comme s'ils étaient plus importants que les êtres humains qui vivent avec eux.

Ces nouveaux écrivains critiques éjectèrent la pensée humaniste hors du centre, mais en lui apportant une précieuse révision. Ils mirent en lumière des questions que les humanistes européens avaient eu tendance à négliger, en particulier en ce qui concernait le racisme, l'exclusion sociale, le colonialisme et les différences culturelles. Le penseur post-colonial Frantz Fanon écrivit en 1961 dans *Les Damnés de la terre* : « Cette Europe qui jamais ne cessa de parler de l'homme, jamais de proclamer qu'elle n'était inquiète que de l'homme, nous savons aujourd'hui de quelles souffrances l'humanité a payé chacune des victoires de son esprit[69]. »

Pourtant, Fanon considérait lui aussi que la tradition humaniste en philosophie comme dans la vie avait besoin d'une remise à niveau radicale, plus qu'elle ne méritait un rejet en bloc. Il appelait à une nouvelle philosophie humaniste, *plus complète* : « Tâchons d'inventer l'homme total que l'Europe a été incapable de faire triompher, écrivait-il. Reprenons la question de la réalité cérébrale, de la masse cérébrale de toute l'humanité dont il faut multiplier les connexions, diversifier les réseaux et réhumaniser les messages. » Quoi de plus humaniste que cela ? Il écrivait encore : « Non, nous ne voulons rattraper personne. Mais nous voulons marcher tout le temps, la nuit et le jour, en compagnie de l'homme, de tous les hommes[70]. »

Évaluant ces courants de pensée, l'universitaire chinois et critique littéraire Zhang Longxi notait que passer « d'une extrémité conceptuelle – l'homme comme être presque angélique et divin – à l'autre – l'homme disparaissant comme un visage dessiné dans le sable » est une réponse étrangement « absolutiste » à la crise, surtout de la part de penseurs qui essaient normalement d'éviter de telles oppositions en noir et blanc. (On dirait plutôt Innocent III contre Giannozzo Manetti, en boucle.) Au lieu de cela, le professeur Zhang suggère une approche humaniste qui s'appuie sur des traditions plus subtiles : « La tempérance et la modération sont de véritables vertus humaines, comme nous l'enseigne la sagesse philosophique tant en Orient qu'en Occident[71]. »

Ainsi Rithy Panh conclut-il son livre consacré à sa vie au Cambodge, *L'Élimination*, par ces lignes :

> J'ai entrepris ce projet avec l'idée que l'homme n'est pas fondamentalement méchant. Le mal n'est pas nouveau ; le bien non plus, mais comme je l'ai écrit, il y a aussi une banalité du bien, une quotidienneté du bien.
>
> Pour ce qui est de la bonne partie de ce monde d'avant – mon enfance, les rires de mes sœurs, les silences de mon père, les jeux infatigables de mes petits neveu et nièce, le courage et la gentillesse de ma mère, ce pays aux visages de pierre, les idées de justice, de liberté, d'égalité, le goût du savoir, l'éducation – cette partie-là ne peut pas être effacée. Ce n'est pas une époque révolue, c'est un effort et un travail toujours en cours ; c'est le monde humain[72].

Benedetto Croce avait lui aussi insisté sur le principe du « travail en cours ». C'est une erreur de désespérer de nous-mêmes, écrivait-il en 1947 ; nous commettons cette erreur parce que nous en sommes venus à attendre que le monde soit fiable et bienveillant, et que tout le monde mène une vie agréable et civilisée[73]. Lorsque ce fantasme vole en éclats, nous avons envie d'abandonner. La réalité, cependant, c'est que l'histoire et le monde humain ne sont ni stables et bons d'une part, ni désespérément tragiques d'autre part. Ils sont *notre œuvre*, et si nous voulons qu'elle se déploie bien, nous devons nous efforcer de la faire advenir nous-mêmes.

Tandis que les philosophes essayaient d'ajuster leurs idées après la Seconde Guerre mondiale, les esprits plus pragmatiques œuvraient à la reconstruction des villes, au retour d'une vie culturelle et politique saine, et, partout, à la simple restauration de l'épanouissement humain, dans la mesure du possible. L'un des défis les plus immédiats consistait à s'occuper des quelque quarante millions de personnes déplacées en Europe. Il y avait aussi le projet de « dénazification » de l'Allemagne. Parallèlement, on mit en place ailleurs des programmes d'éducation qui étaient censés jeter les bases d'un renouveau moral général – en rétablissant le vieux lien humaniste entre éducation et intégrité morale.

Pour atteindre cet objectif, un rapport de 1943 produit par le gouvernement britannique avait déjà prescrit la formation du caractère, beaucoup d'exercice et l'étude des humanités, tout cela dans le but d'« amener à leur plein épanouissement les diverses potentialités physiques, spirituelles et intellectuelles de l'enfant en tant qu'individu et membre de la société[74] ». Aux États-Unis, le rapport d'un comité de Harvard de 1945, *L'Éducation générale dans une société libre*, suivit également tous les éducateurs humanistes de l'histoire en affirmant : « L'homme complet doit être un homme bon[75]. »

Il y avait aussi des projets de nouvelles structures et institutions internationales. La plus importante d'entre elles était l'Organisation des Nations unies, fondée en 1945 : l'humaniste britannique

Harold J. Blackham la décrivit comme « le début d'un véritable intérêt commun, l'intérêt humain en tant que tel[76] ».

Parmi ses prolongements, la même année, l'Unesco vit le jour – l'Organisation des Nations unies pour l'éducation, la science et la culture. Son texte fondateur, érasmien, affirme que, puisque les guerres naissent dans l'esprit des hommes, la paix doit également commencer là[77]. L'Organisation s'attela à la réalisation de ce dernier objectif en mettant en place une politique ambitieuse de financement et d'encouragement des bibliothèques, des musées, des zoos, des jardins botaniques, des instituts de recherche scientifique, des universités, etc. Sa conception était tout à fait humaniste, notamment parce que son premier directeur général fut le zoologue Julian Huxley, petit-fils de T. H. Huxley et lui-même partisan de « l'humanisme scientifique[78] ». En fait, la brochure introductive qu'il rédigea avant son entrée en fonction – *L'Unesco, son but et sa philosophie* – avait un ton tellement humaniste non religieux que d'autres membres s'y opposèrent. Il dut insérer une déclaration de dernière minute dans chaque exemplaire, précisant que les opinions exprimées étaient les siennes. Mais sa vision de l'Unesco restait humaniste dans un sens plus large. Comme il l'écrivit dans ses Mémoires, « le concept clé derrière toutes nos activités, j'en étais convaincu, devrait être *l'épanouissement* – la réalisation la plus complète des capacités des individus, des villes, des nations et de l'humanité dans sa totalité[79] ». Ce concept resta au cœur de toutes les actions de l'Unesco.

Malheureusement, l'effet ne put être aussi « total » qu'espéré[80], car l'Union soviétique et ses satellites demeurèrent à l'écart, soupçonnant à juste titre que des organisations de ce type poursuivaient également un autre objectif : saper leur influence et leur idéologie dans le monde. Le bloc soviétique s'avéra également être un collaborateur gênant quelques années plus tard, quand un autre projet des Nations unies fut lancé : la rédaction d'une Déclaration universelle des droits de l'homme, discutée tout au long de l'année 1947 et achevée l'année suivante.

Le comité de rédaction, présidé par Eleanor Roosevelt, prit son rôle très au sérieux ; des philosophes du monde entier furent consultés, ainsi que des représentants de différentes sensibilités politiques. Il fallait trouver des principes qui satisfassent tout le monde, ce qui impliquait de prendre position sur les grandes questions philosophiques : Les droits sont-ils plus importants que les devoirs, ou bien est-ce l'inverse ? Comment l'individualisme peut-il trouver un équilibre avec l'identité communautaire ? Comment être inclusif ? Peut-on seulement parler de quelque chose d'« universel » dans l'humanité ? Ces questions font toujours l'objet de débats aujourd'hui.

Vint ensuite la question de la formulation[81]. Les discussions commencèrent avec l'article 1 : le délégué soviétique Vladimir Koretsky souligna (conformément à la politique communiste officielle en matière d'égalité entre les sexes) qu'elle contenait la phrase « Tous les hommes sont frères », ce qui excluait les femmes. Eleanor Roosevelt expliqua, de manière assez bizarre, que la phrase était acceptable parce qu'elle pouvait être lue comme « Tous les êtres humains sont frères » ! Elle resta telle quelle sur le moment, mais à un stade ultérieur de la rédaction, les « hommes » se transformèrent bien en « êtres humains », après que Hansa Mehta, représentante de l'Inde, eut averti que, dans certains pays, le mot « hommes » pourrait être interprété comme signifiant uniquement les hommes. La « fraternité », elle, resta. La déclaration d'ouverture devint ainsi : « Tous les êtres humains naissent libres et égaux en dignité et en droits. Ils sont doués de raison et de

conscience et doivent agir les uns envers les autres dans un esprit de fraternité. »

Le terme « conscience » fut également examiné. La première version du texte ne parlait que de « raison », mais le vice-président de la commission, P. C. Chang, diplomate et philosophe chinois qui vouait une admiration particulière à la pensée confucéenne de Mengzi, suggéra d'ajouter le terme *ren*. La phrase prendrait ainsi en compte les implications plus larges de l'empathie et de la réciprocité, au lieu de se concentrer sur la seule raison. Son idée fut retenue, et l'esprit de *ren* est fortement présent dans le document, même si la traduction du terme par « conscience » [*en anglais, en français*] ne parvient pas à transmettre toute la palette de sens du mot[82].

Le résultat de toutes ces négociations fut une déclaration plus inclusive et plus ouverte culturellement que la plupart des documents de l'époque. Elle n'est pas irréligieusement humaniste à la manière de Huxley, mais c'est un texte humaniste dans tous les autres sens du terme. Il s'agit également d'un texte pratique, conçu pour servir de support juridique en cas de violation des droits de l'homme. Presque toutes les nations l'ont approuvé, mais la liste des abstentions en dit long. Six pays communistes se sont abstenus, ainsi que l'Afrique du Sud, parce que la Déclaration n'était pas conciliable avec l'apartheid, et encore l'Arabie saoudite, en raison d'une clause prévoyant l'égalité des droits entre les hommes et les femmes dans le mariage[83].

Il peut sembler facile de considérer les principes exprimés dans la Déclaration pour acquis – jusqu'à ce qu'ils soient piétinés. Mais comme toutes les valeurs humanistes, ils semblent soudain plus dignes encore des efforts entrepris pour les protéger. Comme l'avait observé Thomas Mann dans l'une de ses émissions diffusées par la BBC en Allemagne, on peut situer le véritable commencement de la catastrophe nazie au moment où, lors de la parade victorieuse du parti à Berlin, en février 1933, Joseph Goebbels annonça : « Les droits de l'homme sont abolis. » Ces mots, dit Mann, révélaient l'intention des nazis d'anéantir « tous les acquis moraux de l'humanité depuis des milliers d'années[84] ». Le but de la Déclaration universelle des droits de l'homme était d'exprimer l'intention contraire : il ne fallait pas permettre qu'une telle suppression des acquis puisse se produire à nouveau.

Pendant que ces discussions avaient lieu, dans des salles où se réunissaient des personnes venues du monde entier, les historiens de l'art, les « Monuments Men » et autres volontaires et experts s'attelaient à la tâche de faire renaître la culture plus concrètement, sur le terrain. Ils sillonnaient les routes d'Europe pour trouver, sécuriser et protéger les bâtiments et les œuvres d'art qui avaient traversé la guerre sans trop de dégâts. Parmi eux se trouvait Frederick Hartt, celui qui avait vivement décrié le passage de la « forme » à « l'informe » et de « l'histoire » à « l'insignifiance » à Florence. Il écrivit un récit très agréable de ses aventures en Toscane et ailleurs, en commençant par les dernières étapes de la retraite allemande. Il avait souvent marché dans les pas de l'intrépide et énergique Cesare Fasola, membre du personnel des Offices et partisan de la résistance, que les villageois de la région appelaient *il professore*. Celui-ci n'hésita pas à parcourir seul la campagne à la recherche d'œuvres d'art, même quand les Allemands étaient encore dans les parages ; et ces derniers lui accordèrent un laissez-passer spécial[85]. Hartt et lui furent parmi les premiers à arriver au château de Montegufoni (propriété d'une famille anglaise amatrice de littérature, les Sitwell), où avaient été entreposés de nombreux objets provenant des Offices[86]. Ils y furent témoins d'une scène déconcertante : les troupes allemandes qui y avaient été cantonnées étaient maintenant parties, mais elles avaient laissé *Le Printemps* de Botticelli négligemment adossé à un mur, et utilisé *L'Adoration des mages* de Domenico Ghirlandaio en guise de table – le même sort indigne serait infligé plus tard à la mosaïque du navire de Caligula. L'un des visiteurs alliés, le romancier Eric Linklater, ajouta à ces pénibles aléas les baisers qu'il pressa sur les lèvres de toutes les figures féminines du *Printemps*. Il le fit quand personne ne regardait, mais il l'avoua dans ses Mémoires[87].

Certains Allemands héroïques avaient également sauvé des trésors. Il y avait eu beaucoup de pillages, mais quelques officiers se contentèrent de mettre à l'abri les œuvres d'art vulnérables pour les protéger des dommages. Ce fut du moins le cas au monastère bénédictin du mont Cassin[88], cette grande forteresse monastique dont Boccace avait eu tant de plaisir à explorer la bibliothèque quelque six cents ans auparavant. Grâce à sa situation en amont de la route de Naples à Rome, elle revêtait une importance stratégique pour les deux parties. Deux officiers allemands, Maximilian Becker et Julius Schlegel, comprirent (séparément) que cela en faisait une cible de bombardements probables pour les forces alliées. À la fin de l'année 1943, ils emballèrent les pièces les plus précieuses de la collection et les mirent dans une centaine de camions pour les envoyer vers le nord, dans le bastion plus sûr du château Saint-Ange, à Rome. Ils eurent raison de le faire : les Américains bombardèrent le monastère au mois de février qui suivit, et le bombardèrent plus massivement encore six semaines plus tard. Un membre de l'équipe de ce deuxième bombardement, Walter M. Miller Jr., fut tellement choqué par ce qu'il vit qu'il se convertit au catholicisme et qu'il écrivit un roman, *Un cantique pour Leibowitz*. Situé dans un monde futur où la plupart des connaissances culturelles ont été perdues, ce roman raconte l'histoire de personnages qui découvrent et étudient quelques reliques égarées de la civilisation du vingtième siècle, en espérant les utiliser pour une renaissance – soit un projet très proche de celui des humanistes des quatorzième et quinzième siècles en Italie. À ceci près que la première relique qu'ils trouvent est une note : « Une livre de pastrami, une boîte de choux, six petits pains – rapporter à la maison pour Emma[89]. »

Chartres faillit subir une destruction similaire, mais cette fois, ce fut un Américain qui l'empêcha. Le 16 août 1944, les Allemands étaient encore dans la ville. Les Américains étaient sur le point d'y entrer et avaient reçu l'ordre de bombarder massivement la cathédrale par précaution, au cas où les forces allemandes l'utiliseraient comme tour de guet. C'était plausible : comme le monastère du mont Cassin, la cathédrale de Chartres domine tout le paysage alentour. Mais un officier, le colonel Welborn Barton Griffith Jr, renonça à détruire un édifice vieux de sept cent cinquante ans sans la preuve qu'il abritait des soldats. Courageusement, son chauffeur (dont je regrette de ne pas connaître le nom) et lui se faufilèrent dans la ville, entrèrent seuls dans la cathédrale et grimpèrent au sommet du clocher : il n'y avait aucun Allemand à l'intérieur. Griffith annula donc l'ordre de bombarder l'édifice. Ce fut presque le dernier acte de sa vie ; le même jour, il tomba sous le feu de l'ennemi dans la ville voisine de Lèves. Pendant tout ce drame, les vitraux de Chartres restèrent à l'abri dans la crypte de la cathédrale, et quand la paix fut revenue, des ouvriers et des bénévoles les récupérèrent et les réinstallèrent dans leur cadre, avec autant de soin qu'ils en avaient montré pour les déposer[90].

Il y a quelques années, j'ai passé deux jours à Chartres et dans les environs pour explorer la cathédrale et pour recueillir quelques anecdotes sur sa longue histoire, notamment l'anecdote du courageux colonel et de son chauffeur – ou bien celle, antérieure, de l'architecte qui intervint pour dissuader les vandales de la Révolution française d'ordonner sa démolition.

Tout en admirant la beauté de l'édifice, je me suis sentie profondément émue par la façon dont il incarne le temps. Chose propre à tous les bâtiments, certes, mais Chartres encore davantage que la plupart des autres. La cathédrale s'élève sur l'ancienne crypte et ses fondations. Puis elle atteint son espace principal des douzième et treizième siècles, celui des sculptures, des arcs-boutants et des fenêtres – tous réalisés à l'aide des techniques les plus pointues de leur temps, depuis l'ingénierie structurelle des arcs-boutants jusqu'au travail des vitraux, dont la plupart contiennent le caractéristique « bleu de Chartres ». Si l'on prend de la hauteur et que l'on grimpe dans le toit, on trouve – de façon inattendue – une charpente en fonte du dix-neuvième siècle, bien cachée, invisible de l'extérieur. Elle fut construite en 1836 et conçue sur le modèle des belles ferronneries des gares de l'époque. Là encore, le meilleur de la modernité fut associé au plus grand respect possible de l'histoire. On pense aux ouvriers qui les coulèrent et aux artisans médiévaux originels. On pense aussi à ceux qui, plus récemment, dans les années 1930, numérotèrent, emballèrent et emportèrent patiemment les vitraux ; et encore à ceux qui les déballèrent et les réinstallèrent après la guerre – comme à ceux qui s'attellent aujourd'hui encore à l'entretien et à la protection de cette cathédrale. Le bâtiment contient tout cela : les compétences et le dévouement des hommes, la politique de chaque époque, la conception d'origine, les siècles de préservation. Il nous rappelle l'érudition que la cathédrale accueillit au cours de la « Renaissance du douzième siècle », mais aussi – oui – la foi chrétienne grâce à laquelle on avait accepté de se donner tant de mal pour créer une telle beauté.

Je ne partage pas moi-même cette foi, mais il m'a été impossible de me promener dans Chartres sans ressentir une forme de foi (un peu chancelante) en l'humanité. Il est vrai que des êtres humains ont à plusieurs reprises failli la détruire. Mais d'autres continuent d'essayer, encore plus fort, de la maintenir debout.

Le point le plus évident sur lequel il semblait nécessaire de se ressaisir, au lendemain de la Seconde Guerre mondiale, concernait les armes nucléaires. Comme le dit Jean-Paul Sartre en octobre 1945, la leçon d'Hiroshima et de Nagasaki était que, désormais, il appartiendrait toujours aux humains de *décider* s'ils voulaient survivre ou non[91] – soit l'ultime décision existentialiste.

Un autre humaniste, Bertrand Russell, formula ce problème d'une manière mémorable et conclut une émission radiophonique de 1954, « Le péril de l'homme », en lançant un appel à faire un choix :

> Nous avons devant nous, si nous le voulons, un progrès continu dans le bonheur, dans la connaissance et dans la sagesse. Choisirons-nous plutôt la mort, parce que nous ne pouvons pas oublier nos querelles ? J'en appelle, en tant qu'être humain, aux êtres humains : souvenez-vous de votre humanité et oubliez le reste. Si vous pouvez le faire, la voie est ouverte vers un nouveau paradis ; si vous ne le pouvez pas, vous n'avez devant vous que la mort universelle[92].

« Souvenez-vous de votre humanité et oubliez le reste » – le « reste » étant les intérêts nationaux, la vanité, l'orgueil, les préjugés, le désespoir et tout ce qui fait obstacle au choix de la vie. Cette phrase de Russell fut abondamment citée par la suite, notamment par son auteur lui-même. Il la répéta lors d'une autre de ses conférences internationales, qui se tint en 1955 et qui déboucha sur un manifeste signé par les scientifiques concernés, parmi lesquels Albert Einstein, quelques jours avant sa mort. Le groupe décida de se réunir chaque année. La première réunion ayant eu lieu en juillet 1957 à Pugwash, en Nouvelle-Écosse, le nom de « Pugwash » resta attaché au manifeste original comme aux conférences[93]. Elles continuent à avoir lieu aujourd'hui encore et poursuivent les mêmes objectifs : minimiser la prolifération des armes et promouvoir des mécanismes politiques pour tenter de réduire la probabilité d'une guerre catastrophique.

Bertrand Russell demeura un pilier de la campagne antinucléaire, à laquelle il consacra de nombreux écrits et pour laquelle il participa à des manifestations jusqu'à la fin de sa vie. En 1961, après s'être adressé à la foule de Hyde Park, à Londres, il fut même reconnu coupable d'avoir « incité le public à la désobéissance civile » et condamné à une semaine de prison à Brixton. Il avait alors quatre-vingt-neuf ans. Le magistrat tenta bien de le libérer en échange d'une promesse de « bonne conduite », mais Russell ne promit rien de tel[94]. Comme Voltaire, il devint *toujours plus* intrépide et provocateur au fur et à mesure qu'il avançait dans la vie.

Russell œuvra pour de nombreuses autres causes, notamment environnementales : il était conscient de l'importance de préserver les ressources naturelles de la planète et il en souligna l'urgence dès 1948-1949 dans ses conférences Reith à la BBC[95]. (À peu près à la même époque, Julian Huxley mettait sur pied une initiative de l'Unesco visant à créer l'Union internationale pour la conservation de la nature, qui travaille aujourd'hui encore avec les gouvernements et les entreprises[96].)

La nature faillit engloutir Russell en 1948, avant qu'il n'ait eu l'occasion de donner ces conférences. Au cours d'un voyage à Trondheim, en Norvège, cet automne-là, il s'envola à bord du *Bukken Bruse*, un « bateau volant » – une sorte d'hydravion qui se pose directement sur l'eau, avec sa coque, au lieu d'avoir ces flotteurs qui ressemblent à des pieds. Le temps était mauvais. Au moment où le bateau volant allait toucher l'eau, il fut frappé par une rafale de vent et bascula sur le côté. Une aile se détacha et l'eau envahit la cabine. Dix-neuf des quarante-cinq personnes à bord furent tuées, notamment toutes celles qui se trouvaient dans la section non fumeur, à l'avant. La plupart des fumeurs, à l'arrière, parvinrent à nager et furent sauvés – y compris Russell, éternel fumeur de pipe. Il était trempé et n'avait rien pour se changer, jusqu'à ce qu'un gentil ecclésiastique lui prête une tenue cléricale – un spectacle amusant pour ceux qui connaissaient les opinions de Russell sur la religion. Un journaliste l'appela de Copenhague et lui demanda à quoi il avait pensé pendant qu'il était dans l'eau. Avait-il pensé au mysticisme, à la logique ? Non, répondit-il, « j'ai pensé que l'eau était froide[97] ».

Les campagnes de Russell étaient souvent dirigées *contre* des choses : les armes nucléaires, la déprédation de la nature, les guerres – notamment l'engagement des États-Unis au Vietnam à la fin des années 1960, alors qu'il avait lui-même largement dépassé les quatre-vingt-dix ans. Son attitude générale à l'égard du monde n'avait pourtant rien de négatif. Dans un discours autobiographique de 1955, « Les espoirs réalisés et les espoirs déçus », il revint sur son libéralisme optimiste d'avant-guerre, dont il admit qu'il était devenu plus difficile à maintenir. Il ne voulait cependant pas y renoncer : « Je ne soumettrai pas mes jugements sur ce qui est bon et ce qui est mauvais à l'arbitrage hasardeux des événements. » Il faut s'adapter aux changements du monde, bien sûr, mais « c'est aussi une mauvaise chose que de supposer que tout ce qui a bonne presse est juste[98] ». Dans tous les cas, comme il le souligna toujours, c'est à *nous* de décider si notre monde deviendra plus heureux qu'il ne le serait autrement.

Il revint sur ces réflexions dans son autobiographie, dont le dernier volume fut l'une de ses ultimes publications, quelques mois avant sa mort survenue en février 1970. Il acheva le volume en résumant son expérience de près d'un siècle :

> J'ai pu supposer plus courte qu'elle ne s'avère la route menant à un monde d'humains libres et heureux, mais je n'ai pas eu tort de penser qu'un tel monde est possible et que l'espoir de hâter

son avènement moral rend la vie digne d'être vécue. J'ai vécu à la poursuite d'une vision, à la fois personnelle et collective. Personnelle : aimer ce qui est noble, ce qui est beau, ce qui est exempt de violence ; permettre aux moments de réflexion de répandre la sagesse dans les temps où l'on se trouve en compagnie d'autres êtres. Collective : se représenter par l'imagination la société qui doit être créée, où les individus croissent librement et dans laquelle la cupidité et l'envie meurent parce qu'elles ne trouvent plus d'aliment. En ces choses je garde ma foi, et toutes les horreurs de ce monde ne l'ébranleront pas[99].

12.

L'endroit pour être heureux

1933 jusqu'à maintenant

Organisations, manifestes et campagnes humanistes – Born of Mary – tribunaux, parlements et écoles – Relax ! – « assez de gloire » – ennemis – architecture et plan urbain – Vassili Grossman – machines et curiosité – le posthumain et le transhumain – Arthur C. Clarke et le Maître Esprit – la barque humaniste – quand, où et comment être heureux.

La quête de ce que Russell appelait « un monde d'êtres humains libres et heureux » fut propre, au vingtième siècle, puis au vingt et unième, aux groupes d'individus qui se réunissent sous le nom d'humanistes. Certains de ces groupes se développèrent tout d'abord à partir de sociétés séculières, rationalistes ou éthiques du siècle précédent. Certaines étaient fermement athées ; d'autres étaient liées à des organisations presque religieuses comme les unitariens. Certaines cherchaient principalement à promouvoir des idées scientifiques ou rationalistes ; d'autres mettaient l'accent sur la vie morale. Certaines étaient liées au socialisme radical ; d'autres encore évitaient toute affiliation politique.

Durant la crise des années 1930, il vint à l'esprit de quelques personnes en Amérique, des unitariens surtout, qu'il serait utile d'entrer en contact avec d'autres groupes via la rédaction d'une « sorte de bombe humaniste ». Cette bombe devint en 1933 le premier Manifeste humaniste au monde. Il présentait l'humanisme comme une « religion », en partie parce que telle était l'approche unitarienne, et en partie parce que c'était une manière pratique de désigner un mouvement qui ne s'inscrivait dans aucune catégorie claire. Les humanistes ne voulurent pas tous s'y impliquer ; dans certains cas parce qu'ils rechignaient à l'idée de souscrire à quelque dogme que ce fût. L'une des personnes invitées à signer, Harold Buschman, répondit en mettant en garde : « Il y aura des "hérésies" et des malentendus, au lieu d'un recoupement libre d'expériences. » Un autre, F. C. S. Schiller, observa avec ironie : « Je remarque que votre manifeste contient quinze articles, soit cinquante pour cent de plus que les Dix Commandements[1]. »

Trente-quatre signataires apposèrent leur nom au bas du manifeste. Ils approuvaient ainsi une déclaration témoignant d'une préoccupation pour les libertés civiles et pour la justice sociale, et d'une préférence pour la raison en tant que meilleur moyen de gouverner les affaires publiques. Bien que le manifeste qualifiât l'humanisme de religion, il précisait que les humanistes voyaient l'univers comme « existant par lui-même et sans avoir été créé », et qu'ils n'escomptaient aucune « garantie surnaturelle ou cosmique des valeurs humaines ». Un humaniste peut éprouver des « émotions religieuses », mais celles-ci prennent principalement la forme d'un « sens accru de la vie personnelle et [d'une foi] en un effort coopératif pour promouvoir le bien-être social ». Un humaniste, convenaient-ils, est une personne dont le champ d'intérêt « comprend le travail, l'art, la science, la philosophie, l'amour, l'amitié, les loisirs – tout ce qui exprime dans sa mesure une vie humaine intelligemment satisfaisante[2] ». En résumé, un humaniste valorise la « joie de vivre » et c'est quelqu'un à qui (pour citer Térence) « rien de ce qui est humain n'est étranger ».

Cette déclaration suscita de vives réactions de la part de ceux qui se faisaient une idée quelque peu différente de la religion. *The Bristol Press*, dans le Connecticut, rapporta l'anecdote d'un étudiant disant à un autre : « Thomas, tu dis encore une fois qu'il n'y a pas de Dieu, et je t'envoie au diable à coups de poing. » Le journal ajoutait : « Un tel remède est le seul argument que ces professeurs soient capables de comprendre et, à notre humble avis, ils en guériraient[3]. » En cette fatidique année 1933, c'était bien là la moindre des menaces auxquelles seraient confrontés les humanistes, les « professeurs », et tous les autres.

Dans les années de l'après-guerre, des organisations humanistes virent le jour et d'autres, plus anciennes, furent relancées dans de nombreuses régions du monde[4]. On comptait parmi elles plusieurs groupes notables en Inde, où la vieille tradition de libre-pensée remonte à l'école Cārvāka. Le plus flamboyant des activistes indiens était Manabendra Nath Roy, le fondateur du Mouvement humaniste radical indien[5]. Durant les premières années du siècle, il avait été marxiste et avait vécu au Mexique, où il avait participé à la fondation du parti communiste du pays. Il avait ensuite passé huit ans en Union soviétique, où il prépara une fois (comme il le rappela dans ses Mémoires) une excellente soupe pour Staline. Il fut bientôt déçu par le communisme, en particulier sous sa forme stalinienne, en raison de son manque de respect pour la vie individuelle et pour la liberté personnelle. Roy retourna en Inde et s'engagea dans la lutte pour l'indépendance, ce qui lui valut six ans de prison[6]. (Comme le fit remarquer Bertrand Russell, les Britanniques à cette époque partageaient avec les fascistes la croyance selon laquelle on ne peut « gouverner qu'en mettant les meilleurs éléments en prison[7] ».) Il connaissait Mohandas K. Gandhi, mais n'était pas complètement d'accord avec son approche ; il forma donc un parti démocratique radical dissident. Ils différaient autant par leur tempérament que par leurs principes politiques : Gandhi était connu pour son mode de vie austère, tandis que Roy préférait l'exubérance de Robert Ingersoll. Pour lui, le mode de vie humaniste signifiait goûter au maximum aux plaisirs de cette planète : outre la soupe, il aimait la bonne nourriture en général, ainsi que le bon vin, les voyages, la convivialité, la liberté, l'amitié et la « joie de vivre ». Pour promouvoir ces excellentes choses, et son engagement politique en faveur de l'internationalisme et d'une vie éthique, il lança un « Nouvel Humanisme » – à ne surtout pas confondre avec le Nouvel Humanisme élitiste d'Irving Babbitt et de ses comparses. Le manifeste de Roy mettait en avant la phrase de Protagoras : « L'homme doit redevenir la mesure de toutes choses[8]. »

D'autres humanistes indiens étaient à l'avant-garde d'un nouveau projet, après la guerre : ils tentaient d'établir un organisme commun qui soutienne et coordonne les nombreux groupes à travers le monde. Un homme aux Pays-Bas joua un rôle clé : Jaap van Praag, cofondateur en 1946 de la Ligue humaniste hollandaise. Il était juif et il avait survécu à la guerre en se cachant pendant toute l'occupation nazie. Pour lui, la promotion des valeurs humanistes était un moyen d'éviter que de telles choses ne se reproduisent. Avec d'autres, il organisa un congrès à Amsterdam, en 1952, qui rassembla plus de deux cents délégués de toutes les obédiences, réunis là dans le but de fonder une institution durable et, naturellement, de rédiger un nouveau manifeste.

Comme toujours lorsque des êtres humains se réunissent avec un objectif important en tête, le congrès se mit immédiatement à débattre vigoureusement d'idéologie et du choix des termes. Selon un récit amusant de Hans van Deukeren[9], les disputes commencèrent au sujet du nom qu'ils voulaient se donner. Certains délégués souhaitaient en faire une Société éthique internationale ; pour eux, « éthique » était un terme général et courant pour de tels groupes, alors qu'« humaniste » rappelait la religion de l'humanité d'Auguste Comte. D'autres étaient favorables à « humaniste » : ils pensaient qu'« éthique » était trop fade. Il ne fallut pas moins de quatorze heures de débats pour que quelqu'un propose « Union internationale humaniste *et* éthique ». Le nom fut retenu – IHEU en abrégé – jusqu'à son récent remplacement par Humanists International. L'organisation continue de prospérer, malgré d'autres conflits idéologiques, et fédère les humanistes du monde entier à l'échelle nationale ainsi que leurs divers défis et leurs combats.

Quant au manifeste de 1952, connu sous le nom de Déclaration d'Amsterdam, il eut un succès durable, mais il fit l'objet de plusieurs mises à jour afin d'ajouter de nouvelles idées ou d'ajuster l'importance des plus anciennes. La dernière version, publiée par Humanists International en 2022[10], suit à bien des égards l'original de 1952 en mettant surtout l'accent sur la dimension éthique, centrale dans l'humanisme. Les deux versions soulignent l'importance de l'épanouissement et du développement personnels, ainsi que des responsabilités et des liens sociaux. Elles soutiennent toutes deux la recherche scientifique libre et éclairée par les valeurs humaines, comme notre meilleure chance de trouver des solutions à nos problèmes. Les humanistes, dit la nouvelle version, dans la ligne de l'ancienne, « s'efforcent d'être rationnels », mais l'activité artistique et la « vie créative et éthique » ne sont pas moins importantes. Les deux documents nous rappellent sur quelles longues traditions s'appuie l'humanisme moderne. Ils expriment tous deux un optimisme prudent pour l'avenir. Dans la Déclaration de 2022, cet optimisme est résumé par les mots suivants : « Nous sommes convaincus que l'humanité a le potentiel de résoudre les problèmes auxquels elle est confrontée, grâce au libre examen, à la science, à la sympathie et à l'imagination, dans le but de promouvoir la paix et l'épanouissement de l'humanité. »

La version de 2022 va plus loin, en incluant de nouveaux éléments qui manquaient en 1952. Elle insiste davantage sur le large *éventail* de traditions humanistes qui nourrissent l'humanisme moderne : « Les croyances et les valeurs humanistes sont aussi anciennes que la civilisation et ont une histoire dans la plupart des sociétés du monde. » Les humanistes, est-il dit, espèrent « l'épanouissement et la camaraderie de l'humanité dans toute sa diversité et son individualité ». Ainsi : « Nous rejetons toutes les formes de racisme et de préjugés ainsi que les injustices qui en découlent. » La Déclaration de 2022 suit la Déclaration originale en promouvant les effets bénéfiques des arts, de la littérature et de la musique sur la vie, mais elle mentionne également « la camaraderie et la réussite » que l'on peut trouver dans les activités physiques. Elle montre une plus grande reconnaissance du lien et des devoirs de l'humanité envers le reste de la vie sur Terre – soit « tous les êtres sensibles », ainsi que les futures générations d'êtres humains. On relève enfin une touche nouvelle de modestie dans la dernière section : « Les humanistes reconnaissent que personne n'est infaillible ou omniscient et que la connaissance du monde et de l'humanité ne peut s'acquérir que par un processus continu d'observation, d'apprentissage et de repensation. Pour ces raisons, nous ne cherchons ni à éviter un examen minutieux, ni à imposer notre point de vue à l'humanité tout entière. Au contraire, nous nous engageons en faveur d'une expression et d'un échange sans entraves d'idées et cherchons à coopérer avec des personnes de croyances différentes qui partagent nos valeurs, le tout dans le but de construire un monde meilleur. » (Pour lire le manifeste de 2022 dans sa totalité, voir l'Appendice, p. 431.)

Ce manifeste évolutif reflète les changements dans la manière qu'ont les humanistes de se percevoir eux-mêmes, ainsi que ceux à l'œuvre dans le monde : il propose plus de finesse et de respect face aux différences ; il est dépourvu de tout triomphalisme quand il parle de l'humanité. L'ajout de ces nouveaux degrés de complexité a rendu le texte plus long. Mais j'aime ce nouveau ton ; j'aime sa modestie et son caractère inclusif, en plus des anciens éléments. Comme les versions antérieures, le manifeste de 2022 continue d'enraciner solidement l'humanisme dans le domaine de l'éthique, des valeurs, et du devoir d'attention que nous avons les uns envers les autres, et envers les autres êtres vivants. Toutes les versions mettent l'accent sur ce point, plus que sur les questions de croyance, d'irréligion ou même de raison – si importantes soient-elles. Elles se concentrent moins sur le doute religieux que sur les questions humaines plus larges de l'épanouissement, de la liberté, de la créativité et de la responsabilité. Elles précisent que l'humanisme ne consiste pas principalement à chercher des noises aux croyants – une activité qui peut être aliénante pour beaucoup et qui, disons-le, n'est pas la façon la plus joyeuse d'employer son temps sur Terre. (S'en prendre à ceux qui détiennent l'autorité et qui insistent pour imposer leur foi à d'autres, en revanche, me semble être une excellente façon de passer son temps.) Il s'agit d'un manifeste en faveur de quelque chose de plus profond : un ensemble de valeurs humaines joyeuses et positives.

C'est également le cas d'un manifeste publié en 2003 par l'American Humanist Association (fondée en 1941, et qui a adopté l'acronyme AHA). Il y est question de vivre « bien et pleinement » sa vie, en étant guidé par la compassion comme par la raison :

> Nous avons pour objectif notre développement le plus complet possible et animons nos vies avec un sens profond du but à atteindre en nous émerveillant des joies et des beautés de l'existence humaine, de ses défis et de ses tragédies, et même de l'inévitabilité et de la finalité de la mort[11].

Dans leurs efforts pour devenir plus positives et plus accessibles, les organisations humanistes cherchèrent également à établir de meilleures relations avec des communautés plus larges – y compris celles qui pourraient ressentir une grande méfiance ou antipathie envers l'humanisme. Les institutions et les croyances religieuses peuvent constituer des éléments centraux de la vie de ces communautés, et elles apportent souvent un sentiment d'identité sociale et de sens commun. Si les humanistes sont principalement perçus comme antireligieux, on pourrait penser qu'ils s'opposent au bien-fondé non seulement de telles croyances spécifiques, mais aussi du principe de sens et d'identité. L'humaniste noire américaine Debbie Goddard décrivit la réaction de son entourage, lorsque, encore étudiante, elle se déclara ouvertement athée : « Mes amis noirs les plus proches m'ont dit que l'humanisme et l'athéisme étaient des idéologies eurocentriques néfastes, et ils ont laissé entendre que si j'étais athée, je tournais le dos à ma race. » L'athéisme était alors perçu comme une menace pour « l'identité noire et l'histoire noire[12] ». Goddard décida d'œuvrer avec deux objectifs : « faire entrer plus d'humanisme dans la communauté noire et plus de personnes de couleur dans la communauté humaniste[13] ».

Les organisations humanistes modernes – telles que African Americans for Humanism, dont Debbie Goddard est aujourd'hui directrice – essayèrent entre autres de souligner à quel point les perspectives noires et alternatives renforcent, informent et enrichissent le monde humaniste, quand elles ne sont pas traitées comme quelque chose de distinct, d'accessoire ou de gênant. En retour, comme l'indique une déclaration de l'AAH de 2001, les humanistes peuvent travailler plus spécifiquement à promouvoir l'*eupraxophie* – soit « la sagesse et la bonne conduite dans la vie » – au sein de la communauté noire américaine[14]. L'AAH n'est pas la seule organisation basée aux États-Unis pour les humanistes de couleur ; il y a aussi, entre autres, la Black Humanist Alliance et la Latinx Humanist Alliance, toutes deux affiliées à l'American Humanist Association. Au Royaume-Uni, l'Association of Black Humanists est similairement affiliée à Humanists UK[15].

Les organisations d'humanistes LGBTQ+ font également partie de groupes humanistes plus larges. La version britannique, LGBT Humanists, doit sa fondation à une affaire extraordinaire survenue en 1977, lorsque des fondamentalistes chrétiens ressuscitèrent d'anciennes lois sur le blasphème afin de poursuivre en justice le journal *Gay News*, après qu'il eut publié un poème de James Kirkup, « L'amour qui ose dire son nom ».

Ce poème dut certainement choquer certains chrétiens. Il dépeignait un centurion romain embrassant et caressant le corps crucifié de Jésus d'une manière à la fois sensuelle et tendre[16].

Il attira l'œil de lynx de Mary Whitehouse, une militante conservatrice toujours à l'affût de nouvelles batailles à mener – elle avait notamment essayé, sans succès, d'obtenir de la BBC qu'elle interdise la chanson de Chuck Berry « My Ding-a-Ling ». En découvrant le poème de Kirkup (sans doute alors qu'elle feuilletait innocemment son exemplaire de *Gay News*), Whitehouse se mit au travail : elle organisa des poursuites pénales pour blasphème, non pas contre le poète, mais contre le journal et son rédacteur en chef, Denis Lemon.

Le procès, qui s'ouvrit à l'Old Bailey le 4 juillet, suscita beaucoup d'intérêt, pas autant peut-être que celui de *L'Amant de lady Chatterley*, en 1960, mais pas beaucoup moins. Il s'agissait du premier procès pour blasphème au Royaume-Uni depuis cinquante-six ans. Le précédent avait été intenté en 1921 contre le vendeur de pantalons et libre-penseur de Bradford John W. Gott, après qu'il eut publié un livre intitulé *God and Gott* ; malgré sa santé fragile, il fut condamné à neuf mois de travaux forcés[17]. Depuis, la loi n'avait plus servi, mais officiellement elle était toujours en vigueur.

Lemon et *Gay News* furent défendus respectivement par deux avocats libéraux de renom, John Mortimer et Geoffrey Robertson. L'accusation était dirigée par John Smyth, qui présenta en ouverture un compte rendu dramatique de l'offense causée par le poème à ceux qui avaient des convictions chrétiennes. Après cette affaire, il n'apparaîtrait plus que rarement dans les médias, jusqu'au jour de 2017 où il fut obligé de quitter le pays après des accusations de maltraitance sur des garçons participant à un camp d'été chrétien[18].

Un facteur évident à prendre en compte dans le procès semblait être celui de la valeur littéraire. Kirkup était membre de la Royal Society of Literature et professeur d'université, son pedigree semblait donc bon. De plus, plusieurs écrivains reconnus proposèrent de témoigner de la qualité du poème. (Le poète lui-même évita de s'impliquer dans l'affaire ; il déclarerait plus tard désapprouver toute politisation de l'art[19].) Mais aucun témoignage d'écrivain ne fut entendu, car le juge, Alan King-Hamilton, estima que ce n'était pas pertinent. La synthèse qu'il fit au jury à la fin du procès comprenait des remarques telles que : « Il y a des gens qui pensent que la permissivité est allée assez loin. D'autres pensent peut-être qu'il ne devrait y avoir aucune limite à ce qui peut être publié. S'ils ont raison, on peut se demander quelle sera la prochaine calomnie blasphématoire à apparaître[20]. » Il se rappellera plus tard s'être senti « à moitié conscient d'être guidé par une inspiration surhumaine », pendant qu'il prononçait cette synthèse[21]. Le 11 juillet, le jury rendit un verdict de culpabilité par dix voix contre deux. Les deux accusés furent condamnés à une amende et Lemon à une peine de neuf mois avec sursis. Comme l'écrivit John Mortimer par la suite, cela signifiait que faire rougir les anglicans constituait un délit pénal[22]. Il ne s'agissait que des anglicans, en effet, les autres religions n'étaient pas protégées par les lois britanniques sur le blasphème – comme l'apprit le Front d'action musulman britannique en 1988, lorsqu'il tenta de les utiliser contre l'éditeur des *Versets sataniques* de Salman Rushdie.

Entre-temps, grâce à toute la publicité et à un excellent documentaire de la BBC sur le procès[23], le principal effet de l'affaire *Gay News* fut de redorer l'image des droits des LGBTQ+ et de la cause humaniste. Mary Whitehouse avait fulminé contre un « lobby gay humaniste », mais rien de tel n'existait officiellement. Les humanistes gays décidèrent donc d'en créer un. Ainsi naquit en 1979 le Gay Humanist Group, devenu par la suite LGBT Humanists[24]. En l'honneur de son origine, il adopta la devise « Born of Mary[25] » [« Né de Marie »].

Se battre contre les lois sur le blasphème continua d'être une partie cruciale de l'action des organisations humanistes. Dans certains endroits, le combat semble avoir été gagné, ou presque : au Royaume-Uni, le blasphème a cessé de constituer un crime en Angleterre et au Pays de Galles en 2008, et en Écosse en

2021, bien qu'à l'heure où j'écris ces lignes il reste illégal en Irlande du Nord. Aux États-Unis, grâce à la protection de la liberté d'expression et de croyance due au premier amendement, une telle loi n'a jamais existé au niveau national, mais seulement dans certains États[26]. La dernière condamnation remonte à près d'un siècle : à Little Rock, dans l'Arkansas, en 1928, Charles Lee Smith fut condamné à une peine de prison pour avoir affiché un panneau qui disait : « L'évolution est vraie. La Bible est un mensonge. Dieu est un fantôme. » Lors du premier de ses deux procès, il ne put même pas témoigner pour sa propre défense car, en tant qu'athée notoire, il ne fut pas autorisé à jurer sur la Bible de dire toute la vérité.

Un certain nombre d'autres pays ont des lois sur le blasphème (parfois héritées des lois coloniales britanniques) et sept d'entre eux aujourd'hui vont plus loin en condamnant à mort. Une campagne internationale intitulée « *End Blasphemy Laws Now* » a été lancée en 2015, et aux États-Unis le Center for Inquiry a créé un programme dit « Secours laïc ». À ceux qui veulent quitter des religions et des régimes hautement contrôlés, il offre une aide, notamment en ce qui concerne les demandes d'asile, l'immigration, les besoins juridiques et les bourses d'études. Cela a été décrit comme un « chemin de fer clandestin pour sauver les athées[27] ». Pendant la période où j'ai écrit ce livre, les humanistes américains ont également dû faire face à de nouveaux défis aux États-Unis, notamment en raison de la remise en cause – largement ancrée dans des opinions religieuses conservatrices – du droit à l'avortement, droit qui avait pourtant semblé fermement établi.

Tout cela se situe à l'extrémité du spectre activiste, mais les organisations humanistes s'emploient également à obtenir des résultats plus modestes dans leurs différents pays : un traitement des thèmes religieux plus inclusif et plus ouvert à l'humanisme dans les écoles ; une reconnaissance égale des cérémonies de mariage et de funérailles humanistes ; un accès à la mort assistée dans la dignité pour les malades en phase terminale, etc.[28].

En Grande-Bretagne, Humanists UK a quelques batailles à mener en particulier, notamment contre les étranges privilèges encore accordés aux anglicans dans le système politique[29] – ce qui n'est peut-être pas surprenant dans un pays qui désigne selon une tradition très ancienne son monarque comme « défenseur de la foi ». La Chambre des lords comprend des sièges pour vingt-six évêques de l'Église anglicane, ce qui signifie que, parmi une poignée d'autres privilèges théocratiques, le Royaume-Uni réserve automatiquement aux ecclésiastiques un droit de regard sur le gouvernement. Là comme à la Chambre des communes, chaque journée commence par des prières, généralement dirigées par un évêque de haut rang (chez les Lords) et par un aumônier spécialement nommé pour cela (à la Chambre des communes). On y assiste de son plein gré, mais les membres qui veulent être sûrs d'avoir une place assise les jours de grande affluence ont intérêt à en réserver une pour la séance de prières ; autrement, ils risquent de devoir rester debout[30].

Au moins, les députés n'ont plus à prêter un serment spécifiquement religieux lors de leur entrée en fonction. La possibilité de le faire de façon laïque leur fut assurée en 1888 par Charles Bradlaugh, député et fondateur de la Société nationale séculière. Élu en 1880, il refusa d'emblée de prêter le serment habituel et ne fut pas autorisé à occuper son siège[31]. La théorie, comme toujours, voulait que l'on ne puisse pas faire confiance aux non-croyants pour parler honnêtement en politique ni pour faire ce qu'il fallait pour le pays, de même qu'on ne pouvait pas leur faire confiance pour dire la vérité au tribunal.

Il en résultait paradoxalement que ceux qui n'avaient pas de croyances acceptables ne pouvaient prouver leur fiabilité qu'en mentant. Ce fut ce que Bradlaugh proposa de faire : prêter malgré tout le serment religieux. Mais on lui dit alors qu'il ne pouvait plus le faire, puisqu'il avait admis ne pas y croire. Chaque fois qu'il essaya d'entrer au Parlement, il fut éconduit. Il lui arriva même d'être incarcéré pendant une nuit dans une cellule située sous Big Ben et, une autre fois, d'être expulsé de force du bâtiment par la sécurité – chose peu commode, car Bradlaugh était (comme Robert Ingersoll) d'une carrure redoutable. Son ami George William Foote décrivit ainsi son apparition dans la rue après son expulsion : « Il se tenait là, une grande masse d'humanité vaillante et haletante, aux traits aussi rigides que le granit, les yeux fixés sur l'embrasure de la porte devant lui. Je ne l'ai jamais autant admiré qu'à ce moment-là. Il était superbe, sublime. » Le siège de Bradlaugh étant officiellement considéré comme vacant, il fit l'objet d'élections partielles, mais Bradlaugh continua à se présenter et à gagner à nouveau. Enfin, en 1886, il fut autorisé à l'occuper en prêtant le serment religieux habituel – mais peu après son entrée au Parlement, il proposa un projet de loi visant à faire reconnaître le serment non religieux. Le projet fut adopté et devint une loi.

Aux États-Unis aussi, la religion est imbriquée dans la vie politique, mais d'une autre manière. Contrairement au Royaume-Uni, le pays est officiellement laïque, mais une forte présomption règne, qui veut que jamais un candidat (ouverte-

ment) irréligieux ne pourra occuper de hautes fonctions. Les fondements politiques plus anciens du pays étaient assez différents : ils reposaient sur le principe de la séparation de l'Église et de l'État, et furent conçus par des personnes souvent d'obédience sceptique, déiste ou pluraliste. Thomas Jefferson, par exemple, avant de créer sa Bible désamphibologisée, écrivait dans ses *Notes sur l'État de Virginie* : « Cela ne me porte aucunement tort que mon voisin soutienne qu'il y a vingt dieux ou bien aucun. Cela ne me vide pas les poches ni ne me brise la jambe[32]. » Certains des éléments religieux les plus visibles dans l'espace public américain ne s'imposèrent qu'au cours des années 1950. L'expression « sous l'autorité de Dieu » fut ajoutée au serment d'allégeance en 1954[33]. « *In God We Trust* » (« Nous croyons en Dieu »), utilisée auparavant sur les pièces de monnaie et ici et là, apparut sur le papier monnaie en 1957, à la suite d'une loi votée en 1956. Ce fut également en 1956 qu'elle remplaça *E pluribus unum* en tant que devise du Congrès[34].

Même pendant ces pieuses années d'après-guerre, selon les principes laïques des États-Unis, les enfants ne devaient en théorie jamais être obligés de suivre des cours de religion. Dans la pratique, cette règle était souvent ignorée. Une militante discrètement déterminée, Vashti McCollum, intenta un procès en 1948 contre l'école de son fils, laquelle rendait concrètement impossible qu'il pût éviter de tels cours. Après plusieurs échecs, elle gagna devant la Cour suprême. Sur le chemin de la victoire, elle et sa famille subirent de nombreuses violences. Les gens jetaient des ordures devant leur porte, y compris des choux, avec les racines et de la boue. Sur les vitres de leur maison et de leur voiture, on avait gribouillé « *ATHIST* » [*sic*, pour *atheist*]. Des lettres arrivaient, qui contenaient des phrases comme « Puisse ton âme putride rôtir en enfer ». Lorsque McCollum montra ces lettres à une femme qui frappait à sa porte dans l'espoir de la persuader de se repentir, la femme répondit qu'aucun chrétien n'aurait pu écrire des choses pareilles. McCollum rétorqua : « En tout cas, il est certain que ce n'est pas un athée qui les a écrites[35]. »

Au Royaume-Uni, un tollé similaire eut lieu en 1955 lorsque la psychologue de l'éducation Margaret Knight présenta deux émissions radiophoniques à la BBC destinées aux parents qui souhaitaient enseigner à leurs enfants des principes moraux sans orientation chrétienne. Elle dut faire face à une opposition au sein de la BBC, et les médias s'empressèrent de la condamner. Le *Sunday Graphic* publia sa photographie avec pour légende : « Ne dirait-on pas la femme au foyer typique : détendue, à l'aise, inoffensive ? Mrs Margaret Knight est pourtant une menace. » Dans ses Mémoires, elle rappela comment, dans sa jeunesse, elle avait tenté d'étouffer ses doutes religieux, jusqu'à ce qu'elle lise Bertrand Russell et qu'elle réalise qu'il était *possible* de dire et de ressentir de telles choses. Tout ce qu'elle avait voulu, écrivait-elle, c'était de faire en sorte que les parents et les enfants puissent prendre conscience du fait qu'on pouvait parler ouvertement des questions de foi et de doute[36].

Cette sensibilisation fait toujours partie de l'action des groupes humanistes d'aujourd'hui. Même si l'on vit dans une société où les opinions non religieuses sont largement répandues, il peut être difficile de reconnaître ses doutes sur une religion dans laquelle on a grandi. Les organisations humanistes espèrent promouvoir un esprit général d'acceptation et même de réconfort, en rappelant aux gens que s'ils remettent en question leur religion, ils ne seront pas seuls, et que vivre avec une morale purement humaniste est un choix recevable.

Telle fut la raison pour laquelle les organisations britanniques et américaines menèrent, en 2008 et en 2009, des campagnes publicitaires : elles apposèrent des affiches sur des panneaux d'affichage et sur les côtés des bus. Les messages de l'American Humanist Association disaient : « Vous ne croyez pas en Dieu ? Vous n'êtes pas seul. » Et : « Pourquoi croire en un Dieu ? Il suffit d'être bon pour l'amour du bien. » Le message britannique, lancé par Ariane Sherine, est celui que nous avons rencontré dans notre chapitre introductif : « Dieu n'existe probablement pas. Arrête donc de t'en faire et profite de la vie. » Cette idée ne plut pas à tout le monde. Outre les lettres de plainte prévisibles envoyées par des croyants, il y eut aussi des athées purs et durs qui estimèrent que l'adverbe *probablement* était une dérobade, et des agnostiques radicaux selon lesquels l'affirmation de la non-existence *probable* de Dieu était déjà trop catégorique. Cela montre qu'on ne peut pas plaire à tout le monde tout le temps – soit un bon principe humaniste en soi[37].

La priorité de ces campagnes était, comme toujours, d'apporter une note positive. Détendez-vous ! Soyez bons – Vous n'êtes pas seuls – Profitez de la vie. Les publicités n'étaient pas conçues comme des attaques, mais comme des tentatives de toucher des personnes qui étaient peut-être déjà, dans une certaine mesure et sans le savoir, des humanistes.

Les pratiques et les communautés religieuses continuent pourtant d'offrir à de nombreuses personnes la joie, la camaraderie et l'épanouissement. Pourquoi les humanistes souhaiteraient-ils leur enlever ces formes de satisfaction (hautement humanistes) ? En fait, ce n'est pas ce que souhaitent la plupart des humanistes. Ils s'efforcent simplement d'aider ceux à qui la religion a causé des problèmes ou des craintes ; ils promeuvent la prise de conscience des alternatives humanistes, et travaillent à l'amé-

lioration des lois et des structures politiques pour répondre aux besoins des non-croyants.

L'humanisme ne devrait jamais rien enlever aux richesses de la vie humaine ; il devrait en apporter *plus*. Je suis avec Zora Neale Hurston, dont nous avons rencontré dans notre chapitre d'ouverture la vision – digne de Démocrite – de l'existence matérielle. Dans le même passage, elle dit encore :

> Jamais je ne m'efforcerais, en paroles ou en gestes, de priver quelqu'un de la consolation qu'elles [les religions] procurent. Elles ne sont pas pour moi, tout simplement. Que d'autres contemplent les archanges avec ravissement. La trace dorée du matin jaillissant des profondeurs brumeuses de l'aube me paraît suffisamment glorieuse[38].

Mon propre sens de l'extase et de la gloire naît pour ma part de mes tentatives d'imaginer la grandeur et la complexité de l'univers, sur lequel nous en apprenons chaque jour un peu plus. La science nous dit des choses que je ne peux qualifier que de sublimes : nous vivons dans un univers dont on estime qu'il contiendrait cent vingt-cinq milliards de galaxies, au sein desquelles notre propre galaxie contient à elle seule une centaine de milliards d'étoiles, parmi lesquelles notre étoile brille sur notre planète et la remplit de plus de huit millions sept cent mille espèces vivantes, parmi lesquelles il en est une capable d'étudier tout cela et de s'en émerveiller. Cela *nous* rend merveilleux, nous aussi : d'une manière ou d'une autre, notre kilo trois cents grammes de substance cérébrale est capable d'assimiler et de développer un tel savoir, et de générer un mini-univers de conscience, d'émotions et de réflexivité.

Les athées peuvent trouver déroutant que, compte tenu de tout cela, tant de personnes restent attachées à l'idée de dieux plus ou moins locaux qui sembleraient se préoccuper de collectionner les hommages et de juger nos relations sexuelles. La question que posent ces athées est la suivante : pourquoi le paysage mental humain ne refléterait-il pas ce que nous avons réussi à apprendre jusqu'à présent sur l'univers, sur sa vie et sur sa beauté, comme dans un miroir, sans rien déformer ?

Mais il y a très peu de choses dans le paysage mental humain qui ressemblent de près ou de loin à un reflet dans un miroir non déformant. Julian Huxley compara l'être humain à un moulin « dans lequel le monde de la réalité brute est déversé dans toute sa crudité pour en ressortir [...] comme un monde de valeurs[39] ». Nous pouvons essayer de réfléchir de la manière la plus rationnelle et avec la plus grande portée scientifique possible ; c'est une bonne chose si nous le faisons. Mais nous vivrons toujours *aussi* dans un monde de symboles, d'émotions, de morale, de mots et de relations. Et cela signifie souvent qu'une frontière poreuse sépare les modes religieux et non religieux de relation à ce monde.

Comme l'écrivait le nouvelliste, dramaturge et médecin russe du dix-neuvième siècle Anton Tchekhov en 1889, dans une lettre à un ami, en faisant allusion à une chanson de Mikhaïl Glinka sur des vers d'Alexandre Pouchkine :

> Quelqu'un qui connaît la théorie de la circulation du sang détient une richesse ; s'il étudie en outre l'histoire des religions et la romance « J'ai

souvenir d'un moment merveilleux », il ne s'en trouve pas appauvri, mais enrichi – nous n'avons par conséquent affaire qu'à des plus[40].

Des *plus* : c'est assez pour moi.

Cela ne signifie pas que tout va bien. Un problème plus grave se pose, non pas lorsque des croyances à des phénomènes surnaturels sont affirmées, mais lorsque des valeurs humanistes plus profondes sont menacées d'une manière comparable notamment à celles que nous avons abordées dans ce livre : cruauté envers les humains et les autres êtres vivants, refus de respecter certains types de personnes, enseignement de l'intolérance, incinération ou destruction de « vanités », suppression de la liberté de penser, d'écrire et de publier. En 1968, le doyen des humanistes britanniques, Harold J. Blackham, fournit une liste utile de ce qu'il considérait comme les « ennemis » de l'époque – ennemis étant un mot que les pacifiques hésitent souvent à employer, comme il le reconnut lui-même. Il n'en est pas moins *nécessaire*, selon lui, de reconnaître ces ennemis. À savoir :

> les bigots, les sectaires, les dogmatiques, les fanatiques, les hypocrites, qu'ils soient chrétiens ou humanistes, et tous ceux, quelle que soit leur étiquette, qui cherchent à tromper, à asservir, à manipuler, à laver les cerveaux ou à priver de quelque manière que ce soit les êtres humains de leur autonomie et de leur responsabilité, tous ceux qui, en particulier, font des victimes parmi les jeunes et les inexpérimentés. « Vivre et être libre » : telle est la cause humaniste, dans les termes les plus vastes et les plus vagues, et sur le front de l'ennemi se trouvent toutes les doctrines, les institutions, les pratiques et les personnes hostiles à la vie et à la liberté[41].

Nous pourrions ajouter, concernant notre époque : toute une bande de manipulateurs autoritaires, fondamentalistes, illibéraux, répressifs, bellicistes, misogynes, racistes, homophobes, nationalistes et populistes, dont certains revendiquent une forme de dévotion à la piété religieuse traditionnelle, qu'elle soit sincère ou non. Ils affichent leur mépris de la vie actuelle tout en promettant – toujours ! – quelque chose de supérieur, de meilleur. En tant qu'ennemis de l'humanisme et du bien-être humain, ils doivent être pris au sérieux.

D'un autre côté, ils peuvent aussi nous aider à répondre à la question : « Qu'est-ce que l'humanisme ? » Nous pouvons en trouver une réponse en examinant les gouffres qui s'ouvrent à chaque fois que le mépris des individus est à l'ordre du jour. L'humanisme est tout ce qui devrait exister à la place.

On peut le constater dans certains domaines spécifiques, et non seulement dans le large spectre politique. Par exemple : qu'est-ce que l'architecture humaniste, ou bien l'urbanisme humaniste ? C'est le type de réalisation qui ne broie pas constamment la capacité à vivre une vie décente et agréable. Un urbaniste humaniste s'intéresse à l'occupation satisfaisante de l'espace ; il n'essaie pas d'impressionner avec des bâtiments d'une taille à couper le souffle ni avec un champ d'obstacles stylisés qu'il est pénible de contourner. Pour les architectes humanistes, il est préférable de commencer par la « mesure humaine ». Geoffrey Scott, auteur du célèbre essai de 1914 *L'Architecture de l'humanisme*, l'expliquait en rappelant notre tendance à parler des bâtiments en fonction de l'expérience corporelle que nous en avons, soit que nous les trouvions écrasants, vertigineux, ou bien équilibrés – descriptions qui proviennent de notre propre perception physique de l'existence dans le monde. Un architecte humaniste cherchera « des conditions physiques qui soient liées aux nôtres, des mouvements qui ressemblent à ceux que nous apprécions, des résistances qui ressemblent à celles qui peuvent nous soutenir, un cadre dans lequel nous ne devrions être ni perdus ni contrariés[42] ».

Ces objectifs motivèrent la grande avocate américaine de l'urbanisme humaniste, Jane Jacobs. Elle commença par faire campagne avec succès en 1958 contre le projet de Robert Moses d'une voie rapide construite en plein centre du Lower Manhattan, après la démolition du Washington Square Park. Elle étudia ensuite la façon concrète dont on vit et travaille dans les villes ; elle observa, par exemple, qu'il peut sembler judicieux d'aménager de grands parcs à la périphérie des villes, mais qu'on préfère se promener dans un endroit agréable sur son chemin habituel vers son travail ou vers les magasins, plutôt que d'effectuer des détours pour cela. Elle remarqua aussi qu'une rue de quartier animée, remplie de bars et fréquentée par des adolescents indisciplinés peut sembler chaotique et bruyante, mais qu'elle constitue un environnement plus sûr – et certainement plus propice aux relations humaines – qu'un espace ouvert et vide[43]. Les travaux de Jacobs en influencèrent d'autres, comme ceux de l'urbaniste danois Jan Gehl, qui passa des heures à flâner dans les rues italiennes en prenant des notes sur la façon dont les habitants traversaient une *piazza* ou s'arrêtaient pour discuter en s'appuyant contre une borne. Un journal local publia une photo de lui à l'affût, avec la légende suivante : « Il a l'air d'un "beatnik", mais il n'en est pas un. » Il appliqua ensuite ses découvertes à des projets dans le monde entier, en collaboration avec des citoyens. Dans un cas, après que les habitants du projet de cité danoise de Høje Gladsaxe eurent conçu avec lui une aire de jeux pour les enfants, les autres architectes qualifièrent le résultat d'« acte de vandalisme à l'encontre de l'architecture ». Pour Gehl, c'était toujours plus logique que de voir l'architecture vandaliser la vie des gens[44].

Ce qui s'applique à l'urbanisme s'applique à de nombreux autres domaines – la politique, bien sûr, mais aussi certains aspects de la médecine et des arts. Anton Tchekhov, dont nous avons cité quelques pages plus haut une pensée sur les « plus », adopta cette approche avant tout humaine, comme médecin et comme écrivain. Ses nouvelles, en particulier, sont humanistes par l'attention qu'elles portent aux événements (ou aux non-événements silencieux) de la vie quotidienne : moments d'amour ou de déchirement, voyages, décès, journées ennuyeuses. Son point de vue sur la religion et sur la morale était celui d'un humaniste : il n'aimait pas les dogmes et restait sceptique à l'égard des croyances à des phénomènes surnaturels. Comme l'écrivit un admirateur de Tchekhov au vingtième siècle :

> Il a dit, comme personne ne l'a fait avant lui, pas même Tolstoï, il a dit que nous sommes avant tout des êtres humains ; comprenez-vous : des êtres humains ! Il a dit que l'essentiel, c'était que les hommes sont des hommes et qu'ensuite seulement ils sont évêques, russes, boutiquiers, tatares, ouvriers. [...] Qu'a dit Tchekhov ? Que Dieu se mette au second plan, que se mettent au second plan les « grandes idées progressistes », comme on les appelle ; commençons par l'homme : soyons bons, soyons attentifs à l'égard de l'homme quel qu'il soit[45].

Ces mots sont en réalité prononcés par un personnage de fiction, dans une scène du roman *Vie et destin* de l'écrivain juif ukrainien Vassili Grossman, autre grand auteur humaniste. Comme Tchekhov, Grossman était à la fois scientifique et écrivain : il commença par une carrière d'ingénieur chimiste. Il se lança ensuite dans la fiction, souvent légère et comique, puis passa au journalisme pendant la Seconde Guerre mondiale en rédigeant notamment des reportages depuis le front de Stalingrad. Il travailla à *Vie et destin* durant les années 1950, sous le coup de son expérience de la guerre et surtout de la perte de sa mère, Iekaterina Savelievna, assassinée par les nazis. *Vie et destin* nous plonge dans ce que le vingtième siècle eut de pire à offrir : la guerre, les massacres, le froid, la faim, la trahison, les persécutions racistes à la fois dans les territoires occupés par les nazis et en Union soviétique – bref, la souffrance et la tristesse à une échelle stupéfiante. Il nous emmène sur des scènes presque impossibles à supporter, y compris dans une chambre à gaz nazie et jusqu'au moment de la mort. Grossman injecte dans le récit sa sensibilité humaniste : il place les individus au centre, et non les idées ni les idéaux.

Il était également humaniste à d'autres égards. Il n'aimait pas les institutions religieuses, qu'il considérait comme ayant tendance à entraver plutôt qu'à encourager la tendance naturelle des êtres humains à la bonté et à la fraternité. Pour Grossman, ces deux qualités étaient les seules qui comptaient vraiment. Comme le dit un autre personnage de *Vie et destin*, « elle est, cette bonté folle, ce qu'il y a d'humain en l'homme, elle est ce qui définit l'homme, elle est le point le plus haut qu'ait atteint l'esprit humain. La vie n'est pas le mal, nous dit-elle[46] ».

Dans un régime communiste, on ne risquait rien à critiquer les idéologies de tradition religieuse – mais pour les idéologies d'État, c'était une autre histoire. Grossman tomba en disgrâce pour avoir révélé les tendances antisémites au sein de l'Union soviétique, lesquelles n'étaient pas reconnues. Quand il commença *Vie et destin*, Staline était encore vivant et il y avait peu de chances pour qu'un tel livre puisse paraître. Mais Staline mourut en 1953 et son successeur, Nikita Khrouchtchev, promit un « dégel » culturel. Ainsi, au moment où Grossman acheva son roman, en 1960, il lui parut opportun de l'envoyer enfin à un éditeur. Des amis le mirent en garde contre un excès d'optimisme ; ils avaient raison. Peu après avoir envoyé son manuscrit, Grossman reçut la visite du KGB. Ils fouillèrent sa maison et emportèrent toutes les autres copies du livre, ainsi que ses brouillons et ses carnets de notes. Ils prirent aussi ses papiers carbone et ses rubans de machine à écrire, pour mieux anéantir jusqu'à la moindre empreinte tous les mots du livre. *Vie et destin* semblait avoir été effacé de la surface de la Terre.

Ce qu'ils ne savaient pas, c'était que Grossman avait pris la précaution d'en donner deux exemplaires à deux amis différents, qui les cachèrent et qui attendirent. Il écrivit d'autres livres, y compris un roman inachevé racontant le chaos émotionnel d'un homme ressortant de trente années d'emprisonnement au goulag, ainsi qu'un magnifique compte rendu de ses propres voyages et rencontres en Arménie. À ce moment-là, il souffrait d'un cancer de l'estomac. Il mourut en 1964, sans voir aucune possibilité de publier *Vie et destin* à l'horizon.

Plus de dix années passèrent. En 1975, l'un de ses amis parvint, avec de l'aide, à faire passer hors du pays, en contrebande, un microfilm du manuscrit. Le microfilm était difficile à lire, mais d'autres copies furent réalisées, et une version partielle du texte parut chez un éditeur suisse, en 1980. Cinq ans plus tard, une version plus complète fut traduite et publiée en anglais[47]. Le roman fut immédiatement salué comme un chef-d'œuvre du vingtième siècle, comparable à *Guerre et paix* de Tolstoï – ou bien à une suite de nouvelles de Tchekhov[48]. La fascination qu'il exerçait tenait en partie à sa propre histoire, celle de sa survie contre vents et marées. Comme tant d'autres œuvres de nos humanistes d'autrefois, il avait été sauvé par l'ingéniosité, la dissimulation et la duplication. Et comme le savaient Pétrarque, Boccace et les premiers imprimeurs humanistes, rien n'est plus efficace pour sauver un livre que d'en faire de nombreuses copies.

Il y a certainement beaucoup d'exemplaires de *Vie et destin* aujourd'hui. Si quelqu'un vous demande « Qu'est-ce que l'humanisme ? » et qu'une réponse plus spontanée ne vous vient pas à l'esprit, emmenez donc cette personne dans une librairie et achetez-lui en un.

À chaque fois que quelqu'un meurt, écrit Grossman dans *Vie et destin*, le monde entier qui s'est construit dans la conscience de cet individu meurt avec lui : « Les étoiles se sont éteintes dans le ciel nocturne, la Voie lactée a disparu, le Soleil s'est éteint [...] les fleurs ont perdu leurs couleurs et leurs parfums, le pain a disparu, l'eau a disparu[49]. » Ailleurs dans le livre, il écrit qu'un jour, nous pourrons concevoir une machine capable de vivre des expériences semblables à celles des humains ; mais pour cela, il faudra une machine énorme – tant l'espace de notre conscience est vaste, même au sein de l'être humain le plus « moyen », le plus « discret ».

Et, ajoute-t-il, « le fascisme a anéanti des dizaines de millions de personnes[50] ».

Saisir ces deux pensées en même temps relève de l'exploit ; c'est presque impossible, même pour les immenses capacités de notre conscience. Les esprits des machines pourront-ils acquérir un jour quelque chose de comparable à notre capacité à nourrir de telles pensées, dans toute leur gravité et toute leur profondeur ? Ou réfléchir moralement aux événements, ou égaler notre savoir-faire artistique et notre imagination ? Certains pensent que cette question nous détourne d'une question plus pressante : nous devrions nous demander ce que nos relations étroites avec les machines nous font *à nous*. Jaron Lanier, lui-même pionnier de la technologie informatique, prévient dans *You Are Not a Gadget* que nous nous laissons devenir de plus en plus algorithmiques et quantifiables, parce que cela permet aux ordinateurs de nous traiter plus facilement. L'éducation, par exemple, est moins axée sur l'épanouissement – qui ne peut pas être mesurée en unités – que sur des cases à cocher. Le sentiment décrit par John Stuart Mill d'être pleinement « vivant » et « humain » lorsqu'on atteint l'âge adulte, la douceur et la lumière d'Arnold, l'expérience « inexprimablement joyeuse » de la découverte intellectuelle chez Humboldt – tout cela se transforme en un système à cinq étoiles destiné à enregistrer la satisfaction du consommateur. Lanier déclare : « Nous avons démontré à maintes reprises la capacité inépuisable de notre espèce à abaisser nos normes pour donner une bonne image de la technologie de l'information[51]. »

Pour voir cette pensée poussée jusqu'à sa conclusion logique, nous pouvons revenir, plus d'un siècle en arrière, à nulle autre que George Eliot. Elle n'est guère connue comme autrice de science-fiction (ni comme autrice pessimiste, de fait), mais elle acheva son dernier livre, *Impressions of Theophrastus Such* (1879), sur une image de science-fiction terriblement pessimiste. Un personnage du chapitre « Les ombres de la race à venir » émet l'hypothèse que les machines du futur pourraient apprendre à se reproduire. Ce faisant, elles pourraient aussi se rendre compte qu'elles n'ont pas du tout besoin d'esprits humains autour d'elles. Elles seraient capables de devenir d'autant plus puissantes « qu'elles ne portent pas la cargaison futile d'une conscience qui crie à tout-va comme une volaille attachée la tête en bas à la selle d'un cavalier lancé à toute allure[52] ». Et c'en serait fini de nous.

Eh bien ! Ces temps-ci, pour certains, que l'humanité finisse dans une catastrophe causée par une intelligence artificielle malveillante, par un effondrement de l'environnement ou par une autre bévue fâcheuse, le monde se portera de toute façon mieux sans nous. Nous n'avons pas vraiment une bonne influence : nous détruisons le climat et les écosystèmes de la planète, nous anéantissons des espèces avec nos cultures et notre bétail, et nous réorientons toutes les ressources pour produire toujours plus d'êtres humains. Même nos satellites prolifèrent, pareils à une éruption dans le ciel nocturne. Notre impact est si grand que les géologues débattent de la possibilité de désigner officiellement notre époque comme l'anthropocène, soit une période qui pourrait être identifiable dans les sédiments, en partie, par sa couche d'os de poulets domestiqués[53]. Voilà qui place la volaille criarde de la conscience sous un jour nouveau. Car si nous humanisons tout, nous finirons par épuiser la base de notre propre existence et tout sera de nouveau déshumanisé.

Devant cette situation, certains êtres humains cherchent une consolation paradoxale en embrassant d'eux-mêmes cette perspective. Les « posthumanistes », comme on les appelle parfois, attendent avec impatience le moment où la vie humaine sera radicalement réduite, voire totalement annihilée. Certains proposent de provoquer délibérément cette autodestruction. Tel est le message du Voluntary Human Extinction Movement (VHEMT), fondé en 1991 par l'écologiste et professeur Les U. Knight. Moitié sérieux, moitié œuvre d'art surréaliste, le mouvement préconise de rendre service à la Terre en renonçant à la reproduction, et en attendant notre lente et douce disparition[54].

Le posthumanisme a un air de modestie bienveillante, mais c'est aussi une forme d'antihumanisme. Au cœur de cette attitude, il y a, je crois, un reste suranné de l'idée de péché. On se prend à imaginer la Terre retournée à un état édénique, où l'humanité n'aurait pas seulement été expulsée du Jardin, mais aurait en fait été dé-créée[55]. Ce n'est pas si éloigné de l'idée de quelques chrétiens extrémistes selon laquelle nous devrions accepter (ou même accélérer) la crise environnementale sur Terre, parce qu'elle mènera d'autant plus vite au Jugement dernier[56]. Dans un sondage de 2016, onze pour cent des Américains approuvaient l'affirmation selon laquelle, la fin des temps étant de toute façon imminente, nous ne devions plus nous préoccuper du défi climatique. Plus surprenant encore, deux pour cent des personnes se déclarant « agnostiques ou athées » étaient aussi d'accord avec cela[57].

D'autres souhaitent ardemment une réalisation d'un autre ordre. Les « transhumanistes », contrairement aux posthumanistes, attendent avec impatience des technologies qui, dans un premier temps, prolongeront considérablement la durée de vie et, plus tard, permettront à nos esprits d'être téléchargés dans d'autres systèmes de données, de façon à pouvoir être débarrassés de la nécessité de l'incarnation humaine. Certains parlent d'un moment de « singularité », lorsque le rythme de développement se sera accéléré au point que nos machines et nous-mêmes pourrons fusionner. À l'étape suivante, comme l'écrit Ray Kurzweil dans *The Singularity is Near*, « une intelligence humaine très étendue (principalement non biologique) se répand dans l'univers[58] ».

Le posthumanisme et le transhumanisme sont opposés : l'un élimine la conscience humaine, tandis que l'autre la diffuse partout, dans tout. Mais ce sont des opposés qui se rejoignent aux extrêmes. Ils s'accordent sur le fait que notre humanité actuelle est quelque chose de transitoire ou d'erroné – quelque chose qu'il faut laisser derrière nous. Au lieu de nous accepter tels que nous sommes, le posthumanisme comme le transhumanisme imaginent qu'une altération spectaculaire nous attend : soit nous deviendrons plus humbles et plus vertueux dans un nouvel Éden, soit nous disparaîtrons, soit nous serons augmentés dans des proportions ressemblant à celles des dieux.

Je suis une humaniste ; je ne peux envisager avec bonheur aucune de ces alternatives. En tant qu'amatrice de science-fiction, j'ai quand même eu un faible pour le transhumanisme. Il y a des années de cela, j'ai été époustouflée par un classique de la science-fiction : le roman d'Arthur C. Clarke, *Les Enfants d'Icare*, publié en 1953.

L'histoire commence, comme souvent dans ce genre littéraire, par l'arrivée d'extraterrestres sur la Terre. Ils nous submergent immédiatement de cadeaux, dont de nombreuses heures de divertissement. « Savez-vous que *chaque jour*, quelque cinq cents heures de radio et de télévision sont déversées sur les différentes chaînes ? » demande l'un des personnages du livre, exprimant par là l'idée que 1953 se fait de l'abondance. Mais la générosité des extraterrestres est assortie de conditions : les humains doivent rester sur Terre et renoncer à explorer l'Espace[59].

Quelques personnes résistent à la cage dorée : elles refusent de regarder les divertissements et affichent une fierté pleine de provocation pour les réalisations humaines. Au fil du temps, cette minorité vieillissante est oubliée et une nouvelle génération émerge, dotée de nouveaux dons mentaux, y compris la capacité d'accès (encore embryonnaire) au « Maître Esprit » [*Overmind*], une mystérieuse conscience partagée dans l'univers, qui a dépassé la « tyrannie de la matière[60] ».

Cette génération cède à son tour la place à la suivante, et ces êtres-là n'ont plus grand-chose d'humain. Ils n'ont besoin d'aucune nourriture, ils n'ont pas de langage, ils se contentent de danser pendant des années, dans les forêts et les prairies. À la fin, ils s'arrêtent et restent immobiles un long moment. Puis ils se dissolvent lentement vers le haut, dans le Maître Esprit. La planète elle-même devient translucide comme du verre et disparaît en scintillant. L'humanité et la Terre ne sont plus, ou plutôt, elles ont été transfigurées et ont fusionné dans un monde supérieur.

Une telle fin pour l'humanité n'est ni optimiste ni pessimiste, écrit Clarke, elle est simplement finale[61]. Il en va de même pour son roman, d'une certaine manière. Il pousse la fiction à ses limites. D'autres auteurs de science-fiction avaient déjà imaginé un avenir dans lequel l'humanité mourait, notamment Olaf Stapledon dans son ouvrage de 1930, *Les Derniers et les Premiers*. Clarke va plus loin, dans une sphère où il ne peut plus y avoir d'histoires du tout. Les espèces ont disparu ; même la matière a disparu, du moins de la Terre. Il va là où Dante est allé dans son Paradis – Dante qui se plaignait dans le premier chant de son œuvre que cela outrepassait nécessairement les pouvoirs de n'importe quel écrivain. Écrire sur le Paradis, c'est « outrepasser l'humain » – *transumanar* – et, dit Dante, c'est aussi aller au-delà de ce que le langage lui-même peut accomplir[62].

Lorsque j'ai lu *Les Enfants d'Icare* pour la première fois, j'ai adoré la fin. Aujourd'hui, je ressens beaucoup plus la mélancolie de sa vision. Elle me laisse en deuil des individus imparfaits et reconnaissables que nous sommes, et des éléments de notre planète et de nos nombreuses cultures, tous perdus au profit d'une fadeur universelle. Toutes les particularités ont disparu : les atomes de Démocrite, le voisin fouineur de Térence, le manque de patience de Pétrarque et les histoires paillardes de Boccace, les navires du lac de Nemi et les plongeurs génois aux allures de poissons, Alde Manuce et son exubérance (« Alde est ici ! »), les étudiants qui descendent les fleuves, la recette de l'anguille grillée *à l'orange** de Platine, les flatulences polies d'Érasme, l'*Encyclopédie* (ses soixante et onze mille huit cent dix-huit articles), les parties de backgammon et de whist de Hume, les pantalons confortables de Dorothy L. Sayers, le visage magnifiquement photographié de Frederick Douglass et son éloquence, la langue Kawi, sacerdotale et poétique, les ascidies, les culottes bouffantes, la plaque en espéranto au bord de la rivière tant aimée par Pétrarque, les bonnes soupes de M. N. Roy, l'héraldique ridicule, les cours de Rabindranath Tagore sous les arbres, les vitraux de Chartres, les microfilms, les manifestes, les réunions, Pugwash, les rues animées de New York, la trace dorée du matin. Tout cela a disparu dans l'ultime feu de joie des vanités. Je ne perçois là plus rien de sublime ; j'en ressens tellement de déception.

Où est la richesse de la vie réelle dans toute cette divinité, dans tout ce mysticisme sans faille ? Où est notre sens des responsabilités dans notre gestion de la Terre ? (Non pas que Clarke lui-même ait été favorable à l'abandon de ces responsabilités – bien au contraire.) Et qu'en est-il de nos relations avec nos semblables et avec les autres créatures – ce grand fondement de l'éthique, de l'identité et du sens humanistes ?

Ces rêves d'élévation viennent peut-être des souvenirs d'un petit enfant soulevé de son berceau par de grands bras. Mais la Terre n'est pas un berceau : nous ne sommes pas seuls ici, puisque nous la partageons avec tant d'autres êtres vivants, et nous n'avons pas besoin d'attendre d'être emportés. Donnez-moi, au lieu du Maître Esprit ou des visions sublimes de n'importe quelle religion, donnez-moi ces mots d'une sagesse plus humaine, dus à James Baldwin :

> Nous sommes responsables envers la vie. Elle est le point lumineux dans toutes ces terrifiantes ténèbres desquelles nous sommes issus et auxquelles nous retournerons. Il nous faut négocier ce passage aussi noblement que nous en sommes capables par égard à ceux qui viendront après nous[63].

Le sens du péché n'est d'aucune aide sur ce chemin, pas plus qu'un rêve de transcendance. Dante avait raison : nous ne pouvons vraiment pas *transumanar*, et si nous nous amusons à essayer, eh bien !, cela peut produire de la très belle littérature. Mais il s'agit toujours de littérature humaine.

Je préfère la combinaison humaniste de liberté de pensée, d'enquête et d'espérance. Et, comme le fit remarquer le regretté spécialiste de l'humanisme et de l'éthique Tzvetan Todorov lors d'un entretien :

> L'humanisme est donc un bien frêle esquif pour s'embarquer dans le monde ! Frêle esquif qui ne saurait nous conduire qu'à un frêle bonheur… Mais les autres solutions me paraissent ou conçues pour une race de super-héros, ce que nous ne sommes pas […], ou lourdement chargées d'illusions, de promesses qui ne seront jamais tenues. Je fais davantage confiance à la barque humaniste[64].

Enfin, comme toujours, j'en reviens au credo de Robert G. Ingersoll :

> Le bonheur est le seul bien.
> Le seul moment pour être heureux, c'est maintenant.
> Le seul endroit pour être heureux, c'est ici.
> La seule manière d'être heureux, c'est de rendre les autres heureux[65].

Cela semble simple ; cela semble facile. Mais il faudra faire preuve de toute l'ingéniosité que nous pourrons rassembler.

Appendice

Humanists international
déclaration d'Amsterdam 2022
Adoptée lors de l'assemblée générale de Glasgow, au Royaume-Uni, en 2022

Les croyances et les valeurs humanistes sont aussi anciennes que la civilisation et ont une histoire dans la plupart des sociétés du monde. L'humanisme moderne est le point culminant de ces longues traditions de raisonnement sur le sens et l'éthique, la source d'inspiration de nombreux grands penseurs, artistes et humanitaires du monde, et est étroitement lié à l'essor de la science moderne. En tant que mouvement humaniste mondial, nous cherchons à faire prendre conscience à tous de ces éléments essentiels de la vision humaniste du monde :

1. *Les humanistes s'efforcent d'être éthiques*

Nous acceptons que la moralité est inhérente à la condition humaine, fondée sur la capacité des êtres vivants à souffrir et à s'épanouir, motivée par les bénéfices d'aider et de ne pas nuire, rendue possible par la raison et la compassion, et n'ayant besoin d'aucune source extérieure à l'humanité.

Nous affirmons la valeur et la dignité de l'individu et le droit de chaque être humain à la plus grande liberté possible et au développement le plus complet possible, compatible avec les droits d'autrui. À ces fins, nous soutenons la paix, la démocratie, l'État de droit et les droits humains légaux universels.

Nous rejetons toutes les formes de racisme et de préjugés ainsi que les injustices qui en découlent. Nous cherchons plutôt à promouvoir l'épanouissement et la camaraderie de l'humanité dans toute sa diversité et son individualité.

Nous estimons que la liberté personnelle doit être combinée avec une responsabilité envers la société. Une personne libre a des devoirs envers les autres, et nous ressentons un devoir de diligence envers toute l'humanité, y compris les générations futures, et, au-delà, envers tous les êtres sensibles.

Nous reconnaissons que nous faisons partie de la nature et acceptons notre responsabilité quant à l'impact que nous avons sur le reste du monde naturel.

2. Les humanistes s'efforcent d'être rationnels

Nous sommes convaincus que les solutions aux problèmes du monde résident dans la raison et l'action humaines. Nous préconisons l'application de la science et la libre enquête à ces problèmes, en nous rappelant que si la science fournit les moyens, les valeurs humaines doivent définir les fins. Nous cherchons à utiliser la science et la technologie pour améliorer le bien-être humain, et jamais de manière insensible ou destructrice.

3. Les humanistes s'efforcent de s'épanouir dans leur vie

Nous valorisons toutes les sources de joie et d'épanouissement individuels qui ne nuisent à aucun autre, et nous croyons que le développement personnel à travers la culture d'une vie créative et éthique est une entreprise de toute une vie.

Nous chérissons donc la créativité et l'imagination artistiques et reconnaissons le pouvoir transformateur de la littérature, de la musique et des arts visuels et du spectacle. Nous chérissons la beauté du monde naturel et son potentiel d'émerveillement, de respect et de tranquillité. Nous apprécions l'effort individuel et communautaire dans le cadre de l'activité physique et les possibilités qu'il offre en matière de camaraderie et de réussite. Nous apprécions la quête de la connaissance et l'humilité, la sagesse et la perspicacité qu'elle confère.

4. L'humanisme répond à la demande répandue d'une source de sens et d'objectif qui constituerait une alternative à la religion dogmatique, au nationalisme autoritaire, au sectarisme tribal et au nihilisme égoïste

Même si nous pensons que l'engagement en faveur du bien-être humain n'a pas d'âge, nos opinions particulières ne sont pas fondées sur des révélations fixées pour toujours. Les humanistes reconnaissent que personne n'est infaillible ou omniscient et que la connaissance du monde et de l'humanité ne peut s'acquérir que par un processus continu d'observation, d'apprentissage et de repensation.

Pour ces raisons, nous ne cherchons ni à éviter un examen minutieux, ni à imposer notre point de vue à l'humanité tout entière. Au contraire, nous nous engageons en faveur d'une expression et d'un échange sans entraves d'idées et cherchons à coopérer avec des personnes de croyances différentes qui partagent nos valeurs, le tout dans le but de construire un monde meilleur.

Nous sommes convaincus que l'humanité a le potentiel de résoudre les problèmes auxquels elle est confrontée, grâce au libre examen, à la science, à la sympathie et à l'imagination, dans le but de promouvoir la paix et l'épanouissement de l'humanité.

Nous appelons tous ceux qui partagent ces convictions à nous rejoindre dans cette entreprise inspirante.

Notes

Une introduction

1. David Nobbs, *Second from Last in the Sack Race* (1983), in *The Complete Pratt*, Londres, Arrow, 2007, p. 289-291.

2. Kurt Vonnegut, *God Bless You, Dr. Kevorkian*, New York, Washington Square Press / Pocket Books, 1999, p. 9.

3. Pour une définition englobant tous ces sens : https://fr.wiktionary.org/wiki/humanitas.

4. Cité par Diogène Laërce, « Protagoras », in *Vies, doctrines et sentences des philosophes illustres*, trad. M.-O. Goulet-Cazé, L.G.F., 1999, p. 1089. Une formule similaire est rapportée par Socrate dans le *Théétète* de Platon (160c-d).

5. Extrait d'une lettre d'E. M. Forster à *The Twentieth Century* (1955), cité dans *Humanist Anthology*, éd. M. Knight, Londres, Rationalist Press Association / Barrie & Rockliff, 1961, p. 155-156. Forster fut vice-président de l'Ethical Union dans les années 1950 et président de la Cambridge Humanists Society de 1959 à sa mort ; il fut également membre du conseil consultatif de la British Humanist Association (aujourd'hui Humanists UK) à partir de 1963.

6. Cf. https://humanists.international/2017/04/humanist-murdered-fellow-university-students-alleged-blasphemy/. En 2021, treize pays au monde punissaient le blasphème ou l'apostasie par la peine de mort.

7. Sur toute cette affaire, correspondance personnelle avec Hamza bin Walayat. Cf. https://humanists.international/2018/01/uk-rejects-asylum-application-humanist-fails-name-ancient-greek-philosophers/ et https://

www. the guardian.com/uk-news/2018/jan/17/pakistani-humanist-denied-uk-asylum-after-failing-to-identify-plato.

8. Voir la lettre de Bob Churchill à l'IHEU (aujourd'hui Humanists International) dénonçant l'absurdité de citer Platon et Aristote : http://iheu.org/uk-rejects-asylum-application-humanist-fails-name-ancient-greek-philosophers/. Voir aussi : https://www.theguardian.com/world/2018/jan/26/you-dont-need-to-know-plato-and-aristotle-to-be-a-humanist et https://www.theguardian.com/uknews/2018/jan/26/philosophers-urge-rethink-of-pakistani-humanist-hamza-bin-walayat-asylum.

9. Les nouvelles procédures de formation du ministère de l'Intérieur : https://humanists.uk/2019/05/17/success-humanists-uk-begins-delivering-training-to-home-office-staff-on-asylum-claims/.

10. Jeaneane Fowler, « The Materialists of Classical India », in *The Wiley Blackwell Handbook of Humanism*, éd. A. Copson et A. C. Grayling, Chichester, John Wiley, 2015, p. 98-101 ; https://en.wikipedia.org/wiki/Charvaka.

11. *The Long Discourses of the Buddha*, une traduction du *Dīgha Nikāya* par Maurice Walsh, Boston, Wisdom, 1995, p. 96 (division I, chap. 2). Cf. Peter Adamson et Jonardon Ganeri, *Classical Indian Philosophy*, Oxford, UK, Oxford University Press, 2020, p. 39.

12. Épicure, « Lettre à Ménécée », § 132, trad. D. Delattre, in *Les Épicuriens*, Gallimard, « Bibliothèque de la Pléiade », 2010, p. 48 ; cf. *The Art of Happiness*, trad. George K. Strodach, Londres, Penguin, 2012, p. 159-160.

13. Extrait de l'essai perdu de Protagoras *Sur les dieux*, cité par Diogène Laërce, « Protagoras », *op. cit.*, p. 1089.

14. *Ibid.* Plutarque mentionne également le bannissement de Protagoras, qu'il explique par l'intolérance qui régnait alors à l'encontre de tous ceux qui attribuaient les événements à des causes naturelles plutôt qu'à des pouvoirs divins (voir Plutarque, « Vie de Nicias », in *Les Vies des philosophes illustres*, trad. Amyot, éd. G. Walter, Gallimard, « Bibliothèque de la Pléiade », 1951, t. II, p. 41).

15. Zora Neale Hurston, *Des pas dans la poussière* [*Dust Tracks on a Road*, 1942], trad. F. Brodsky, Éditions de l'Aube, 1999, p. 255-256.

16. Cf. https://en.wikipedia.org/wiki/Ariane_Sherine. Bishopsgate Institute Library, Londres, BHA papers : BHA 1/17/148, sur la campagne de bus athéiste, incluant un rapport du BHA report, « Atheist Bus Campaign. Why did it Work ? ». Voir aussi : https://humanism.org.uk/campaigns/successful-campaigns/atheist-bus-campaign/.

17. Le credo du bonheur d'Ingersoll apparaît sous différentes formes, notamment dans *An Oration on the Gods* (29 janvier 1872), Cairo, Daily Bulletin Steam Book & Job Print, 1873, p. 48. Il le récita également sur un phonographe le 22 janvier 1899 ; le disque est exposé au Robert Green Ingersoll Birthplace Museum, à Dresden (New York), et on peut l'écouter en ligne ici : https://youtube/rLLapwIoEVI.

18. Térence, *L'Héautontimorouménos* [ou *Le Bourreau de soi-même*], acte I, sc. 1. La traduction de Betty Radice dans Térence, *Phormio and Other Plays* (Harmondsworth, Penguin, 1967, p. 86), dit : « *I'm human, so any human interest is my concern* » [« Je suis humain, donc tout ce qui est humain me concerne »].

19. Cf. « Ubuntu (Philosophy) », in *New World Encyclopedia*, http://www.newworldencyclopedia.org/entry/Ubuntu_(philosophy). Pour une étude moderne de l'*ubuntu* comme philosophie humaniste, voir Stanlake J. W. T. Samkange, *Hunhuism or Ubuntuism. A Zimbabwe Indigenous Political Philosophy*, Salisbury, Graham, 1990.

20. Desmond Tutu, *Il n'y a pas d'avenir sans pardon* [*No Future without Forgiveness*, 1999], trad. Josiane et Alain Deschamps, Albin Michel, 2000, p. 39.

21. Cf. « *Ethical Wisdom* » [« sagesse éthique »], trad. Karyn L. Lai dans *An Introduction to Chinese Philosophy* (Cambridge, Cambridge University Press, 2008, p. 24). Cf. Jiyuan Yu, « Humanism. Chinese Conception of », in *New Dictionary of the History of Ideas* (2005), disponible ici : http://www.encyclopedia.com/history/dictionaries-thesauruses-pictures-and-press-releases/humanism-chinese-conception.

22. Confucius, *Entretiens*, 12, 2 (*shu* dans son rapport à *ren*) et 15, 24 (comme guide existentiel). Voir sur ce dernier point le commentaire d'Annping Chin dans sa traduction du texte : *The Analects*, New York, Penguin, 2014, p. 259.

23. Talmud babylonien, Shabbat 31a ; https://fr.wikipedia.org/wiki/Hillel_Hazaken.

24. Bernard Shaw, « Maximes pour révolutionnaires », in *L'Homme et le Surhomme* [*Man and Superman*, 1903], trad. Augustin et Henriette Hamon, Montaigne, 1931, p. 271. Cf. « Les hommes dotés d'une intelligence et d'une âme purifiée devraient toujours se comporter envers les autres créatures comme ils aimeraient que les autres se comportent envers eux » : *Mahābhārata*, XIII, 5571, éd. Pratāpa Chandra Rāy, Calcutta, Bhārata Press, 1893, vol. 9, p. 562 (le livre XIII est le Livre des Instructions, le contexte étant celui du végétarianisme). Cf. Mt 7, 12 (trad. Segond) :

« Tout ce que vous voulez que les hommes fassent pour vous, faites-le de même pour eux, car c'est la loi et les prophètes. »

25. Voir *Mengzi. With Selections from Traditional Commentaries*, trad. Bryan W. Van Norden, Indianapolis et Cambridge (Massachusetts), Hackett, 2008, p. 46-47 (2A6) et 149-150 (6A6). Van Norden remarque que Mengzi prévoit de rares cas de dommages pendant l'enfance, où les graines sont détruites si tôt qu'elles sont perdues à jamais (p. 150-152, 6A7-8).

26. Confucius, *Entretiens*, 2, 20.

27. Platon, *Protagoras*, 328b.

28. Le mythe est raconté par Platon dans *Protagoras*, 320d-325d.

29. Cicéron, *De la nature des dieux* (*De natura deorum*), livre II (sur l'excellence humaine).

30. Giannozzo Manetti, *On Human Worth and Excellence* (*De dignitate et excellentia hominis*), éd. et trad. Brian Copenhaver, Cambridge (Massachusetts) et Londres, I Tatti / Harvard University Press, 2018, p. 105-111 (livre II).

31. *Ibid.*, p. 139-141 (livre III).

32. *Ibid.*, p. 205 (livre IV). L'ouvrage de Manetti s'inscrit à la suite de textes antérieurs, plus courts, d'Antonio da Barga et de Bartolomeo Facio ; voir l'introduction de Brian Copenhaver à sa traduction, p. VII-XVII. Voir aussi le livre IV de Manetti, traduit par Bernard Murchland dans *Two Views of Man. Pope Innocent III, On the Misery of Man. Giannozzo Manetti, On the Dignity of Man* (New York, Ungar, 1966, p. 61-103).

33. Sur Xunzi, voir Bryan W. Van Norden, *Introduction to Classical Chinese Philosophy*, Indianapolis, Hackett, 2011, p. 163-184. Sur la traduction du mot *e* par « détestable », voir https://plato.stanford.edu/entries/xunzi/.

34. Némésius, *De la nature de l'homme*, trad. J. B. Thibault, Hachette, 1844, p. 23-24.

35. Augustin, *La Cité de Dieu*, livre XIV, chap. XI ; trad. Jean-Claude Moreau, Seuil, « Points Sagesse », 1994, t. 2, p. 167.

36. Innocent III, *De miseria humanae conditionis*, in *Two Views of Man*, *op. cit.*, livre I, p. 4-10, 13 (§ 13), 4 (§ 1), 9 (§ 8).

37. Pascal, *Pensées*, éd. L. Brunschvicg, L.G.F., « Le Livre de Poche », 1972, p. 191 (fr. 430).

38. William James, *L'Expérience religieuse. Essai de psychologie descriptive*, trad. Frank Abauzit, Paris / Genève, Alcan / Kündig, 1906, p. 423.

39. C'est d'ailleurs l'une des raisons pour lesquelles le choix de Platon est inapproprié comme exemple de philosophe humaniste. Sa *République* prône une société dans laquelle tous les citoyens doivent suivre le rôle attribué à leur caste. À certaines castes, les arts et la littérature sont interdits, afin qu'elles ne soient pas exposées à des idées incompatibles avec les objectifs généraux de l'État. Dans *Les Lois*, il va encore plus loin dans son appel à la censure et aux structures sociales rigides – les gens sont censés se subordonner non seulement à l'État, mais aussi au principe du divin. Le philosophe Karl Popper, lui-même humaniste convaincu, affirmait dans *La Société ouverte et ses ennemis* (1945) que ces deux ouvrages de Platon préfiguraient le totalitarisme de son siècle.

1. Le monde des vivants

1. Les récits des premières années de Pétrarque nous viennent de ses lettres : cf. *Lettres familières / Rerum familiarum*, livres I-XXIV, trad. A. Longpré, Les Belles Lettres, 2002-2015 : XXI, 15, *in* vol. 6, p. 242 (l'exil) ; I, 1, *in* vol. 1, p. 24 (le naufrage) ; X, 3, *in* vol. 3, p. 256 (les styles de coiffure). Toutes les références ultérieures aux *Lettres familières* de Pétrarque dans ce chapitre renvoient à cette édition.

2. C'est raconté dans les *Lettres de la vieillesse* de Pétrarque ; cf. *Lettres de la vieillesse / Rerum senilium*, livres I-XVIII, trad. F. Castelli, F. Fabre, A. de Rosny, Les Belles Lettres, 2002-2013 : XVI, 1, *in* vol. 5, p. 22-25. Toutes les références ultérieures aux *Lettres de la vieillesse* de Pétrarque dans ce chapitre renvoient à cette édition.

3. Le manuscrit de Virgile détenu par Pétrarque, enrichi de ses notes et d'une miniature peinte par son ami Simone Martini, se trouve aujourd'hui à la Pinacothèque ambrosienne de Milan : S.P. 10/27 olim. On peut en voir des images en ligne : https://www.ambrosiana.it/en/opere/the-ambrosian-virgil-of-francesco-petrarca/. Une traduction anglaise des notes se trouve dans Ernest Hatch Wilkins, *Life of Petrarch*, Chicago, Phoenix / University of Chicago Press, 1961, p. 77.

4. *Fam.* XVII, 5 ; cf. *Lettres familières*, *op. cit.*, vol. 5, p. 172.

5. Cf. Ronald G. Witt, « In the Footsteps of the Ancients », in *The Origins of Humanism from Lovato to Bruni*, Leyde, Brill, 2000, p. 118-120.

6. Giannozzo Manetti, *Biographical Writings*, éd. et trad. Stefano U. Baldassari et Rolf Bagemihl, Cambridge (Massachusetts) et Londres, I Tatti / Harvard University Press, 2003, p. 75.

7. *Sen.* I, 6 ; cf. *Lettres de la vieillesse*, *op. cit.*, vol. 1, p. 78.

8. *Fam.* III, 18 ; cf. *Lettres familières*, *op. cit.*, vol. 1, p. 318.

9. *Sen.* XVI, 1 ; cf. *Lettres de la vieillesse*, *op. cit.*, vol. 5, p. 30.

10. *Fam.* XVIII, 12 ; cf. *Lettres familières*, *op. cit.*, vol. 5, p. 276.

11. *Fam.* XIII, 7 ; cf. *Lettres familières*, *op. cit.*, vol. 4, p. 168.

12. Ce manuscrit de Tite-Live se trouve à la British Library, Harley 2493. Édition en fac-similé : G. Billanovich, *La tradizione del testo di Livio e le origini dell'umanesimo*, vol. 2 : *Il Livio del Petrarca e del Valla,* British Library, Harleian 2493, Padoue, Antenore, 1981.

13. Cicéron, *Pro Archia* (62 ap. J.-C.), § XII.

14. *Sen.* XVI, 1 ; cf. *Lettres de la vieillesse*, *op. cit.*, vol. 5, p. 30. Sur cette histoire et sur d'autres de ce genre, voir aussi L. D. Reynolds et N. G. Wilson, *Scribes and Scholars*, Oxford, Clarendon Press, 1991, p. 131-132.

15. Pétrarque trouva les lettres de Cicéron à Atticus, à Quintus et à Brutus. Cf. Giuseppe F. Mazzotta, « Petrarch's Epistolary Epic. Letters on Familiar Matters (*Rerum familiarum libri*) », in *Petrarch. A Critical Guide to the Complete Works*, éd. Victoria Kirkham et Armando Maggi, Chicago et Londres, University of Chicago Press, 2009, p. 309-320.

16. *Fam.* IV, 1 (lettre à Dionigi da Borgo du 26 avril 1336) ; cf. *Lettres familières*, *op. cit.*, vol. 2, p. 30.

17. *Fam.* I, 1 ; cf. *Lettres familières*, *op. cit.*, vol. 1, p. 24. (L'histoire de Métabus et de Camille vient de Virgile, *Énéide*, livre XI, v. 532-556.)

18. *Sen.* XVIII, 1 ; cf. *Lettres de la vieillesse*, *op. cit.*, vol. 5, p. 234.

19. Pour tout ce paragraphe, voir *Fam.* III, 18 ; XV, 3 ; XXI, 10 et XXIV, 3 ; cf. *Lettres familières*, *op. cit.*, vol. 1, p. 314, vol. 4, p. 308, vol. 6, p. 198 et p. 576.

20. Cf. Marco Santagata, *Boccaccio. Fragilità di un genio*, Milan, Mondadori, 2019, p. 13.

21. Giovanni Boccaccio, *Boccaccio on Poetry* (préface et livres XIV et XV du *Genealogia deorum gentilium*), trad. Charles G. Osgood, Princeton, Princeton University Press, 1930, p. 131-32 (XV, 10).

22. *Ibid.*, p. 131 (XV, 10).

23. La suite de conférences survint tard dans la vie de Boccace. Il avait déjà présenté la vie et l'œuvre de Dante dans son *Trattatello in laude di Dante*, et avait écrit de brèves introductions à chaque *canto* de la *Commedia* dans ses propres copies manuscrites du texte. Cf. Sandro Bertelli, introduction à *Dantesque Images in the Laurentian Manuscripts of the* Commedia *(14th-16th Centuries)*, éd. Ida G. Rao, Florence, Mandragora, 2015, p. 15.

24. Boccaccio, *Boccaccio on Poetry*, *op. cit.*, p. 115-116 (XV, 6).
25. *Ibid.*, p. 132 (XV, 10).
26. Boccace, le *Décaméron*, neuvième journée, seconde histoire.
27. *Ibid.*, première journée, troisième histoire.
28. Voir James Hankins, *Virtue Politics. Soulcraft and Statecraft in Renaissance Italy*, Cambridge (Massachusetts) et Londres, Belknap Press of Harvard University Press, 2019, p. 193-194 ; renvoyant aux recherches de Laura Regnicoli pour l'exposition « Boccaccio autore e copista », à la Biblioteca Medicea Laurenziana, Florence, 2013.
29. Mazzotta, « Petrarch's Epistolary Epic. Letters on Familiar Matters (*Rerum familiarum libri*) », *op. cit.*, p. 309-320.
30. *Fam.* XXII, 7 ; cf. *Lettres familières*, *op. cit.*, vol. 6, p. 312.
31. Il trouva le *De lingua latine* de Varron et le *Pro Cluentio* de Cicéron. Cf. Santagata, *Boccaccio. Fragilità di un genio*, *op. cit.*, p. 159.
32. *Sen.* I, 5 (lettre à Boccace du 28 mai 1362) ; cf. *Lettres de la vieillesse*, *op. cit.*, vol. 1, p. 72. Sur cette période difficile pour Boccace, voir Santagata, *Boccaccio. Fragilità di un genio*, *op. cit.*, p. 221-233. Pour Pétrarque, sur les bénéfices de la lecture (précautionneuse) de la littérature classique non chrétienne, voir « On his Own Ignorance and That of Others », in *Invectives*, éd. et trad. David Marsh, Cambridge (Massachusetts) et Londres, I Tatti / Harvard University Press, 2003, p. 333-335.
33. *Boccaccio on Poetry*, *op. cit.*, p. 123 (XV, 9).
34. *Ibid.*, p. 135 (XV, 12).
35. *Fam.* VI, 2 ; cf. *Lettres familières*, *op. cit.*, vol. 2, p. 252.
36. Pétrarque eut peut-être des leçons de grec avec Barlaam de Seminara. Voir sa lettre à Nicolas Sygeros : *Fam.* XVIII, 2 ; cf. *Lettres familières*, *op. cit.*, vol. 5, p. 234. Sur Barlaam (qui mourut en 1348), voir https://fr.wikipedia.org/wiki/Barlaam_le_Calabrais. Merci à Peter Mack pour m'avoir alertée sur ce point.
37. William Shakespeare, *La Tragédie de Jules César*, acte I, scène 2 ; cf. https://en.wikipedia.org/wiki/Greek_to_me.
38. *Fam.* XVIII, 2 ; cf. *Lettres familières*, *op. cit.*, vol. 5, p. 234. L'ami grec est Nicolas Sygeros.
39. Sur ce travail difficile, voir *Boccaccio on Poetry*, *op. cit.*, p. 120 (XV, 7).
40. *Ibid.*, p. 114-115 (XV, 6).
41. *Ibid.* Sur les copies bilingues encore existantes de ces traductions, et sur toute cette histoire, voir Agostino Pertusi, *Leonzio Pilato fra Petrarca e Boccaccio*, Venise et Rome, Istituto per la Collaborazione Culturale,

1964, surtout p. 25. L'exemplaire de Pétrarque de la double traduction se trouve aujourd'hui à la Bibliothèque nationale, à Paris (Lat. 7880. I pour l'*Iliade* et Lat. 7880. II pour l'*Odyssée*).

42. *Sen.* VI, 2 ; cf. *Lettres de la vieillesse*, *op. cit.*, vol. 2, p. 122.

43. *Sen.* III, 6 ; cf. *Lettres de la vieillesse*, *op. cit.*, vol. 1, p. 254.

44. *Sen.* III, 6 et V, 3 ; cf. *Lettres de la vieillesse*, *op. cit.*, vol. 1, p. 256, et vol. 2, p. 170.

45. *Sen.* VI, 1 ; cf. *Lettres de la vieillesse*, *op. cit.*, vol. 2, p. 212.

46. *Ibid.*, p. 214.

47. Cf. Nicola Davis, « 5. 000-Year-Old Hunter-Gatherer is Earliest Person to die with the Plague », in *Guardian*, 29 juin 2021 ; https://www.theguardian.com/science/2021/jun/29/5000-year-old-hunter-gatherer-is-earliest-person-to-die-with-the-plague.

48. Cf. Rosemary Horrox (trad. et éd.), *The Black Death*, Manchester et New York, Manchester University Press, 1994, p. 24-25 ; citant Gabriele de' Mussi, *Historia de morbo*, un manuscrit qui se trouve à la bibliothèque de l'université de Wrocław (Ms. R 262, f. 74-77v.).

49. *Ibid.*, p. 22.

50. Boccace, *Décaméron*, éd. et trad. Ch. Bec, L.G.F., « Le Livre de Poche », 1994, p. 40-41.

51. R. Horrox, *The Black Death*, *op. cit.*, p. 105-106.

52. *Ibid.*, p. 41-45, citant Louis Heyligen. Voir aussi Edwin Mullins, *Avignon of the Popes*, Oxford, Signal, 2007, p. 124.

53. G. H. McWilliam, « Translator's Introduction » à Boccaccio, *The Decameron*, Harmondsworth, Penguin, 1995, p. xliii.

54. Boccace, *Décaméron*, *op. cit.*, p. 40-45 (introduction à la première journée). Les détails précédents sur les effets de la peste à la campagne comme dans les villes viennent également de Boccace.

55. Thucydide, *La Guerre du Péloponnèse*, trad. J. de Romilly, Les Belles Lettres, 1962, p. 39 (livre II, § 53).

56. Boccace, *Décaméron*, *op. cit.*, p. 49.

57. G. H. McWilliam, « Translator's Introduction », *op. cit.*, p. XLIII-XLIV.

58. En Angleterre, par exemple, les archives montrent que les corps étaient enterrés dans des cimetières plutôt que dans des fosses, et que les affaires publiques se déroulaient souvent de manière à peu près normale, ce qui révèle une force surprenante des institutions sociales. Voir Christopher Dyer, *Making a Living in the Middle Ages*, New Haven et Londres, Yale University Press, 2009, p. 273.

59. Alessandro Manzoni, *Les Fiancés* [*I Promessi Sposi*], trad. Yves Branca, Gallimard, « Folio Classiques », 1995, p. 685-686.

60. Cf. Christopher S. Celenza, *Petrarch. Everywhere a Wanderer*, Londres, Reaktion, 2017, p. 100. Les sources citées par Celenza donnent des chiffres allant de 30 à 60 %.

61. Voir E. H. Wilkins, *Life of Petrarch*, Chicago, Phoenix / University of Chicago Press, 1963, p. 74-76.

62. Cf. Mullins, *Avignon of the Popes*, *op. cit.*, p. 141.

63. Pétrarque, « *Ad se ipsum* », cité et traduit *in* Wilkins, *Life of Petrarch*, *op. cit.*, p. 80.

64. *Fam.* VIII, 7 ; cf. *Lettres familières*, *op. cit.*, vol. 3, p. 76 et 86.

65. *Sen.* I, 2 (lettre à Francesco Nelli du 8 juin 1361/1362, de Padoue) ; cf. *Lettres de la vieillesse*, *op. cit.*, vol. 1, p. 20.

66. *Sen.* III, 1 et III, 2 ; cf. *Lettres de la vieillesse*, *op. cit.*, vol. 1, p. 206 et 240.

67. Cf. Pétrarque, *Mon secret*, trad. F. Dupuigrenet Desrousilles, Payot & Rivages, 2005, p. 80, 95 et 102 (livre II). L'ouvrage fut commencé en 1347 et poursuivi jusqu'en 1349, puis revu en 1353.

68. *Fam.* VIII, 7 ; cf. *Lettres familières*, *op. cit.*, vol. 3, p. 76.

69. Edward Gibbon, *Memoirs of My Life*, éd. Betty Radice, Londres, Penguin, 1990, p. 82.

70. Martin Luther King Jr, « Lettre de la prison de Birmingham », in *Révolution non violente* [*Why Can't We Wait*, 1963], trad. Odile Pidoux, Payot & Rivages, 2006, p. 112-114. Je souligne « *alors* ».

71. Cicéron, *De oratore*, 3, 55 ; cf. *L'Orateur idéal*, trad. N. Waquet, Payot & Rivages, 2009, p. 41. (« Si nous accordons le plaisir de parler à ceux qui ne veulent rien savoir de la vertu, au lieu de créer des orateurs, nous donnons des armes aux fous. »)

72. Quintilien, *Institution oratoire* [*Institutio oratoria*], trad. J. Cousin, Les Belles Lettres, 1980, p. 66 et 68 (livre XII, ch. I, 1 et 7). Ni ce livre ni le *De oratore* de Cicéron n'étaient disponibles en intégralité au temps de Pétrarque.

73. *Sen.* X, 4 (lettre de Padoue, 1368, à Donato Apenninigena [Albanzani]) ; cf. *Lettres de la vieillesse*, *op. cit.*, vol. 3, p. 276-307.

74. Pétrarque, *Remedies for Fortune Fair and Foul*, éd. et trad. Conrad H. Rawski, Bloomington et Indianapolis, Indiana University Press, 1991, vol. 1, p. 17 et 177 (livre I). Pétrarque commença ce livre en 1354 et l'acheva en 1360. (Cf. Pétrarque, *Les Remèdes aux deux fortunes*, trad. Ch. Carraud, Jérôme Million, 2002, p. 29 [I, 2] et 289 [I, 60].)

75. *Ibid.*, vol. 3, p. 153 et 222 (livre II). (Cf. *Les Remèdes aux deux fortunes*, *op. cit.*, p. 831 [II, 67] et 947 [II, 92].)

76. *Ibid.*, vol. 3, p. 10-11 et 227-228 (livre II). (Cf. *Les Remèdes aux deux fortunes*, *op. cit.*, p. 553 [II, Préface] et 957 [II, 93].)

77. *Sen.* XVI, 9 (lettre de 1354-1357 à Dom Jean Birel Limousin, prieur à la chartreuse du nord de Milan) ; cf. *Lettres de la vieillesse*, *op. cit.*, vol. 5, p. 116-121.

78. Pétrarque, *Remedies for Fortune Fair and Foul*, *op. cit.*, vol. 3, p. 37 (livre II). (Cf. *Les Remèdes aux deux fortunes*, *op. cit.*, p. 597 [II, 9].)

79. Selon les commentaires récents de deux éminents historiens de l'humanisme au début de l'ère moderne, la perte était une possibilité qui « hantait constamment les humanistes », et l'humanisme de la Renaissance italienne « était né d'un sentiment profond de perte et de regret » : voir Anthony Grafton, *Inky Fingers*, Cambridge (Massachusetts), Harvard University Press, 2020, p. 9 ; et James Hankins, *Virtue Politics*, Cambridge (Massachusetts), Harvard University Press, 2019, p. 1.

80. *Boccaccio on Poetry*, *op. cit.*, p. 8-9.

81. Pétrarque, *L'Afrique* [*Africa*], trad. Pierre Laurens, Les Belles Lettres, p. 232 (livre IX, v. 451-457). Cité dans T. E. Mommsen, « *Petrarch's Conception of the "Dark Ages"* », *Speculum* 17 (1942), p. 226-242 (ici p. 240). Mommsen cite et traduit d'autres allusions de Pétrarque à l'Âge des ténèbres, notamment une description des derniers siècles comme des temps de « ténèbres et morosité intense », à travers lesquels seuls quelques génies particulièrement lucides pouvaient voir. (Pétrarque, *Apologia contra cuiusdam anonymi Galli calumnias*, cité par Mommsen, p. 227.)

82. Sur cette « béance », voir Alexander Lee, Pit Péporté et Harry Schnitker (éd.), *Renaissance Perceptions of Continuity and Discontinuity in Europe, c. 1300-c. 1550*, Leyde et Boston, Brill, 2010.

2. *Renflouer les navires*

1. Au monastère de Bobbio, dans le nord de l'Italie, par exemple, un parchemin fut nettoyé en « lavant délicatement l'encre du *De republica* de Cicéron » pour faire de la place à une partie de l'étude d'Augustin sur les psaumes bibliques (Vat. Lat. 5757) : https://spotlight.vatlib.it/palimpsests/about/vat-lat-5757-inf. Sur la destruction due aux premiers chrétiens en général, voir Catherine Nixey, *The Darkening Age*, Londres, Macmillan, 2017.

2. Voir la *Vie de saint Benoît* par Grégoire, in *La Vie et la Règle de saint Benoît*, trad. Élisabeth de Solms, Pierre Téqui Éditeur, p. 84.

3. Ambroise de Milan, *Lettres*, trad. Gérard Nauroy, Éditions du Cerf, 2025, t. V, p. 210-261 (lettre 73 [M18], à l'empereur Valentinien II, 384 ap. J.-C.).

4. Il fut retrouvé en 2018. Voir Valeria Piano, « A "Historic(al)" Find From the Library of Herculaneum », in *Seneca the Elder and His Rediscovered Historiae ab initio bellorum civilium* [P. Herc.1067], Berlin, De Gruyter, 2020 ; https://www.degruyter.com/document/doi/10.1515/9783110688665-003/html.

5. Voir Peter Adamson, *Al-Kindi*, New York, Oxford University Press, 2007, et https://fr.wikipedia.org/wiki/Al-Kindi.

6. « From the General Letter of Charlemagne, Before 800 », in *Carolingian Civilization. A Reader*, éd. P. E. Dutton, Toronto, University of Toronto Press, 2009, p. 91.

7. Einhard et Notker the Stammerer, *Two Lives of Charlemagne*, trad. Lewis Thorpe, Harmondsworth, Penguin, 1969, p. 79 (Einhard, s. 25).

8. *Ibid.*, p. 74 (Einhard, s. 19).

9. « A Letter of Charles on the Cultivation of Learning, 780-800 », p. 90.

10. *La Vie et la Règle de saint Benoît*, *op. cit.*, p. 239 (règle XXXVIII), p. 171 (règle VI), p. 243 (règle XL) et 282 (règle LVII). Quant au livre reçu chaque année par les moines, voir Charles Homer Haskins, *The Renaissance of the Twelfth Century*, Cambridge (Massachusetts), Harvard University Press, 1927, p. 34.

11. Anna A. Grotans, *Reading in Medieval St Gall*, Cambridge, Cambridge University Press, 2011, p. 49.

12. Notamment Haskins, dans *The Renaissance of the Twelfth Century*.

13. Cette hypothèse a été proposée par Marco Mostert, de l'université d'Utrecht ; cf. Ross King, *The Bookseller of Florence*, Londres, Chatto & Windus, 2020, p. 154, et Martin Wainwright, « How Discarded Pants Helped to Boost Literacy », in *Guardian*, 12 juillet 2007, https://www.theguardian.com/uk/2007/jul/12/martinwainwright.uknews4.

14. Voir Haskins, *The Renaissance of the Twelfth Century*, *op. cit.*, p. 67.

15. Cary J. Nederman, *John of Salisbury*, Tempe, Arizona Center for Medieval and Renaissance Studies, 2005, p. 53-64. Sur ses lettres, voir John of Salisbury, *Letters*, éd. W. J. Millor, s. j. et H. E. Butler, vol. 1, Oxford, Clarendon Press, 1955, p. 1979-1986.

16. « Testament » de Pétrarque, in *Petrarch's Testament*, éd. et trad. Theodor Mommsen, Ithaca, Cornell University Press, 1957, p. 68-93

(ici p. 83). Pour le contexte de son testament et de ses biens, voir l'introduction de Mommsen, p. 45-50.

17. Mommsen, introduction à *Petrarch's Testament*, *op. cit.*, p. 44 ; Marco Santagata, *Boccaccio. Fragilità di un genio*, Milan, Mondadori, 2019, p. 289.

18. Voir David Thompson et Alan F. Nagel (éd. et trad.), *The Three Crowns of Florence. Humanist Assessments of Dante, Petrarca and Boccaccio*, New York, Harper & Row, 1972, p. 6, citant la lettre de Coluccio à Roberto Guidi, conte de Battifolle, 16 août 1374. Sur Coluccio, voir aussi Berthold L. Ullman, *The Humanism of Coluccio Salutati*, Padoue, Antenore, 1963, et Ronald G. Witt, *Hercules at the Crossroads. The Life, Works, and Thought of Coluccio Salutati*, Durham, Duke University Press, 1983, surtout p. 184-189, 183 et 421.

19. Giannozzo Manetti, *Biographical Writings*, éd. et trad. Stefano U. Baldassari et Rolf Bagemihl, Cambridge (Massachusetts) et Londres, I Tatti / Harvard University Press, 2003, p. 101.

20. Vespasiano da Bisticci, *The Vespasiano Memoirs* [*Vite di uomini illustri del secolo XV*], trad. William George et Emily Waters, Toronto, University of Toronto Press / Renaissance Society of America, 1997, p. 401-402. Vespasiano signale également que Niccolò rendait ses livres accessibles à tous ceux qui souhaitaient en profiter et invitait les étudiants à venir les lire et en discuter.

21. Manetti, *Biographical Writings*, *op. cit.*, p. 127.

22. Vespasiano, *The Vespasiano Memoirs*, *op. cit.*, p. 353. La bagarre eut lieu avec l'érudit grec Georges de Trébizonde. Voir Henry Field, *The Intellectual Struggle for Florence*, Oxford, Oxford University Press, 2017, p. 284.

23. Sur Vitruve, voir Carol Herselle Krinsky, « Seventy-Eight Vitruvian Manuscripts », in *Journal of the Courtauld and Warburg Institutes* 30, 1967, p. 36-70. Sur Quintilien et Cicéron, voir L. D. Reynolds et N. G. Wilson, *Scribes and Scholars*, Oxford, Clarendon Press, 1991, p. 137-138. Les discours de Cicéron qui furent retrouvés étaient le *Pro Roscio* et le *Pro Murena*.

24. Poggio Bracciolini, *Two Renaissance Book-Hunters. The Letters of Poggius Bracciolini to Nicolaus de Niccolis*, trad. Phyllis Walter Goodhart Gordan, New York et Londres, Columbia University Press, 1974, p. 88 (Le Pogge à Niccolò, 14 avril [1425]). Sur l'ouvrage de Lucrèce, voir aussi Ada Palmer, *Reading Lucretius in the Renaissance*, Cambridge (Massachusetts) et Londres, Harvard University Press, 2014, surtout p. 4,

où elle mentionne la thésaurisation. Voir aussi Alison Brown, *The Return of Lucretius to Renaissance Florence*, Cambridge (Massachusetts) et Londres, Harvard University Press, 2010.

25. *Two Renaissance Book-Hunters*, *op. cit.*, p. 84 (Le Pogge à Niccolò, Rome, le 6 novembre 1423).

26. Cf. Barbara C. Bowen (éd.), *One Hundred Renaissance Jokes. An Anthology*, Birmingham, Summa, 1988, p. 5-9.

27. L. D. Reynolds et N. G. Wilson, *Scribes and Scholars*, *op. cit.*, p. 139 ; A. C. de la Mare, *The Handwriting of the Italian Humanists*, vol. 1, f. 1, Oxford, Oxford University Press, pour l'Association internationale de bibliophilie, 1973. Ce dernier ouvrage fournit des exemples d'écriture manuscrite de Pétrarque, de Boccace, de Coluccio Salutati, de Niccolò Niccoli, du Pogge et d'autres.

28. Apparemment, ce fut Laurent Valla qui utilisa le premier ce terme pour décrire l'écriture manuscrite, dans la préface à ses *Élégances de la langue latine* (*Elegantiae linguae Latinae, libri sex*). Voir E. P. Goldschmidt, *The Printed Book of the Renaissance. Three Lectures on Type, Illustration, Ornament*, Cambridge, Cambridge University Press, 1950, p. 2.

29. *Fam.*, VI, 2 (lettre à Giovanni Colonna) ; *Lettres familières*, *op. cit.*, vol. 2, p. 246-252. Sur le *De mirabilibus urbis Romae* de Gregorius, voir Roberto Weiss, *The Renaissance Discovery of Classical Antiquity*, Oxford, Basil Blackwell, 1988, p. 33-34.

30. Matthew Kneale, *Rome. A History in Seven Sackings*, Londres, Atlantic, 2018, p. 189.

31. Poggio Bracciolini, « The Ruins of Rome », trad. Mary Martin McLaughlin, in *The Portable Renaissance Reader*, éd. James Bruce Ross et Mary Martin McLaughlin, Londres, Penguin, 1977, p. 379-384 ; il s'agit du dialogue du Pogge avec Antonio Loschi sur les ruines, extrait du premier livre de son *De varietate fortunae* (*Des inconstances de la fortune*), écrit entre 1431 et 1448. Sur les autres explorations, voir par exemple son ascension à Porta Sanguinaria, Ferentino, pour y lire des inscriptions, dans *Two Renaissance Book-Hunters*, *op. cit.*, p. 129-130 (Le Pogge à Niccolò, 15 septembre [1428]).

32. Voir Ross King, *Brunelleschi's Dome*, Londres, Vintage, 2008, p. 25.

33. Voir Cyriaque d'Ancône, *Life and Early Travels* et *Later Travels*, éd. et trad. Charles Mitchell, Edward W. Bonar et Clive Foss, Cambridge (Massachusetts), Harvard University Press, 2003 et 2015.

34. Leon Battista Alberti, *Delineation of the City of Rome* [*Descriptio urbis Romae*], éd. Mario Carpo et Francesco Furlan, trad. Peter Hicks,

Tempe, Arizona Center for Medieval and Renaissance Studies, 2007. Voir aussi Joan Gadol, *Leon Battista Alberti*, Chicago et Londres, University of Chicago Press, 1969, p. 167 ; Anthony Grafton, *Leon Battista Alberti*, Londres, Allen Lane / Penguin, 2001, p. 241-243.

35. Cf. Flavio Biondo, *Italy Illuminated*, éd. et trad. Jeffrey A. White, Cambridge (Massachusetts) et Londres, I Tatti / Harvard University Press, 2005-2016, vol. 1, p. 189-193 (livre II, § 47-49). Sur les galères, voir aussi Anthony Grafton, *Leon Battista Alberti*, Londres, Allen Lane / Penguin, 2001, p. 248-249.

36. Elisabetta Povoledo, « Long-Lost Mosaic from a "Floating Palace" of Caligula Returns Home », in *New York Times*, 14 mars 2021, https://www.nytimes.com/2021/03/14/world/europe/caligula-mosaic-ship-italy.html. Voir aussi https://www.theguardian.com/artanddesign/2021/nov/22/priceless-roman-mosaic-coffee-table-new-york-apartment, qui donne plus d'informations sur le voyage de la mosaïque jusqu'à New York.

37. Pour des informations sur les navires du lac de Nemi : https://fr.wikipedia.org/wiki/Navires_de_Nemi. Le musée : https://comunedinemi.rm.it/contenuti/11827/museo-navi.

38. Flavio Biondo, *Italy Illuminated*, *op. cit.*, vol. 1, p. 5. Le lien avec les navires du lac de Nemi est souligné par Anthony Grafton dans « The Universal Language. Splendors and Sorrows of Latin in the Modern World », in *Worlds Made by Words*, Cambridge (Massachusetts) et Londres, Harvard University Press, 2009, p. 138.

39. *Two Renaissance Book-Hunters*, *op. cit.*, p. 194-195 (Le Pogge à Guarino Guarini, 15 décembre 1416).

40. *The Vespasiano Memoirs*, *op. cit.*, p. 352.

41. *Two Renaissance Book-Hunters*, *op. cit.*, p. 189 (Cinzio à Franciscus de Fiana, sans date mais apparemment été 1416).

42. Vespasiano da Bisticci, « Proemio della vita dell'Alessandra de' Bardi », in *Vite di uomini illustri del secolo XV*, éd. Paolo d'Ancona et Erhard Aeschlimann, Milan, Ulrico Hoepli, 1951, p. 543. La traduction anglaise abrège l'expression et en perd l'essentiel. En italien : « *In grande oscurità sono gli ignoranti in questa vita* » ; des écrivains, il dit : « *Hanno gli scrittori alluminato il mondo, a cavatolo di tanta oscurità in quanta si trovava.* » La remarque concernant l'ignorance comme source du mal provient aussi de ce *proemio*.

43. *Two Renaissance Book-Hunters*, *op. cit.*, p. 196-203, notamment 196 et 198 (Franciscus Barbarus au Pogge, 6 juillet 1417).

44. *Ibid.*, p. 118 (Le Pogge à Niccolò Niccoli, Rome, 21 octobre [1427]).

45. Poggio Bracciolini, *On Avarice* [*De avaritia*, Bâle, 1538], trad. Benjamin G. Kohl et Elizabeth B. Welles, in *The Earthly Republic. Italian Humanists on Government and Society*, éd. B. G. Kohl, R. G. Witt et E. B. Welles, Manchester, Manchester University Press, 1978, p. 241-289, notamment p. 257.

46. Voir Lorenzo Bonoldi, *Isabella d'Este. A Renaissance Woman*, trad. Clark Anthony Lawrence [Rimini], Guaraldi / Engramma, 2015, vol. 1, p. 11 ; Weiss, *The Renaissance Discovery of Classical Antiquity*, *op. cit.*, p. 196-199. Voir aussi Julia Cartwright, *Isabella d'Este, Marchioness of Mantua 1474-1539*, Londres, John Murray, 1903.

47. Joan Kelly-Gadol, « Did Women have a Renaissance ? », in *Women, History, and Theory*, Chicago, University of Chicago Press, 1984, p. 12-50 ; https://nguyenshs.weebly.com/uploads/9/3/7/3/93734528/kelly_did_women_have_a_renaissanace.pdf.

48. Hrotsvita : selon un scénario classique de découverte humaniste, six de ses pièces furent trouvées par Conrad Celtis dans le cloître de Saint-Emmeram, à Regensburg, en 1493 ; il les publia sous le titre *Opera Hrosvite* (Nuremberg, 1501), avec des illustrations d'Albrecht Dürer. Le manuscrit se trouve à la bibliothèque de Bavière. Voir Lewis W. Spitz, *Conrad Celtis. The German Arch-Humanist*, Cambridge (Massachusetts), Harvard University Press, 1957, p. 42 ; E. H. Zeydel, « The Reception of Hrotsvitha by the German Humanists after 1493 », in *Journal of English and Germanic Philology*, n° 44, 1945, p. 239-249 ; Leonard Forster, introduction à *Selections from Conrad Celtis*, éd. et trad. Leonard Forster, Cambridge, Cambridge University Press, 1948, p. 11. Voir également : https://fr.wikipedia.org/wiki/Hrotsvita_de_Gandersheim. Hildegarde a fait l'objet de nombreux écrits, voir, par exemple, Fiona Maddocks, *Hildegard of Bingen*, Londres, Headline, 2001.

49. Sur la jeunesse et les premiers ouvrages de Christine de Pisan, voir l'introduction de Sarah Lawson à sa traduction : *The Treasure of the City of Ladies*, Londres, Penguin, 2003, p. XV-XVII.

50. Christine de Pisan, *Le Livre de la cité des dames*, trad. Th. Moreau et E. Hicks, Stock, 2000, p. 36-42.

51. Margaret L. King et Albert Rabil Jr (éd.), *Her Immaculate Hand. Selected Works by and about the Women Humanists of Quattrocento Italy*, Asheville, Pegasus / University of North Carolina, Asheville, 2000, p. 81-84.

52. Ange Politien, *Letters*, éd. et trad. Shane Butler, Cambridge (Massachusetts) et Londres, I Tatti / Harvard University Press, 2006, vol. 1, p. 189-191.

53. Traduit dans *Her Immaculate Hand*, *op. cit.*, p. 77.

54. *Ibid.*, p. 48-50.

55. Ramie Targoff, *Renaissance Woman. The Life of Vittoria Colonna*, New York, Farrar, Straus & Giroux, 2019, p. 16.

56. Voir par exemple la discussion consignée par Anthony Grafton et Lisa Jardine dans *From Humanism to the Humanities. Education and the Liberal Arts in Fifteenth- and Sixteenth-Century Europe*, Londres, Duckworth, 1986, p. 23-24. Sur l'éducation humaniste en général à cette époque, voir aussi Paul F. Grendler, *Schooling in Renaissance Italy. Literacy and Learning, 1300-1600*, Baltimore et Londres, Johns Hopkins University Press, 1989.

57. L'exemple est donné par Montaigne, *Essais*, Gallimard, « Bibliothèque de la Pléiade », 1933, p. 181 (livre I, ch. XXVI).

58. Juan Luis Vives, *In Pseudodialecticos*, trad. et éd. Charles Fantazzi, Leyde, Brill, 1979, p. 84 et 88.

59. La lettre de Guarini et le dialogue (extrait d'Angelo Decembrio, *De politia litteraria*, 1462) sont cités par Anthony Grafton dans *Commerce with the Classics. Ancient Books and Renaissance Readers*, Ann Arbor, University of Michigan Press, 1997, p. 46 et 30.

60. Julia Cartwright, *Baldassare Castiglione. His Life and Letters*, Londres, John Murray, 1908, vol. 1, p. 60-62.

61. Cf. Baldassarre Castiglione, *Le Livre du courtisan*, trad. G. Chappuis, éd. A. Pons, Garnier Flammarion, 1991, p. 29 (livre I, ch. VIII).

62. *Ibid.*, p. 49 (livre I, ch. XXII).

63. Sur la *sprezzatura* et sa traduction, voir Peter Burke, *The Fortunes of the Courtier*, Cambridge, Polity, 1995, p. 69-72.

64. Castiglione, *Le Livre du courtisan*, *op. cit.*, p. 7. Pour la véritable histoire de l'écriture du livre, voir Peter Burke, *The Fortunes of the Courtier*, *op. cit.*, p. 22-23.

65. Voir Ezio Raimondi, *Codro e l'umanesimo a Bologna*, Bologna, C. Zuffi, 1987, p. 11-14 ; Carlo Malagola, *Della vita e delle opere di Antonio Urceo detto Codro : Studi e ricerche*, Bologna, Fava e Garagnani, 1878, p. 164.

66. Endymion Wilkinson, « Woodblock Printing », in *Chinese History. A New Manual*, Cambridge (Massachusetts), Harvard University Asia Center for the Harvard-Yenching Institute, 2012, p. 910.

67. Ross King, *The Bookseller of Florence*, Londres, Chatto & Windus, 2020, p. 142. Pour ces chiffres, il renvoie à Janet Ing, « The Mainz Indulgences of 1454/5. A Review of Recent Scholarship », in *British*

Library Journal 1, printemps 1983, p. 19. Ces indulgences étaient destinées à ceux qui avaient fait un don financier pour la défense de Chypre contre les Turcs.

68. Johannes Trithemius, *In Praise of Scribes* [*De laude scriptorium*], trad. Roland Behrendt, éd. Klaus Arnold, Lawrence, Coronado, 1974, notamment p. 53-63 et 35. L'introduction mentionne pourquoi il imprima son livre (p. 15).

69. Edward Gibbon, *Histoire de la décadence et de la chute de l'Empire romain*, trad. François Guizot, Lefèvre, 1819, t. XIII, p. 113 (ch. LXVIII).

70. Martin Lowry, *The World of Aldus Manutius*, Oxford, Blackwell, 1979, p. 119.

71. Ingrid D. Rowland, *The Culture of the High Renaissance*, Cambridge, Cambridge University Press, 1998, p. 62.

72. E. P. Goldschmidt, *The Printed Book of the Renaissance*, Cambridge, Cambridge University Press, 1950, p. 51.

73. Martin Lowry, *The World of Aldus Manutius*, Oxford, Blackwell, 1979, p. 122.

74. Martial, *Épigrammes*, I, 2 ; trad. S. Malick-Prunier, Les Belles Lettres, 2021, p. 22.

75. Gareth D. Williams, *Pietro Bembo on Etna. The Ascent of a Venetian Humanist*, Oxford, Oxford University Press, 2017, p. 202n. Sur le point-virgule : Cecelia Watson, *Semicolon*, Londres, Fourth Estate, 2020. Un signe similaire avait été utilisé au temps du manuscrit, mais seulement pour les abréviations de termes latins courants.

76. Pietro Bembo, *De l'Etna*, trad. M. Viallon, Presses universitaires Blaise Pascal, 2002, p. 118-154 (citation p. 139). Sur l'ascension et l'édition du livre par Alde Manuce, voir Williams, *Pietro Bembo on Etna*.

77. Ernst Robert Curtius, *La Littérature européenne et le Moyen Âge latin*, trad. Jean Bréjoux, Pocket, « Agora », 1991, p. 490.

78. Érasme, *Apologia adversus rapsodias calumniosarum querimoniarum Alberti Pii* (1531), trad. Margaret Mann Phillips, in *The « Adages » of Erasmus. A Study with Translations*, Cambridge, Cambridge University Press, 1964, p. 68. Sur le séjour d'Érasme chez Alde Manuce, voir aussi Érasme, « Penny-Pinching » [*Opulentia sordida*] (1531), in *The Colloquies*, trad. Craig R. Thompson, Chicago et Londres, University of Chicago Press, 1965, p. 488-499.

79. Aldus Manutius, *The Greek Classics*, éd. et trad. N. G. Wilson, Cambridge (Massachusetts) et Londres, I Tatti / Harvard University Press, 2016, p. 289-291.

80. M. M. Phillips, *The « Adages » of Erasmus*, *op. cit.*, p. 181.

81. Thomas More, *L'Utopie*, trad. Marie Delcourt, Garnier Flammarion, 1987, p. 188.

82. Aldus Manutius, *The Greek Classics*, *op. cit.*, p. 205-207. (« *Nun o, nunc, iuvenes, ubique in urbe / flores spargite : vere nanque primo / Aldus venit en, Aldus ecce venit !* »)

83. *Ibid.*, p. 99.

84. R. J. Schoeck, *Erasmus of Europe*, Edinburgh, Edinburgh University Press, 1990-1993, vol. 2, p. 158 ; citant une lettre d'Érasme à Thomas Ruthall du 7 mars 1515.

3. Provocateurs et païens

1. Pour le texte de la donation, voir Laurent Valla, *On the Donation of Constantine*, trad. G. W. Bowersock, Cambridge (Massachusetts), I Tatti / Harvard University Press, 2007, p. 162-183. Sur son contexte historique et sur son utilisation, voir Johannes Fried, *« Donation of Constantine » and « Constitutum Constantini »*, in *The Misinterpretation of a Fiction and Its Original Meaning*, Berlin, De Gruyter, 2007.

2. Peter Burke, *The Renaissance Sense of the Past*, Londres, Edward Arnold, 1969, p. 55. Le doute fut notamment entretenu par Nicolas de Cues en 1432-1433.

3. Maffeo Vegio à Laurent Valla, Pavie, 26 août [1434], *in* Laurent Valla, *Correspondence*, éd. et trad. Brendan Cook, Cambridge (Massachusetts) et Londres, I Tatti / Harvard University Press, 2013, p. 35-37. L'ouvrage auquel il faisait allusion était sa *Repastinatio.*

4. Première « Invective » de Facio, citée dans l'introduction de Maristella Lorch à Laurent Valla, *On Pleasure. De Voluptate*, trad. A. Kent Hieatt et Maristella Lorch, New York, Abaris, 1977, p. 8. L'autre grand ennemi de Valla dans le monde universitaire napolitain était Antonio Beccadelli, dit Panormita.

5. Laurent Valla au cardinal Trevisan (1443), traduit dans Salvatore I. Camporeale, « Lorenzo Valla's Oratio on the Pseudo-Donation of Constantine. Dissent and Innovation in Early Renaissance Humanism », *in* « Lorenzo Valla. A Symposium », in *Journal of the History of Ideas* n° 57, 1996, p. 9-26 (ici p. 9).

6. Valla, *On the Donation of Constantine*, *op. cit.*, p. 67.

7. *Ibid.*, p. 11-15 et 43.

8. *Ibid.*, p. 67 et 97.

9. Cf. N. G. Wilson, *From Byzantium to Italy. Greek Studies in the Italian Renaissance*, Baltimore, Johns Hopkins University Press, 1992, p. 69-72. Ces travaux furent commissionnés par le pape Nicolas V à Rome, à une époque où Valla avait de nouveau ses faveurs.

10. Rudolph von Langen (Münster) à Antony Vrye ou Liber (Soest), 27 février 1469, cité dans P. S. Allen, *The Age of Erasmus*, Oxford, Clarendon Press, 1914, p. 23.

11. Lorenzo Valla, *Dialectical Disputations*, éd. et trad. Brian Copenhaver et Lodi Nauta, Cambridge (Massachusetts), I Tatti / Harvard University Press, 2012. Un éditeur du seizième siècle remplaça hélas ! le titre initial par le terne *Dialecticae disputationes*, ou *Disputes dialectiques*, qui resta ; voir l'introduction de l'éditeur, p. x-xi.

12. Livy : BL Harley 2493. Fac-similé dans Giuseppe Billanovich, *La tradizione dal testo di Livio e le origini dell'umanesimo*, vol. 2. *Il Livio del Petrarca e del Valla. British Library, Harleian 2493*, Padoue, Antenore, 1981. Les *Amendements* de Valla. *Emendationes sex librorum Titi Livi*, écrits en 1446-1447.

13. Lorenzo Valla, *In Latinam Novi Testamenti interpretationem ex collatione Graecorum exemplarium adnotationes*, écrit et revu au cours des années 1440. Cf. Wilson, *From Byzantium to Italy*, *op. cit.*, p. 73, et L. D. Reynolds et N. G. Wilson, *Scribes and Scholars*, *op. cit.*, p. 144. Sur l'étude critique du texte du Nouveau Testament par Valla, voir aussi Jerry H. Bentley, *Humanists and Holy Writ*, Princeton, Princeton University Press, 1983, p. 32-69.

14. William J. Connell, introduction à « Lorenzo Valla. A Symposium », in *Journal of the History of Ideas*, n° 57, 1996, p. 1-7 (ici p. 2). Voir Valla, « *On Free Will* », trad. Charles Edward Trinkaus Jr, in *The Renaissance Philosophy of Man*, éd. Ernst Cassirer, P. O. Kristeller et John Herman Randall Jr, Chicago, University of Chicago Press, 1948, p. 155-182 et 147-154. Voir aussi Christopher S. Celenza, *The Intellectual World of the Italian Renaissance*, New York, Cambridge University Press, 2018, p. 216-227.

15. Valla, *On Pleasure. De Voluptate*, *op. cit.*, p. 69 (le stoïcien), 101, 109, 131 (l'épicurien), 285-287 (le chrétien) et 91 (Lorenzo).

16. Laurent Valla à Eugène IV, 27 novembre [1434], *in* Valla, *Correspondence*, *op. cit.*, p. 43. Voir aussi Lorch, introduction à Valla, *On Pleasure. De Voluptate*, *op. cit.*, p. 27.

17. Camporeale, « Lorenzo Valla's Oratio on the Pseudo-Donation of Constantine. Dissent and Innovation in Early Renaissance Humanism », *op. cit.*, p. 9-26 (ici p. 9).

18. Reynolds et Wilson, *Scribes and Scholars*, *op. cit.*, p. 143 ; G. W. Bowersock, introduction à Valla, *On the Donation of Constantine*, *op. cit.*, p. ix.

19. Voir Jill Kraye, « Lorenzo Valla and Changing Perceptions of Renaissance Humanism », in *Comparative Criticism*, n° 23, 2001, p. 37-55 (ici p. 37-38, avec une reproduction de la tombe). Niebuhr raconta à ses étudiants comment il avait trouvé ce pavé lors d'un cours sur l'histoire de Rome à l'université de Bonn, en 1828-1829. L'historien Francesco Cancellieri le sauva peu après.

20. Voir R. J. Schoeck, *Erasmus of Europe*, *op. cit.*, vol. 2, p. 44-45.

21. Camporeale, « Lorenzo Valla's Oratio on the Pseudo-Donation of Constantine », *op. cit.*, p. 9-26 (ici p. 25).

22. Notamment Isaac Casaubon, qui, dans son *De rebus sacris et ecclesiasticis exercitationes XVI* de 1614, montra que les textes « hermétiques » chers aux néoplatoniciens de la Renaissance n'étaient pas d'anciens textes égyptiens, comme ils le pensaient, mais des textes écrits par des chrétiens postérieurs, ce qui expliquait pourquoi les idées qu'ils contenaient semblaient si bizarrement préfigurer le christianisme. Voir Anthony Grafton, « Protestant Versus Prophet. Isaac Casaubon on Hermes Trismegistus », in *Journal of the Warburg and Courtauld Institutes*, n° 46, 1983, p. 78-93.

23. Laurent Valla à Joan Serra, Gaeta, 13 août [1440], *in* Valla, *Correspondence*, *op. cit.*, p. 75-97.

24. Poggio Bracciolini à Bartolomeo Ghiselardi, 1454, traduit dans Anthony Grafton et Lisa Jardine, *From Humanism to the Humanities. Education and the Liberal Arts in Fifteenth- and Sixteenth-Century Europe*, Londres, Duckworth, 1986, p. 80. Texte latin complet : « *Itaque opus esset non verbis, sed fustibus, et clava Herculis ad hoc monstrum perdomandum, et discipulos suos.* » Voir Salvatore I. Camporeale, *Lorenzo Valla. Umanesimo e teologia*, Florence, Istituto Nazionale di Studi sul Rinascimento, 1972, p. 137. Valla enseignait alors à Rome. Voir aussi une lettre antérieure de Francesco Filelfo adressée au Pogge et à Valla, le 7 mars 1453, leur demandant de mettre fin à leur querelle, *in* Valla, *Correspondence*, *op. cit.*, p. 273.

25. Voir *Ciceronian Controversies*, éd. JoAnn Della-Neva, trad. Brian Duvick, Cambridge (Massachusetts), I Tatti / Harvard University Press,

2007, contenant une lettre d'Ange Politien à Paolo Cortesi, dans laquelle il s'engage à éviter les mots qui ne sont pas cicéroniens (p. 3-5).

26. *Fam.*, XXIV, 2 (lettre à Pulice da Vicenza, un poète, qui avait aussi assisté à la scène) ; cf. *Lettres familières*, *op. cit.*, vol. 6, p. 568-575.

27. « *Ciceronianus es, non Christianus.* » L'histoire est racontée dans une lettre de Jérôme à Eustochium, la fille de son disciple Paula, en 384. Cf. Jerôme, *Lettres*, trad. Benoît Jeanjean, Cerf, 2012, p. 72-73.

28. Préface de Valla au livre IV de ses *Élégances* : Laurent Valla, « In quartum librum elegantiarum praefatio. Prefazione al quarto libro delle Eleganze », in *Prosatori latini del Quattrocento*, éd. Eugenio Garin, Turin, Einaudi, 1976-1977, vol. 5, p. 612-623 (ici p. 614-615). Voir aussi Rice, *Saint Jerome in the Renaissance*, *op. cit.*, p. 86.

29. Erasmus, « *The Ciceronian* », trad. Betty I. Knott, éd. A. H. T. Levi, in *Collected Works*, vol. 28, Toronto, University of Toronto Press, 1986, p. 430-435.

30. Sur le contexte des œuvres de Botticelli *La Naissance de Vénus* et *Le Printemps*, pour lesquelles il consulta son conseiller personnel l'humaniste Ange Politien, voir Frank Zöllner, *Sandro Botticelli*, Munich, Prestel, 2009, p. 135 et 140-141.

31. Pétrarque, « On his Own Ignorance and That of Others », in *Invectives*, éd. et trad. David Marsh, Cambridge (Massachusetts) et Londres, I Tatti / Harvard University Press, 2003, p. 333.

32. Virgile, *Bucoliques* (ou *Églogues*), IV, 1.

33. In *Cento Vergilianus de laudibus Christi*. Voir E. Clark et D. Hatch, *The Golden Bough, the Oaken Cross. The Virgilian Cento of Faltonia Betitia* Proba, Chico, Scholars Press, 1981. Voir aussi https://en.wikipedia.org/wiki/Cento_Vergilianus_de_laudibus_Christi. Les érudits du douzième siècle, notamment ceux de l'école de Chartres, utilisaient le mot *integumentum* (« couverture ») pour décrire ce type de texte classique : la surface n'était qu'un châle ou un manteau cachant un sens plus profond ; cf. Peter Adamson, *Medieval Philosophy*, Oxford, Oxford University Press, 2019, p. 96-97.

34. Dante, *Inferno,* chant IV, v. 39 et chant X, v. 13-15.

35. Érasme, *The Ciceronian*, *op. cit.*, p. 388, 396 et 383.

36. Ingrid D. Rowland, *The Culture of the High Renaissance*, Cambridge, Cambridge University Press, 1998, p. 13 ; Anthony F. D'Elia, *A Sudden Terror. The Plot to Murder the Pope in Renaissance Rome*, Cambridge (Massachusetts) et Londres, Harvard University Press, 2009,

p. 95-97 (avec des exemples de poèmes) ; Grafton and Jardine, *From Humanism to the Humanities*, *op. cit.*, p. 89-90 (les pièces).

37. Traduit dans D'Elia, *A Sudden Terror*, *op. cit.*, p. 88.

38. Ronald G. Musto, *Apocalypse in Rome. Cola di Rienzo and the Politics of the New Age*, Berkeley, University of California Press, 2003, p. 341-343.

39. D'Elia, *A Sudden Terror*, *op. cit.*, p. 82. Sauf indication contraire, D'Elia est la source de la majeure partie du reste de l'évocation de l'Académie romaine et de sa persécution.

40. J. F. D'Amico, *Renaissance Humanism in Papal Rome. Humanists and Churchmen on the Ere of the Reformation*, Baltimore, Johns Hopkins University Press, 1983, p. 93.

41. Traduit *in* D'Elia, *A Sudden Terror*, *op. cit.*, p. 181.

42. *Ibid.*, p. 170.

43. Cf. John Verriano, « At Supper with Leonardo », in *Gastronomica* 8, n° 1, 2008, p. 75-79. Le *De honesta voluptate et valetudine* de Platine fut composé au milieu des années 1460, mais publié ultérieurement.

44. Platine, *Liber de vita Christi ac omnium pontificum aa. 1-1474*, Venise, J. Manthen et J. de Colonia, 1479.

45. Rowland, *The Culture of the High Renaissance*, *op. cit.*, p. 16 ; D'Elia, *A Sudden Terror*, *op. cit.*, p. 184. On a conservé les notes d'un étudiant prises durant un tour guidé à travers les ruines de Rome, organisé pour un visiteur étranger peu après 1484 ; voir Roberto Weiss, *The Renaissance Discovery of Classical Antiquity*, Oxford, Blackwell, 1988, p. 76-77.

46. Leonardo Bruni, *Laudatio florentinae urbis*, trad. Hans Baron, in *The Humanism of Leonardo Bruni. Selected Texts*, éd. G. Griffiths, J. Hankins et D. Thompson, Binghamton, Medieval and Renaissance Texts and Studies, 1987, p. 116-117 et 121.

47. Leonardo Bruni, « Oration for the Funeral of Nanni Strozzi » (1428), trad. Gordon Griffiths, in *The Humanism of Leonardo Bruni*, *op. cit.*, p. 121-127 (ici p. 126). Nanni Strozzi est mort en combattant pour la ville, en 1427.

48. Thucydide, *La Guerre du Péloponnèse*, *op. cit.*, p. 26-34 (livre II, § 35-46).

49. Les historiens ne s'accordent pas sur la question de savoir si les idées florentines de cette période peuvent ou non être qualifiées d'« humanisme civique ». L'expression est associée en particulier à l'historien Hans Baron, qui souligna la préoccupation des Florentins pour les engagements politiques et civiques, plus que pour les questions exclusivement littéraires

ou philosophiques ; cf. Hans Baron, *The Crisis of the Early Italian Renaissance. Civic Humanism and Republican Liberty in an Age of Classicism and Tyranny*, Princeton, Princeton University Press, 1966. Sur ce point, voir également James Hankins (éd.), *Renaissance Civic Humanism. Reappraisals and Reflections*, Cambridge, Cambridge University Press, 2000.

50. Cf. J. Thiem, introduction à son édition de Lorenzo de' Medici, *Selected Poems and Prose*, trad. J. Thiem *et al.*, University Park, Pennsylvania State University Press, 1991, p. 5-6.

51. Marsilio Ficino, *Platonic Theology*, livre III, ch. III, trad. J. L. Burroughs, *Journal of the History of Ideas* 5, n° 2, avril 1944, p. 227-242 (ici p. 235).

52. Brian P. Copenhaver explique en détail pourquoi le titre *Dignité de l'homme* ne lui appartient pas à proprement parler, dans *Magic and the Dignity of Man. Pico della Mirandola and his Oration in Modern Memory* (Cambridge, Massachusetts, et Londres, Belknap Press of Harvard University Press, 2019, p. 28-29). Sur la réception générale de Pic de La Mirandole et de son œuvre, voir Brian P. Copenhaver et William G. Craven, *Giovanni Pico della Mirandola, « Symbol of his Age ». Modern Interpretations of a Renaissance Philosopher*, Genève, Droz, 1981.

53. Pic de La Mirandole, *Œuvres philosophiques*, trad. Olivier Boulnois et Giuseppe Tognon, PUF, « Épiméthée », 1993, p. 6-9 (« Discours sur la dignité de l'homme »).

54. Jacob Burckhardt, *La Civilisation de la Renaissance en Italie* (1860), trad. L. Schmitt, Gonthier, 1958, notamment t. I, p. 106-109 sur Vinci et Alberti.

55. Leon Battista Alberti, *The Life*, *in* R. Watkins, « L. B. Alberti in the Mirror. An Interpretation of the *Vita* with a New Translation », in *Italian Quarterly* 30, n° 117, été 1989, p. 5-30. Le texte fut composé en 1437 ou 1438 ; Riccardo Fubini démontra en 1972 que l'auteur n'était autre qu'Alberti lui-même. Voir Anthony Grafton, *Leon Battista Alberti*, Londres, Allen Lane / Penguin, 2001, p. 17-18.

56. Leon Battista Alberti, *Della pittura* [*De pictura*], écrit en toscan en 1435-1436 et en latin en 1439-1441 ; *De re aedificatoria*, écrit entre 1443 et 1452 ; *De statua*, commencé vers 1450 et publié en 1460.

57. Leon Battista Alberti, *Delineation of the City of Rome* [*Descriptio urbis Romae*], éd. Mario Carpo et Francesco Furlan, trad. Peter Hicks, Tempe, Arizona Center for Medieval and Renaissance Studies, 2007. Voir aussi Grafton, *Leon Battista Alberti*, *op. cit.*, p. 241-243. Merci à Stefano

Guidarini pour notre conversation autour d'Alberti et de l'architecture romaine.

58. Leon Battista Alberti, *Ludi matematici* [*Ludi rerum mathematicarum*] (écrit en 1450-1452), éd. R. Rinaldi, Milan, Guanda, 1980. Voir Joan Gadol, *Leon Battista Alberti*, Chicago et Londres, University of Chicago Press, 1969, p. 167.

59. Pour tout ce paragraphe, voir Alberti, *The Life*, *op. cit.*, p. 7-15.

60. Vitruve, *De architectura*, avec des illustrations gravées sur bois par Cesare Cesariano, Côme, G. da Ponte, 1521, livre 3, § 1.

61. Voir les caractères dessinés pour Jean Grolier par Geoffroy Tory dans son *Champ fleury* de 1529 ; cf. Geoffroy Tory, *Champ fleury*, trad. George B. Ives, New York, Grolier Club, 1927.

62. L'esquisse et le modèle en bois sont toujours conservés à la Casa Buonarroti de Florence ; voir William E. Wallace, *Michelangelo at San Lorenzo*, Cambridge, Cambridge University Press, 1994, p. 21 et 31.

63. Sur la création du logo *Happy Human*, avec le dessin original de Denis Barrington (1963) et une note d'Andrew Copson (2001), voir les archives de la British Humanist Association à la bibliothèque du Bishopsgate Institute, à Londres : BHA 1/8/11.

64. Voir https://humanists.uk. Merci à Andrew Copson d'avoir expliqué le sens de ce nouveau logo.

65. Vitruve, *De architectura*.

66. Emmanuel Kant, *Idée d'une histoire universelle du point de vue cosmopolitique* (1784), Sixième proposition.

67. Il raconta avoir déchiré ses écrits platoniciens dans un sermon de 1495 – cité dans Donald Weinstein, *Savonarola. The Rise and Fall of a Renaissance Prophet*, New Haven et Londres, Yale University Press, 2011, p. 8. Sur Savonarole, plus généralement, voir Lauro Martines, *Scourge and Fire. Savonarola and Renaissance Florence*, Londres, Jonathan Cape, 2006.

68. Girolamo Savonarola, sermon du 2 novembre 1496, in *Selected Writings. Religion and Politics, 1490-1498*, trad. et éd. Anne Borelli et Maria Pastore Passaro, New Haven et Londres, Yale University Press, 2006, p. 46.

69. Weinstein, *Savonarola*, *op. cit.*, p. 12-13. Les biographes donnèrent plus tard à ce tract le titre *Du mépris du monde* [*De contemptu mundi*], qui en résume le propos.

70. *Ibid.*, p. 22-23.

71. La mort de Laurent de Médicis est décrite par Politien dans une lettre du 18 mai 1492 ; voir Ange Politien, *Letters*, éd. et trad. Shane

Butler, Cambridge (Massachusetts) et Londres, I Tatti / Harvard University Press, 2006, vol. 1, p. 239. Ce fut peut-être Pic de La Mirandole qui eut l'idée de rapprocher Laurent de Médicis et Savonarole.

72. Weinstein, *Savonarola*, *op. cit.*, p. 119 et 144 (sur la perte d'enthousiasme de Marsile Ficin vers cette époque). Pic de La Mirandole lui resta fidèle, mais cela ne lui servit à rien : après sa mort en 1494, Savonarole annonça en chaire que, selon des sources fiables, Pic de La Mirandole n'avait pas atteint le ciel, mais seulement le purgatoire ; voir le sermon de Savonarole du dimanche 23 novembre 1494, cité dans Copenhaver, *Magic and the Dignity of Man*, *op. cit.*, p. 167 et 184.

73. Lettre de l'orateur Paolo Somenzi au duc de Milan Lodovico Sforza, décrivant le carnaval du 16 février 1496, traduit dans Savonarola, *Selected Writings*, *op. cit.*, p. 219.

74. Descriptions des bûchers de 1497, *ibid.*, p. 244-258.

75. Voir *A Life of Savonarola* (texte anonyme, jadis attribué à Fra Pacifico Burlamacchi) ; *ibid.*, p. 257.

76. Cité dans Weinstein, *Savonarola*, *op. cit.*, p. 72.

77. Savonarola, *Selected Writings*, *op. cit.*, p. 346.

78. Pour ce paragraphe, voir principalement son sermon du 14 décembre 1494, traduit dans Weinstein, *Savonarola*, *op. cit.*, p. 155-156.

79. *Ibid.*, p. 295-296 (citant un récit de l'exécution par Luca Landucci) et 298. La cloche devait être exilée durant cinquante ans, mais elle fut rapportée à Florence dès 1509 ; elle s'y trouve aujourd'hui encore, au musée du couvent San Marco. Pour un récit du procès, du châtiment et de la restauration de la cloche, voir Daniel M. Zolli et Christopher Brown, « Bell on Trial », in *Renaissance Quarterly* 72, n° 1, printemps 2019, p. 54-96.

80. Machiavel écrivit à plusieurs reprises sur Savonarole, notamment dans *Le Prince* (ch. VI), où il présente cet argument. (Voir *Le Prince*, trad. J. V. Périès, Charpentier, 1855, p. 27.)

81. Thomas Paine, *Le Siècle de la Raison* [*The Age of Reason*], trad. Bernard Vincent, Presses Universitaires de Nancy, p. 49.

82. André Chastel, *Le Sac de Rome, 1527*, Gallimard, 1984, p. 183. On y trouve également des détails concernant d'autres pertes (notamment celles de Jove, p. 174), ainsi que les graffiti « Luther », sous le *Triomphe du Saint-Sacrement* de Raphaël, dans la salle de la Signature (ill. 35).

83. K. Gouwens, introduction à sa traduction de Paolo Giovio, *Notable Men and Women of Our Time*, Cambridge (Massachusetts) et Londres, I Tatti / Harvard University Press, 2013, p. IX.

84. Voir T. C. Price Zimmermann, *Paolo Giovio. The Historian and the Crisis of Sixteenth-Century Italy*, Princeton, Princeton University Press, 1995, p. 86-88.

85. Pline le Jeune à Voconius Romanus, in *Lettres*, IX, 7 ; trad. N. Méthy, Les Belles Lettres, 2012, p. 78-79.

86. Paolo Giovio, *Elogia veris clarorum virorum imaginibus apposite*, Venise, M. Tramezinus, 1546.

87. Julia Conaway Bondanella et Peter Bondanella, introduction à leur traduction de Giorgio Vasari, *The Lives of the Artists*, Oxford et New York, Oxford University Press, 1991, p. vii-viii. Voir aussi Zimmermann, *Paolo Giovio*, *op. cit.*, p. 214.

88. *Six poètes toscans* (1544), aujourd'hui au Minneapolis Institute of Art. Les trois autres poètes sont Cino da Pistoia, Guittone d'Arezzo et Guido Cavalcanti – un ami de Dante, et un personnage intéressant, dont la rumeur (initiée par Boccace) voulait qu'il fût athée.

89. Giorgio Vasari, *Vies des meilleurs peintres, sculpteurs et architectes*, trad. L. Leclanché, Just Tessier, 1841, p. 23-24.

4. Un réseau admirable

1. Girolamo Fracastoro, *Latin Poetry*, trad. James Gardner, Cambridge (Massachusetts) et Londres, I Tatti / Harvard University Press, 2013, p. 29 (livre I, v. 437-451).

2. Girolamo Fracastoro, *Fracastoro's Syphilis*, éd. et trad. Geoffrey Eatough, Liverpool, Francis Cairns, 1984, p. 69 (livre II, v. 133-137). Les tricandilles sont fabriquées à partir du gros intestin d'un porc ; l'échine est une viande tirée de la colonne vertébrale. En latin : « *Tu teneros lactes, tu pandae abdomina porcae, / Porcae heu terga fuge, et lumbis ne vescere aprinis, / Venatu quamvis toties confeceris apros. / Quin neque te crudus cucumis, non tubera captent, / Neve famem cinara, bulbisve salacibus expe.* »

3. *Ibid.*, p. 107 (livre II, v. 405-412). En latin : « *Salve magna Deum minibus sata semine sacro, / Pulchra comis, spectata novis virtutibus arbos : / Spes hominum, externi decus, et nova Gloria mundi : Fortunata nimis. . . / Ipsa tamen, si qua nostro te carmine Musae / Ferre per ora virum poterunt, hac tu quotue parte / Nosceris, coeloque etiam cantabere nostro.* »

4. Selon son plus récent traducteur, James Gardner, dans son introduction à *Latin Poetry*, *op. cit.*, p. xiii. Fracastor s'inspira d'ouvrages comme celui d'Ulrich von Hutten, *De morbo gallico* [*Du mal français*] (1519).

5. P. Eppenberger, F. Galassi et F. Rühli, « A Brief Pictorial and Historical Introduction to Guaiacum – from a Putative Cure for Syphilis to an Actual Screening Method for Colorectal Cancer », in *British Journal of Clinical Pharmacology* 83, n° 9, septembre 2017, p. 2118-2119, https://www.ncbi.nlm.nih.gov/pmc/articles/PMC5555855/.

6. Edmund D. Pellegrino, *Humanism and the Physician*, Knoxville, University of Tennessee Press, 1979, p. 33.

7. T. H. Huxley, « Universities, Actual and Ideal » (University of Aberdeen, 1874), in *Science and Education*, vol. 3 de ses *Collected Essays*, Londres, Macmillan, 1910, p. 189-234 (ici p. 220).

8. *Sen.* XII, 1 et V, 3 ; cf. *Lettres de la vieillesse*, *op. cit.*, vol. 4, p. 22-31 et vol. 2, p. 164.

9. Geoffrey Chaucer, *Les Contes de Canterbury*, « Prologue général », v. 443-444 ; in *Les Contes de Canterbury et autres œuvres*, trad. André Crépin, Robert Laffont, 2010, p. 73.

10. Johann Winter von Andernach (J. Guintherius), préface à son *Aliquot libelli* (Bâle, 1529), sig. A2r-v, traduit dans Richard J. Durling, « A Chronological Census of Renaissance Editions and Translations of Galen », in *Journal of the Warburg and Courtauld Institutes* 24, n° 3-4, 1961, p. 230-305 (ici p. 239).

11. Le Pline de Pétrarque se trouve aujourd'hui à la Bibliothèque nationale de France, à Paris (MS Lat. 6802). L'exemplaire d'Oxford est à la bibliothèque Bodléienne (MS Auct. T.I.27). Voir Charles G. Nauert Jr, « Humanists, Scientists, and Pliny. Changing Approaches to a Classical Author », in *American Historical Review*, n° 84, 1979, p. 72-85 (ici p. 75n). L'humaniste allemand Rodolphus Agricola emportait aussi son Pline partout avec lui, quand il voyageait en Italie ; voir Gerard Geldenhouwer, « *Vita* », in *Rudolf Agricola. Six Lives and Erasmus's Testimonies*, éd. et trad. Fokke Akkerman, Rudy Bremer et Corrie Ooms Beck, Assen, Royal Van Gorcum, 2012, p. 91-107 (ici p. 99).

12. L'humaniste Ermolao Barbaro, notamment, affirmait dès 1493, dans ses *Castigationes plinianae*, avoir corrigé plus de cinq cents erreurs, mais il précisa qu'elles étaient dues aux copistes. Voir Brian W. Ogilvie, *The Science of Describing*, Chicago et Londres, University of Chicago Press, 2006, p. 122-125.

13. Nicolas Léonicène, *De Plinii et plurium aliorum medicorum in medicina erroribus...*, Ferrare, I. Maciochius, 1509, f° 21v. Sur les reproches adressés à Pline, voir aussi Ange Politien, *Letters*, *op. cit.*, vol. 1, p. 103-105. Sur toute l'affaire, voir Nauert, « Humanists, Scientists, and Pliny » et

Arturo Castiglioni, « The School of Ferrara and the Controversy on Pliny », in *Science Medicine and History. Essays on the Evolution of Scientific Thought and Medical Practice Written in Honour of Charles Singer*, éd. E. Ashworth Underwood, Londres, Geoffrey Cumberlege / Oxford University Press, 1953, vol. 1, p. 269-279 ; Ogilvie, *The Science of Describing*, *op. cit.*, p. 127-129.

14. Cf. Vivian Nutton, « The Rise of Medical Humanism. Ferrara, 1464-1555 », in *Renaissance Studies*, n° 11, 1997, p. 2-19 (ici p. 4).

15. Traduit dans Ogilvie, *The Science of Describing*, *op. cit.*, p. 129, d'après Léonicène, *De Plinii et aliorum medicorum erroribus liber…*, Bâle, Henricus Petrus, 1529, p. 65-66.

16. Les dipsades avaient été identifiées comme de petits serpents venimeux mentionnés par Lucain et par Caton ; les serpents du Nouveau Monde qui portent aujourd'hui le même nom ne sont pas du tout venimeux. Cf. Nutton, « The Rise of Medical Humanism. Ferrara, 1464-1555 », *op. cit.*, p. 2-19, renvoyant à Nicolas Léonicène, *De dipsade et pluribus aliis serpentibus*, Bologne, 1518 (écrit longtemps avant sa date de publication), p. 5.

17. Sur Brasavola : Nutton, « The Rise of Medical Humanism. Ferrara, 1464-1555 », *op. cit.*, p. 12-14. Sur les jardins et les collections botaniques, voir Paula Findlen, *Possessing Nature. Museums, Collecting and Scientific Culture in Early Modern Italy*, Berkeley, University of California Press, 1994.

18. Susan P. Mattern, *The Prince of Medicine. Galen in the Roman Empire*, Oxford, Oxford University Press, 2013, p. 151.

19. Augustin, *La Cité de Dieu*, livre XXII, ch. XXIV ; *op. cit.*, t. 3, p. 339.

20. [T. Southwood Smith], *Use of the Dead to the Living. From the Westminster Review*, Albany, Websters and Skinners, 1827, p. 37.

21. Charles D. O'Malley, *Andreas Vesalius of Brussels, 1514-1564*, Berkeley, University of California Press, 1964, p. 9 et 106 ; Bernard Schultz, *Art and Anatomy in Renaissance Italy*, Ann Arbor, UMI Research Press, 1985, p. 25. Le nom Jacobus Sylvius était la version latinisée de Jacques Dubois.

22. Cf. https://fr.wikipedia.org/wiki/Rete_mirabile.

23. Berengario da Carpi, traduit dans Marco Catani et Stefano Sandrone, *Brain Renaissance. From Vesalius to Modern Neuroscience*, Oxford, Oxford University Press, 2015, p. 154.

24. Cf. O'Malley, *Andreas Vesalius of Brussels*, *op. cit.*, p. 64.

25. Voir *ibid.* et 69-71 (le commentaire, i.e., Vesalius, *Paraphrasis*, 1537).

26. *Ibid.*, p. 77, 318-320 et 81-82. Les notes sont dues à l'étudiant de dix-huit ans Vitus Tritonius Athesinus et sont conservées à la Bibliothèque nationale d'Autriche, à Vienne. Vésale décrit ses préférences et ses techniques dans son *De humani corporis fabrica.*

27. Vesale, *Tabulae anatomicae* (1538), qui montrait encore le *rete* de Galien dans sa troisième table ; voir cette image : https://iiif.wellcomecollection.org/image/L0002233.jpg/full/760%2C/0/default.jpg. Le *B* désigne le *rete mirabile.* Vésale reconnut son erreur dans son *De humani corporis fabrica* ; voir plus bas.

28. O'Malley, *Andreas Vesalius of Brussels*, *op. cit.*, p. 98-100.

29. André Vésale, *De humani corporis fabrica libri septem*, Bâle, J. Oporinus, 1543. Voir aussi Vesalius, *The Fabric of the Human Body*, éd. et trad. Daniel H. Garrison et Malcolm H. Hast, Bâle, Karger, 2014, une traduction annotée des éditions de 1543 et 1555 du *De humani corporis fabrica libri septem.* Voir la version numérisée : http://www.vesaliusfabrica.com/en/original-fabrica.html. Sur le terme *fabrica*, voir O'Malley, *Andreas Vesalius of Brussels*, *op. cit.*, p. 139. Il pouvait aussi signifier « forme de construction », comme pour décrire un bâtiment. Voir aussi Daniel H. Garrison, « Why did Vesalius Title his Anatomical Atlas "The Fabric of the Human Body" ? », http://www.vesalius-fabrica.com/en/original-fabrica/inside-the-fabrica/the-name-fabrica.html.

30. Vésale, *De humani corporis fabrica*, traduit dans Catani, et Sandrone, *Brain Renaissance. From Vesalius to Modern Neuroscience*, *op. cit.*, p. 152-153.

31. Vésale, *De humani corporis fabrica*, livre V, ch. XV. Voir les notes de Garrison et Hast à leur traduction, *The Fabric of the Human Body*, *op. cit.*, vol. 2, p. 1069, n. 40 : Vesale confondit le clitoris avec une partie de la *labia minora*, la *nympha.*

32. Realdo Colombo, *De re anatomica*, Venise, N. Bevilacqua, 1559, p. 243 (s. 11, l. 6-20). En latin : « *tam pulchram rem, tanta arte effectam, tantæ utilitatis gratia* ». Le livre de Colombo fut écrit plus tôt, au début des années 1540, mais il ne fut publié qu'en 1559. Voir Mark Stringer et Ines Becker, « Colombo and the clitoris », in *European Journal of Obstetrics and Gynæcology and Reproductive Biology* n° 151, 2010, p. 130-133, et Robert J. Moes et C. D. O'Malley, « Realdo Colombo : "On those Things Rarely Found in Anatomy…" », in *Bulletin of the History of Medicine* 34, n° 6, 1960, p. 508-528. Le clitoris fut également décrit par Gabriele

Falloppio, dès 1550 dans ses notes, et en 1561 dans son ouvrage *Observationes anatomicæ*. Vésale ne vit jamais la lumière ; dans un livre ultérieur, il affirma que cette « partie nouvelle et inutile » existait seulement chez les hermaphrodites, et non chez les femmes saines : Vésale, *Anatomicarum Gabrielis Falloppii observationum examen* (1564), traduit dans Stringer et Becker, « Colombo and the Clitoris », *op. cit.*, p. 132.

33. O'Malley, *Andreas Vesalius of Brussels*, *op. cit.*, p. 130-137.

34. Sur l'influence de ce genre de considérations, voir Ruth Richardson, *Death, Dissection and the Destitute*, Londres, Penguin, 1989.

35. Voir Stringer et Becker, « Colombo and the Clitoris », *op. cit.*, p. 131.

36. Martin Clayton et Ron Philo, *Leonardo da Vinci. Anatomist*, Londres, Royal Collection, 2011, p. 17.

37. Cf. Paula Findlen *et al.*, *Leonardo's Library. The World of a Renaissance Reader*, Stanford, Stanford Libraries, 2019 – catalogue d'une exposition qui eut lieu dans les bibliothèques de Stanford en 2019 et qui visait à reconstituer la collection de livres de Léonard de Vinci à partir de ses listes et des autres ouvrages qu'il mentionna.

38. Traduit dans Clayton et Philo, *Leonardo da Vinci. Anatomist*, *op. cit.*, p. 9, renvoyant à son carnet RL 19037v.

39. Lucrèce, *De la nature des choses*, III, v. 712.

5. L'étoffe de l'humanité

1. Lewis W. Spitz, *Conrad Celtis. The German Arch-Humanist*, *op. cit.*, p. 23.

2. Leonard Forster, introduction à *Selections from Conrad Celtis. 1459-1508*, Cambridge, Cambridge University Press, 1948, p. 31-33.

3. Lettre de Rudolf Agricola à Jacob Barbireau, 7 juin 1484, publiée plus tard sous le titre *De formando studio* (« Lettre sur l'organisation du programme d'études »). Voir Rudolf Agricola, *Écrits sur la dialectique et l'humanisme*, éd. Marc van der Poel, Classiques Garnier, 2018, p. 290-291 (« tu dois étudier les faits mêmes [*res ipsas*] »).

4. Rabelais, *Pantagruel*, ch. VIII, in *Œuvres complètes*, Gallimard, « Bibliothèque de la Pléiade », p. 244-245.

5. Johann von Plieningen, « *Vita* », in *Rudolf Agricola : Six Lives and Erasmus's Testimonies*, *op. cit.*, p. 53-75 (ici p. 71-73). Les autres informations de ce paragraphe proviennent de la même source, à l'exception de

son bon accent – voir Goswinus van Halen, « *Vita* », in *Rudolf Agricola. Six Lives and Erasmus's Testimonies*, *op. cit.*, p. 77-89 (ici p. 89). Sur l'effet général d'Agricola sur les gens, voir Lewis W. Spitz, *The Religious Renaissance of the German Humanists*, Cambridge (Massachusetts), Harvard University Press, 1963, p. 20-21. Johann von Plieningen était l'un des deux frères devenus à Ferrare des amis d'Agricola ; il les appelait « les Plines » à cause de leur nom (et parce qu'il aimait Pline).

6. Son ouvrage le plus célèbre portait sur l'invention dialectique : *De inventione dialectica libri tres*, Amsterdam, Alardus, 1539.

7. Rudolf Agricola à Jacob Barbireau, 7 juin 1484, publiée plus tard sous le titre *De formando studio*, *in* Agricola, *Écrits sur la dialectique et l'humanisme*, *op. cit.*, p. 282-309.

8. R. J. Schoeck, « Agricola and Erasmus : Erasmus's Inheritance of Northern Humanism », in *Rodolphus Agricola Phrisius, 1444-1485 (Proceedings of the International Conference at the University of Groningen, 28-30 October, 1985)*, éd. F. Akkerman et A. J. Vanderjagt, Leyde et New York, Brill, 1988, p. 181-188 (ici p. 181-182).

9. Cf. Peter Mack, *Renaissance Argument*, Leyde, Brill, 1993, p. 128.

10. Sur ses amis et correspondants, voir Peter G. Bietenholz et Thomas B. Deutscher, *Contemporaries of Erasmus*, Toronto, University of Toronto Press, 1985-1987 ; l'ouvrage contient près de deux mille noms de personnes qu'il connut ou mentionna.

11. Érasme, « Il faut donner très tôt aux enfants… » [*De pueris instituendis*], in *Éloge de la folie. Adages. Colloques. Réflexions sur l'art, l'éducation, la religion, la guerre, la philosophie. Correspondance*, éd. C. Blum, A. Godin, J.-C. Margolin, D. Ménager, Robert Laffont, « Bouquins », 1992, p. 519.

12. Érasme à Lambertus Grunnius, 1516, cité dans R. J. Schoeck, *Erasmus of Europe*, *op. cit.*, vol. 1, p. 49.

13. E. M. Forster, « Breaking up », in *Spectator*, 28 juillet 1933, in *The Prince's Tale and Other Uncollected Writings*, éd. P. N. Furbank, Londres, Penguin, 1999, p. 273.

14. De cette période anglaise datent ces ouvrages *De ratione studii* (1511, enrichi en 1512 et en 1514) et *De copia* (1512, enrichi à plusieurs reprises par la suite).

15. Érasme, *Savoir-vivre à l'usage des enfants*, trad. Alcide Bonneau, Arléa, 1999, p. 17-25.

16. « *Manners maketh man.* » Pour l'histoire de cette devise, qui semble remonter au quatorzième siècle et à William of Wykeham,

mais qui fut attestée pour la première fois chez William Horman en 1519, voir Mark Griffith, « The Language and Meaning of the College Motto » (2012), https://www.new.ox.ac.uk/sites/default/files/1NCN1%20%282012%29%20Griffith-Manners.pdf.

17. Érasme, « Le plan des études », in *Éloge de la folie. Adages…*, *op. cit.*, p. 446-447.

18. Sur le concept d'*abondance* [*copiousness*], voir notamment Terence Cave, *The Cornucopian Text. Problems of Writing in the French Renaissance*, Oxford, Clarendon Press, 1979.

19. Érasme, *De Copia*, in *Collected Works*, vol. 24 : *Literary and Educational Writings*, 2, éd. Craig R. Thompson, Toronto, University of Toronto Press, 1985 : *De copia / De ratione studii*, p. 279-660, notamment p. 302 (Quintilien), p. 572-581 (causes, conséquences, exemples), p. 411 (coutumier), p. 429 (doute), p. 431-432 (chantage).

20. *Ibid.*, p. 560-562. Pour ceux qui ne connaîtraient pas la troupe comique des Monty Python, il y a ici la référence à leur sketch du perroquet de 1969, dans lequel John Cleese rapporte un perroquet mort à l'animalerie et tente de multiples fois de convaincre l'assistant qu'il est vraiment mort. Il fait varier les formules, comme Érasme : « Ce perroquet a cessé d'être », « C'est un ex-perroquet », etc.

21. La première édition, *Adagiorum collectanea* (1500), est aujourd'hui assez rare ; on en trouve des exemplaires à Harvard, à Sélestat, à La Hague et à la Bibliothèque nationale de France. L'édition aux quatre mille deux cent cinquante et un adages date de 1533. Voir Schoeck, *Erasmus of Europe*, *op. cit.*, vol. 1, p. 237-238 et 241, n. 1.

22. Cité dans *Erasmus of Europe*, *op. cit.*, vol. 2, p. 134.

23. Lettre 391A d'Érasme à Johannes Sapidus, 1516, traduite dans *Erasmus of Europe*, *op. cit.*, vol. 2, p. 159.

24. Traduit dans P. S. Allen, *The Age of Erasmus*, Oxford, Clarendon Press, 1914, p. 153.

25. Érasme, « Lettre à Dorpius » (1515), in *Éloge de la folie*, trad. Pierre de Nolhac, Garnier-Flammarion, 1964, p. 124-125.

26. Sur ce livre, voir Schoeck, *Erasmus of Europe*, *op. cit.*, vol. 1, p. 141.

27. Il l'avait trouvé dans l'abbaye du Parc ; voir Schoeck, *Erasmus of Europe*, *op. cit.*, vol. 2, p. 44-45.

28. Beaucoup d'autres projets de ce genre étaient en cours, parmi lesquels la « Bible polyglotte d'Alcalá », œuvre d'une équipe d'universitaires d'Alcalá, en Espagne. Achevée en 1517 et publiée en 1522, elle inclut, en parallèle, les textes hébreu, grec, syriaque et latin. Voir Jerry

H. Bentley, *Humanists and Holy Writ*, Princeton, Princeton University Press, 1983, p. 70-111. L'année 1522 vit aussi paraître la traduction allemande du Nouveau Testament par Martin Luther, suivie en 1534 par la Bible intégrale.

29. Érasme, « Lettre à Dorpius », *op. cit.*, p. 124.

30. Lettre d'Érasme à Albert de Brandenbourg, 19 octobre 1519, trad. John C. Olin dans son édition d'Érasme, *Christian Humanism and the Reformation. Selected Writings, with the Life of Erasmus by Beatus Rhenanus*, New York, Fordham University Press, 1975, p. 134-145 (ici p. 144-145).

31. Lettre d'Érasme à Jodocus Jonas, 10 mai 1521, in *Christian Humanism and the Reformation*, *op. cit.*, p. 150-163 (ici p. 153).

32. Érasme attaqua Luther sur ce point dans son *De libero arbitrio diatribe sive collatio* (Bâle, Froben, 1524) ; Luther répondit par son *De servo arbitrio* (Wittemberg, J. Lufft, 1525).

33. Voir Valentina Sebastiani, *Johann Froben, Printer of Basel*, Leyde et Boston, Brill, 2018, p. 66-67.

34. Lettre d'Érasme à Richard Pace, 5 juillet 1521, in Schoeck, *Erasmus of Europe*, *op. cit.*, vol. 2, p. 231.

35. Érasme, *Éloge de la folie*, trad. C. Barousse, Actes Sud, 1994, p. 140 (ch. LIX).

36. Erasmus, « *Dulce bellum inexpertis* », *in* Margaret Mann Phillips, *The « Adages » of Erasmus*, *op. cit.*, p. 308-353 (ici p. 309). Le titre provient de Vegetius, *L'Art de la guerre*, t. III, ch. XIII (Phillips corrige Érasme, qui indique le ch. XIV). [Cf. Érasme, *Les Adages*, Les Belles Lettres, 2019, p. 137-203 ; citation p. 138.] Voir aussi Érasme, « La Complainte de la Paix » [*Querela Pacis*, décembre 1517], in *Éloge de la folie. Adages*, *op. cit.*, p. 909-955.

37. Érasme, *Les Adages*, *op. cit.*, p. 150.

38. *Ibid.*, p. 142.

39. *Ibid.*, p. 159-160.

40. *Ibid.*, p. 145.

41. *Ibid.*, p. 140.

42. L'essai biographique de Stefan Zweig *Triumph und Tragik des Erasmus von Rotterdam* en est un bon exemple ; il fut publié à Vienne en 1934, tandis que des forces comparables étaient libérées dans son propre monde. Cf. *Erasmus / The Right to Heresy*, trad. Eden et Paul Cedar, Londres, Hallam / Cassell, 1951.

43. Il s'appelle aujourd'hui *Erasmus+*. https://erasmus-plus.ec.europa.eu/. Pour le nombre de participants : https://ec.europa.eu/commission/presscorner/detail/en/qanda_20_130. Sur Sofia Corradi, dite « *Mamma Erasmus* » : https://it.wikipedia.org/wiki/Sofia_Corradi.

44. Montaigne, *Essais*, *op. cit.*, p. 945 (III, ch. IX). Le choix du français reflète aussi le florissement général de l'écriture dans cette langue à l'époque de Montaigne. Il raconte l'expérience de son père au livre I, ch. XXVI (*ibid.*, p. 184).

45. Voir M. A. Screech, *Montaigne's Annotated Copy of Lucretius. A Transcription and Study of the Manuscript, Notes and Pen-Marks*, Genève, Droz, 1998.

46. Montaigne, *Essais*, livre I, ch. XXX ; *op. cit.*, p. 209.

47. *Ibid.*, livre III, ch. XI ; *op. cit.*, p. 995.

48. *Ibid*, p. 307 (livre I, ch. LVI) et 552 (livre II, ch. XII).

49. *Ibid.*, p. 1074-1075 (livre III, ch. XIII).

50. *Ibid.*, p. 1072.

51. *Ibid*, p. 427 et 539 (livre II, ch. XII).

52. *Ibid.*, p. 394 et 390 (livre II, ch. X), 297-300 (livre I, ch. LI) et 183 (livre I, ch. XXVI).

53. *Ibid.*, p. 396 et 390 (livre II, ch. X).

54. *Ibid.*, p. 232 (livre I, ch. XXXVII).

55. *Ibid.*, p. 221 (livre I, ch. XXXI).

56. *Ibid.*, p. 758 (livre II, ch. XXXVII).

57. *Ibid.*, p. 773 (livre III, ch. II).

58. *Ibid.*, p. 307 (livre I, ch. LVI).

59. Walter Pater, « Charles Lamb », in *Appreciations*, Londres, Macmillan, 1890, p. 105-123 (ici p. 117).

60. Henry Fielding, *Tom Jones*, trad. H. de La Bédoyère, Firmin Didot, 1833, p. 3.

61. Lettre de William James à Catherine Elizabeth Havens du 23 mars 1874, citée dans Robert D. Richardson, *William James*, Boston et New York, Houghton Mifflin, 2007, p. 152.

62. George Eliot, « The Natural History of German Life » (1856), in *Selected Critical Writings*, éd. Rosemary Ashton, Oxford et New York, Oxford University Press, 1992, p. 263.

63. Des études récentes ont abouti à des conclusions divergentes sur cette question. Une étude clé a montré que les personnes qui viennent de lire un passage de fiction font plus de choix éthiques dans un test que celles qui n'en ont pas lu : David Comer Kidd et

Emanuele Castano, « Reading Literary Fiction improves Theory of Mind », in *Science* 342, n° 6156, 18 octobre 2013, p. 377-80, https://science.sciencemag.org/content/342/6156/377.abstract?sid=f192d0cc-1443-4bf1-a043-61410da39519. D'autres se demandent si le fait de fonder des décisions morales sur l'empathie est une bonne idée : Paul Bloom soutient qu'elle nous conduit à nous lier trop étroitement à notre groupe d'appartenance, au détriment des groupes extérieurs et des étrangers, et qu'une bonté raisonnée serait un meilleur guide : Paul Bloom, *Against Empathy. The Case for Rational Compassion*, Londres, Bodley Head, 2017.

6. *Miracles perpétuels*

1. Voir Edward Paice, *Wrath of God. The Great Lisbon Earthquake of 1755*, Londres, Quercus, 2008, p. 69, renvoyant à la lettre de Thomas Chase à sa mère (Centre for Kentish Studies, Gordon Ward Collection U442, et BL Add. 38510 ff.7-14 : « Narrative of his Escape from the Earthquake at Lisbon »). Sur le séisme en général, et sur le nombre de ses victimes, voir Paice, *op. cit.*, p. 168-172, et T. D. Kendrick, *The Lisbon Earthquake*, Londres, Methuen, 1956.

2. J. W. von Goethe, *Vérité et poésie*, I, trad. J. Porchat, in *Œuvres*, Hachette, 1862, t. VIII, p. 24.

3. Russell R. Dynes, « The Lisbon Earthquake of 1755. The First Modern Disaster », in *The Lisbon Earthquake of 1755. Representations and Reactions*, éd. Theodore E. D. Braun et John B. Radner, Oxford, Voltaire Foundation, 2005, p. 34-49 (ici p. 42).

4. La destruction de l'abbaye de Port-Royal a eu lieu entre 1708 et 1711. Cf. Kendrick, *The Lisbon Earthquake*, *op. cit.*, p. 95-100.

5. Augustin, *La Cité de Dieu*, livre XII, ch. IV ; cf. *op. cit.*, t. 2, p. 66. (Nous traduisons de l'anglais, la version française différant beaucoup pour ce passage. *N.d.T.*)

6. Alexander Pope, *An Essay on Man*, épître 1, v. 294.

7. Geoffrey Chaucer, *Les Contes de Canterbury*, « Conte du Franklin », v. 885-893 ; *op. cit*, p. 412-413.

8. Voltaire à Jean-Robert Tronchin, 24 novembre 1755, in *Œuvres complètes de Voltaire*, Institut et musée Voltaire, Les Délices, Genève, t. C, 1971, p. 401.

9. Sur le *Poème sur le désastre de Lisbonne* (1756), voir Theodore Besterman, *Voltaire*, Oxford, Blackwell, 1976, p. 367-371.

10. Voltaire, *Dictionnaire philosophique* (1764), article « "Bien [tout est]" » ; in *Œuvres complètes*, Garnier, 1878, t. XVII, p. 581.

11. Voltaire, *Candide ou l'optimisme*, Gallimard, « Folio Classiques », 2007, p. 96 (ch. XIX).

12. Voltaire à Élie Bertrand, 18 février 1756, *Œuvres complètes de Voltaire*, *op. cit.*, t. CI, 1971, p. 73.

13. Voltaire, *Candide*, *op. cit.*, p. 154 (ch. XXX).

14. E. M. Forster, *Le Plus Long des voyages* [*The Longest Journey*], trad. Charles Mauron, Le Bruit du Temps, p. 145.

15. On le rencontre pour la première fois en 1858 dans un volume d'essais du médecin écossais John Brown. Il n'approuvait que partiellement le concept, mais il lui donna un nom. John Brown, *Horæ Subsecivæ* [Heures de loisir], Édimbourg, T. Constable, et Londres, Hamilton, Adams, 1858-1882, vol. 1, p. XIX. Il s'agit de la première citation dans l'*Oxford English Dictionary*, et elle est mentionnée par Gordon S. Haight dans sa note d'éditeur à la lettre d'Eliot – une lettre dans laquelle elle accepte prudemment de s'attribuer le mérite du terme tout en notant que les inventions sont souvent réalisées simultanément par plusieurs personnes. Elle ne connaissait probablement pas l'usage qu'en faisait Brown. Voir Eliot à James Sully, 19 janvier 1877, dans *The George Eliot Letters*, éd. G. S. Haight, Londres, Oxford University Press, et New Haven, Yale University Press, 1954-1978, vol. 4, p. 333-334. Sully avait écrit un livre sur le pessimisme ; il lui attribua donc le terme lorsqu'il le publia plus tard durant cette même année. Voir également James Sully, *Le Pessimisme. Histoire et critique* [*Pessimism. A History and a Criticism*, 1877], trad. A. Bertrand et P. Gérard, Germer Baillière, 1882, p. 378.

16. Rosemary Ashton, « Coming to Conclusions : How George Eliot Pursued the Right Answer », in *Times Literary Supplement*, 15 novembre 2019, p. 12-14 ; Besterman, *Voltaire*, *op. cit.*, p. 397. J'ai été influencée par l'ouvrage récent de Ritchie Robertson, qui souligne chez les philosophes des Lumières les motifs mélioristes et humanistes, plus que leur idéal de raison ; voir Robertson, *The Enlightenment. The Pursuit of Happiness, 1680-1790*, Londres, Allen Lane, 2020.

17. Voir P. N. Furbank, *Diderot. A Critical Biography*, Londres, Secker & Warburg, 1992, p. 128-129.

18. *Ibid.*, p. 130.

19. Nicolas de Condorcet, *Esquisse d'un tableau historique des progrès de l'esprit humain*, 1797, p. 275 ; cf. « The Sketch », trad. June Barraclough, *in* Condorcet, *Political Writings*, éd. Steven Lukes et Nadia Urbinati, Cambridge, Cambridge University Press, 2012, p. 1-147 (ici p. 130). Sur son éventail d'applications et sur son idéal de progrès, voir l'introduction de Lukes et Urbinati, p. XVIII–XIX.

20. Baron d'Holbach, *The System of Nature*, vol. 1, adapt. H. D. Robinson, 1868, Manchester, Clinamen, 1999, 5. [L'expression anglaise citée par l'autrice n'apparaît pas littéralement dans le texte original. *N.d.T.*]

21. *Ibid.*, p. 189 [I, ch. XIII, p. 273 dans l'édition originale de 1770]. L'histoire de l'épouse d'Holbach est racontée par Michael Bush dans son introduction à l'édition anglaise citée, p. IX.

22. Richard S. Popkin, introduction à son édition (avec Craig Brush) de Pierre Bayle, *Historical and Critical Dictionary. Selections*, Indianapolis et Cambridge, Hackett, 1991, p. xviii. La source de cette histoire est Claude Gros de Boze et son « Éloge de M. le Cardinal de Polignac », préface à *L'Anti-Lucrèce* de Polignac (Paris, 1749).

23. Voir le *Traité sur la tolérance* (1763) de Voltaire.

24. Voltaire, *Dictionnaire philosophique* (1764), article « Miracles », in *Œuvres complètes*, Garnier, 1879, t. XX, p. 77.

25. Robert G. Ingersoll, « The Gods », in *Orations*, Londres, Freethought, 1881, p. 33.

26. Le texte du *herem* est cité dans Steven Nadler, *Spinoza*, Cambridge, Cambridge University Press, 2018, p. 139-141.

27. Condorcet, *Esquisse d'un tableau historique des progrès de l'esprit humain*, *op. cit.*, p. 365.

28. *Essais*, *op. cit.*, p. 409, 415 et 410-411 (livre II, ch. XI).

29. Tertullien, *De spectaculis*, § 30.

30. Bernard de Cluny, *Scorn for the World. Bernard of Cluny's De contemptu mundi*, trad. Ronald E. Pepin, East Lansing, East Lansing Colleagues Press, 1991, p. 17-19.

31. Charles Darwin, « Religious Belief » (écrit en 1879, « copié et diffusé » en 1881), in *Autobiographies*, éd. Michael Neve et Sharon Messenger, Londres, Penguin, 2002, p. 49-55 (ici p. 49-50).

32. John Stuart Mill, *An Examination of Sir William Hamilton's Philosophy*, Londres, Longman, Green, Longman, Roberts & Green, 1865, p. 103.

33. Anthony Ashley Cooper, troisième comte de Shaftesbury, « The Moralists, a Philosophical Rhapsody », in *Characteristics of Men, Man-*

ners, Opinions, Times, éd. Lawrence E. Klein, Cambridge, Cambridge University Press, 1999, p. 231-338. Voir aussi un ouvrage antérieur de Shaftesbury, son *Essai sur le mérite et la vertu* (*An Inquiry Concerning Virtue*, Londres, A. Bell, 1699).

34. Furbank, *Diderot*, *op. cit.*, p. 26.

35. John Locke, *Lettre sur la tolérance* (1686), trad. Jean Le Clerc (1710), in *Lettre sur la tolérance et autres textes*, Chicoutimi (Québec), Les Classiques des sciences sociales, 2021, p. 95.

36. Cf. Pierre Bayle, *Pensées diverses sur la comète*, Garnier-Flammarion, 2007, p. 73-75 (lettres 8 et 9).

37. Cf. Jonathan Israel, *Radical Enlightenment. Philosophy and the Making of Modernity, 1650-1750*, Oxford, Oxford University Press, 2001, p. 334-335.

38. Elisabeth Labrousse, *Bayle*, trad. Denys Potts, Oxford et New York, Oxford University Press, 1983, p. 31.

39. Ian Davidson, *Voltaire*, New York, Pegasus, 2012, p. 108-111 et 356-357.

40. Furbank, *Diderot*, *op. cit.*, p. 48-50.

41. *Ibid.*, p. 291.

42. Israel, *Radical Enlightenment*, *op. cit.*, p. 286-291.

43. Bush, introduction au baron d'Holbach, *The System of Nature*, *op. cit.*, vol. 1, p. vii.

44. Voltaire à Gabriel et Philibert Cramer, 25 février 1759, in *Œuvres complètes de Voltaire*, *op. cit.*, t. CIII, 1971, p. 427.

45. Voltaire à Mme du Deffand, le 6 janvier 1764, in *Œuvres complètes de Voltaire*, *op. cit.*, t. CXI, 1973, p. 155.

46. Jean des Cars, *Malesherbes. Gentilhomme des Lumières*, Fallois, 1994, p. 45.

47. Pour ce paragraphe : *ibid.*, p. 92-93 et 85.

48. Furbank, *Diderot*, *op. cit.*, p. 254, 461 et 472.

49. *Ibid.*, p. 273.

50. Des Cars, *Malesherbes*, *op. cit.*, p. 387-391.

51. Cité dans Joan Wallach Scott, « French Feminists and the Rights of "Man". Olympe de Gouges's Declarations », in *History Workshop Journal*, n° 28, 1989, p. 1-21 (ici p. 17). Sur la Déclaration : https://fr.wikipedia.org/wiki/Déclaration_des_droits_de_la_femme_et_de_la_citoyenne.

52. Condorcet, *Sur l'admission des femmes au droit de cité*, Didot, 1847, p. 121-130. (*Political Writings*, *op. cit.*, p. 156-162.)

53. Condorcet, *Esquisse d'un tableau historique des progrès de l'esprit humain*, *op. cit.*, p. 384-385 (X[e] époque). Un récit de ses aventures et de sa mort se trouve dans l'introduction de Lukes et de Urbinati à ses *Political Writings* (*op. cit.*, p. XX–XXI).

54. Craig Nelson, *Thomas Paine*, Londres, Profile, 2007, p. 258-260 ; Susan Jacoby, *Freethinkers*, New York, Metropolitan Books / Henry Holt, 2004, p. 41.

55. Pour ce paragraphe : Thomas Paine, *Le Siècle de la raison*, *op. cit.*, p. 66, 55 et 26.

56. *Ibid.*, p. 25.

57. Jacoby, *Freethinkers*, *op. cit.*, p. 61.

58. Cf. Paul Collins, *The Trouble with Tom. The Strange Afterlife and Times of Thomas Paine*, Londres, Bloomsbury, 2006.

59. Joel H. Wiener, *Radicalism and Freethought in Nineteenth-Century Britain. The Life of Richard Carlile*, Westport et Londres, Greenwood, 1983, p. 46-47 ; G. D. H. Cole, *Richard Carlile. 1790-1843*, Londres, Victor Gollancz and Fabian Society, 1943, p. 10-11.

60. Richard Carlile, *An Address to Men of Science*, Londres, R. Carlile, 1821, p. 7. Sur ce point et sur son emprisonnement, voir Cole, *Richard Carlile*, *op. cit.*, p. 11 et 16.

61. Anthony Ashley Cooper, troisième comte de Shaftesbury, « Sensus Communis. An Essay on the Freedom of Wit and Humour », in *Characteristics of Men, Manners, Opinions, Times* (1714), éd. Lawrence E. Klein, Cambridge, Cambridge University Press, 1999, p. 34. L'écriture « ésotérique » fut initialement décrite, et pratiquée, par John Toland dans « Clidophorus, or Of the Exoteric and Esoteric Philosophy... », in *Tetradymus*, Londres, J. Brotherton et W. Meadows [etc.], 1720, p. 66. *Clidophorus* signifie « porteur de clé ».

62. Paine, *Le Siècle de la Raison*, *op. cit.*, p. 26.

63. Bryan Magee, *Confessions of a Philosopher*, Londres, Phoenix, 1998, p. 128.

64. David Hume, *Enquête sur l'entendement humain*, trad. André Leroy, Flammarion, 2008, p. 176.

65. Carl Sagan, « Encyclopaedia galactica », épisode 12 de *Cosmos. A Personal Voyage*, PBS, première diffusion le 14 décembre 1980. Sagan parlait de preuves de visites d'extraterrestres sur la Terre, mais sa phrase a été appliquée à des contextes plus généraux.

66. Ernest Campbell Mossner, *The Life of David Hume*, Oxford, Clarendon Press, 1980, p. 101.

67. Hume, *Enquête sur l'entendement humain*, *op. cit.*, p. 169-195 (section X, « *Les miracles* »). Voir aussi Mossner, *The Life of David Hume*, *op. cit.*, p. 286.

68. « *Note on the Text* », *in* David Hume, *The Natural History of Religion*, éd. A. Wayne Colver, et *Dialogues Concerning Natural Religion*, éd. John Vladimir Price, Oxford, Clarendon Press, 1976, p. 7. Voir Mossner, *The Life of David Hume*, *op. cit.*, p. 320.

69. C'est « Philo » qui parle, *in* Hume, *Dialogues sur la religion naturelle*, trad. M. Malherbe, Vrin, 2005, p. 329.

70. Mossner, *The Life of David Hume*, *op. cit.*, p. 162 et 251-254.

71. Aikenhead fut exécuté en 1697. Voir Michael Hunter, « "Aikenhead the Atheist". The Context and Consequences of Articulate Irreligion in the Late Seventeenth Century », in *Atheism from the Reformation to the Enlightenment*, éd. Michael Hunter et David Wootton, Oxford, Clarendon Press, 1992, p. 221-254 (ici p. 225).

72. Mossner, *The Life of David Hume*, *op. cit.*, p. 587 et 245. L'anecdote du dîner fut racontée par l'ami de Hume, Alexander Carlyle of Inveresk (*Autobiography*, éd. J. Hill Burton, Londres et Edinburgh, T. N. Foulis, 1910, p. 285-286).

73. Hume, *Dialogues sur la religion naturelle*, *op. cit.*, p. 333.

74. La lettre de Hume avait été adressée (sans être envoyée) à un médecin non nommé, identifié par Mossner comme le Dr John Arbuthnot. Sur cette lettre, voir Ernest Campbell Mossner, « Hume's Epistle to Dr Arbuthnot, 1734. The Biographical Significance », in *Huntingdon Library Quarterly* 7, n° 2, février 1944, p. 135-152.

75. David Hume, *Traité de la nature humaine* [*A Treatise of Human Nature*], trad. Philippe Baranger et Philippe Saltel, Garnier-Flammarion, 1995, p. 362 (livre I, 4e partie, § 7).

76. Hume, *Traité de la nature humaine*, livre II, trad. Jean-Pierre Cléro, livre III, trad. Philippe Saltel, Garnier-Flammarion, 1991 et 1993 : livre III, p. 197-199 (livre III, 3e partie, § 1), p. 67 (livre III, 1re partie, § 2) ; livre II, p. 203 (livre II, 2e partie, § 5). Hume reprit son argument sur la moralité dans son *Enquête sur les principes de la morale* (1751). L'ami de Hume Adam Smith soutint un raisonnement similaire sur la morale et la sympathie dans sa *Théorie des sentiments moraux* (1759).

77. David Hume à Anne-Robert Jacques Turgot, 1766, cité dans Mossner, *The Life of David Hume*, *op. cit.*, p. 286.

78. David Hume à Henry Home, décembre 1737 ; *ibid.*, p. 112.

79. David Hume, *Four Dissertations*, Londres, A. Millar, 1757. Voir J. C. A. Gaskin, « Hume's Suppressed Dissertations. An Authentic Text », in *Hermathena*, n° 106, printemps 1968, p. 54-59 (ici p. 55).

80. Journal de James Boswell, entrée du 28 décembre 1764, in *Boswell on the Grand Tour*, éd. F. A. Pottle, Londres, Heinemann, 1953, vol. 1, p. 286.

81. Cité dans Mossner, *The Life of David Hume*, *op. cit.*, p. 587.

82. David Hume à William Strahan, 12 juin 1776, *Letters of David Hume to William Strahan*, éd. G. Birkbeck Hill, Oxford, Clarendon Press, 1888, p. 337.

83. James Boswell, « An Account of my last Interview with David Hume, Esq. (Partly recorded in my Journal, Partly enlarged from my Memory, March 3, 1777) », dans son Journal, *Boswell in Extremes. 1776-1778*, éd. C. McC. Weis et F. A. Pottle, Londres, Heinemann, 1971, p. 11-15.

84. Le commentaire de Boswell et la remarque de Johnson se trouvent tous deux dans le Journal de Boswell, à la date du mardi 16 septembre 1777 ; *Boswell in Extremes. 1776-1778*, *op. cit.*, p. 155.

85. « Letter from Adam Smith to William Strahan », 9 novembre 1776, décrivant la dernière maladie de Hume : cette lettre figure, avec le texte de Hume intitulé « My Own Life » (18 avril 1776), dans *The Life of David Hume, Esq ; Written by Himself*, Londres, W. Strahan et T. Cadell, 1777, p. 37-62, 43-44 et 49-50.

86. Mossner, *The Life of David Hume*, *op. cit.*, p. 592.

87. Gaskin, « Hume's Suppressed Dissertations », *op. cit.*, p. 54-59.

88. « Letter from Adam Smith to William Strahan », *op. cit.*, p. 37-62 (p. 49-50 et 58 pour les citations).

89. Mossner, *The Life of David Hume*, *op. cit.*, p. 605 et 603.

90. « Letter from Adam Smith to William Strahan », *op. cit.*, p. 62.

7. *Une sphère pour tous les êtres humains*

1. David Hume, « Of National Characters » (1748, rev. 1754), cité dans *Race and the Enlightenment. A Reader*, éd. Emmanuel Chukwudi Eze, Cambridge (Massachusetts) et Oxford, Blackwell, 1997, p. 33. Les corrections de Hume furent apportées en 1776 et publiées dans une édition posthume de 1777. Sur les critiques de Beattie, voir James Beattie, *An Essay on the Nature and Immutability of Truth in Opposition to*

Sophistry and Scepticism, Édimbourg, A. Kincaid and J. Bell, et Londres, E. and C. Dilly, 1771, p. 508-511.

2. Condorcet, *Esquisse d'un tableau historique des progrès de l'esprit humain*, *op. cit.*, p. 336 (X^e^ époque).

3. Jean-Jacques Rousseau, *Émile ou de l'éducation*, livre V ; Gallimard, « Folio Essais », 1969, p. 604 et 627.

4. Voltaire à Frédéric le Grand, 15 octobre 1749, in *Œuvres complètes de Voltaire*, *op. cit.*, t. XCV, 1970, p. 179.

5. Platon, *Timée*, 42a-b, 90e et 92b.

6. Cf. Aristote, *Les Politiques*, I, 4-5 ; trad. P. Pellegrin, Garnier-Flammarion, 1990, p. 98 et 103.

7. Lors d'un débat sur ce sujet, à Valladolid, en 1550-1551. Voir Lewis Hanke, *All Mankind Is One. A Study of the Disputation between Bartolomé de Las Casas and Juan Ginés de Sepúlveda in 1550 on the Intellectual and Religious Capacity of the American Indians*, DeKalb, Northern Illinois University Press, 1974.

8. Extraits de Josiah C. Nott, « Two Lectures on the Natural History of the Caucasian and Negro Races » (1844), in *The Ideology of Slavery. Proslavery Thought in the Antebellum South, 1830-1860*, éd. Drew Gilpin Faust, Baton Rouge et Londres, Louisiana State University Press, 1981, p. 206-238 (citation p. 238). Nott co-écrivit plus tard *Types of Mankind* (1854), où il présenta un argument similaire en faveur d'une différence raciale complète.

9. Augustin, *La Cité de Dieu*, livre XVI, ch. VIII ; *op. cit.*, t. II, p. 264-266.

10. Hanke, *All Mankind Is One*, *op. cit.*, p. 21.

11. Jane Ellen Harrison, « Homo sum », in *Alpha and Omega*, Londres, Sidgwick & Jackson, 1915, p. 80-115.

12. Dorothy L. Sayers, « Are Women Human ? », in *Unpopular Opinions*, Londres, Victor Gollancz, 1946, p. 108-109.

13. *Ibid.*, p. 114.

14. Harriet Taylor Mill, *L'Affranchissement des femmes*, traduit par Myriam Dennehy, Hatier, 2025, p. 27.

15. Thucydide, *La Guerre du Péloponnèse*, *op. cit.*, p. 33 (livre II, § 45).

16. Joan Wallach Scott, « French Feminists and the Rights of "Man". Olympe de Gouges's Declarations », in *History Workshop Journal*, n° 28, 1989, p. 1-21 (ici p. 17).

17. Mary Wollstonecraft, *Défense des droits des femmes* [*A Vindication of the Rights of Woman*, 1792], in *Œuvres*, trad. anonyme (1792), Classiques Garnier, 2016, p. 77 (et 135, 141-142 et 317 pour les citations

suivantes). Sur la question de la vertu : son argumentation se heurte au fait que le mot « vertu » lui-même, par son origine latine, fait de la masculinité la norme, car il dérive de *vir* (« homme ») ; il évoque ainsi la virilité ou, comme le dit parfois l'argot anglais du vingt et unième siècle, le fait de « *manning up* » [faire un gros effort, se mobiliser, litt. « se conduire en homme »].

18. John Stuart Mill, *L'Asservissement des femmes* [*The Subjection of Women*, 1869], trad. Marie-Françoise Cachin, Payot & Rivages, « Petite bibliothèque Payot », 2005, p. 166. Mill l'écrivit après la mort de Harriet, entre 1859 et 1861 ; il fut publié en 1869.

19. Dan Goodley, *Disability and Other Human Questions*, Bingley, Emerald, 2021, ch. V.

20. Jeremy Bentham, *Introduction aux principes de morale et de législation* [*An Introduction to the Principles of Morals and Legislation*, 1789], trad. Centre Bentham, Vrin, 2011, p. 129.

21. Jeremy Bentham, *Introduction aux principes de morale et de législation*, *op. cit.*, p. 325.

22. Jeremy Bentham, *Défense de la liberté sexuelle*, « Les délits contre le goût » [*Of Sexual Irregularities*, 1814], trad. Évelyne Meziani, Mille et une Nuits, 2004.

23. Sur le thème fascinant de « l'auto-icône », voir Jeremy Bentham, « Auto-Icon, or farther Uses of the Dead to the Living. A Fragment. From the MSS. of Jeremy Bentham », manuscrit inédit [Londres ?, 1832 ?] ; [T. Southwood Smith], *Use of the Dead to the Living. From the Westminster Review*, Albany, Websters and Skinners, 1827 ; T. Southwood Smith, *A Lecture Delivered over the Remains of Jeremy Bentham Esq., in the Webb Street School of Anatomy & Medicine, on the 9th of June, 1832*, Londres, Effingham Wilson, 1832 ; C. F. A. Marmoy, « The "Auto-Icon" of Jeremy Bentham at University College, London », in *Medical History* 2, n° 2, avril 1958, p. 77-86.

24. Thomas Wright, *Oscar's Books*, Londres, Chatto & Windus, 2008, p. 1-2.

25. Richard Ellmann, *Oscar Wilde*, Londres, Penguin, 1988, p. 465-466 et 492.

26. Oscar Wilde, *De Profundis*, trad. Jean Gattégno, in *Œuvres*, Gallimard, « Bibliothèque de la Pléiade », 1996, p. 627.

27. Boccace, *Les Femmes illustres*, trad. J.-Y. Boriaud, Les Belles Lettres, 2013.

28. Paolo Giovio, *Notable Men and Women of Our Time*, éd. et trad. Kenneth Gouwens, Cambridge (Massachusetts), Harvard University Press, 2013, p. 367-369.

29. *Essais*, *op. cit.*, p. 864 (livre III, ch. V).

30. Christine de Pisan, *Le Livre de la cité des dames*, *op. cit.*, p. 92 (livre I, § 27).

31. Virginia Woolf, *Une pièce à soi* [*A Room of One's Own*], trad. Laurent Bury, in *Mrs Dalloway et autres textes*, Gallimard, « Bibliothèque de la Pléiade », 2025, p. 562-566. Première publication en 1945, d'après une conférence de 1928.

32. Simone de Beauvoir, *Le Deuxième Sexe*, Gallimard, 1949, t. II, p. 13.

33. John Stuart Mill, *L'Asservissement des femmes* (1869), *op. cit.*, p. 56.

34. John Stuart Mill, « Bentham » (1838), in *L'Utilitarisme. Essai sur Bentham*, trad. Catherine Audard et Patrick Thierry, PUF., « Quadrige », 1998, p. 166-168.

35. John Stuart Mill, *L'Asservissement des femmes* (1869), *op. cit.*, p. 32-34.

36. *Ibid.*, p. 277.

37. Frederick Douglass, « *What to the Slave Is the Fourth of July ?* », in *The Portable Frederick Douglass*, éd. John Stauffer et Henry Louis Gates Jr, New York, Penguin, 2016, p. 207. Il s'agit du discours du 4 Juillet prononcé par Douglass à New York, en 1852, à la Société des dames de Rochester contre l'esclavage. L'historien de la culture Johan Huizinga posa une question similaire dans un discours de 1935 fustigeant les idées pseudo-scientifiques sur la race qui avaient alors le vent en poupe en Europe : « A-t-on jamais vu un théoricien raciste découvrir avec honte et épouvante que la race à laquelle il se glorifie d'appartenir doit être considérée comme inférieure ? », J. Huizinga, *Incertitudes. Essai de diagnostic du mal dont souffre notre temps*, trad. J. Roebroek, s. j., Librairie Médicis, 1939, p. 93.

38. Frederick Douglass, « Narrative », in *The Portable Frederick Douglass*, *op. cit.*, p. 15-21.

39. Frederick Douglass, « To My Old Master », in *The Portable Frederick Douglass*, *op. cit.*, p. 418-419. Ce texte fut d'abord publié dans le Journal de Douglass, *The North Star*, le 8 septembre 1848.

40. Frederick Douglass, « From My Bondage and My Freedom » (1855), in *The Portable Frederick Douglass*, *op. cit.*, p. 547.

41. James Baldwin, « Cinquième Avenue, quartier nord » [« *Fifth Avenue, Uptown* »], in *Personne ne sait mon nom*, trad. Jean Autret, Gallimard, 1963, p. 83.

42. Frederick Douglass, « From My Bondage and My Freedom », *op. cit.*, p. 547.

43. John Stauffer et Henry Louis Gates Jr, introduction à *The Portable Frederick Douglass*, *op. cit.*, p. xxi.

44. John Stauffer, Zoe Trodd et Celeste-Marie Bernier, *Picturing Frederick Douglass. The Most Photographed American in the Nineteenth Century*, New York, Liveright / W. W. Norton, 2015, p. ix.

45. Douglass, « Narrative », in *The Portable Frederick Douglass*, *op. cit.*, p. 37.

46. *Ibid.*, p. 42.

47. *Ibid.*, p. 59 et 58.

48. *Ibid.*, p. 95.

49. E. M. Forster, *Howards End. Le legs de Mrs. Wilcox* (1910), trad. Charles Mauron, Le Bruit du temps, 2022, p. 277 et 439-440.

50. Proposition due à Elizabeth Cady Stanton en 1848. Voir Siep Stuurman, *The Invention of Humanity*, Cambridge (Massachusetts) et Londres, Harvard University Press, 2017, p. 386.

51. E. M. Forster à Forrest Reid, 13 mars 1915, cité dans P. N. Furbank, *E. M. Forster. A Life*, Londres, Cardinal / Sphere, 1988, vol. 2, p. 14.

52. Edward Carpenter, *Love's Coming-of-Age*, Londres, Swan Sonnenschein, et Manchester, Clarke, 1906, p. 3 et 11-12.

53. Edward Carpenter, *My Days and Dreams. Being Autobiographical Notes*, Londres, Allen & Unwin, 1916, p. 163.

54. E. M. Forster, « Terminal Note », in *Maurice*, Harmondsworth, Penguin, 1972, p. 217.

55. E. M. Forster, *Maurice*, trad. Nelly Shklar, Christian Bourgois, « 10/18 », 2006, p. 187.

56. E. M. Forster, *Howards End*, *op. cit.*, p. 91.

57. Extrait d'un carnet de notes d'E. M. Forster cité dans Furbank, *E. M. Forster. A Life*, *op. cit.*, vol. 1, p. 180.

58. Furbank cite Forster : « Lassitude du seul sujet que je peux et qu'il m'est permis de traiter : l'amour des hommes pour les femmes et vice versa » (*ibid.*, p. 199.)

59. E. M. Forster, *Avec vue sur l'Arno* [*A Room with a View*], trad. Charles Mauron, Robert Laffont, « Pavillons Poche », 2017, p. 71.

60. E. M. Forster, « Liberty in England » (discours tenu au Congrès international des écrivains, à Paris, le 21 juin 1935), in *Abinger Harvest*, Harmondsworth, Penguin, 1967, p. 75-82 (citation p. 76).

61. Wendy Moffat, *E. M. Forster. A New Life*, Londres, Bloomsbury, 2011, p. 18.

62. Cité par maître Zeng Can : Confucius, *The Analects*, trad. Annping Chin, New York, Penguin, 2014, p. 51 (*Entretiens*, 4, 15). Le terme « humanité » est utilisé à deux reprises ici, mais il traduit *zhong* dans le premier cas, *shu* dans le second. [Cf. la traduction française d'Anne Cheng : « exigence envers soi-même, mansuétude pour les autres », in *Entretiens de Confucius*, Seuil, 1981, p. 46.]

8. *Déployer l'humanité*

1. Érasme, « Il faut donnner très tôt aux enfants… » [*De pueris instituendis*], *op. cit.*, p. 489. La légende de l'ours se trouve dans Pline, *Histoire naturelle*, VIII, 126.

2. Emmanuel Kant, *Propos de pédagogie* (1803), trad. P. Jalabert, in *Œuvres philosophiques III, Les derniers écrits*, Gallimard, « Bibliothèque de la Pléiade », 1986, p. 1153 (IX, 445). Comme il y a plusieurs mots clés dans cette phrase, voici le texte original : « *Es liegen viele Keime in der Menschheit, und nun ist es unsere Sache, die Naturanlagen proportionirlich zu entwickeln, und die Menschheit aus ihren Keimen zu entfalten, und zu machen, daß der Mensch seine Bestimmung erreiche* » (Kant, *Über Pädagogik*, éd. Friedrich Theodor Rink, Königsberg, F. Nicolovius, 1803, p. 13).

3. Dans de premières notes sur le thème de la *Bildung*, Humboldt la décrivait à la fois comme une réflexion intérieure et une manière d'appréhender le monde extérieur. C'est aussi quelque chose qui peut se transmettre d'une génération à l'autre ; la culture d'un individu ne disparaît pas. Humboldt, « Theory of Bildung » (écrit vers 1793-1794), trad. Gillian Horton-Krüger, in *Teaching as a Reflective Practice. The German Didaktik Tradition*, éd. I. Westbury, S. Hopmann et K. Riquarts, Mahwah et Londres, Lawrence Erlbaum, 2000, p. 57-61.

4. Christopher Celenza, « Humanism », in *The Classical Tradition*, éd. Anthony Grafton, Glenn W. Most et Salvatore Settis, Cambridge (Massachusetts) et Londres, Belknap Press of Harvard University Press, 2013, p. 462. Cf. F. I. Niethammer, *Der Streit des Philanthropismus und Humanismus in der Theorie des Erziehungs-Unterrichts unserer Zeit* (Jena, 1808), et A. Campana, « The Origin of the Word "Humanist" », in *Journal of the Warburg and Courtauld Institutes*, n° 9, 1946, p. 60-73.

5. Voir Georg Voigt, *Die Wiederbelebung des classischen Alterthums*, trad. Denys Hay, in *The Renaissance Debate*, éd. Denys Hay, New York, Holt, Rinehart and Winston, 1965, p. 29-34.

6. Jacob Burckhardt, *Die Kultur der Renaissance in Italien*, Bâle, Schweighauser, 1860.

7. Voir les lettres de Wilhelm à Caroline d'octobre 1804 à novembre 1817, dans *Humanist without Portfolio. An Anthology of the Writings of Wilhelm von Humboldt*, trad. Marianne Cowan, Detroit Wayne State University Press, 1983, p. 386 et 407-408.

8. Johann Peter Eckermann, *Conversations de Goethe, pendant les dernières années de sa vie, 1822-1832*, trad. É. Delerot, Charpentier et Fasquelle, 1863, t. I, p. 250 (11 décembre 1826).

9. Gabriele von Bülow, *Gabriele von Bülow, Daughter of Wilhelm von Humboldt. A Memoir*, trad. Clara Nordlinger, Londres, Smith, Elder, 1897, p. 229-230.

10. Paul R. Sweet, *Wilhelm von Humboldt. A Biography*, Columbus, Ohio State University Press, 1978-1980, vol. 1, p. 60-61.

11. Wilhelm von Humboldt, *Essai sur les limites de l'action de l'État* [*Ideen zu einem Versuch, die Grenzen der Wirksamkeit des Staats zu bestimmen*], trad. Henry Chrétien, Les Belles Lettres, 2004, p. 91, 92 et 111. (Pour cet ouvrage, la traduction française s'éloignant de la traduction anglaise citée par l'autrice, nous traduisons de l'anglais.)

12. *Ibid.*, p. 89.

13. Schiller essaya d'en faire paraître des extraits dans *Thalia* et dans la *Berlin Monthly Review* ; voir Coulthard, préface à sa traduction de Humboldt, *The Sphere and Duties of Government*, trad. Joseph Coulthard Jr, Londres, John Chapman, 1854, p. iii.

14. Sweet, *Wilhelm von Humboldt*, *op. cit.*, vol. 2, p. 44.

15. *Ibid.*, p. 67.

16. Wilhelm à Caroline, 30 novembre 1808, traduit dans W. H. Bruford, *The German Tradition of Self-Cultivation. « Bildung » from Humboldt to Thomas Mann*, Cambridge, Cambridge University Press, 1975, p. 25.

17. Humboldt, *Essai sur les limites de l'action de l'État*, *op. cit.*, p. 43.

18. Voir son Journal aux entrées des 18-23 juillet 1789 : *Humanist without Portfolio*, *op. cit.*, p. 378-379.

19. Wilhelm à Caroline, octobre 1804, traduit in *Humanist without Portfolio*, *op. cit.*, p. 388.

20. Wilhelm à Caroline, 13 octobre 1809, traduit dans Sweet, *Wilhelm von Humboldt*, *op. cit.*, vol. 2, p. 46.

21. *Ibid.*, vol. 1, p. 277 ; vol. 2, p. 108.

22. Von Bülow, *Gabriele von Bülow*, *op. cit.*, p. 230.

23. Wilhelm von Humboldt, *On Language. On the Diversity of Human Language Construction and Its Influence on the Mental Development of the Human Species*, éd. Michael Losonsky, trad. Peter Heath, Cambridge, Cambridge University Press, 1999. Cf. Sweet, *Wilhelm von Humboldt*, *op. cit.*, vol. 2, p. 460-470.

24. Von Bülow, *Gabriele von Bülow*, *op. cit.*, p. 229-230 et 247-248.

25. Harriet Taylor Mill, « Enfranchisement of Women », in *The Complete Works*, éd. Jo Ellen Jacobs et Paula Harms Payne, Bloomington et Indianapolis, Indiana University Press, 1998, p. 51-73 (citation p. 57).

26. Humboldt, *Essai sur les limites de l'action de l'État*, *op. cit.*, p. 72. Cité par John Stuart Mill en épigraphe à *De la liberté* [*On Liberty*, 1859], trad. Gilbert Boss, Québec, Éditions du Grand Midi, 2004, p. 11.

27. John Stuart Mill, *De la liberté*, *op. cit.*, p. 126-127.

28. « Variété de situations » chez Humboldt : « *Mannigfaltigkeit der Situationen* », expression qui rappelle l'idée de « *many-sidedness* » [multiplicité des facettes], ou « *Vielseitigkeit* ». *Mannigfaltigkeit* est traduit par « diversité » dans la citation produite par Mill en ouverture de son *On Liberty*. Pour le texte original allemand, voir Humboldt, *Ideen zu einem Versuch, die Grenzen der Wirksamkeit des Staats zu bestimmen*, Berlin, Deutsche Bibliothek [1852], p. 25 et 71.

29. Montaigne, *Essais*, *op. cit.*, p. 168 (livre I, ch. XXVI). Cf. Mill, *De la liberté*, *op. cit.*, p. 42-44.

30. Les deux citations de ce paragraphe proviennent de Mill, *De la liberté*, *op. cit.*, p. 31-32.

31. John Stuart Mill, « Du mariage » (1832), in *John Stuart Mill et Harriet Taylor : écrits sur l'égalité de sexes*, trad. Françoise Orazi, Lyon, ENS Éditions, 2016. https://books.openedition.org/enseditions/5553?lang=fr.

32. Après la mort de Mill, trois essais inédits sur la religion, écrits entre 1830 et 1858, furent publiés ; le dernier d'entre eux, « Le théisme » (écrit dans les années 1868-1870), évoque la possibilité d'un tel être. Mais dans « L'utilité de la religion », il note que la promesse d'une vie après la mort est une consolation précieuse pour les personnes qui souffrent sur Terre ; si les gens étaient plus heureux et plus épanouis dans leur vie terrestre, l'attrait de la religion diminuerait. Ces deux essais figurent dans John Stuart Mill, *Essais sur la religion*, trad. M. E. Cazelles, Germer Baillière, 1875.

33. John Stuart Mill, *Autobiographie*, trad. Guillaume Villeneuve, Aubier, 1993, p. 128-134.

34. Jeremy Bentham à Henry Richard Vassall, troisième baron Holland, 13 novembre 1808, *in* Bentham, *Correspondence*, vol. 7, éd. John Dinwiddy, Oxford, Clarendon Press, 1988, p. 570. (« La prose, c'est quand toutes les lignes sauf la dernière vont jusqu'à la marge ; la poésie, c'est quand certaines de ces lignes sont trop courtes pour l'atteindre. ») Voir aussi A. Julius, « More Bentham, Less Mill », in *Bentham and the Arts*, éd. Anthony Julius, Malcolm Quinn et Philip Schofield, Londres, UCL Press, 2020, p. 178. Bentham ne pouvait pas être totalement insensible à la poésie : il avait installé dans son jardin une petite plaque de pierre portant l'inscription « Hommage à Milton, prince des poètes » : voir M. M. St J. Packe, *Life of John Stuart Mill*, Londres, Secker & Warburg, 1954, p. 21. Sur la vision de Mill de la poésie, voir Richard Reeves, *John Stuart Mill*, Londres, Atlantic, 2008, p. 20.

35. John Stuart Mill, *Autobiographie*, *op. cit.*, p. 137-139.

36. John Stuart Mill, « L'utilitarisme », in *L'Utilitarisme. Essai sur Bentham*, *op. cit.*, p. 45.

37. Giannozzo Manetti, *On Human Worth and Excellence* (*De dignitate et excellentia hominis*), éd. et trad. Brian Copenhaver, Cambridge (Massachusetts) et Londres, I Tatti / Harvard University Press, 2018, p. 205 (livre IV).

38. John Stuart Mill, *L'Asservissement des femmes* (1869), *op. cit.*, p. 166.

39. F. A. Hayek, *John Stuart Mill and Harriet Taylor. Their Correspondence and Subsequent Marriage*, Londres, Routledge & Kegan Paul, 1951, p. 260-263. Sur la tuberculose, voir https://plato.stanford.edu/entries/harriet-mill/.

40. John Stuart Mill, *Autobiographie*, *op. cit.*, p. 244.

41. Matthew Arnold, *Culture et anarchie* [*Culture and Anarchy*, 1869], trad. Jean-Louis Chevalier, L'Âge d'Homme, 1984, p. 34. Il décrit Humboldt lui-même comme un être harmonieusement épanoui, « une des plus belles âmes qui aient jamais existé » (p. 120).

42. *Ibid.*, p. 64.

43. Nicholas Murray, *A Life of Matthew Arnold*, Londres, Sceptre, 1997, p. 241.

44. Arnold, *Culture et anarchie*, *op. cit.*, p. 31.

45. *Ibid.*, p. 34.

46. *Ibid.*, p. 106.

47. *Ibid.*, p. 61.
48. *Ibid.*, p. 5.
49. *Ibid.*, p. 31.
50. *Ibid.*, p. 78.
51. Jonathan Swift, « La Bataille des livres » [*Battle of the Books*], in *Œuvres*, éd. E. Pons, Gallimard, « Bibliothèque de la Pléiade », 1965, p. 547.
52. *Culture et anarchie*, *op. cit.*, p. 58.
53. Pour une exploration des pratiques générales de la lecture dans la classe ouvrière, voir Jonathan Rose, *The Intellectual Life of the British Working Classes*, New Haven et Londres, Yale University Press, 2002 ; Edith Hall et Henry Stead, *A People's History of Classics*, Abingdon, Routledge, 2020.
54. Hall et Stead, *A People's History of Classics*, *op. cit.*, p. 58.
55. Cf. http://www.gutenberg.org/wiki/Harvard_Classics_(Bookshelf). Voir Adam Kirsch, « The *"Five-Foot Shelf"* Reconsidered », in *Harvard Magazine* 103, n° 2, novembre-décembre 2001.
56. Frank Swinnerton, *The Bookman's London*, Londres, Allan Wingate, 1951, p. 47.
57. Rose, *The Intellectual Life of the British Working Classes*, *op. cit.*, p. 133.
58. Voir le récit de David Campbell sur le site d'Everyman : http://www.everymanslibrary.co.uk/history.aspx. Pour une liste d'anciens ouvrages publiés : http://scribblemonger.com/elcollect/elCatalog.pl.
59. « The Best hundred Books, by the Best Judges », in *Pall Mall Gazette « Extra »*, n° 24, 1886, p. 23.
60. *Ibid.*, p. 9.
61. *Ibid.*, p. 23.
62. Rose, *The Intellectual Life of the British Working Classes*, *op. cit.*, p. 267 ; Ethel Carnie et Lavena Saltonstall, lettres au *Cotton Factory Times*, 20 mars et 3, 10 et 17 avril 1914. Sur Carnie, voir https://fr.wikipedia.org/wiki/Ethel_Carnie_Holdsworth.
63. Rose, *The Intellectual Life of the British Working Classes*, *op. cit.*, p. 277. La citation provient de George W. Norris, « The Testament of a Trade Unionist », in *Highway* 39, mai 1938, p. 158-159.
64. Humboldt à F. G. Welcker, 26 octobre 1825, traduit dans Sweet, *Wilhelm von Humboldt*, *op. cit.*, vol. 2, p. 422-423.
65. Irving Babbitt, *Literature and the American College. Essays in Defense of the Humanities*, Boston et New York, Houghton Mifflin, 1908,

p. 12. L'expression « nouvel humanisme » fut appliquée à leurs vues par d'autres personnes ; il ne faut pas la confondre avec d'autres mouvements qui s'appelèrent également « Nouvel Humanisme », à d'autres époques.

66. Babbitt, *Literature and the American College*, *op. cit.*, p. 8-9.

67. Sinclair Lewis, discours du Nobel, 1930 : https://www.nobelprize.org/prizes/literature/1930/lewis/lecture/. D'autres réactions furent recueillies lors d'un colloque : C. Hartley Grattan (éd.), *The Critique of Humanism. A Symposium*, New York, Brewer and Warren, 1930. Il s'agissait notamment de répondre à une série d'ouvrages en faveur du Nouvel Humanisme : Norman Foerster (éd.), *Humanism and America*, New York, Farrar and Rinehart, 1930.

68. Edward W. Saïd, *Humanisme et démocratie* [*Humanism and Democratic Criticism*, 2004], trad. Christian Calliyannis, Fayard, 2005, p. 52.

69. Montaigne, *Essais*, *op. cit.*, p. 176 (livre I, ch. XXVI).

9. *Un pays de rêve*

1. Charles Darwin, *L'Origine des espèces*, trad. E. Barbier, Garnier-Flammarion, 1992, p. 548.

2. Janet Browne, *Charles Darwin. The Power of Place*, Londres, Jonathan Cape, 2002, p. 349. L'éditeur en question était John Murray.

3. Browne, *Charles Darwin*, *op. cit.*, p. 88-90, 186 et 189-190. Les *Sea-Side Studies* de G. H. Lewes furent publiées dans des revues et en un livre en 1858 ; voir aussi Rosemary Ashton, *G. H. Lewes. A Life*, Londres, Pimlico, 2000, p. 169.

4. Voir Karl Marx, *Collected Works*, vol. 41 : *Letters*, Londres, Lawrence & Wishart, 1985, p. 234, et Browne, *Charles Darwin*, *op. cit.*, p. 403.

5. Adrian Desmond, *T. H. Huxley. From Devil's Disciple to Evolution's High Priest*, Londres, Penguin, 1998, p. 188 et 224-225.

6. T. H. Huxley, *The Origin of Species*, in *Collected Essays*, Londres, Macmillan, 1892-1895, vol. 2, p. 22-79 (citation p. 52). Première publication dans *Westminster Review*, n° 17, 1860, p. 541-570, reproduite ici : https://mathcs.clarku.edu/huxley/CE2/OrS.html.

7. Browne, *Charles Darwin*, *op. cit.*, p. 105.

8. *Ibid.*, p. 94 et 118.

9. George W. E. Russell, *Collections and Recollections*, Londres, Thomas Nelson, [1904 ?], p. 161-162.

10. Ronald W. Clark, *The Huxleys*, Londres, Heinemann, 1968, p. 59, citant une lettre de Huxley à Frederick Dyster.

11. Desmond, *T. H. Huxley*, *op. cit.*, p. 280.

12. Browne, *Charles Darwin*, *op. cit.*, p. 136.

13. T. H. Huxley, « A Liberal Education and Where to Find it » (1868), in *Science and Education*, vol. 3 des *Collected Essays*, Londres, Macmillan, 1910, p. 76-110 – notamment p. 87-88 et 97-98.

14. Dickens, *La Maison d'Âpre-Vent*, ch. XII.

15. T. H. Huxley, « On Science and Art in Relation to Education » (1882), in *Science and Education*, vol. 3 des *Collected Essays* (1910), *op. cit.*, p. 160-188 (ici p. 164).

16. Huxley, « A Liberal Education and Where to Find it », *op. cit.*, p. 96.

17. T. H. Huxley, « Universities. Actual and Ideal » (1874, université d'Aberdeen), in *Science and Education*, *op. cit.*, p. 189-234 (ici p. 212). Huxley cita le discours tenu par Mill à l'université de St Andrews le 1er février 1867, mais il remplaça toutes les mentions des études classiques par le mot « science ».

18. Darwin remarquait cela dans *La Filiation de l'homme*, où il écrivait que « les qualités morales progressent, directement ou indirectement, beaucoup plus grâce aux effets de l'habitude, aux capacités de raisonnement, à l'instruction, à la religion, etc., que grâce à la sélection naturelle » (*La Filiation de l'homme et la Sélection liée au sexe* [*The Descent of Man, and Selection in Relation to Sex*, 1871], trad. coord. Michel Prum, Syllepses, 2000, p. 739-740).

19. *Ibid.*, p. 733. Sa théorie de l'évolution de la moralité à travers le sentiment social apparaît principalement dans la première partie, ch. IV, p. 183-214.

20. *Ibid.*, p. 733.

21. Charles Darwin, « Convictions religieuses » (écrit en 1879, « recopié » en 1881), in *L'Autobiographie*, trad. Jean-Michel Goux, Seuil, 2008, p. 81-91.

22. T. H. Huxley, « Agnosticism », in *Collected Essays*, Londres, Macmillan, 1892-1895, vol. 5, p. 209-262 – ici p. 237-238.

23. Richard Bithell, *The Creed of a Modern Agnostic*, Londres, Routledge, 1883, p. 10-14.

24. Bryan Magee, *Ultimate Questions*, Princeton, Princeton University Press, 2016, p. 26.

25. Leslie Stephen, « An Agnostic's Apology », in *An Agnostic's Apology and Other Essays*, Londres, Smith, Elder, 1893, p. 1.

26. Frederick James Gould, *The Life-Story of a Humanist*, Londres, Watts, 1923, p. 75.

27. Propos tenus par George Eliot alors qu'elle marchait avec W. H. Myers dans le Fellows' Garden de Trinity College, à Cambridge, en 1873. Cité dans Gordon S. Haight, *George Eliot*, Oxford, Clarendon Press, 1968, p. 464.

28. Darwin, *La Filiation de l'homme*, *op. cit.*, p. 183.

29. Note de 1856. Maitland, *Life and Letters of Leslie Stephen*, *op. cit.*, p. 144-145.

30. Leslie Stephen, « A bad five Minutes in the Alps », in *Essays on Freethinking and Plainspeaking*, Londres, Smith, Elder et Duckworth, 1907, p. 177-225. Le récit parut initialement dans *Fraser's Magazine*, n° 86, 1872, p. 545-561. Sur la question de sa véracité : F. W. Maitland, *Life and Letters of Leslie Stephen*, Londres, Duckworth, 1906, p. 97-98, qui cite Sir George Trevelyan, selon lequel cette histoire fut en partie inspirée par un incident au cours duquel Trevelyan et un autre grimpeur inexpérimenté se retrouvèrent en difficulté après que Stephen les avait conduits sur un chemin difficile.

31. Thomas Hardy, *A Pair of Blue Eyes*, Oxford, Oxford University Press, 2005, p. 201. Pour une défense de l'idée selon laquelle Hardy fut influencé par le texte de Stephen, voir John Halperin, « Stephen, Hardy, and "A Pair of Blue Eyes" », in *Studies in Fiction and History from Austen to Le Carré*, New York, Springer, 1988.

32. Matthew Arnold, « Dover Beach », in *The Portable Matthew Arnold*, éd. Lionel Trilling, Harmondsworth, Penguin, 1980, p. 165-167.

33. Nicholas Murray, *A Life of Matthew Arnold*, Londres, Sceptre, 1997, p. 116.

34. Matthew Arnold, *Culture et anarchie*, *op. cit.*, p. 35-36.

35. Friedrich Nietzsche, *Le Gai Savoir*, trad. H. Albert, in *Œuvres*, t. II, Robert Laffont, « Bouquins », 1993, p. 132 (Livre III, 125).

36. J. A. Froude, *Thomas Carlyle. A History of His Life in London, 1834-1881*, Londres, Longman, Green, 1884, p. 248.

37. Waldo Hilary Dunn, *James Anthony Froude. A Biography*, Oxford, Clarendon Press, 1961, vol. 1, p. 134-138.

38. Ils s'appelaient James Rowland Williams et Henry Bristow Wilson. Voir Josef L. Altholz, *Anatomy of a Controversy. The Debate over Essays and Reviews 1860-1864*, Aldershot, Scolar, 1994, p. 1.

39. Lettre de Robert Louis Stevenson à son ami Charles Baxter, citée dans Claire Harman, *Robert Louis Stevenson. A Biography*, Londres, Harper, 2006, p. 79-80.

40. Edmund Gosse, *Father and Son. A Study of Two Temperaments*, Harmondsworth, Penguin, 1983, p. 90, 248 et 251.

41. P. H. Gosse, *Omphalos. An Attempt to Untie the Geological Knot*, Londres, John Van Voorst, 1857. Son fils le décrit comme blessé dans Gosse, *Father and Son*, *op. cit.*, p. 105, 112.

42. Desmond, *T. H. Huxley*, *op. cit.*, p. 434.

43. Rose Macaulay, *Told by an Idiot*, Londres, Virago, 1983, p. 3 et 6-7.

44. Pour un tableau général de ce genre littéraire, voir Robert Lee Wolff, *Gains and Losses. Novels of Faith and Doubt in Victorian England*, Londres, John Murray, 1977.

45. Duncan Grant, « Virginia Woolf », in *The Golden Horizon*, éd. Cyril Connolly, Londres, Weidenfeld & Nicolson, 1953, p. 394.

46. Mrs Humphry Ward, *Robert Elsmere*, Oxford et New York, Oxford University Press, 1987, p. 169, 179, 261 et 314.

47. Ward, *Robert Elsmere*, *op. cit.*, p. 475 et 332.

48. *Ibid.*, p. 164-166.

49. Janet Browne, *Charles Darwin. Voyaging*, Londres, Pimlico, 1996, p. 396-397.

50. William Ewart Gladstone, « Robert Elsmere and the Battle of Belief », in *Contemporary Review*, mai 1888, http://www.victorianweb.org/history/pms/robertelsmere.html. Rosemary Ashton cite James dans l'introduction à son édition de *Robert Elsmere*, *op. cit.*, p. VII. Sur la réception du roman, voir William S. Peterson, *Victorian Heretic. Mrs Humphry Ward's Robert Elsmere*, Leicester, Leicester University Press, 1976.

51. Rosemary Ashton, introduction à Ward, *Robert Elsmere*, *op. cit.*, p. vii.

52. *Amphibologies* : lettre de Thomas Jefferson à John Adams de 1813, citée dans l'édition de Peter Manseau de la *Jefferson Bible*, Princeton, Princeton University Press, 2020, p. 38. L'assemblage des morceaux découpés par Jefferson, ainsi que les restes des deux exemplaires utilisés comme sources, restèrent dans des collections privées jusqu'à ce qu'ils soient découverts par Cyrus Adler, qui les acquit pour la Smithsonian Institution. L'histoire est racontée par Manseau, *ibid.*, p. 80-93.

53. Matthew Arnold, *Literature and Dogma. An Essay Towards a Better Apprehension of the Bible*, Londres, Smith, Elder, 1873, p. XIII-XV et 383. Arnold poursuivit avec *God and the Bible* (Londres, Smith, Elder, 1875), pour répondre aux critiques sur son précédent livre. Des arguments

similaires considérant la Bible comme de la littérature furent avancés par le *don* d'Oxford Benjamin Jowett, qui contribua à la série controversée des *Essays and Reviews* : Benjamin Jowett, « On the Interpretation of Scripture », in *Essays and Reviews*, Londres, John W. Parker, 1860, p. 330-433.

54. H. W. Wardman, *Ernest Renan. A Critical Biography*, Londres, University of London / Athlone, 1964, p. 27-29.

55. Ernest Renan, *Souvenirs d'enfance et de jeunesse*, Calmann-Lévy, 1883, ch. VI, p. 372.

56. *Ibid.*, p. 355 et 313.

57. En témoigna Jules Lemaître. Traduit dans Wardman, *Ernest Renan*, *op. cit.*, p. 183.

58. Robert G. Ingersoll, « Ernest Renan » (1892), in *The Works of Robert G. Ingersoll*, Dresden, C. P. Farrell, 1902, vol. 11, p. 283-301 (ici p. 300-301).

59. *The Best of Robert Ingersoll*, éd. Roger E. Greeley, New York, Prometheus, 1993, p. 14. Lettre de Robert Ingersoll à Albert H. Walker, 3 novembre 1882, *in* Robert G. Ingersoll, *The Life and Letters*, éd. Eva Ingersoll Wakefield, préface de Royston Pike, Londres, Watts, 1952, p. 98.

60. E. M. Forster, « How I lost my Faith », in *The Prince's Tale and Other Uncollected Writings*, éd. P. N. Furbank, Londres, Penguin, 1999, p. 318.

61. Ruth Scurr, *Fatal Purity. Robespierre and the French Revolution*, Londres, Chatto & Windus, 2006, p. 267. Voir aussi Mona Ozouf, *La Fête révolutionnaire. 1789-1799*, Gallimard, « Folio Histoire », 1976, p. 158-159, et https://fr.wikipedia.org/wiki/Culte_de_la_Raison.

62. Condorcet avait eu une idée similaire : il avait écrit un *Almanach anti-superstitieux* (qu'il ne publia pas) dans lequel il avait remplacé les anciens saints par des personnes qui s'étaient opposées aux abus de l'Église ou aux tortures : Nicolas de Condorcet, *Almanach anti-superstitieux*, éd. Anne-Marie Chouillet, Pierre Crépel et Henri Duranton, Saint-Étienne, CNRS Éditions / Publications de l'Université de Saint-Étienne, 1992. Voir Steven Lukes et Nadia Urbinati, introduction à leur édition de Condorcet, *Political Writings*, *op. cit.*, p. XVII.

63. Sur l'Église : https://www.nytimes.com/2016/12/25/world/americas/nearly-in-ruins-the-church-where-sages-dreamed-of-a-modern-brazil.html. Sur le positivisme au Brésil : http://positivists.org/blog/brazil.

64. Cf. https://hibridos.cc/en/rituals/templo-positivista-de-porto-alegre/.

65. « A positivist Creed », manuscrit Bod. M. C347, f. 176 ; reproduit dans T. R. Wright, *The Religion of Humanity. The Impact of Comtean Positivism on Victorian Britain*, Cambridge, Cambridge University Press, 1986, p. 85.

66. Extrait d'une description de l'une de ses réunions pour le nouvel An 1881 par Moncure Daniel Conway dans *Autobiography. Memories and Experiences*, Londres, Cassell, 1904, vol. 2, p. 347.

67. Josephine Troup et Edith Swepstone composèrent chacune sa version, tandis que Henry Holmes en fit une cantate de grande ampleur. Voir Martha S. Vogeler, « "The Choir invisible". The Poetics of Humanist Piety », in *George Eliot. A Centenary Tribute*, éd. Gordon S. Haight et Rosemary T. Van Arsdel, Londres, Macmillan, 1982, p. 64-81 (ici p. 78).

68. George Eliot, « The Choir invisible », in *Complete Shorter Poetry*, éd. Antonie Gerard van den Broek, Londres, Pickering & Chatto, 2005, vol. 2, p. 85-86.

69. T. R. Wright, *The Religion of Humanity*, Cambridge, Cambridge University Press, 1986, p. 87.

70. John Stuart Mill, *Auguste Comte et le positivisme* [*Auguste Comte and Positivism*, 1865], trad. Georges Clemenceau, L'Harmattan, 1999, p. 104-105.

71. T. H. Huxley, « On the Physical Basis of Life » (1868), in *Collected Essays*, Londres, Macmillan, 1892-1895, vol. 1, p. 156 ; https://mathcs.clarku.edu/huxley/CE1/PhysB.html.

72. Wright, *The Religion of Humanity*, *op. cit.*, p. 4.

73. Wright, *The Religion of Humanity*, *op. cit.*, p. 99, 96 (la collection s'intitulait The Service of Man [1890]) et 101.

74. Austin Harrison, *Frederic Harrison. Thoughts and Memories*, Londres, William Heinemann, 1926, p. 90 et 83.

75. Mill, *Auguste Comte and Positivism*, *op. cit.*, p. 50 et 60.

76. Harrison, *Frederic Harrison*, *op. cit.*, p. 67.

77. Bertrand Russell, « What I Believe », in *Why I Am Not a Christian*, Londres, Unwin, 1975, p. 43-69 (citation p. 63).

10. Docteur Espéranto

1. Lettre de L. L. Zamenhof à N. Borovko, vers 1895, *in* L. L. Zamenhof, *Du Famaj Leteroj* [Lettres à Nikolaj Borovko et Alfred Michaux], éd.

et trad. André Cherpillod, Courgenard, Eldono La Blanchetière, 2013, p. 10-11. En espéranto, avec traduction et notes en français.

2. *Ibid.*, p. 39.

3. Gn 11, 1-9.

4. Dante, *De l'éloquence en langue vulgaire* [*De vulgari eloquentia*], livre I, § 1 et 9 ; trad. A. Pézard, in *Œuvres complètes*, Gallimard, « Bibliothèque de la Pléiade », 1965, p. 569.

5. Marjorie Boulton, *Zamenhof. Creator of Esperanto*, Londres, Routledge & Kegan Paul, 1960, p. 11.

6. Boulton, *Zamenhof*, *op. cit.*, p. 17-21.

7. Le texte de l'*Unua Libro* de Zamenhof dans une traduction anglaise de Richard H. Geoghegan (1889), revue par Gene Keyes (2006), est en ligne : voir L. L. Zamenhof, *Doctor Esperanto's International Language*, première partie, http://www.genekeyes.com/Dr_Esperanto.html. Sur le docteur Espéranto, voir Boulton, *Zamenhof*, *op. cit.*, p. 33.

8. Emmanuel Kant, *Projet de paix perpétuelle*, in *Œuvres philosophiques III*, *op. cit.*, p. 361 (Ier supplément).

9. *The Dogmas of Hillelism* fut publié dans la collection espérantiste russe Ruslanda Esperantisto en 1906. Voir Boulton, *Zamenhof*, *op. cit.*, p. 97-101.

10. Esther Schor, *Bridge of Words. Esperanto and the Dream of a Universal Language*, New York, Metropolitan Books, 2016, p. 78.

11. Boulton, *Zamenhof*, *op. cit.*, p. 104-105. Il existe certaines similitudes entre l'idée de Zamenhof d'une religion partagée et la foi bahá'íe, qui voit aussi toute religion comme une unité.

12. Lettre de Zamenhof à A. Michaux, 21 février 1905, in Zamenhof, *Du Famaj Leteroj*, *op. cit.*, p. 33-35.

13. Zamenhof, *Unua Libro*, trad. Geoghegan, rev. Keyes. Cette traduction plus ancienne, due à Julius Steinhaus, est citée dans Boulton, *Zamenhof*, *op. cit.*, p. 39.

14. Cf. https://fr.wikipedia.org/wiki/Moresnet_neutre.

15. Cf. https://fr.wikipedia.org/wiki/Île_de_la_Rose_(micronation).

16. Le credo du bonheur d'Ingersoll apparaît sous différentes formes, notamment dans *An Oration on the Gods* (29 janvier 1872), Cairo, *Daily Bulletin Steam Book & Job Print*, 1873, p. 48. L'enregistrement peut être écouté en ligne ici : https://youtu.be/rLLapwIoEVI.

17. Susan Jacoby, *The Great Agnostic. Robert Ingersoll and American Freethought*, New Haven et Londres, Yale University Press, 2013, p. 34.

18. Robert G. Ingersoll, *The Life and Letters*, éd. Eva Ingersoll Wakefield, préface de Royston Pike, Londres, Watts, 1952, p. 1.

19. *Ibid.*, p. 13.

20. *Ibid.*, p. 23-32. Sur sa haine de la guerre, voir Edward Garstin Smith, *The Life and Reminiscences of Robert G. Ingersoll*, New York, National Weekly Pub. Co., et Londres, Shurmer Sibthorp, 1904, p. 116.

21. Ingersoll, *The Life and Letters*, *op. cit.*, p. 15-16.

22. *Ibid.*, p. 36-37.

23. Clarence Darrow, *The Story of My Life*, New York, Charles Scribner's Sons, 1932, p. 381. Pour certains des discours d'Ingersoll devant les jurés, voir Ingersoll, *The Works of Robert G. Ingersoll*, *op. cit.*, vol. 10.

24. Ingersoll, *The Life and Letters*, *op. cit.*, p. 55.

25. Smith, *The Life and Reminiscences of Robert G. Ingersoll*, seconde partie, *Reminiscences*, p. 32.

26. Ingersoll, « The Ghosts », in *The Works of Robert G. Ingersoll*, *op. cit.*, vol. 1, p. 272 et 326.

27. Quintilien, *Institution oratoire* [*Institutio oratoria*], *op. cit.*, p. 95 (livre XII, ch. V, 5).

28. Smith, *The Life and Reminiscences of Robert G. Ingersoll*, *op. cit.*, seconde partie, *Reminiscences*, p. 208.

29. C. H. Cramer, *Royal Bob. The Life of Robert G. Ingersoll*, Indianapolis, Bobbs-Merrill, 1952, p. 102.

30. Robert G. Ingersoll, *The Best of Robert Ingersoll. Selections from His Writings and Speeches*, éd. Roger E. Greeley, New York, Prometheus, 1993, p. 79-80. Sur son admiration pour Shakespeare : Ingersoll, *The Life and Letters*, *op. cit.*, p. 162-169.

31. Ingersoll, *The Best of Robert Ingersoll*, *op. cit.*, p. 55.

32. *Ibid.*, p. 12, et Jacoby, *The Great Agnostic*, *op. cit.*, p. 40.

33. Ingersoll, *The Best of Robert Ingersoll*, *op. cit.*, p. 83.

34. Jacoby, *The Great Agnostic*, *op. cit.*, p. 2. Margaret Sanger se souvient qu'il avait été bombardé lors d'un discours dans leur ville de Corning (New York) ; son père avait invité Ingersoll, mais il y eut tellement de problèmes qu'ils durent déplacer la conférence dans un endroit tranquille à l'extérieur, dans les bois. Margaret Sanger, *An Autobiography*, Londres, Victor Gollancz, 1939, p. 2.

35. Ingersoll, *The Best of Robert Ingersoll*, *op. cit.*, p. 56.

36. Ingersoll, *The Life and Letters*, *op. cit.*, p. 291.

37. Bertrand Russell, *Principes de reconstruction sociale* (1916), trad. E. de Clermont-Tonnerre, Payot, 1924, p. 151.

38. Elle écrivit cela dans une lettre à sa propre mère – citée dans Bertrand Russell, *Autobiographie (1872-1967)*, trad. Antoinette et Michel Berveiller, Les Belles Lettres, 2012, p. 13.

39. Cf. https://en.wikipedia.org/wiki/Katharine_Russell,_Viscountess_Amberley.

40. Alan Ryan, *Bertrand Russell. A Political Life*, Londres, Penguin, 1988, p. 4.

41. Russell, *Autobiographie*, *op. cit.*, p. 42.

42. Anthony Trollope, *Can You Forgive Her ? (1864-1865)*, Londres, Penguin, 1972, p. 48.

43. Russell, *Autobiographie*, *op. cit.*, p. 20. Cf. Ex 23, 2.

44. Bertrand Russell, *Essais sceptiques* [*Sceptical Essays*, 1928], trad. André Bernard, Les Belles Lettres, 2011, p. 17.

45. L'article de Wikipédia : https://en.wikipedia.org/wiki/Russell's_teapot cite Russell et examine les arguments avancés contre l'analogie de la théière. Il renvoie à l'article de Russell intitulé « Is There a God ? », écrit pour le magazine *Illustrated* en 1952, mais qui ne fut jamais publié. Une idée similaire fut proposée par Carl Sagan : « Si je dis que j'ai un dragon dans mon garage, mais qu'il est invisible, qu'il ne pèse rien, qu'on ne peut pas le toucher et qu'il respire un feu sans chaleur et indétectable, quelle différence y aurait-il avec l'absence de dragon dans mon garage ? », Carl Sagan, The *Demon-Haunted World*, Londres, Headline, 1997, p. 160-161.

46. Thomas Paine, *Droits de l'homme. En réponse à l'attaque de M. Burke sur la revolution françoise*, trad. F. S., Buisson, 1791, p. 117.

47. Russell, *Autobiographie, op. cit.*, p. 36.

48. *Ibid.*, p. 196-198.

49. *Ibid.*, p. 44-45.

50. « Un bon haineux » : expression de Beatrice Webb dans son Journal de 1901, citée dans Ray Monk, *Bertrand Russell*, Londres, Vintage, 1997-2001, vol. 1, p. 139. Russell pour sa part les accusa elle et son mari d'être froids (Russell, *Autobiographie*, *op. cit.*, p. 88-92).

51. Russell, *Autobiographie*, *op. cit.*, p. 187-188.

52. La citation de la *Little Review* se trouve dans Ronald W. Clark, *The Life of Bertrand Russell*, Harmondsworth, Penguin, 1978, p. 534. Sur l'intensité de l'amour de Russell pour les mathématiques et pour la logique, voir ses lettres à et de Gilbert Murray, citées dans Russell, *Autobiographie*, *op. cit.*, p. 201-205.

53. Russell, « What I Believe », in *Why I Am Not a Christian*, Londres, Unwin, 1975, p. 43-69 (ici p. 47).

54. Russell, « Why I am not a Christian », in *Why I Am Not a Christian*, *op. cit.*, p. 13-26 (ici p. 26).

55. Russell à Ottoline Morrell, cité dans Clark, *The Life of Bertrand Russell*, *op. cit.*, p. 303.

56. Autre lettre de Russell à Ottoline Morrell, *ibid.*, p. 305.

57. Stefan Zweig, *Le Monde d'hier*, trad. J.-P. Zimmermann, Les Belles Lettres, 2013, p. 18.

58. Béla Zombory-Moldovan, *The Burning of the World. A Memoir of 1914*, trad. Peter Zombory-Moldovan, New York, New York Review of Books, 2014, p. 6.

59. Ryan, *Bertrand Russell. A Political Life*, *op. cit.*, p. 61-62.

60. Clark, *The Life of Bertrand Russell*, *op. cit.*, p. 420-422. L'article de Russell était intitulé « The German Peace Offer ».

61. Bertrand Russell, « Experiences of a Pacifist in the First World War », in *Portraits from Memory, and Other Essays*, Londres, Allen & Unwin, 1956, p. 30-34.

62. Russell, *Autobiographie*, *op. cit.*, p. 326.

63. *Ibid.*, p. 415.

64. *Ibid.*, p. 331.

65. Bertrand Russell, « From Logic to Politics », in *Portraits from Memory, and Other Essays*, *op. cit.*, p. 35-39.

66. Russell, *Autobiographie*, *op. cit.*, p. 330.

67. Russell, *Principes de reconstruction sociale*, *op. cit.*, p. 17.

68. Rabindranath Tagore, « The Modification of Education » (1892), in *Education as Freedom. Tagore's Paradigm*, trad. Subhransu Maitra, New Delhi, Niyogi Books, 2014, p. 27-40 (ici p. 31).

69. Bertrand Russell, *Education and the Good Life*, New York, Boni & Liveright, 1926, p. 29-30 et 142-146.

70. *Ibid.*, p. 78.

71. Russell, *Autobiographie*, *op. cit.*, p. 490-491.

72. Russell, *Education and the Good Life*, *op. cit.*, p. 213.

73. Russell, « What I Believe », *op. cit.*, p. 57.

74. Katharine Tait, *My Father Bertrand Russell*, Londres, Victor Gollancz, 1976, p. 71. Le biographe de Russell Ronald Clark raconte une version de cette anecdote dans laquelle c'est le pasteur local qui vient les voir, mais il cite aussi une lettre du fils du vicaire, lequel se rappelle que ses parents étaient très détendus quant aux enfants nus de Russell : ils les laissaient jouer dans leur jardin et entrer dans leur cuisine, où l'épouse

du pasteur en profitait pour leur raconter des histoires tirées de la Bible. Clark, *The Life of Bertrand Russell*, *op. cit.*, p. 530.

75. Russell, *Autobiographie*, *op. cit.*, p. 581.

76. Horace M. Kallen, « Behind the Bertrand Russell Case », in *The Bertrand Russell Case*, éd. H. M. Kallen et John Dewey, New York, Viking, 1941, p. 20.

77. Paul Edwards, « How Bertrand Russell was Prevented from Teaching at City College, New York », *in* Russell, *Why I Am Not a Christian*, *op. cit.*, p. 165-199 (ici p. 173).

78. Russell, *Autobiographie*, *op. cit.*, p. 586. Sur la Fondation Barnes aujourd'hui, voir https://www.barnesfoundation.org/.

79. Ryan, *Bertrand Russell. A Political Life*, *op. cit.*, p. 67.

80. *Ibid.*, p. 267.

81. Schor, *Bridge of Words*, *op. cit.*, p. 180.

82. Ulrich Lins, *Dangerous Language. Esperanto under Hitler and Stalin*, Londres, Palgrave Macmillan, 2016, p. 95, 115 et 116-117.

83. Boulton, *Zamenhof*, *op. cit.*, p. 208-209.

84. Voir par exemple Lidia Zamenhof, « *Nia Misio* », in *Esperanto Revuo*, n° 12, décembre 1934. Cf. Schor, *Bridge of Words*, *op. cit.*, p. 186. Lidia Zamenhof se convertit aussi à la foi bahá'íe, qui, comme l'*homaranismo*, véhiculait l'idée d'une religion universelle que tous puissent partager.

85. Schor, *Bridge of Words*, *op. cit.*, p. 193-195.

86. Boulton, *Zamenhof*, *op. cit.*, p. 213-214.

87. Ce texte d'Ingersoll, « Hope », se trouve sur l'enregistrement conservé aujourd'hui au musée Ingersoll de Dresden (New York), disponible en ligne ici : https://youtu.be/rLLapwIoEVI.

11. Le visage humain

1. « La dottrina del fascismo » (« La doctrine du fascisme ») fut publiée par Benito Mussolini et Giovanni Gentile en 1932, dans le quatorzième volume de l'*Enciclopedia italiana* : première partie, « Idées fondamentales », par Gentile (mais signée par Mussolini) ; deuxième partie, « Doctrines sociales et politiques », par Mussolini. Toutes les citations sont extraites de *Readings on Fascism and National Socialism*, e-book du *Project Gutenberg*, éd. Alan Swallow, 2004, https://www.gutenberg.org/files/14058/14058-

h/14058-h.htm. Le livre inclut à la fois « La doctrine du fascisme » de Mussolini et Gentile, et « La base philosophique du fascisme » de Gentile.

2. Gentile, « La dottrina del fascismo ».

3. Léon Trotsky, *Littérature et révolution*, trad. Joëlle Aubert-Yong, Les Éditions de la Passion, 2000, p. 145-146.

4. Fabio Fernando Rizi, *Benedetto Croce and Italian Fascism*, Toronto, University of Toronto Press, 2003, p. 52. Sur Gentile, voir aussi A. James Gregor, *Giovanni Gentile. Philosopher of Fascism*, New Brunswick, Transaction, 2001.

5. Erika Mann, *School for Barbarians*, New York, Modern Age Books, 1938, p. 47 et 99-100.

6. Hannah Arendt, *Les Origines du totalitarisme*, « Le totalitarisme », trad. Jean-Loup Bourget, Robert Davreu et Patrick Lévy, Gallimard, « Quarto », 2002, p. 823.

7. Erwin Panofsky, « The History of Art as a Humanistic Discipline », in *The Meaning of the Humanities*, éd. T. M. Greene, Princeton, Princeton University Press, et Londres, Humphrey Milford / Oxford University Press, 1938, p. 89-118 (citation p. 93).

8. Rizi, *Benedetto Croce and Italian Fascism*, *op. cit.*, p. 13.

9. Cecil Sprigge, *Benedetto Croce. Man and Thinker*, Cambridge, Bowes & Bowes, 1952, p. 12-17.

10. Lettre de Benedetto Croce à Giovanni Gentile, 24 octobre 1924, traduite dans Rizi, *Benedetto Croce and Italian Fascism*, *op. cit.*, p. 75.

11. Lettre de Benedetto Croce à Alessandro Casati, octobre 1924, *ibid.*, p. 76.

12. B. Croce, « A Reply by Italian Authors, Professors, and Journalists to the "Manifesto" of the Fascist Intellectuals », in *From Kant to Croce. Modern Philosophy in Italy 1800-1950*, éd. et trad. Brian Copenhaver et Rebecca Copenhaver, Toronto, University of Toronto Press, 2012, p. 713-716 ; cf. Gentile, « Manifesto of fascist intellectuals », *op. cit.*, p. 706-712.

13. Rizi, *Benedetto Croce and Italian Fascism*, *op. cit.*, p. 114-120.

14. Benedetto Croce, « History as the History of Liberty » (1937), in *Philosophy – Poetry – History. An Anthology of Essays*, trad. Cecil Sprigge, Londres, Oxford University Press, 1966, p. 546-588 (ici p. 585-586).

15. Stefan Zweig, *Le Monde d'hier*, *op. cit.*, p. 376 et 379.

16. Stefan Zweig, *Érasme*, trad. A. Hella, Grasset, « Les Cahiers rouges », 1935, ch. I, p. 13-19, et ch. VI (« Grandeur et limite de l'humanisme »), p. 81-102.

17. Stefan Zweig, *Montaigne*, trad. J.-J. Lafaye et F. Brugier, PUF, « Perspectives critiques », 1982.

18. La lettre du suicide est incluse dans le « Publisher's Postscript », *in* Stefan Zweig, *The World of Yesterday*, éd. Harry Zohn, Lincoln, University of Nebraska Press, 1964, p. 437-440.

19. E. M. Forster, « Some Books » (propos tenus dans l'émission de la BBC *We Speak to India*, le 4 mars 1942), in *The BBC Talks*, éd. Mary Lago, Linda K. Hughes et Elizabeth MacLeod Walls, Columbia et Londres, University of Missouri Press, 2008, p. 172.

20. Christopher Isherwood, *Down There on a Visit*, Londres, Vintage, 2012, p. 171.

21. *L'Humanité toujours à construire. Regard sur l'histoire intellectuelle de l'Unesco, 1945-2005*, Unesco, 2005, p. 40.

22. Thomas Mann, *Journal. 1918-1921, 1933-1939*, trad. Robert Simon, Gallimard, 1985, p. 398-399 (dimanche 5 août 1934).

23. Thomas Mann, *Avertissement à l'Europe*, trad. Rainer Biemel, Gallimard, 1937, p. 44.

24. Thomas Mann, *Mario et le Magicien*, in *Romans et nouvelles III. 1918-1951*, L.G.F., « La Pochothèque », 1996.

25. Thomas Mann, *La Montagne magique*, trad. M. Betz, Fayard, p. 428 et 564.

26. *Ibid.*, p. 537.

27. Heinrich Mann présenta son point de vue dans un texte influent, « Zola », publié dans le journal *Die weissen Blätter* en 1915 et repris dans un recueil d'essais sur les écrivains français : *Geist und Tat. Franzosen 1780-1930*, Berlin, G. Kiepenheuer, 1931. Voir Karin Verena Gunnemann, *Heinrich Mann's Novels and Essays. The Artist as Political Educator*, Rochester, Camden House, 2002, p. 79.

28. Thomas Mann, « An Appeal to Reason » (discours tenu à Berlin en octobre 1930), trad. H. T. Lowe-Porter, in *Order of the Day*, *op. cit.*, p. 46-68 (ici p. 54-56) ; cf. Tobias Boes, *Thomas Mann's War*, Ithaca et Londres, Cornell University Press, 2019, p. 85-86.

29. Lettre de Thomas Mann à Hermann Hesse, 22 décembre 1932, *in* Hermann Hesse, Thomas Mann, *Correspondance*, trad. Jacques Duvernet, José Corti, 1977, p. 57.

30. Erika Mann et Klaus Mann, *Fuir pour vivre. La culture allemande en exil*, trad. D. Miermont, Autrement, 1997, p. 25-26.

31. Thomas Mann, *Avertissement à l'Europe*, *op. cit.*, p. 27-45.

32. Boes, *Thomas Mann's War*, *op. cit.*, p. 148-154. Pour les opinions de MacLeish, voir « Of the Librarian's Profession », in *Atlantic Monthly*, juin 1940, repris dans *Champion of a Cause*, éd. Eva M. Goldschmidt, Chicago, ALA, 1971, p. 43-53.

33. Erika Mann, *Quand les lumières s'éteignent*, trad. Danielle Risterucci-Roudncky, Grasset, 2011, p. 269-315 et 319. Une note consigne la présence dans un discours sur l'art tenu par Hitler – cité dans le *Frankfurter Zeitung* le 17 juillet 1939 – de trente-trois erreurs grammaticales.

34. Sur l'histoire de Kristeller, voir Paul Oskar Kristeller et Margaret L. King, « Iter Kristellerianum. The European Journey (1904-1939) », in *Renaissance Quarterly*, n° 47, 1994, p. 907-929 – ici p. 917-925.

35. Jeffrey Chipps Smith, introduction à Erwin Panofsky, *The Life and Art of Albrecht Dürer*, Princeton, Princeton University Press, 2005, p. XXIX-XXXI.

36. Max Warburg, discours commémoratif du 5 décembre 1929, cité dans E. H. Gombrich, *Aby Warburg. An Intellectual Biography*, Oxford, Phaidon, 1986, p. 22.

37. Aby Warburg, *Bilderatlas Mnemosyne*, éd. Axel Heil et Roberto Ohrt, Stuttgart et Berlin, Hatje Cantz, 2020. Deux expositions en ligne présentant les panneaux eurent lieu en 2020 au London's Warburg Institute et au Berlin's Haus der Kulturen der Welt : https://warburg.sas.ac.uk/collections/warburg-institute-archive/bilderatlas-mnemosyne/mnemosyne-atlas-october-1929 et https://www.hkw.de/en/programm/projekte/2020/aby_warburg/bilderatlas_mnemosyne_start.php.

38. Fritz Saxl, « Ernst Cassirer », in *The Philosophy of Ernst Cassirer*, éd. P. A. Schilpp, La Salle, Open Court, 1949, p. 47-48.

39. Sur le déménagement : Fritz Saxl, « The History of Warburg's Library », *in* E. H. Gombrich, *Aby Warburg. An Intellectual Biography*, Oxford, Phaidon, 1986, p. 325-338 – citation p. 336-337. L'idée devait beaucoup au Dr. Raymond Klibansky de l'université de Heidelberg ; elle fut mise en pratique par les conservateurs en chef, Fritz Saxl et Gertrud Bing.

40. *Prospectus of the Journal of the Warburg Institute*, Londres, 1937, et « Memo Regarding the Warburg Institute. How to Get it Known in England » (30 mai 1934), tous deux cités *in* Elizabeth McGrath, « Disseminating Warburgianism. The Role of the "Journal of the Warburg and Courtauld Institutes" », in *The Afterlife of the Kulturwissenschaftliche Bibliothek Warburg*, éd. U. Fleckner et P. Mack, Berlin et Boston, De

Gruyter, 2015, p. 39-50 – ici p. 43-44. Le *Prospectus* est reproduit dans l'illustration 2.

41. Cf. https://warburg.sas.ac.uk/about/news/warburg-institute-receive-major-gift-edmund-de-waal.

42. Nikola van Merveldt, « Books cannot be killed by Fire », in *Library Trends* 55, n° 3, hiver 2007, p. 523-535, https://milholmbc.weebly.com/uploads/3/8/0/7/38071703/bookscannotbekilledbyfire.pdf.

43. Kathy Peiss, *Information Hunters*, New York, Oxford University Press, 2020, p. 43.

44. Marcel Reich-Ranicki, *The Author of Himself. The Life*, trad. Ewald Osers, Londres, Weidenfeld & Nicolson, 2001, p. 68-70.

45. Thomas Mann, *Listen, Germany ! Twenty-five Radio Messages to the German People over BBC*, New York, Alfred A. Knopf, 1943, p. v–vi. Voir aussi Boes, *Thomas Mann's War*, *op. cit.*, p. 168-169.

46. Mann, *Listen, Germany !*, *op. cit.*, p. 69 (janvier 1942) et 98 (juin 1942).

47. *Ibid.*, p. 33 (mai 1941).

48. Frederick Hartt, *Florentine Art under Fire*, Princeton, Princeton University Press, 1949, p. 45.

49. Sur la théorie de l'aliénation, voir Karl Marx, *Manuscrits de 1844*, trad. Jacques-Pierre Goujon, Garnier-Flammarion, 2021, p. 106 sq. Dans sa première édition, en 1932, le livre comprenait d'autres manuscrits de la même période de la vie de Marx, ses années parisiennes.

50. Frank Dikötter, *The Cultural Revolution. A People's History, 1962-1976*, Londres, Bloomsbury, 2017, p. 89-91.

51. Tout cela eut lieu en novembre 1966. Voir Sang Ye et Geremie R. Barmé, « Commemorating Confucius in 1966-67 », in *China Heritage Quarterly*, n° 20, décembre 2009, http://www.chinaheritagequarterly.org/scholarship.php?searchterm=020_confucius.inc&issue=020.

52. Dikötter, *The Cultural Revolution*, *op. cit.*, p. 94.

53. Tel est le chiffre, largement admis, que donne Yang Jisheng dans *The Great Chinese Famine, 1958-1962*, trad. Stacy Mosher et Guo Jian, New York, Farrar, Straus & Giroux, 2012.

54. Ranbir Vohra, *Lao She and the Chinese Revolution*, Cambridge, East Asian Research Center, 1974, p. 163-165, surtout 164, citant l'entretien avec Lao She réalisé en 1966 par un couple de visiteurs, Roma et Stuart Gelder. Ils l'inclurent dans leur ouvrage *Memories for a Chinese Grand-Daughter*, New York, Stein & Day, 1968, p. 182-195.

55. Pour les différentes estimations, voir https://fr.wikipedia.org/wiki/génocide_cambodgien.

56. Rithy Panh et Christophe Bataille, *L'Elimination*, Grasset, 2012.

57. Rithy Panh et Christophe Bataille, *L'Image manquante*, Catherine Dussart Productions, 2013.

58. William Golding, « *Fable* », in *The Hot Gates*, Londres, Faber & Faber, 1970, p. 87 et 94.

59. Heinz Küchler, étudiant en droit de vingt-six ans, dans une lettre du 6 septembre 1941, citée et traduite dans Omer Bartov, *Hitler's Army*, New York, Oxford University Press, 1991, p. 116. La phrase fut également citée par David Livingstone Smith dans *Less Than Human*, New York, St. Martin's Press, 2011, p. 141.

60. Lettre de Thomas Mann à Walter von Molo, 7 septembre 1945, *in* Thomas Mann, *Être écrivain allemand à notre époque*, trad. Denise Daun, Gallimard, « Arcades », 1996, p. 320.

61. Theodor Adorno, « Critique de la culture et société » (1951), in *Prismes*, trad. Geneviève et Rainer Rochlitz, Payot & Rivages, « Petite bibliothèque Payot », 2010, p. 7-31 (citation p. 30).

62. Theodor Adorno et Max Horkheimer, *La Dialectique de la raison. Fragments philosophiques*, trad. Éliane Kaufholz, Gallimard, 1974 ; voir par exemple p. 24, pour leur critique des Lumières comme d'un système « totalitaire ». L'ouvrage fut écrit en 1944 et enrichi en 1947.

63. Jacques Maritain, *Humanisme intégral* (1936), in *Œuvres complètes*, Fribourg (Suisse), Éditions universitaires, et Paris, Éditions Saint-Paul, vol. VI, 1982, p. 326. Le livre est issu d'un ensemble de conférences données à l'université de Santander, en Espagne, en août 1934.

64. *Partisan Review*, février-mai/juin 1950 ; voir le numéro de février, p. 103.

65. « Assault of the Humanists », in *Elsevier Weekblad* (1952), trad. *in* Hans van Deukeren *et al.*, « From History to Practice. A History of IHEU, 1952-2002 », in *International Humanist and Ethical Union, 1952-2002*, éd. Bert Gasenbeek et Babu Gogineni, Utrecht, De Tijdstroom, 2002, p. 16-104 (ici p. 26).

66. Martin Heidegger, « Lettre sur l'humanisme » (1946), trad. Roger Munier, in *Questions III*, Gallimard, 1966, p. 75.

67. Jean-Paul Sartre, *Existentialism and Humanism*, trad. Philip Mairet, Londres, Methuen, 2007, p. 38. Le titre original français était légèrement différent : *L'existentialisme est un humanisme* (1946, issu d'une conférence de 1945) ; cf. Gallimard, « Folio Essais », 1996, p. 40. Même si nous

sommes radicalement libres, nous sommes aussi censés nous engager moralement et politiquement envers les autres.

68. Michel Foucault, *Les Mots et les Choses*, Gallimard, « Tel », 1966, p. 397-398.

69. Frantz Fanon, *Les Damnés de la terre*, François Maspéro, 1961, p. 239.

70. *Ibid.*, p. 240-241.

71. Longxi Zhang, « Humanism Yet Once More. A View from the Other Side », in *Humanism in Intercultural Perspective. Experiences and Expectations*, éd. Jörn Rüsen et Henner Laass, Bielefeld, Transcript, 2009, p. 225-231 (ici p. 228).

72. Rithy Panh avec Christophe Bataille, *The Elimination*, *op. cit.*.

73. Benedetto Croce, « Progress as a State of Mind and Progress as Philosophic Concept », in *Philosophy – Poetry – History*, *op. cit.*, p. 589-594.

74. « The Basic Principle of the Curriculum », in *The Norwood Report. Curriculum and Examinations in Secondary Schools*, Londres, His Majesty's Stationery Office, 1943, p. 55, http://www.educationengland.org.uk/documents/norwood/norwood1943.html.

75. *General Education in a Free Society*, Cambridge (Massachusetts), Harvard University Press, 1945, p. 168-169, https://archive.org/details/generaleducation032440mbp/page/n5.

76. H. J. Blackham, *The Human Tradition*, Londres, Routledge & Kegan Paul, 1953, p. 50.

77. *Constitution of the United Nations Educational, Scientific and Cultural Organization, signed at London, on 16 November 1945*, préambule ; https://treaties.un.org/doc/Publication/UNTS/Volume%204/volume-4-I-52-English.pdf.

78. Ronald W. Clark, *The Huxleys*, Londres, Heinemann, 1968, p. 310-312 ; Julian Huxley, *UNESCO. Its Purpose and Its Philosophy* [*L'UNESCO. Ses buts et sa philosophie*], Londres, Preparatory Commission, 1946 ; [édition en fac-similé], Londres, Euston Grove, 2010.

79. Julian Huxley, *Memories*, Harmondsworth, Penguin, 1972 et 1978, vol. 2, p. 30-31.

80. *Ibid.*, p. 22.

81. *Déclaration universelle des droits de l'homme* des Nations unies, article 1, https://www.un.org/fr/about-us/universal-declaration-of-human-rights. Sur le processus, voir M. A. Glendon, *A World Made New. Eleanor Roosevelt and the Universal Declaration of Human Rights*, New York, Random House, 2001, surtout p. 68 et 90, pour ces discussions précises.

Voir aussi Lynn Hunt, *Inventing Human Rights. A History*, New York et Londres, W. W. Norton, 2007.

82. Sumner Twiss, « Confucian Ethics, Concept-Clusters, and Human Rights », in *Polishing the Chinese Mirror. Essays in Honor of Henry Rosemont, Jr.*, éd. M. Chandler et R. Littlejohn, New York, Global Scholarly Publications, 2007, p. 50-67 (ici p. 60).

83. Geraldine Van Bueren, « I am Because you Are », in *Times Literary Supplement*, *Human Rights Special Feature*, 21-28 décembre 2018, p. 5-6.

84. Thomas Mann, *Listen, Germany !*, *op. cit.*, p. 71 (janvier 1942).

85. Voir Damiano Fedele, « Cesare Fasola, il partigiano che salvò la *Primavera* di Botticelli », in *Il Fiesolano*, 25 avril 2020, https://www.ilfiesolano.it/persone/cesare-fasola-il-partigiano-che-salvo-la-primavera-di-botticelli/. Voir aussi Eric Linklater, *The Art of Adventure*, Londres, Macmillan, 1947, p. 260-263.

86. Hartt, *Florentine Art under Fire*, *op. cit.*, p. 18-19. Les œuvres de Montegufoni sont listées et décrites dans Osbert Sitwell, *Laughter in the Next Room*, Londres, Macmillan, 1949, p. 350-364.

87. Linklater, *The Art of Adventure*, *op. cit.*, p. 266-267.

88. David Hapgood et David Richardson, *Monte Cassino*, New York, Congdon & Weed, 1984, p. 13.

89. Walter M. Miller Jr, *Un cantique pour Leibowitz* [*A Canticle for Leibowitz*, 1959], trad. Claude Saunier, Gallimard, « Folio SF », p. 49. Voir William H. Roberson et Robert L. Battenfeld, *Walter M. Miller, Jr. A Bio-Bibliography*, Westport, Greenwood Press, 1992, p. 1-2.

90. Cf. http://www.friendsofchartres.org/aboutchartres/colonelwelborngriffith/ et https://valor.militarytimes.com/hero/6100%7Ctitle=Militarytimes. Voir aussi https://www.washingtonexaminer.com/the-american-hero-who-saved-chartres-cathedral.

91. Jean-Paul Sartre, « La fin de la guerre », in *Situations III. Lendemains de guerre*, Gallimard, 1949, p. 63-71 (ici p. 63).

92. Bertrand Russell, « Man's Peril » (23 décembre 1954), in *Portraits from Memory, and Other Essays*, Londres, Allen & Unwin, 1956, p. 215-220 (citation p. 220).

93. Le manifeste de Pugwash est en ligne ici : https://pugwash.org/1955/07/09/statement-manifesto/.

94. Russell, *Autobiographie*, *op. cit.*, p. 767-769.

95. Bertrand Russell, *Authority and the Individual (The Reith Lectures, 1948-1949)*, Londres, Allen & Unwin, 1949, p. 93.

96. Cf. https://fr.wikipedia.org/wiki/Union_internationale_pour_la_conservation_de_la_nature.

97. Russell, *Autobiographie*, *op. cit.*, p. 648. Cf. https://fr.wikipedia.org/wiki/Accident_aérien_du_Bukken_Bruse.

98. Bertrand Russell, « Hopes. Realized and Disappointed », in *Portraits from Memory, and Other Essays*, Londres, Allen & Unwin, 1956, p. 45-49.

99. Russell, *Autobiographie*, *op. cit.*, p. 910.

12. L'endroit pour être heureux

1. Edwin H. Wilson, *The Genesis of a Humanist Manifesto*, éd. Teresa Maciocha, Amherst, Humanist Press [American Humanist Association], 1995, p. 23 (lettre de Raymond B. Bragg du 17 février 1970), 63 (Buschman) et 83 (Schiller).

2. Le manifeste de 1933 est en ligne ici : https://en.wikipedia.org/wiki/Humanist_Manifesto_I.

3. Wilson, *The Genesis of a Humanist Manifesto*, *op. cit.*, p. 108-109.

4. Une bonne vue d'ensemble des sociétés humanistes et de leurs origines, au Royaume-Uni et dans le monde, se trouve dans Jim Herrick, *Humanism. An Introduction*, Londres, Rationalist Press Association, 2009, p. 123-158. Pour une histoire des organisations humanistes au Royaume-Uni, voir Callum Brown, David Nash et Charlie Lynch, *The Humanist Movement in Modern Britain. A History of Ethicists, Rationalists and Humanists*, Londres, Bloomsbury, 2022.

5. J. B. H. Wadia, *M. N. Roy the Man. An Incomplete Royana*, Londres, Sangam, 1983, p. 10.

6. M. N. Roy, *New Humanism. A Manifesto*, Delhi, Ajanta, 1981, p. 41.

7. Bertrand Russell, « The Triumph of Stupidity » (10 mai 1933), in *Mortals and Others*, Londres et New York, Routledge, 2009, p. 203.

8. Roy, *New Humanism*, *op. cit.*, p. 43.

9. Hans van Deukeren *et al.*, « From History to Practice. A History of IHEU, 1952-2002 », in *International Humanist and Ethical Union. 1952-2002*, éd. Bert Gasenbeek et Babu Gogineni, Utrecht, De Tijdstroom, 2002, p. 16-104 (ici p. 21).

10. La « Déclaration de l'humanisme moderne », ratifiée lors de l'assemblée générale de Humanists International de Glasgow, au Royaume-Uni, en 2002, se trouve en appendice dans ce livre, et en ligne ici : https://humanists.international/policy/declaration-of-modern-humanism/. La

Déclaration d'Amsterdam de 1952, ratifiée lors du congrès humaniste mondial de 1952, est en ligne ici : https://humanists.international/policy/amsterdam-declaration-1952/. Entre ces deux textes, la Déclaration fut revue à deux reprises, en 1975 et en 2002.

11. American Humanist Association, « Humanist Manifesto III, a Successor to the Humanist Manifesto of 1933 », 2003 ; https://americanhumanist.org/what-is-humanism/manifesto3/. Sur l'histoire de l'AHA : https://americanhumanist.org/about/our-history.

12. Debbie Goddard, citée dans « Celebrating the Diverse Spirituality and Religion of African-Americans », in *Huffington Post*, 17 février 2004 ; https://www.huffpost.com/entry/diverse-african-american-religion_n_4762315.

13. Cf. https://en.wikipedia.org/wiki/Debbie_Goddard, citant Brandon Withrow, « What it's like to be Black and Atheist », in *Daily Beast*, 19 novembre 2016 (https://www.thedailybeast.com/what-its-like-to-be-black-and-atheist). Sur les questions complexes de l'athéisme et/ou de l'humanisme dans les communautés noires, voir aussi https://en.wikipedia.org/wiki/Atheism_in_the_African_diaspora.

14. AAH, « An African-American Humanist Declaration », *in* Anthony B. Pinn (éd.), *By These Hands. A Documentary History of African American Humanism*, New York et Londres, New York University Press, 2001, p. 319-326 (ici p. 326).

15. Aux États-Unis : https://www.blackhumanists.org/about-the-bha. Au Royaume-Uni : https://en.wikipedia.org/wiki/Association_of_Black_Humanists.

16. Le poème de James Kirkup (« The Love that Dares to Speak its Name ») est en ligne ici : https://www.pinknews.co.uk/2008/01/10/the-gay-poem-that-broke-blasphemy-laws/.

17. Cf. https://en.wikipedia.org/wiki/John_William_Gott.

18. Cf. https://www.channel4.com/news/archbishop-admits-church-failed-terribly-over-abuse-revelations.

19. Tania Branigan, « I am Being Used, Claims Blasphemy Trial Poet », in *Guardian*, 11 juillet 2002, https://www.theguardian.com/uk/2002/jul/11/books.booksnews.

20. « Blasphemy at the Old Bailey », in *Everyman*, BBC, 1977.

21. Cité dans John Mortimer, *Murderers and Other Friends*, Londres, Penguin, 1995, p. 87.

22. *Ibid.*, p. 88.

23. « Blasphemy at the Old Bailey. »

24. Cf. http://www.lgbthumanists.org.uk/history/.

25. Merci à Andrew Copson de me l'avoir dit.

26. Cf. https://en.wikipedia.org/wiki/Blasphemy_law_in_the_United_States.

27. *End Blasphemy Laws Now* : https://end-blasphemy-laws.org/. Secours laïc : David Robson, « The "Underground Railroad" to Save Atheists », in *Atlantic*, 18 janvier 2018, https://www.theatlantic.com/international/archive/2018/01/the-underground-railroad-to-save-atheists/550229/. Le site du Secours laïc se trouve ici : www.secular-rescue.org ; voir aussi : https://www.centerforinquiry.net/newsroom/center_for_inquiry_launches_secular_rescue_to_save_lives_of_threatened_acti/.

28. Pour des campagnes menées par Humanists UK, par exemple, voir ici : https://humanists.uk/campaigns/.

29. Cf. https://humanists.uk/campaigns/secularism/constitutional-reform/bishops-in-the-lords/.

30. Sur le problème de la réservation d'une place : https://www.secularism.org.uk/news/2020/01/calls-for-parliamentary-prayers-review-after-mp-compelled-to-attend. Sur la forme des prières : https://www.parliament.uk/about/how/business/prayers/.

31. G. W. Foote, *Reminiscences of Charles Bradlaugh*, Londres, Progressive, 1891, p. 35. Sur Bradlaugh, voir aussi Charles Bradlaugh, *The True Story of My Parliamentary Struggle*, Londres, Freethought, 1882 ; Bryan Niblett, *Dare to Stand Alone. The Story of Charles Bradlaugh*, Oxford, Kramedart, 2010 ; David Tribe, *President Charles Bradlaugh, MP*, Londres, Elek, 1971 ; John Robertson, *Charles Bradlaugh*, Londres, Watts, 1920.

32. Thomas Jefferson, *Observations sur l'État de Virginie* (*Notes on the State of Virginia*, 1787), trad. François Speck, Éditions Rue d'Ulm, 2015, p. 192.

33. Cf. https://en.wikipedia.org/wiki/Pledge_of_Allegiance.

34. Cf. https://en.wikipedia.org/wiki/In_God_We_Trust.

35. Vashti Cromwell McCollum, *One Woman's Fight*, Garden City, Doubleday, 1951 ; Boston, Beacon Press, 1961 ; Madison, Freedom From Religion Foundation, 1993, respectivement p. 86, 85, 101 et 104. Voir aussi le documentaire de Jay Rosenstein dans lequel McCollum et ses fils sont interviewés : *God Is Not on Trial Here Today (McCollum v. Board of Education)*, Jay Rosenstein Productions, 2010, http://jayrosenstein.com/pages/lord.html. Il se trouve en ligne ici : https://youtu.be/EeSHLnrgaqY. Voir aussi https://en.wikipedia.org/wiki/Vashti_McCollum, et sa nécrologie : http://www.nytimes.com/2006/08/26/obituaries/26mccullum.html.

36. Margaret Knight, *Morals without Religion, and Other Essays*, Londres, Dennis Dobson, 1955, p. 22-23 et 16-17. Sur l'opposition au sein de la BBC, voir Callum G. Brown, *The Battle for Christian Britain*, Cambridge, Cambridge University Press, 2019, p. 139-140.

37. Bibliothèque du Bishopsgate Institute, Londres, BHA papers. BHA 1/17/148, sur la campagne de bus, incluant un rapport du BHA, « Atheist Bus Campaign. Why Did it Work ? » ; BHA 1/17/149 : lettres et messages concernant la campagne 2008-2009. Voir aussi https://humanism.org.uk/campaigns/successful-campaigns/atheist-bus-campaign/.

38. Zora Neale Hurston, *Des pas dans la poussière*, *op. cit.*, p. 255.

39. Julian Huxley, *Religion without Revelation*, Londres, Ernest Benn, 1927, p. 358.

40. Anton Tchekhov à Alexeï Souvorine, 15 mai 1889, in *Vivre de mes rêves. Lettres d'une vie*, trad. Nadine Dubourvieux, Robert Laffont, 2016, p. 235. La chanson est de Mikhaïl Glinka, sur un texte de Pouchkine. Vous pouvez entendre Galina Vishnevskaïa la chanter ici : https://www.youtube.com/watch?v=ymfoXrdWVQM&ab_channel=GalinaVishnevskaya-Topic.

41. H. J. Blackham, *Humanism*, Harmondsworth, Pelican, 1968, p. 159.

42. Geoffrey Scott, *The Architecture of Humanism*, Londres, Constable, 1914, p. 211-215 et 235.

43. Jane Jacobs, *Déclin et survie des grandes villes américaines* [*The Death and Life of Great American Cities*, 1961], trad. Claire Parin, Parenthèses, 2012, p. 105, 114 et 118.

44. Annie Matan et Peter Newman, *People Cities. The Life and Legacy of Jan Gehl*, Washington et Covelo, Island Press, 2016, p. 14-15 (comprenant la reproduction d'une photo de lui dans un journal d'Ascoli Piceno, avec pour légende « *Sembra ma non è un "beatnik"* ») et 18 (l'acte de « vandalisme », un projet datant de 1969). Voir aussi Jan Gehl, *Cities for People*, Washington, Island Press, 2010.

45. C'est Madiarov qui parle, dans Vassili Grossman, *Vie et destin*, trad. A. Berelowitch, L'Âge d'Homme, 1980, p. 263.

46. Testament d'Ikonnikov dans Grossman, *Vie et destin*, *op. cit.*, p. 384.

47. Sur l'histoire du sauvetage du livre : Robert Chandler, introduction à Grossman, *Life and Fate*, trad. Robert Chandler, Londres, Vintage, 2006, p. XVII-XIX ; Robert Chandler, introduction aux « Late Stories », *in* Vassili Grossman, *The Road*, trad. Robert et Elizabeth Chandler avec Olga Mukovnikova, Londres, Maclehose / Quercus, 2011, p. 197. Voir aussi https://fr.wikipedia.org/wiki/Vie_et_Destin.

48. La comparaison avec les nouvelles de Tchekhov appartient à Robert Chandler dans son introduction à sa traduction du livre *Life and Fate*, *op. cit.*, p. XII-XIII.

49. Grossman, *Vie et destin*, *op. cit.*, p. 523 (II, ch. XLIX).

50. Grossman, *Life and Fate, op. cit.*, p. 201 (I, ch. LI) [chapitre absent de l'édition française].

51. Jaron Lanier, *You Are Not a Gadget. A Manifesto*, Londres, Allen Lane / Penguin, 2010, p. 32.

52. George Eliot, « Shadows of the Coming Race », in *Impressions of Theophrastus Such*, Edinbourgh et Londres, W. Blackwood, 1879, p. 299-309.

53. Cf. https://www.theguardian.com/environment/2016/aug/31/domestic-chicken-anthropocene-humanity-influenced-epoch. Voir aussi Jeremy Davies, *The Birth of the Anthropocene*, Oakland, University of California Press, 2016. Sur l'idée que ce concept nous accorde trop d'importance, voir Peter Brannen, « The Anthropocene is a Joke », in *Atlantic*, 13 août 2019, https://www.theatlantic.com/science/archive/2019/08/arrogance-anthropocene/595795/.

54. Cf. http://www.vhemt.org/. Voir aussi https://www.theguardian.com/lifeandstyle/2020/jan/10/i-campaign-for-the-extinction-of-the-human-race-les-knight. Posthumanisme : le terme a d'abord été défini en 1977 par le théoricien de la littérature Ihab Hassan, qui écrivit : « Nous devons comprendre que cinq siècles d'humanisme touchent peut-être à leur fin, et que l'humanisme se transforme en quelque chose qu'il nous reste à appeler posthumanisme » (Ihab Hassan, « Prometheus as Performer : toward a Posthumanist Culture ? A University Masque in Five Scenes », in *Georgia Review* 31, n° 4, hiver 1977, p. 830-850 – citation p. 843). Voir aussi David Roden, *Posthuman Life. Philosophy at the Edge of the Human*, Londres et New York, Routledge, 2015.

55. Pour des réflexions similaires, voir James Lovelock et Bryan Appleyard, *Novacene*, Londres, Penguin, 2020, p. 56.

56. David C. Barker et David H. Bearce, « End-Times Theology, the Shadow of the Future, and Public Resistance to Addressing Global Climate Change », in *Political Research Quarterly* 66, n° 2, juin 2013, p. 267-279.

57. Cf. https://climatecommunication.yale.edu/publications/global-warming-god-end-times/.

58. Ray Kurzweil, *The Singularity Is Near. When Humans Transcend Biology*, Londres, Duckworth, 2005, p. 15. Sur le transhumanisme, voir aussi https://humanityplus.org/philosophy/transhumanist-declaration/,

et Max More et Natasha Vita-More (éd.), *The Transhumanist Reader*, Oxford, Wiley, 2013.

59. Arthur C. Clarke, *Les Enfants d'Icare* [*Childhood's End*], trad. Michel Deutsch, J'ai Lu, 1978, p. 156.

60. *Ibid.*, p. 213.

61. *Ibid.*, p. 237.

62. « *Transumanar significar per verba / non si poria* ». Dante, *Paradis*, chant I, v. 70-71 ; trad. A. Pézard, in *Œuvres complètes*, *op. cit.*, p. 1371. Sur ces vers, voir Prue Shaw, *Reading Dante*, New York et Londres, Liveright / W. W. Norton, 2015, p. 245-246.

63. James Baldwin, « Au pied de la croix », in *La Prochaine Fois, le feu* [*The Fire Next Time*, 1963, paru initialement dans le *New Yorker*, le 17 novembre 1962], trad. Michel Sciama, Gallimard, « Folio », 2018, p. 121.

64. Tzvetan Todorov, *Devoirs et délices. Une vie de passeur* (entretiens avec Catherine Portevin), Seuil, 2002, p. 274.

65. Le credo du bonheur d'Ingersoll, dans *An Oration on the Gods* (29 janvier 1872), Cairo, Daily Bulletin Steam Book & Job Print, 1873, p. 48. La version enregistrée en 1899 se trouve en ligne ici : https://youtu.be/rLLapwIoEVI.

Table des illustrations

Page 81 : Écriture propre au style humaniste du Pogge. (Art Collection 2 / Alamy Stock Photo)

Page 83 : Touristes visitant les fouilles du lac de Nemi, 1932. (agefotostock / Alamy Stock Photo)

Page 88 : « Justice pénètre la cité des dames », extrait du *Livre de la cité des dames*, recueil de textes de Christine de Pisan, vers 1410-1414. British Library : Harley 4431. (Album / British Library / Alamy Stock Photo)

Page 90 : Cassandra Fedele. Tableau d'un artiste de l'école lombarde, vers 1600-1649, Pinacoteca Ambrosiana, Milan. (© Veneranda Biblioteca Ambrosiana / Mondadori Portfolio / Bridgeman Images)

Page 99 : Premières lignes du *De Aetna* de Pietro Bembo, Venise, Aldus Manutius, 1496. (The Picture Art Collection / Alamy Stock Photo)

Page 102 : Érasme, *Erasmi Roterodami adagiorum chiliades tres*, Venise, Aldus Manutius, 1508. (Bridgeman Images)

Page 107 : Laurent Valla. Gravure de Johann Theodor de Bry, d'après la *Bibliotheca chalcographica* de Jean-Jacques Boissard, Francfort, 1650. (© Florilegius / Bridgeman Images)

Page 122 : Platine et le pape Sixte IV à la Bibliothèque du Vatican, par Melozzo da Forlì. (Alinari / Bridgeman Images)

Page 130 (en haut à gauche) : Vitruve, *De architectura*, 1521, illustration de Cesare Cesariano. (The Stapleton Collection / Bridgeman Images)

Page 130 (en haut à droite) : Geoffroy Tory, *Champ fleury*, 1529 ; lettre de la police de caractère conçue par Tory pour Jean Grolier. (© British Library Board. All Rights Reserved / Bridgeman Images)

Page 130 (centre) : Francesco di Giorgio Martini, *Trattato di architettura civile e militare*, vers 1470, Biblioteca Nazionale, Florence ; dessin d'une église inscrite dans le corps humain. (The Picture Art Collection / Alamy Stock Photo)

Page 130 (en bas à gauche) : Léonard de Vinci, *Homme de Vitruve*, vers 1490, Gallerie dell'Accademia, Venise. (The Stapleton Collection / Bridgeman Images)

Page 130 (en bas à droite) : Le logo humaniste « *Happy Human* », dans sa version légèrement arrondie. (Humanists UK)

Lanson, *Histoire illustrée de la littérature française*, Paris et Londres, Hachette, 1923, vol. 1. (Lebrecht Authors / Bridgeman Images)

Page 194 : Le tremblement de terre de Lisbonne, 1755. (Granger – Historical Picture Archive)

Page 197 : Voltaire en train d'écrire, d'après une esquisse de D. N. Chodowiecki. Vignette de l'édition allemande de *Candide*, 1778. (The Picture Art Collection / Alamy Stock Photo)

Page 209 : La comète de 1680-1681. Impression par Jan Luyken, Amsterdam, 1698. (Artokoloro / Alamy Stock Photo)

Page 213 : Lamoignon de Malesherbes. Gravure. (Ivy Close Images / Alamy Stock Photo)

Page 219 : David Hume. Gravure d'après un portrait d'Allan Ramsay, National Gallery of Scotland. Photographie : Oxford Science Archive / Heritage Images. (The Print Collector / Alamy Stock Photo)

Page 237 : Amelia Bloomer portant des « bloomers », in *The Illustrated London News*, 27 septembre 1851. (Look and Learn / Illustrated Papers Collection / Bridgeman Images)

Page 243 : Jeremy Bentham. Eau-forte de G. W. Appleton d'après R. M. Sully. (Wellcome Collection)

Page 249 : Frederick Douglass. Daguerréotype, vers 1855. (Granger – Historical Picture Archive)

Page 255 : Edward Carpenter et George Merrill. (Prismatic Pictures / Bridgeman Images)

Page 264 : Wilhelm von Humboldt. Gravure. (© SZ Photo / Scherl / Bridgeman Images)

Page 274 (haut) : Harriet Taylor Mill, artiste inconnu, vers 1834, National Portrait Gallery, London. (Granger – Historical Picture Archive / Alamy Stock Photo)

Page 274 (bas) : John Stuart Mill, vers 1865. (Granger – Historical Picture Archive)

Page 278 : « La logique de Mill, ou le droit de vote pour les femmes », caricature représentant John Stuart Mill et Lydia Ernestine Becker, parmi d'autres, par John Tenniel, in *Punch*, 30 mars 1867. (Photo 12 / Alamy Stock Photo)

Page 283 : Matthew Arnold, illustration intitulée « Douceur et lumière », le représentant en trapéziste évoluant entre poésie et philosophie. Dessin de Frederick Waddy, 1873, pour *Cartoon Portraits*

Page 368 : Erika et Thomas Mann. (Prestor Pictures LLC / Alamy Stock Photo)

Page 372 : La bibliothèque Warburg à Hambourg, avec quelques-uns des panneaux de l'exposition « Mnémosyne », 1927. (© Fine Art Images / Heritage Images) (Heritage Image Partnership Ltd / Alamy Stock Photo)

Page 389 : La Déclaration universelle des droits de l'homme, dans sa version espagnole, proclamée par Eleanor Roosevelt en 1948. (Photo 12 / Ann Ronan Picture Library) (Photo 12 / Alamy Stock Photo)

Page 396 : Bertrand Russell lors d'une manifestation contre la bombe atomique, Trafalgar Square, Londres, 1962. (Trinity Mirror / Mirrorpix / Alamy Stock Photo)

Page 411 : Charles Bradlaugh arrêté par la police en 1881 pour avoir refusé de prêter serment en tant que membre du Parlement, puis se réjouissant de l'adoption de son projet de loi sur les serments en 1888. Lithographie en couleurs de Tom Merry, 1888. (Wellcome Collection)

Page 412 : Vashti McCollum. (Archive PL / Alamy Stock Photo)

Page 415 : Bus londonien affichant la publicité « Dieu n'existe peut-être pas », avec Ariane Sherine, qui conçut et organisa la campagne. (Leon Neal / AFP via Getty Images)

Page 421 : Vassili Grossman, 1960. Photographie de l'Institut de littérature russe, Pushkin House, Londres. (Bridgeman Images)

Page 429 : Logo de Humanists UK. (Courtesy of Humanists UK)

Remerciements

Pour nos conversations, leurs conseils, leurs lectures et la générosité dont ils ont fait preuve dans le partage de leurs connaissances, je tiens à remercier les personnes avisées et pleines de ressources qui m'ont aidée, en particulier Hamza bin Walayat, Andrew Copson, Peter Mack, Scott Newstok, Jim Walsh et Nigel Warburton. À Florence, je tiens à remercier Enrica Ficai-Veltroni, Giovanna Giusti et Mara Miniati pour leur générosité, leur disponibilité et leur savoir. Je remercie également Stefano Guidarini pour notre conversation sur Leon Battista Alberti, ainsi que Peter Moore avec qui j'ai partagé de nombreuses idées et qui m'a inspirée ; il m'a transmis tant de découvertes.

Une grande partie de ce livre a été écrite aux pays des merveilles que sont la bibliothèque de l'Institut Warburg de Londres et la British Library. Merci beaucoup au personnel de ces deux bibliothèques, en particulier à Richard Gartner à l'Institut Warburg, et à celui des autres excellentes bibliothèques et archives que j'ai consultées, notamment la Bishopsgate Institute Library, la Conway Hall Library, la Wiener Holocaust Library et, inévitablement, la London Library.

Je remercie Humanists International et Humanists UK pour toute l'aide qu'ils m'ont apportée, notamment en mettant à ma disposition la Déclaration de l'humanisme moderne de 2022 afin qu'elle soit reproduite dans son intégralité. Je remercie tout particulièrement Catriona McLellan d'avoir mis à ma disposition le logo de Humanists UK.

Un grand merci à Becky Hardie, Clara Farmer et au reste de l'équipe de Chatto & Windus, ainsi qu'à Ann Godoff et à l'équipe de Penguin

US, en particulier Casey Denis, Victoria Lopez et mon relecteur érudit et judicieux, David Koral. Je me sens très chanceuse d'avoir pu compter sur le soutien nécessaire et chaleureux de mes chers agents : Zoë Waldie et tous les autres de chez Rogers, Coleridge & White, ainsi que Melanie Jackson aux États-Unis.

Je remercie tout particulièrement Judith Gurewich, notamment pour nos conversations sur Pétrarque et notre héros commun, Laurent Valla.

Merci à toutes les personnes impliquées dans les prix Windham-Campbell ; recevoir un honneur aussi inattendu au début de l'écriture de ce livre m'a été d'un grand secours.

Surtout, merci à ma femme, Simonetta Ficai-Veltroni, en raison de tant d'années d'amour et d'encouragement, de sa perspicacité et de ses intuitions, de sa lecture des innombrables versions du texte, et de beaucoup, beaucoup plus encore.

Ce livre est dédié à toutes les personnes qui ont discrètement (ou bruyamment) défendu leurs convictions humanistes au cours des siècles, souvent lorsque cela nécessitait un courage exceptionnel. Aujourd'hui même, elles sont un modèle pour beaucoup.

Table

DE LA MÊME AUTRICE

Comment vivre ?
Une vie de Montaigne
et une question et vingt tentatives de réponse

Albin Michel, 2013

Au café existentialiste
la liberté, l'être et le cocktail à l'abricot

Albin Michel, 2018

Composition : Nord Compo
Impression : Normandie Roto Impression s.a.s. en décembre 2025
Éditions Albin Michel
22, rue Huyghens, 75014 Paris
www.albin-michel.fr
ISBN : 978-2-226-48983-8
N° d'édition: 25725/01 – N° d'impression : 2504727
Dépôt légal : janvier 2026
Imprimé en France